第一章　小学数学课程的改革与发展 …… 1
　第一节　国际小学数学课程的历史发展 …… 1
　第二节　我国小学数学课程的历史发展 …… 15
　思考题 …… 26
　参考文献 …… 26
第二章　小学数学课程的几个基本问题 …… 27
　第一节　小学数学课程标准的基本理念 …… 27
　第二节　小学数学课程目标 …… 35
　第三节　小学数学课程内容 …… 45
　第四节　课程资源的开发与利用 …… 53
　思考题 …… 59
　参考文献 …… 59
第三章　小学数学学习心理 …… 60
　第一节　小学数学学习概述 …… 60
　第二节　儿童数学认知学习的特征 …… 64
　第三节　儿童数学学习中的元认知 …… 74
　第四节　小学数学知识表征 …… 84
　第五节　儿童数学学习迁移 …… 96
　第六节　儿童数学能力培养 …… 104
　思考题 …… 109
　参考文献 …… 110
第四章　数学教育基本理论 …… 112
　第一节　波利亚数学教育理论 …… 112
　第二节　弗赖登塔尔数学教育理论 …… 119
　第三节　斯根普数学教育理论 …… 123
　第四节　M. 克莱因数学教育思想 …… 128
　第五节　数学“四基”教学 …… 133
　思考题 …… 136
　参考文献 …… 137
第五章　小学数学教学过程 …… 138
　第一节　小学数学教学基本原则 …… 138

第二节　小学数学教学过程的基本因素 …… 142
第三节　小学数学教学过程的主要特点 …… 147
第四节　小学数学教学过程的基本环节 …… 149
思考题 …… 151
参考文献 …… 151
第六章　小学数学教学模式和教学方法 …… 153
第一节　教学模式 …… 153
第二节　教学方法 …… 159
思考题 …… 163
参考文献 …… 163
第七章　小学数学教学设计 …… 164
第一节　数学教学设计概述 …… 164
第二节　小学数学教学设计的前期分析 …… 168
第三节　小学数学教学方案的设计 …… 173
思考题 …… 184
参考文献 …… 185
第八章　小学数学教学评价 …… 186
第一节　小学数学教学评价概述 …… 186
第二节　小学数学课堂教学评价 …… 190
第三节　小学数学学习评价 …… 193
思考题 …… 202
参考文献 …… 202
第九章　数与代数的教学 …… 203
第一节　数与代数的内容及意义 …… 203
第二节　数与量的概念教学 …… 207
第三节　数的运算的教学 …… 212
第四节　式与方程的教学 …… 219
第五节　（列方程解）实际应用问题的教学 …… 222
第六节　探索规律的教学 …… 228
思考题 …… 236
参考文献 …… 236
第十章　图形与几何的教学 …… 237
第一节　图形与几何的内容及价值 …… 237
第二节　图形认识的教学 …… 241
第三节　几何（度量）的教学 …… 251
第四节　图形与变换的教学 …… 258
第五节　图形与位置的教学 …… 263
思考题 …… 266

参考文献 …… 266
第十一章 统计与概率的教学 …… 267
第一节 统计与概率的内容及意义 …… 267
第二节 统计的教学 …… 275
第三节 概率的教学 …… 287
思考题 …… 293
参考文献 …… 293
第十二章 综合与实践的教学 …… 295
第一节 综合与实践的教育价值 …… 295
第二节 综合与实践的学习特点 …… 299
第三节 综合与实践的教学和评价 …… 305
思考题 …… 317
参考文献 …… 318
第十三章 小学数学教师专业发展 …… 319
第一节 教师专业发展内涵 …… 319
第二节 教师专业发展阶段 …… 322
第三节 教师专业发展途径 …… 327
第四节 小学教师专业发展政策解读 …… 338
思考题 …… 344
参考文献 …… 345

第一章

小学数学课程的改革与发展

内容提要

经济的全球化促进了教育的国际化，也促进了数学教育的国际合作与交流。1908 年 4 月，国际数学教育委员会（ICMI）成立，数学教育成为国际性的事务。1966 年，荷兰著名数学家、数学教育家弗赖登塔尔任国际数学教育委员会主席，他建议单独为数学教育召开国际性大会。在他的倡议下，1969 年 8 月在法国里昂召开了第一届国际数学教育大会（ICME I），该会议每四年举行一次，已成为全球数学教育界的大型会议，从此世界各国数学教育的交流越来越频繁。

本章首先以美国、英国和新加坡为例，详细介绍国外小学数学课程的发展状况，进而着重阐述我国小学数学课程的历史发展。我们应以科学的态度审视并客观地分析总结，探索小学数学课程发展中成功的经验和需要引以为戒的教训。

第一节　国际小学数学课程的历史发展

当前科学技术的迅猛发展，特别是计算机技术的飞速发展，使数学的应用领域得到了极大的拓展。数学已成为公民必需的文化素养，数学教育大众化已成为时代的要求。下面介绍几个发达国家小学数学课程改革的情况。

一、美国的数学课程改革

1957 年苏联的人造卫星率先发射成功，震惊美国，美国人认为本国航空技术落后的原因之一是数学教育的落后，为此他们发动了一场席卷全球的新数学教育改革运动（简称“新数运动”）。1958 年，美国国会通过了《国防教育法》。在美国数学协会（MAA）和全美数学教师协会（NCTM）的支持下，美国成立了“学校数学研究小组”（SMSG），其主要成员是美国一些著名大学的教授，由这些人全面负责实验研究和教材编写工作，大力推进数学教育，编纂从幼儿园到大学预科的全套教材并开展广泛的实验。“新数运动”的核心是把中小学数学教学内容现代化，要求从中小学起就要用精确的现代数学语言去教授公理化的数学体系。20 世纪 60 年代以后，“新数运动”几乎影响到了所有西方国家，达到了高潮。然而这场体现数学结构公理体系的学校数学课程改革运动最终以失败告终，其主要原因是这次课程改革以培养精英为目标，过分强调了学科内容的现代化，将基本要求提得过高，从而大大超出了多数学生的接受能力，脱离了学生的认识规律。此外，这次运动所推出的各类新教材也多是由大学专家教授参与开发的，作为课程实施者的一线教师却被排除在外，这也给课程的最终推行带来了极大的困难。1973 年，美国数学教育界出现了“回到基础”的教育思潮，强调学生要达到“最低基本要求”，不久便终止了“新数运动”。1980 年 4 月，NCTM 发表了一份名为《行动议程》的报告，要求必须把“解决问题”作为 20 世纪 80 年代数学教育的核心。

1989 年，美国国家研究委员会（NRC）发表了《休戚与共——关于数学教育失败向全国所做的报告》，文件提出了数学课程必须做出重大的改革。NCTM 作为美国数学教育的改革倡导者，先后建立了教学、教师、考核三个方面的标准，为改进数学课程做出了很大的贡献。

1. 美国 NCTM 的数学课程标准

NCTM 的第一个标准是 1989 年的“学校数学课程与评价标准”，这一标准对数学教育目的和教学过程做了明确的阐述。NCTM 的第二个标准是 1991 年的“数学教学职业标准”，它为每个数学教师工作提出了指导性的意见。NCTM 的第三个标准是 1995 年的“学校数学考核标准”，它阐述了综合数学考核的方法，提供了判断数学考核质量的标准。这三个标准合起来构成了美国全国数学教育的指导性的课程标准，在本章中简称 NCTM 标准。

NCTM 标准认为，由于时代的发展，数学教育的目的已经发生了重大的变化，在信息社会中，数学教育具有四个方面的社会目的：（1）把学生培养成为具有数学素养的劳动者；（2）使学生具有终身学习能力；（3）使所有的学生都有学习数学的机会；（4）使学生具有处理信息的能力。数学教育的核心目的是培养全体学生的数学素养。

NCTM 标准对数学素养提出五项具体目标：（1）懂得数学的价值，即懂得数学在文化中的地位和社会生活中的作用；（2）对自己的数学能力有信心；（3）有解决现实数学问题的能力；（4）学会数学交流，会读数学、写数学和讨论数学；（5）学会数学的思想方法。

此外，NCTM 标准对 1～8 年级学生提出了具体要求：（1）要让儿童在接触物质世界和接触其他儿童的过程中去建立、修改和发展数学概念；（2）数学教学内容必须拓展；（3）要强调数学的应用；（4）要强调数学理解，发展儿童的数学思维和推理能力；（5）要适当地使用计算器和计算机。

学校在执行 NCTM 标准的过程中，数学教学有了很大进步。然而，数学课程改革的过程并不是一帆风顺的，出现了不平衡局面。第一，目前科学技术正在发挥越来越大的作用。例如，数学教学在计算机技术的影响下已产生了巨大的变化：图形计算器在数学课堂上的应用，使抽象的代数变得形象化；计算器及计算机软件在几何课上的应用，使得几何课程不再集中于证明、论证，这些发生在数学课上的数学探索和经验活动，是十年前

NCTM在制定标准时所预料不足的。

第二，和其他国家相比，美国的学生数学学习并没有达到理想的水平，仍有部分学生未掌握一些基本的数学技能，甚至许多学生到了高中在解有关分数的题目时仍然感到有很大困难。第三次国际数学和科学研究（TIMSS）结果发现：美国4年级学生的数学分数高于国际平均水平，而8年级的数学成绩仅为世界平均水平。8年级的测试共有41个国家参加，其中20个国家学生的分数比美国学生高。这些引起人们对20世纪90年代数学课程改革的反思，也促成了美国2000年国家数学标准的出台。

2. 美国2000年国家数学标准

从1996年起，NCTM的标准委员会通过举行讨论会、网上讨论等广泛收集反馈意见。1998年秋出台了国家数学标准讨论稿，国家数学标准于2000年正式出版，受到国际数学教育界的广泛关注。

2000年国家数学标准有以下特点：(1) 2000年国家数学标准以数学教育的基本原理为基础，这些原理包括平等机会、教学与教学大纲、科技在数学教育中的作用等，这些原理成为新一轮数学课程改革的基础。(2) 与1989年NCTM的标准不同，2000年国家数学标准不再是三个文件，而是集中于一个文件。(3) 学段设置有所不同。2000年国家数学标准设置幼儿园到2年级、3年级到5年级、6年级到8年级、9年级到12年级四个学段，体现从幼儿园到高中一贯的基本思想。(4) 强化了对教师的指导，这是2000年国家数学标准的重点之一，是以前标准所没有的。标准提出数学教育观念问题，帮助教师、家长、管理人员用新的数学教育观念进行教育。(5) 2000年国家数学标准最大的特点也许是强调科学技术在数学课程中的重要地位，强调科学技术与数学教学过程相结合，并提供大量的形象化电子版中的数学例子，这使得教师懂得怎样在教学实践中去运用信息科技，这种数学教育技术化趋势是令人瞩目的。

2000年国家数学标准对每个学段都提出了详细的要求，并附以许多案例加以解释。例如，对3年级到5年级的“数据分析”提出以下要求：

(1) 4年级学生放学后做些什么？

(2) 在你的周围，行人是否遵守交通规则？

(3) 怎样使日常生活用水的使用量减少？

概率方面的例子有：

(1) 掷两颗骰子得到两个数，注意大数减小数后的差数。

(2) 是否有某个差数比其他差数更可能出现？

(3) 掷这两颗骰子20次，看看结果如何。

3. 美国《课程焦点》

2006年9月，NCTM发布了题为《幼儿园到八年级数学课程焦点：寻求一致性》(简称《课程焦点》) 的文件，确定了学生必须掌握的关键数学知识与技能，即“课程焦点”(Curriculum Focal Points)，其目的是帮助学校把数学的重点放在基本知识与技能上。课程焦点是各个年级的重要的数学主题，这些主题是数学的核心。它们是受教育公民应具备的基本的知识和技能，它们为进一步的数学学习提供基础。表1-1为1～8年级的课程焦点标题。

表 1-1　　1～8 年级的焦点标题

年级	数与代数	几何与度量	数据分析
1	理解加法和减法，以及基本的加法和相关的减法策略； 理解整数关系，包括个位数和十位数	几何图形的组成和分解	
2	十进位数系和位值记数法； 快速回忆加法和相应的减法的意义，熟练进行多位数加减法	理解线性度量，熟练地测量长度	
3	理解乘法和除法； 理解进行基本的乘法和除法的策略		
4	快速回忆乘法和相应的除法的意义，熟练进行整数的乘法和除法； 理解小数，包括小数和分数之间的关系	理解二维图形的面积	
5	理解并能熟练地进行整数的除法； 理解并能熟练地进行小数和分数的加减运算	描述三维图形，分析其性质，包括体积和表面积	
6	理解并能熟练地进行小数和分数的乘法和除法运算，将比和比率与乘法和除法联系起来； 书写、解释和使用数学表达式和方程		
7	理解并应用比例，包括相似； 理解有理数运算，会解线性方程	理解相似，理解并使用公式求三维图形的表面积和体积	
8	分析和表示线性函数，解线性方程和线性方程组	用距离和角分析二维、三维空间和图形	分析和总结数据集合

4. 美国数学课程改革的特点及趋势

（1）美国数学课程改革在曲折中发展。

20 世纪 60 年代以来，美国数学课程改革经历过几次反复。50—60 年代的“新数运动”是对传统数学教育方式的否定，70 年代的“回到基础”是对“新数运动”的否定，80 年代的“大众数学”又是对过去“英才教育”的否定，80 年代末起，“数学课程标准”继承和发扬了以往数学课程改革的积极成果，当今的“课程焦点”是 2000 国家数学标准的延续和补充。这种“钟摆”现象虽然在实践中造成了美国数学教育质量的长期徘徊，但从某种意义上讲，每次走极端的改革都是一个否定过程，也是一个片面成熟过程，而走向另一个极端，又是一次否定之否定，是另一个片面的成熟。这种摆动也不局限于两极，而是在多极间进行的。在这一摇摆过程中，美国数学课程改革由各个片面的成熟达到全面的成熟。它力求为数学课程提出更明确的指导思想，使其理论得以完善；它力求促进美国数学教学质量的提高，从而使美国数学教育在世界上取得领先地位；它力求反映科学技术发展对数学教育的最新要求，促使美国数学教育与科学技术同步发展；它力求对课程标准做出更精确的阐述，防止教师误解，从而促进课程标准的正确实施。这表明美国数学课程正在走向成熟，值得我们学习。

（2）回归基础是目前美国数学课程的发展趋势。

纵观美国数学教育改革历程，其 20 世纪末围绕数学教育基础性问题展开了激烈而持久的论战。在这场论战中，美国基础教育分为两个阵营：一方以数学教育家为代表，他们主张以建构主义为出发点，强调从学生自身经验中建构出的知识，才有助于培养其解决问题的能力；另一方以数学家为代表，他们以重视基础为出发点，强调基本的数学知识内容与运算技能的重要性。双方相互批评、激烈争论，这就是美国数学教育中所谓的“数学战争”。在这种背景下 NCTM 发布了全国数学标准，后于 2006 年公布了《课程焦点》。课程焦点发布后，《纽约时报》发表评论指出它将给美国中小学的数学教育带来深刻的变化，并为困扰美国基础教育 20 年的“数学战争”画上句号。《课程焦点》明确强调数学基础知识与基本技能在幼儿园到 8 年级的数学课程中的核心地位。这些知识代表了作为一个受过教育的公民所应具备的基础知识和基本技能，也是进一步学习数学的基础，是发展问题解决能力、推理技能和思维能力必不可少的元素，是学生解决各种具有挑战性问题的基础。这充分反映出美国基础教育数学课程对基础的关注，《课程焦点》的发布把数学基础知识和基本技能提到了新的高度。

二、英国的数学课程改革

20 世纪 70 年代初，英国经济进入了衰退时期。英国政府在加大军费开支的同时，大幅度削减教育经费，再加上失业人口的增加，教育发展面临一系列的困难与问题，在普通教育方面，质量有所下降。于是，20 世纪 70 年代末，就教育问题，英国展开了全国性的大讨论。与普通教育有关的主要议题有：改革普通教育课程，改革现行的考试制度，加强师资培训，提高师资质量，加强学校与工业社会的联系等。20 世纪 80 年代初，政府部门和有关机构公布了许多文件和法令，其中，与数学教育有关的是《数学算数——英国学校数学教育调查委员会报告》，国际上普遍称之为《科克罗夫特报告》（*Cockcroft Report*）。

1.《科克罗夫特报告》

该报告于 1982 年首次出版，至 1986 年就已再版了七次，受到数学教育界的关注，享有盛誉。该报告不仅在英国被公认为 20 世纪 80 年代整个数学教育改革的纲领性文件，在国际上也产生了重大影响。它是英国数学教学改革的纲领性文件。报告的核心是：数学教育的根本目的是满足学生今后——成人生活、就业和进一步学习的需要。《科克罗夫特报告》对上述三种数学需要进行了具体的讨论，阐述了为满足这三种需要，学校数学应设置的相应课程内容和教学方法；论述了进行良好的教学所需的多种条件和支持。

关于数学课程的内容，《科克罗夫特报告》认为：不同能力水平的学生所学的数学课程既要有相同之处也要有差别。相同体现在所有学生都会接触到的数学共同的核心内容以及进行数学教学的基本方法。差别体现在额外增加的内容在深度、评价方法和教学目的方面有所侧重。关于数学教学方法，该报告认为：数学教学要与学生日常生活经验联系起来，要让学生成功地发展他们学习数学的自信心，要更好地发展个别化教学以适应不同能力学生的学习需要。关于计算器的使用，该报告认为：有足够的证据表明，计算器的使用对基本的计算能力没有产生任何负面的影响，儿童从早期学习使用简单的计算器是明智的。

《科克罗夫特报告》还具体列出了数学课程内容的“基础表”，认为它应成为所有学生都要学习的内容。其中包括 10 个方面：数、钱、百分数、计算器使用、时间、测量、图表与图示、空间观念、比率与比例、统计思想。各部分还列出了具体的内容要求和教学建议。表 1-2 是“钱”与“百分数”部分的基础内容，供参考。

表 1-2　数学课程内容的“基础表”（“钱”与“百分数”部分）

范围	具体内容与要求	教学建议及说明
钱	(1) 认识硬币和纸币，知道 100 便士＝1 镑，有信心处理钱； (2) 完成简单的交易，用心算或笔算进行必要的计算； (3) 不用计算器进行小数额的钱的加减； (4) 不用计算器将一笔钱乘以或除以一位数； (5) 用各种适当的方法，包括计算便览表或计算器进行更复杂的钱的计算。	教学重点应放在日常生活活动，如逛商店、闲暇活动、“自己动手”和平衡家庭收支中钱的使用。
百分数	(1) 计算一笔钱的百分数，给定已知百分数增加或减少一笔钱； (2) 判断日常生活中有关百分数的使用。	(1) 很多学生对理解百分数的概念有严重困难。建议百分数的教学以告知学生百分之一意味着“一镑中的一便士”或“一百个中的一个”为基础，而不是以使用特殊的公式为基础。 (2) 使用百分数应与上面“钱”所提的类似活动联系起来。所举的例题对学生来说应是现实的和有关的，重点应放在很多日常情形中用于比较的百分数使用方法和以 100 为刻度的数据度量时百分数的使用方法。

资料来源：张奠宙，唐瑞芬，刘鸿坤. 数学教育学. 南昌：江西教育出版社，1991：79-84.

从中可以看出，“基础表”的重点是面向学生离校后的日常生活、工作中的数学需要，强调课程内容与现实生活的结合及应用。

2. 英国国家数学课程

受《科克罗夫特报告》的影响，1988 年英国成立了国家课程委员会，对中小学校主要科目都提出了改革方案，数学就是其中之一。1989 年，经议会通过，由英国教育科学大臣和威尔士事务大臣签署命令，在全国实行统一的国家数学课程。这从根本上改变了英国传统课程中中央、地方和学校之间的伙伴关系，是英国教育史上的重要转折点，奠定了英国现代课程整体改革的基石。

国家数学课程基本理念包括：(1) 数学对于大众具有重要意义，人们可以利用数学交流信息和思想，完成一系列的实际任务及解决现实生活中的问题；(2) 数学是探索新世界的工具，其应用过程是生动的、具有创造性的；(3) 数学的技巧，如两位数加法、解方程等是重要的，然而它们仅仅是达到目的的手段，在数学教学的过程中，应该让学生了解数学在现实生活中的应用价值，从而让学生体会到学习数学的重要，形成良好的数学观；(4) 数学具有欣赏的价值，应该使儿童有机会探索与欣赏数学本身的结构，数学欣赏能给学生带来智力活动体验和探索经验，使学生感到兴奋；(5) 数学内容应该具有统一性和多样性。学校应根据国家标准做出计划，针对个别学生的需要做出适当的调整，体现数学教学多样性和数学学习个别性的特点。

国家数学课程由学习大纲和教学目标两部分组成，学习大纲和教学目标是国家数学课程的两条主线。其中教学目标按照五个知识块展开，学习大纲则按照学生在知识和能力方面的发展被划分为八个水平。国家数学课程明确规定每个水平的学习要求，体现了统一要求又具有弹性的结构特点，方便教师因材施教。此外，国家数学课程把义务教育划分成四个关键学段（key stage，KS），学生在每个学段的发展水平见表 1－3：

表 1－3　　英国义务教育（数学）各个关键学段的学习水平

关键学段	年级	年龄	期望学习水平
KS1	1～2 年级	5～7 岁	水平 1～3
KS2	3～6 年级	7～11 岁	水平 2～5
KS3	7～9 年级	11～14 岁	水平 6～7
KS4	10～11 年级	14～16 岁	水平 8 或者更高

国家数学课程自 1989 年正式实施以来，历经多次修订。1994 年，针对当时课程要求严苛、学生负担过重等问题，英国对课程进行了调整，但这也导致了教育质量出现下滑。1997 年，布莱尔执政后开始新一轮的课程改革，宣布从 2000 年 9 月起实行新的国家课程标准，并成立了课程与资格局（QCA）负责制定课程标准和评价水平。2008 年，英国政府又颁布了 2008 年国家课程标准。2011 年 1 月，英国教育大臣宣布启动英国国家课程最新一轮修订工作，并于 2013 年 9 月正式出台了《2014 年英国国家课程框架文件》，该文件于 2014—2015 年分期实施。

3. 英国 2014 国家数学课程标准

2014 年 7 月，英国教育部发布新版《英国国家数学课程》（NCEM 2014）。这是 21 世纪英国中小学数学课程改革的纲领性文件，构建了 KS1、KS2、KS3、KS4 的数学学习纲要。NCEM 2014 分为两部分。第一部分从学习意义、目标、信息交流技术、口语表达、学校课程、成绩目标等要素，简要阐释国家数学课程的基本架构；第二部分为 KS1、低关键学段 2（lower key stage 2）、高关键学段 2（upper key stage 2）与 KS3、KS4 的数学学习纲要，为主体部分。在阐述数学学习意义的基础上，首次提出数学课程的三大目标：发展熟练性、学会数学推理、解决实际问题。值得注意的是，NCEM 2014 将小学的学习纲要进行两栏设计，包括“法定要求”及对应的“提示与指引（非法定）”。在叙述数学学习纲要法定要求的同时，提出与之相应的学生应掌握或达到的非法定学习目标——提示与指引。这是 2014 国家数学课程标准的新亮点，体现英国小学数学内容结构正从条目并列型回归到核心学科型，内容设置采用螺旋上升的分科模式。下面具体介绍低 KS2 的数学学习纲要①，以供参考。

低 KS2（3/4 年级）的数学学习纲要

低 KS2 的数学教学，侧重于确保学生日益增进整数与四则运算的流利性，包括数学

① 许天来，廖运章．英国国家数学课程的嬗变、反思与展望．数学通报，2015（4）．

事实和位值的概念；确保学生发展高效的笔算、口算并用大整数进行准确计算。

这一学段，应培养学生解决系列问题的能力，包括运用简单分数、十进制位值；教学也应确保学生日益准确地绘图和发展数学推理，使之能分析图形及其性质、自信地描述图形间的关系；确保其准确地使用测量仪器并建立测量与数的关系。

4 年级末能熟记 12×12 以内的乘法表，并进行精确、流利的运算。

确保学生用其不断增长的单词认读知识和拼写知识，准确并自信地阅读、拼写数学词语（见表 1－4）。

表 1－4　**3/4 年级数学学习纲要**

法定要求 3/4 年级（知识点数）	提示与指引（非法定） 3/4 年级（知识点数）
数 数与位值（6）　/　数与位值（9） 加法与减法（4）　/　加法与减法（3） 乘法与除法（3）　/　乘法与除法（5） 分数（含小数）（7）　/　分数（含小数）（10） **测量** 测量（7）　/　测量（6） **几何** 图形的性质（4）　/　图形的性质（4） 位置与方向（3） **统计** 统计（2）　/　统计（2）	**数** 数与位值（3）　/　数与位值（4） 加法与减法（2）　/　加法与减法（1） 乘法与除法（4）　/　乘法与除法（6） 分数（含小数）（7）　/　分数（含小数）（9） **测量** 测量（4）　/　测量（4） **几何** 图形的性质（2）　/　图形的性质（3） 位置与方向（1） **统计** 统计（2）　/　统计（2）

4. 英国数学课程改革的新态势

从英国国家数学课程修订的过程中，可以窥见未来英国国家课程发展的一些新态势①。

（1）赋予学校和教师更大的自主权。

在本次国家课程修订过程中，教师的课程自主权是一个重点讨论的问题。这个问题在以往的历次改革中也不断被提及，一直是争论的焦点。但是不可否认，一个大的趋势是教师自主权逐渐加大。这次改革也体现出这样的倾向，未来可能会赋予教师更大的课程自主权。《皮尔森全球教育调查报告》显示：教育水平较高的国家，它们的共同特点就是学校的办学自主权相对较高。在全球教育排名前几位的国家中，教师地位通常较高。戈夫也表示，新的国家课程将只规定所有学生必须学会的必备知识，学校和教师将有权决定采用何种教学方式，有权自主设计最适合本校学生需求的学校课程。

（2）更加重视全面包容的教育。

英国未来将更为关注特殊学生群体的需求和学生的特殊教育需求。《2014 年英国国家课程框架文件》指出：教师一个很重大的责任就是要规划好那些成绩差的或者来自贫困家庭的学生的课程，并使用恰当的评价方式使他们获得信心。在各种情况下教师都应该平等

① 赵耸婷，许明．英国中小学国家课程改革的新动向．外国中小学教育，2014（6）．

地履行自己的职责。很多学生有特殊教育的需求，这部分学生大多是有缺陷的。这就要用适合的教学方法，并且承认他们的个人需求，许多残疾学生可能会有一些额外的经济援助需求。国家课程应该确保每个学生都能没有障碍地完成学习，这就意味着这部分学生也要能够学习全部国家课程。教师必须规划课程以使这部分学生可以学习国家课程的每一门科目，少数学生将需要借助特殊设备和特殊方法。此外，还要关注那些非英语学生的需求。课程进展必须考虑学生的年龄、在该地区的居住时间、以前的教育经历以及其他语言能力。显然这是一个极具挑战性的目标，也是未来英国要实现教育公平就必须解决的一个重要问题。

(3) 国家课程改革面临着教育公平问题的严峻挑战。

这不是一个单纯的教育问题，而是一个更为广泛的社会问题。教育不平等的深层原因是收入的不平等。城市贫民作为一个数量庞大且不断增长的群体已成为各国共同面临的社会难题，已经开始成为社会发展的阻力。免费的义务教育是每个孩子的权利，然而仍然有数以百万计的孩子无法接受教育，尤其是那些贫困家庭的孩子。如果不能采取行动改变收入的不平等，那么将会有更多贫困家庭的孩子脱离学校教育。平等的学校教育意味着每个孩子都有机会接受学校教育，而这只有达到更广泛的收入平等之后才会实现，这不是仅靠课程改革就能完成的。教育公平化是一个棘手的问题，对未来英国的国家课程将是一个极大的考验。

未来英国的国家课程无论如何变化，都将是在现有课程基础上的延续与提升，同时延续英国一贯的教育传统，那就是特别强调基础知识的重要性，国家课程要将这些必备的基础知识传送到孩子们的脑子里。国家课程正在实施，舆论争议也在继续着，新一轮课程改革即将完成，新的国家课程是否更为成功、更具有生命力尚待实践证明。

三、新加坡的数学课程改革

1965年8月，新加坡共和国宣布成立，成为亚洲最小的一个独立主权国家。新加坡独立之初，其国民经济千疮百孔，经济结构单一，经济发展主要依靠转口贸易，工业及其他行业相当薄弱。面对这种情况，新加坡政府制定了大力发展工业、推行工业化的重大战略决策，而发展工业、实行工业化就迫切需要大批素质较高的技术工人和熟练工人。但当时新加坡劳动力素质极其低下，小学未毕业的劳动力占总劳力人数的63.5%。为此，新加坡政府从改革和发展基础教育入手，普及中小学教育和发展职业技术教育。可以说，新加坡的经济现代化之路也是教育现代化之路。

1. 新加坡基础教育改革的发展历史

新加坡在建国之初就明确了教育的指导思想，即要求教育必须配合工业化，为国家经济发展服务。1960年至今，新加坡的经济发展经历了四次大转轨，即由单一的转口贸易转为工业化，由内需型转为外向型，由劳动密集型转为资本与技术密集型，再向高科技工业发展①。为了适应经济发展，新加坡政府又进行了四次教育改革，在不同时期及时调整

① 王学风. 新加坡基础教育. 广州：广东教育出版社，2003：6.

教育方向和结构，不同时期教育的重点也不一样，使教育能始终适应经济发展的需要，为经济发展服务。在这四次经济大转轨中，我们可以清晰地看到新加坡基础教育改革的历史轨迹：

（1）经济恢复阶段（1965—1978 年）：普及基础教育。

独立之初的新加坡面临着极高的失业率和极为落后的经济这两大问题。为改变这种状况，新加坡政府进行了"第一次工业革命"。新加坡努力使单一的转口贸易经济转为以工业为主的多元经济。随着工业的不断发展，新加坡的金融领域也在迅速发展。

因此，新加坡对精通英语、掌握科技的人才的需求急剧增加。而当时新加坡的教育已不能适应这些需要，尤其是基础教育的发展严重滞后造成极大阻碍。1965 年，新加坡劳动力中，受教育程度低于小学文化水平的占 63.5%，中等文化水平的占 14.6%。针对以上情况，新加坡政府进行了第一次教育改革，改革的目标首先是扩大中小学校的建设规模，让所有的儿童接受免费基础教育。

（2）经济腾飞阶段（1979—1984 年）：提高基础教育的质量。

从 20 世纪 70 年代开始，新加坡的经济进入腾飞阶段，为了促进社会生产力的不断提高，新加坡开始逐步淘汰劳动密集型工业，转向大力发展资本与技术密集型工业，即进行"第二次工业革命"。

1978 年，新加坡教育部长吴庆瑞组织教育研究小组，调查新加坡教育制度中存在的问题，并提出了改革方案——《吴庆瑞报告书》（也称《新加坡教育报告书》），以此为起点，新加坡开始了第二次基础教育改革。这次教育改革的重点是改革教育体制，提高教育质量和办学效益。

（3）经济重整阶段（1985—1997 年）：优化基础教育。

1985 年，新加坡经济进入重新调整阶段。1986 年，新加坡国家经济委员会发表重要报告，提出新加坡应根据新的国际国内经济形势的需要，将经济发展转向以高精技术为中心的服务业。该报告书还强调，不但要使教育最大限度地发展每个人的潜能，而且要建立一个有创造力的、不断思考和不懈更新的新加坡社会，为经济的各个层面培养技能灵活的人才。

1987 年，新加坡将全国的二部制学校改为全日制学校。在中小学推行"思考课程"，旨在培养学生思考、创新和解决问题的能力。建立"自主学校"，自主学校拥有自定收费标准、自主招生、自主选聘校长和教师以及设置课程的权限。

（4）经济复兴阶段（1998 年至今）：走向理想的基础教育。

亚洲金融危机后，新加坡经济进入复兴阶段，同时政府也开始反思教育，特别是基础教育。1998 年，新加坡教育部制定了《理想的教育成果》这一教育纲领，勾勒出 21 世纪新加坡教育的理念与前景。在这个纲领中，提出了小学、中学及初级学院毕业生应达到的中期的教育成果以及所有中学后、大专学生理想的教育成果。在《理想的教育成果》的指导下，新加坡的基础教育进行了以下改革：调整课程，开放教材；加强信息技术教育，进行教育电子簿实验。

2. 新加坡小学数学大纲的制定过程

在独立前，新加坡的教育处于一种各语种体系"各自为政"的状态。即各语种都有各自独立的教学体系，使用着互不相同的教学大纲、教科书以及教学用语。直到1961年，新加坡教材和大纲委员会颁布了一套完整的适用于各语种、涵盖所有传统教学科目的教学大纲，才结束了这种混乱的局面。此后，新加坡数学大纲经过了多次修订。

考虑到学生在学习能力上的差异，并为了能更好地发挥学生的学习潜能，新加坡从1979年开始引入学生分流的体制。针对这一新的体制，新的小学和中学数学大纲从1981年开始逐步取代原有的大纲。新的大纲体现了分流的特征。在小学阶段，低年级（1～3年级）的数学课程是统一的，而到了高年级，课程则分为延续性课程（4～8年级，为期5年）和普通课程（4～6年级，为期3年）两种。延续性课程在内容要求上较低。在中学阶段，通过小学毕业考试的学生分别编入特别班、快捷班和普通班。

“分流制”的推行是新加坡教育体制的一项重大改革，在公众中引起了激烈的讨论。主要的反对意见概括起来有两种：一是许多人错误地认为，学生学习相同课程上大学的机会才会均等，这类看法不承认人的能力有差别，把“机会均等”和“结果均等”混为一谈，它随着分流制的不断推行而逐渐消失。二是针对分流本身，即像任何其他制度一样，分流会出现差错，分流中出现的差错或不准确将会影响学生的学习态度、自信等。有鉴于此，《新加坡教育报告书》指出，“新教育体制要成功地推行下去，分流就必须尽可能地准确”。为了保障分流的准确性，教育部采取了一系列措施：小学分流在四年级进行；学生除参加分流考试外，他们还必须接受智力测验，测验成绩作为分流的参考；分流后，学生还可平行流动，这既可纠正分流中可能出现的错误，又给予那些“后来居上者”进入高一等班次的机会；分流时，家长可在两个班次间为子女选择适当的班。采取以上诸项措施，其目的是要把分流的失误降到最低①。

1990年，新加坡教育部再次对数学大纲进行了修订。与1981年的大纲相比，1990年的大纲更注重对学生在数学概念、基本技能及数学学习过程方面的培养。1990年首次提出将发展学生的数学问题解决能力作为数学课程的基本目标，而且数学问题解决也被定位为新加坡数学课程框架的核心。

1990—2000年，新加坡教育部课程规划署先后两次分别对中学低年级和小学的分流做出调整。这对数学教学大纲也产生了一定的影响。1995年，小学的分流时间有所调整：由原来的小三分流改为小四分流，即在小学4年级结束时按照学生能力把他们分入3种不同的语言分流课程——EM1课程（英语、母语为第一语言）、EM2课程（英语为第一语言，母语为第二语言）、EM3课程（英语为第一语言，母语为熟练口语）。

1997年，新加坡教育部提出了“思考的学校，学习的国家”的总目标。为响应这一宏观的理念，1998年新加坡教育部推出了试行的小学教学大纲。这个大纲力求贯彻“思考技能”、“国民教育”和“资讯科技教育总计划”的精神，而且对1990年大纲在内容的量上做了大幅度的删减。在此基础上，于2000年颁布了修订后的小学数学教学大纲，从2001年起实行。2000年大纲沿袭并发展了1990年大纲中数学课程框架的五边形模型，数学问题解决的核心地位得到巩固，但教学内容有大幅度的删减。由新加坡教育部审定，按

① 董俊峰．新加坡的教育改革．贵州大学学报（社会科学版），1993（2）．

照新加坡数学教学大纲编写的适用于普通中学阶段的一整套教材，贯穿了新加坡教育部所积极倡导实施的三个理念：思维技能、信息技术和国民教育。信息技术的运用主要体现在计算器的使用、在线数学和动态几何软件（几何画板）与教学光盘在教学活动中的应用三个方面①。

新加坡教育部在课程改革方面不断寻求新的发展，2006 年又修订新的数学教学大纲，并于 2007 年启用。该大纲重视使学生在学习和应用数学的过程中发展计算能力、推理能力、思维技巧和问题解决能力等，而内容上并没有较大变化。2006 年教学大纲中包含基本理念、教育目标、结构与组织框架、内容要求四部分。教学大纲指出："数学是发展和提高人的逻辑思维能力、空间想象能力以及分析和抽象能力的重要工具。"大纲进一步说明"数学也是一门充满乐趣并令人兴奋的学科，它使得学生有机会进行创造性的活动，能带给学生启迪和愉悦"。可见，大纲从学习的主体——学生出发对数学进行了诠释，充分体现了"以人为本"的理念。

2006 年教学大纲的课程总目标：(1) 获得日常生活以及持续数学学习和相关学科学习必需的数学概念和技能；(2) 发展获得和应用数学概念和技能所需要的过程性技能；(3) 发展数学思维以及问题解决能力，并将这些技能应用在问题解决中；(4) 识别和应用数学思想间的联系以及数学与其他学科间的联系；(5) 发展积极的数学学习态度；(6) 在数学学习和应用中有效利用不同的数学工具（包括信息技术和交流技术工具）；(7) 从数学观念中产生富有想象力和创造力的成果，在此过程中提炼数学思想；(8) 发展逻辑推理能力、数学学习和应用能力，以及合作学习和独立学习的能力。大纲将数学课程的基本目标定位于培养学生的数学问题解决能力，让学生运用所学到的知识和技能去解决生活中的实际问题是数学教育的出发点和落脚点。

教学大纲明确描述出一年级到六年级各个内容领域的具体要求，还明确指出在此阶段需要达到的要求和不需要达到的要求。大纲不仅包含了中学低年级（中一、中二）的教学要求，也包含了中学高年级（中三、中四）的教学要求，同时，还补充了新加坡-剑桥普通教育证书普通水平和初级水准补充教学的教学大纲②。大纲对内容标准的具体描述采用的是表格形式，这使得要求看起来清晰明确，学生容易把握。

2006 年大纲的内容有三大板块：数与代数、几何与测量和统计与概率。与 2000 年大纲相比，教学内容上新增了集合语言与符号和矩阵。教学内容的安排仍遵循螺旋渐进的原则，但在具体处理上也略有调整。较为显著的变化是概率从中三、中四下调到中二，而三角学从中二上调至中三、中四。

四种不同源流课程的教学内容有一定差异。特别课程和快捷课程的内容完全一样，普通学术课程的教学内容基本上是前两者的一个子集，而普通工艺课程的教学内容总体上是普通学术课程的一个子集。另外，除了有三大内容板块之外，普通工艺课程的大纲还首次包含了一个称为"综合背景"的板块。综合背景指需要实际运用数学的现实问题以及与三大内容板块相关的数学问题。大纲指出数学教学应涉及有意义的综合背景，从而让学生体

---

① 杨光伟．数学课程标准研修与教材分析．杭州：浙江大学出版社，2011：19.

② 吴颖康．新加坡的数学课程．中学数学月刊，2006 (12).

会和欣赏数学在日常生活中的重要作用。可见，普通工艺课程的数学教学大纲尤为重视数学应用能力。不同源流课程教学内容的差异展现了新的课程改革所倡导的灵活性和多样性。

3. 新加坡的“五边形”课程框架结构

经过几十年的努力，新加坡形成了稳定的、具有自身特色的数学课程体系：“五边形”课程框架结构。新加坡将“发展学生数学问题解决能力”放在数学学习的中心位置，并认为问题解决能力的高低取决于概念、技能、过程、态度和元认知五个互相关联的要素的发展水平，这五个成分可以看成五个具体目标，如图 1-1 所示：

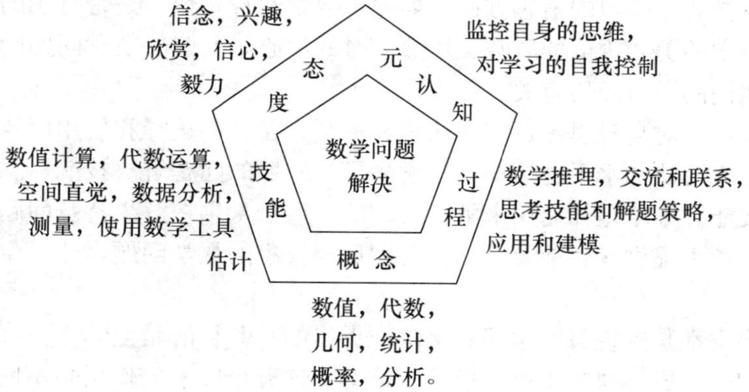

图 1-1 “五边形”课程框架结构

数学问题解决处于该框架的中心，说明数学学习的核心是数学问题解决。数学问题解决指将数学应用于解决实际工作中的问题、真正的生活中的问题以及数学问题本身。这里的“问题”涉及的范围很广：从常规的数学问题到不熟悉的情境中的问题，再到运用有关的数学知识及其思维过程进行的结论开放的调查等都包含其中。数学问题解决能力的发展需要五个相对独立要素的支持：概念、技能、过程、态度和元认知。对这五个要素，大纲做了如下的说明和分析：

（1）概念：包括数值、代数、几何、统计、概率和分析概念。数学教学要提供丰富的学习经验帮助学生发展对数学概念的深层次理解，把握不同数学思想的内涵和联系，使学生自信地探索和应用数学。

（2）技能：包括数值计算、代数运算、空间直觉、数据分析、测量、使用数学工具和估计等程序性技能。尽管学生需掌握熟练的数学技能，但应该避免在不理解涉及的数学原则的情况下过分强调程序性技能。

（3）过程：指在获得和运用数学知识的过程中涉及的知识技能（或过程性技能）。它的内涵由三个组成部分，除了以往大纲中提到的思考技能和解题策略之外，还增加了数学推理、交流和联系以及应用和建模两部分。

思考技能指在思考过程中用到的技能，如分类、比较、排序、分析部分与整体、识别模式与关系、归纳、演绎和空间想象。解题策略分为四类：给出数学表示，如画图、构造序列和用方程；给出恰当猜测，如猜想和检验、寻找模式和做假设；经历解题过程，如实际演示、逆向作业和使用前后概念；改变问题，如重新表述问题、简化问题和分部分解题。

数学推理指分析数学情境并给出逻辑论证。

交流指运用数学语言准确、简明、有条理地表达数学思想。联系指认识并建立不同数学思想之间、数学和其他学科之间、数学和日常生活之间的关联。

应用和建模在发展学生的数学理解和数学能力上有重要作用。学生能用数学问题解决能力和推理能力来解决各种数学问题和现实问题至关重要。数学建模指形成和改善用来表示和解决现实问题的数学模型。

（4）态度：指数学学习的情感方面，如关于数学本身和数学是否有用的信念、学习数学的兴趣、对数学的美和价值的欣赏、用数学时的信心以及解决数学问题的毅力。学生对数学的态度与他们的学习经历有关。

（5）元认知：指对自身思考过程的认识和控制，尤其在选择和使用解题策略时。大纲给出四种发展学生元认知水平的活动：让学生了解一般的问题解决技能、思考技能和解题策略以及这些技能和策略是如何用来解决问题的，鼓励学生在解决特殊问题时说出所用的策略或方法，给学生提供解题前要计划、解题后要反思的数学问题，让学生共同讨论解题策略和方法。

以上五个要素都是围绕着数学问题解决而提出的，其目的是使学生更好地解决数学问题，五个要素相辅相成，缺一不可。但是应该看到这五个要素的作用是不同的，这从它们在五边形中的位置就可以看到。概念是最下面的一个要素，它是其他所有因素的基础，没有概念的习得，其他的任何要素就无从谈起。技能和过程是处于中间的两个要素，它们是在概念的基础上形成的，它们和概念一起成为问题解决中的最直接的三个要素。最上端的两个要素——态度和元认知，涉及问题解决中的情感和心理，是更高层次的要素，它们的介入使得问题解决具有更高的效率和质量。

4. 新加坡数学课程改革的启示

（1）新加坡的分流制度有利于所有学生在数学上得到发展。

就数学课程而言，学习特别和快捷课程的学生能够学习更多和更深的数学，而普通学术和普通工艺的学生则可以学习更基础、更实用的数学。这既能提高教师的教学效率，也能维持学生学习数学的兴趣和信心。我国是一个幅员辽阔的国家，各地区之间的经济发展水平很不均衡，学生的数学学习水平和学习能力也有差异。新加坡数学课程的多样性和灵活性对如何全面提高我国中小学学生的数学能力有一定的启发。

（2）新加坡的数学课程以解决数学问题为核心，尤其强调数学应用能力。

这在 2006 年中学数学教学大纲的基本理念、基本目标、课程框架和教学内容上均有体现。正如李秉彝教授所说，“数学应该更多地被看成是实验性的而不是理论性的”。我国现阶段的数学课程改革也大力倡导培养学生的数学应用意识。新加坡数学课程在这方面的做法和经验能为我国提供参考。

（3）新加坡的数学课程一贯重视对学生思考技能和解题策略的培养。

1990 年以来新加坡的教学大纲不仅明确指出思考技能和解题策略的具体内涵，还给出实例加以说明。新加坡现行的许多中小学数学教材还专门对这些思考技能和解题策略进行解说，并设计相应的习题让学生实践。这对如何提高我国学生的数学思考能力有操作层面上的指导意义。

第二节　我国小学数学课程的历史发展

我国是世界文明古国之一，数学教育有着悠久的历史，周代的“六艺”中就有“数”。春秋战国时期，诸子百家大多带徒讲学，其中或多或少包含着数学的知识。秦汉时期，相继出现了《周髀算经》和《九章算术》，这是我国最早使用的数学教材。到了唐代，当时的最高学府国子监中设有算学馆。为了教学的需要，由李淳风等人审定并注释了汉朝以来的十部算经，统称《算经十书》，唐高宗下令将其定为全国通用的数学教材，这是我国国家审定数学教科书的开端。

以《九章算术》为代表的《算经十书》是我国古代数学的经典教材，对中国的数学教育产生了深远的影响。其最大的特点，一是以问题为线索，按照由问题归纳“术”的方式进行研究；二是提倡实用，注重计算技能的培养。

尽管我国的数学教学有数千年的历史，但由于统治者将初级教育放教于民间，所以按照现代的学制、课程概念来看，我国真正在小学设置数学课程，是在清朝末年，比很多国家要晚。

一、我国小学数学课程演变发展的历史沿革

1. 清末民初至中华人民共和国成立前

在清末民国时期的 47 个春秋里，我国政治风云迭起，各种思潮此起彼伏，小学数学教育变革频繁，先后进行了 12 次课程标准的修订，编写了多种小学数学教科书。结合当时的社会背景以及学制的变化，以新修订的课程标准为标志，将这一时期的小学数学课程分为 4 个阶段①，具体见表 1－5。

表 1－5　　清末民国时期小学数学课程改革阶段和颁发的数学课程标准一览

次序	小学数学课程标准	颁发时间	说明
第一阶段（1902—1911 年）	钦定小学堂章程	1902 年	这一阶段实际执行的是 1904 年颁布的《奏定初等小学堂章程》和《奏定高等小学堂章程》，学制 9 年（其中初小 5 年，高小 4 年）
	奏定初等小学堂章程	1904 年	
	奏定高等小学堂章程	1904 年	
第二阶段（1912—1922 年）	小学校教则及课程表	1912 年	1912 年 1 月底，颁布了《普通课程暂行课程标准》，从此，“课程标准”一词正式在我国使用。学制 7 年（其中初小 4 年，高小 3 年）
	民国学校令施行细则	1916 年	
	高等小学校令施行细则	1916 年	

① 陈婷，孙彬博．清末民国时期小学数学课程的嬗变及其评析．数学教育学报，2016 (1).

续前表

次序	小学数学课程标准	颁发时间	说明
第三阶段 （1923—1928 年）	新学制课程标准纲要· 小学算术课程纲要	1923 年	该标准纲要由俞子夷拟定，包括目的、限度、程序和方法四部分。学制 6 年（其中初小 4 年，高小 2 年）
第四阶段 （1929—1949 年）	小学课程暂行标准· 小学算术	1929 年	这一时期教育部曾 5 次颁布及修订小学数学课程标准。学制 6 年（其中初小 4 年，高小 2 年）
	小学各科课程标准·算术	1932 年	
	小学算术课程标准	1936 年	
	小学算术科课程标准	1941 年	
	算术课程标准	1948 年	

（1）第一阶段（1902—1911 年）：制定学制时期。

这一阶段颁布了 3 个学堂章程，分别是 1902 年的《钦定小学堂章程》、1904 年仿日本学制而制定的《奏定初等小学堂章程》和《奏定高等小学堂章程》。实际执行的是 1904 年颁布的两个章程，其中规定小学数学课程目标主要包括：使习四民皆所需之算法，为将来自谋生计之基础；兼使精细其心思。具体来讲：初等小学堂修业五年，先就百以内数示以加减乘除之方，使之纯熟无误，然后渐加其数至万止，兼及小数；并宜授以珠算。高等小学堂修业四年，则“授以复杂之算术”，内容主要有度量衡、货币及时间的计算，小数、分数、百分数，以及比例、求积、日常簿记。

（2）第二阶段（1912—1922 年）：修订学制时期。

辛亥革命以后，小学学制改为初小 4 年，高小 3 年。1912 年公布的《小学校教则及课程表》中规定：算术要旨，在使儿童熟习日常之计算，增长生活必需之知识，兼使思虑精确。算术的教学内容较上一阶段变化不大，只是教学时长改为 7 年。当时各书局所编教材很杂，大多沿袭日本、美国教材的编排体系，教学内容深浅不一。

（3）第三阶段（1923—1928 年）：课程纲要时期。

1922 年 11 月，北洋政府公布了《学校系统改革案》，其中规定的学制为：小学 6 年（其中初小 4 年，高小 2 年）。根据新学制，全国教育联合会组织“新学制课程标准起草委员会”草拟小学课程纲要。经过多次讨论、修订，于 1923 年颁布了《新学制课程标准纲要·小学算术课程纲要》，其中规定：学生可以在日常游戏和作业里得到数量方面的经验；能解决自己生活状况里的问题，能自己寻求问题的解决方法，形成计算正确而敏捷的习惯。

该阶段小学数学课程内容主要有：整数加减乘除，四则练习，小数、分数、百分数初步教学；简单比例；长、量、方、立方的概念和用语；时间、货币等概念；首次提出求圆面积；解决应用题，解决自己生活状况里的问题；使用通常的家用簿记。

（4）第四阶段（1929—1949 年）：课程标准时期。

1928 年 5 月，南京国民政府大学院组织“中小学课程标准起草委员会”，编订中小学课程标准。这一阶段政府曾 5 次颁发及修订小学课程标准：1929 年的《小学课程暂行标准·小学算术》、1932 年的《小学各科课程标准·算术》、1936 年的《小学算术课程标准》、1941 年的《小学算术科课程标准》和 1948 年的《算术课程标准》。各个标准中规定的小学数学课程目标大同小异，主要包括：增进儿童日常生活中关于数（量）的常识和观念；培养儿童日常生活中的计算能力，形成计算敏捷和准确的能力。

该阶段小学数学课程内容主要有：整数加减乘除，四则运算的应用，小数、分数的认识和计算；珠算；长、量、方、立方的认识及计算，度量衡的认识与比较；三角形、正方形、长方形、圆、椭圆、菱形、梯形、平行四边形的认识和应用；解决应用题，应用题的范围逐步扩大；统计图的认识和制作；会处理普通的家用簿记。

2. 新中国成立以来

新中国成立以来，国家十分重视学校课程教材的建设。我国小学数学课程走过了一段不平凡的历程，先后进行了 8 次课程改革，颁发了 10 部小学数学教学大纲（课程标准），具体如表 1-6 所示。

表 1-6　新中国成立以来进行的小学数学课程改革和颁发的小学数学教学大纲（课程标准）一览

次序	大纲（或标准）名称	颁发时间	说明
第一次课改（1949—1952 年）	《小学算术课程暂行标准（草案）》	1950 年 7 月	以老解放区教育经验为基础，吸收旧教育有用经验，借助苏联经验。
第二次课改（1952—1957 年）	《小学算术教学大纲（草案）》和《小学珠算教学大纲（草案）》	1952 年 12 月	参照苏联《初等学校算术教学大纲》制定，学制是五年一贯制，初中学一年算术。
	《小学算术教学大纲（修订草案）》	1956 年 12 月	在 1952 年大纲的基础上，参考苏联新修订的小学算术，并按照“四二制”（初小四年、高小二年）的要求，修改而成。初中还要学一年算术。
第三次课改（1957—1961 年）	教育部未颁发大纲		开展“教育革命”，全面否定学习苏联经验，各地进行教材改革试验。
第四次课改（1961—1966 年）	《全日制小学算术教学大纲（草案）》	1963 年 8 月	在总结新中国成立以来正反两方面经验教训的基础上制定，学制六年，小学学完全部算术。
第五次课改（1966—1976 年）	教育部未颁发大纲		教学计划、教学大纲、课程教材等都遭到批判，各地自编了一些地方数学教材，突出政治，强调实用，教学程度明显降低。
第六次课改（1976—1986 年）	《全日制十年制学校小学数学教学大纲（试行草案）》	1978 年 2 月	根据我国实现四个现代化要求，吸取国内外小学数学教学改革经验而制定，学制五年，后改为五、六年并存。
	《全日制小学数学教学大纲》	1986 年 12 月	为实施九年义务教育过渡，在 1978 年大纲的基础上修订而成，是新中国成立以来第一部不带“草案”字样的正式大纲，学制为五、六年并存。

续前表

次序	大纲（或标准）名称	颁发时间	说明
第七次课改 （1986—2001 年）	《九年义务教育全日制小学数学教学大纲（初审稿）》	1988 年 11 月	根据《义务教育法》，在 1986 年大纲的基础上，经多次修订不断完善而成。这三部大纲的结构与教学目标大致相同，其中“试用修订版”吸收了将要进行的第八次课程改革先行研究的成果。学制仍为五、六年并存。
	《九年义务教育全日制小学数学教学大纲（试用）》	1992 年 6 月	
	《九年义务教育全日制小学数学教学大纲（试用修订版）》	2000 年 3 月	
第八次课改 （2001 年—　）	《全日制义务教育数学课程标准（实验稿）》	2001 年 7 月	适应形势发展需要，调整和改革基础教育课程体系、结构、内容，构建符合素质教育要求的新的教育课程体系。学制为九年一贯制，小学六年分两个学段。
	《义务教育数学课程标准（2011 年版）》	2012 年 1 月	

资料来源：刘久成．小学数学课程 60 年．南京：江苏大学出版社，2011：235.

（1）第一次课改（1949—1952 年）：统一课程，制定了《小学算术课程暂行标准（草案）》。

新中国成立后，百废待兴，中央政府立即组建人民教育出版社，统一课程教材，教育部明确提出：“以老解放区教育经验为基础，吸收旧教育有用经验，借鉴苏联经验，建设新民主主义教育。”“编辑与改编中小学教科书，是目前亟待解决的中心问题之一。”

1950 年 7 月，教育部颁布了《小学算术课程暂行标准（草案）》，该标准由目标（4 条）、教材大纲（包括笔算和珠算）、教学要点（包括教材编选要点 11 条、教学方法要点 13 条和教学设备要点 3 条）三部分组成。这是新中国成立以来的第一套小学数学（算术）课程标准。

这一阶段小学算术课程的目标是：“增进儿童关于新社会日常生活中数量的正确观念和常识；指导儿童具有正确和敏捷的计算技术和能力；训练儿童善于运用思考、推理、分析、综合和钻研问题的方法和习惯；培养儿童爱国主义思想，并加强爱科学、爱护公共财物等国民公德。”① 这四项目标，知识、能力、方法、习惯和思想教育都有所提及，体现了社会主义教育与旧教育的不同。它表明我国第一部小学算术课程标准达到了一定的水平。它的不足主要是，没有明确提出几何初步知识的教学目标、空间观念与解决实际问题的能力。

教学内容为笔算和珠算，以四则计算为中心。

在此期间，全国没有统一的算术教材，主要是选用和修改民国时期和老解放区的小学算术教材，主要有刘松涛编写的华北人民政府审定的老解放区教材和俞子夷编写的原大东书局出版的教材。

① 课程教材研究所．20 世纪中国中小学课程标准·教学大纲汇编：数学卷．北京：人民教育出版社，2001：49.

(2) 第二次课改（1952—1957年）：学习和模仿苏联。

1952年7月，教育部成立中小学各科教学大纲起草委员会，在“学习苏联先进经验，先搬过来，后中国化”的思想指导下，1952年12月颁布了《小学算术教学大纲（草案）》和《小学珠算教学大纲（草案）》。

这一阶段小学算术教学的任务是“保证儿童自觉地和牢固地掌握算术知识和直观几何知识，并使他们获得实际应用这些知识的技能；培养和发展儿童的逻辑思维，使他们理解数量和数量之间的关系，并能做出正确的判断；培养儿童自觉性、纪律性，工作的明确性与准确性等优良品质，培养他们善于钻研，勇于克服困难，有始有终等意志。”

教学内容有整数、分数、小数、百分数、复名数四则运算、直观几何知识等。这部大纲，第一次确立了直观几何知识在我国小学算术课程中的地位。

一年后，由于师资等条件准备不足，暂时停止推行五年一贯制，恢复初小四年、高小二年。根据“四二制”小学的教学计划，对前一部教学大纲进行了修订，并在1956年颁布了《小学算术教学大纲（修订草案）》。

该大纲指出：“小学算术教学的目的，是使儿童能够自觉、正确和迅速地进行整数运算，能够用已经获得的知识、技能和技巧去解答算术应用题和解决日常生活中简单的计算问题。算术教学必须有助于儿童智慧的发展和道德品质的培养，以促进全面发展的教育任务的实现。算术的学习应该做到使数和量成为儿童认识周围现实的工具。”①

教学内容主要有整数，简单的分数、小数和百分数，各种计量单位，几何初步知识，简单的统计图，简单的簿记等。

这一修订草案第一次提到了“全面发展的教育”。但是，这个时期的两个教学大纲的最大缺点就是过低估计了我国儿童的智力发展水平，不顾国情，机械照搬外国经验，把当时苏联小学（只有四年）的教学内容拉成五年或六年进行教学。

从1952年起，人民教育出版社根据同年颁布的教学大纲，以苏联教材为蓝本编写新教材，到1955年编写完全套课本（包括珠算），开创了我国统一教材体系的新局面。这套新编课本与旧的算术课本相比，在系统性、科学性和思想性方面都有了明显的进步，同时加强了口算，也比较重视数学概念和规律性知识的教学。但是，在内容上六年只教授整数四则计算和简单的小数、分数加减法，小学所学习的算术程度过低。当时我国大多数小学学生毕业后会直接参加生产劳动，很少升学，但他们掌握的数学知识却不能满足实际需要。另外，这一时期的教材在编排上重复过多，特别是整数部分，安排了七个循环圈，忽视我国的记数特点，生搬硬套地加上“千”的循环圈，这是没有必要的，而在编写上采用习题汇编形式，例题、习题不易分清，也给教学带来不便。

(3) 第三次课改（1957—1961年）：开展“教育革命”，中学内容下移小学。

随着我国社会主义革命和社会主义建设的发展，小学算术的教学内容越来越脱离实际需要。因此，1957年教育部颁布了新的《小学教学计划》。1958年，根据“教育为无产阶级政治服务，与生产劳动相结合”的教育方针，全国各地开展了“破除迷信，解放思想，

① 课程教材研究所. 20世纪中国中小学课程标准·教学大纲汇编：数学卷. 北京：人民教育出版社，2001：55-61.

大破大立”的教育改革运动，通常称为“教育革命”。这一阶段，我国逐渐破除对苏联的教育大纲的迷信，并且全面否定了学习苏联的经验。

1958 年 9 月，教育部发出《关于小学算术课临时措施问题的通知》和《小学算术教材精简和补充纲要》，对教学内容和教学要求进行了调整。在教材改革方面，首先是把原来初中的算术下放到小学，提高了小学毕业生的数学水平。这是我国小学算术教学改革的重要转折点，学生会在小学阶段学完全部算术。其次，改进了教材的编写形式，把讲解的内容和练习题分开，方便教师研究教材和展开教学。此外，还精简了一些不必要的内容，并在初小增加了几何初步知识。但受“大跃进”的影响，教材编写中也存在着许多问题。如忽视了专家的作用，缺乏科学性；过高地估计了小学生的接受能力；没有遵循现实的认知规律，导致学生难以接受，影响了教学质量。

（4）第四次课改（1961—1966 年）：初步构建我国的小学数学课程。

从 1961 年中央提出“调整、巩固、充实、提高”的八字方针到 1966 年，是新中国成立后我国政治逐渐稳定、经济开始好转的一个时期。这为小学数学课程的改革发展提供了良好的环境。

教育部遵循“不提高程度，不增加内容，一般不变更体系”的原则，制定了《全日制中小学数学教学大纲（草案）》，人民教育出版社根据该大纲编写了《十年制学校小学课本·算术（试用本）》共十册和《珠算（试用本）》一册。这套新教材不仅对教学内容做了一些调整，对教材的编排体系也做了一些改进。例如：减少整数的循环，根据我国的计数特点划分为“二十以内”“百以内”“万以内”“万以上”四个段落，每个段落各有重点；提早几何初步知识的教学，从第四册起，每册适当安排一些几何内容，并注意与计算的联系。从教材试用情况来看，教学效果比较好，得到了大家的肯定。这套试用本不仅为缩短学制创造了有利的条件，而且为以后的算术教学改革开辟了道路，提供了有益的经验。

1963 年 8 月，教育部又颁发了六年制的《全日制小学算术教学大纲（草案）》。该大纲指出：“小学算术教学的目的是使学生牢固地掌握算术和珠算的基础知识，培养学生正确、迅速地进行四则计算的能力，正确地解答应用题的能力，以及具有初步的逻辑推理能力和空间观念，以适应他们毕业后参加生产劳动和进一步学习的需要。”①

与前面几部大纲相比，这次规定的教学目的较为明确，比较符合我国当时大多数地区的实际情况，而且第一次提出了培养学生空间观念的要求，但大纲中把培养逻辑思维能力表述为培养逻辑推理能力，有一定的局限性。

这部大纲和相应的教学内容主要做出了以下调整，一是加强基础知识，提高学习程度。删减了不当的内容，如运算定律和运算性质、最大公约数的求法、圆锥的体积等。另外还增加了棱柱和棱锥的体积、复比例、一些典型应用题和记账初步知识。二是建立了“以四则计算为中心”的小学算术教材体系。构建了新的整数、小数、分数的教材结构，即对于整数在初小安排四个循环圈，到高小（五年级）再加以概括和提高；把小数、分数各划分为两段，初小只限于初步认识，高小再系统讲授。三是加强数学知识的科学性、系

① 课程教材研究所. 20 世纪中国中小学课程标准·教学大纲汇编：数学卷. 北京：人民教育出版社，2001：82.

统性、严密性。四是加强基本技能的训练，安排的练习题比较多。这部大纲、课本的编成，不仅对提高20世纪60年代小学算术教学质量起着重要作用，而且对后来的教学改革产生了重要的影响。

（5）第五次课改（1966—1976年）：开展“文化大革命”，课程体系惨遭破坏。

1966—1976年，我国发生了一场史无前例的“文化大革命”。政治动乱，经济几乎崩溃，文化教育事业严重倒退。我国各级各类学校全部处于停课“闹革命”状态。正常的教学秩序被完全破坏，教学体系处于无序甚至混乱的状态。

这一阶段小学数学教育中的知识目标和智能目标被完全否定，以“应用数学”代替系统知识的学习，片面强调培养学生运用数学解决工农业生产中简单的实际问题的能力，忽视学生初步的逻辑思维能力和空间观念的培养。其结果是学生的基础知识和基本技能被严重削弱，智力和能力发展被限制，教育质量大幅度下降。

（6）第六次课改（1976—1986年）：拨乱反正，课程教材重建。

“文化大革命”后，为了适应四个现代化建设的需要，1978年我国颁布了《全日制十年制学校小学数学教学大纲（试行草案）》。该大纲遵照邓小平同志关于教材要“按照中小学生所能接受的程度，用先进的科学知识充实中小学的教育内容”的指示，在认真分析、吸取了国内外近几十年来数学教学改革经验教训的基础上，本着既要积极又要稳妥的改革精神，对教学内容做了调整、充实和更新，它成为我国第一部把小学算术课程拓展为小学数学课程的大纲。

该大纲提出的教学目的是：“使学生理解和掌握数量关系和空间形式的最基础的知识，能够正确、迅速地进行整数、小数和分数的四则计算，初步了解现代数学中的某些最简单的思想，具有初步的逻辑思维能力和空间观念，并能够运用所学的知识解决日常生活和生产中的简单的实际问题。同时，结合教学内容对学生进行思想政治教育。”①

该大纲第一次从知识、能力和思想教育三个方面明确数学教学的目标，并且提出要在理解基础上掌握数与形的基础知识，对改进小学数学教学起到了指导作用。但是，其中的一些提法被之后的教学实践证明是欠妥的。例如，对于四则计算，不分内容、主次一概要求“迅速”，不够恰当；把“初步了解现代数学中的某些最简单的思想”作为教学目的，与实际教学中结合教学内容自然而然地渗透某些近代数学的基本思想、基本概念的做法不一致。

依据这部大纲，人民教育出版社陆续出版了《全日制十年制学校小学课本数学（试用本）》。采取“精选、增加、渗透”的策略，适当更新教学内容。第一，精选传统的算术内容。对仍是学习现代科学技术所必需的基础知识和基本技能，予以保留，并且要保证学生学好；从发展上看学习意义不大的内容，如难度较大的四则计算、应用题等，予以删减。第二，适当增加代数、几何初步知识。包括用字母表示数、简易方程、简单的正负数计算、三角形内角和、轴对称、扇形等。第三，适当渗透集合、函数、统计等数学思想，但不作为正式讲授内容。改革后新增内容仅占5%，比较切实可行。

① 课程教材研究所. 20世纪中国中小学课程标准·教学大纲汇编：数学卷. 北京：人民教育出版社，2001：98.

1981年，根据修订的教学计划和各地使用意见，人民教育出版社对这套新课本做了一些修改。主要是删去正负数及其四则计算；适当调整各册分量，进一步加强知识间的联系，以及学生智力、能力的培养。修改后的课本改称《五年制小学课本·数学》。同时，为了适应"小学学制为五年、六年并存"的实际需要，又编辑出版了一套《六年制小学课本·数学》，共12册。这套课本在程度上与五年制课本相同，只在编排上做了一些小的调整。从当时来看，这两套教材做了一系列较大的改革，质量比过去有很大提高，是新中国成立最初40年中使用时间最长、最稳定的小学数学课本。

(7) 第七次课改（1986—2001年）：构建适应义务教育的小学数学课程。

1985年5月颁布的《中共中央关于教育体制改革的决定》提出要在我国实施九年义务教育的宏伟目标。1986年，又颁布了《中华人民共和国义务教育法》。为适应义务教育，国家教委先后颁布了3套小学数学教学大纲。其基本结构和教学目标大致相同，这里主要介绍1992年颁布的《九年义务教育全日制小学数学教学大纲（试用）》。该大纲的鲜明特点是，着力于为全面提高民族素质打好基础，强调要面向全体学生，这一特点体现了我国教育思想的一大转变。

该大纲对教学目的的规定是：1）使学生理解、掌握数量关系和几何图形的最基础的知识。2）使学生们具有进行整数、小数、分数四则计算的能力，培养初步的逻辑思维能力和空间观念，能够运用所学的知识解决简单的实际问题。3）使学生受到思想品德教育①。

该大纲对教学内容做了更新、调整。主要有：精简数据过大、过繁的计算和比较复杂的四则混合运算，删去繁分数，加强中、高年级的口算，并增加估算的内容；代数初步知识增加形如 $ax+bx=c$ 的方程及相应的应用题；几何初步知识加强测量、画图、拼摆等实际操作；统计初步知识充实数据整理的内容，把平均数列入统计初步知识内，降低绘制统计图的要求，强调会对统计图表进行一些简单的分析；百分数应用题中增加利息的计算等实际问题。这些改进有利于数学教学改革，也有利于适应社会发展的需要。在确定统一教学内容的基础上，大纲还列出了一些选学内容，从而增加了教学内容的弹性，以适应编写不同层次的教材和因材施教的需要。

鉴于我国幅员辽阔，城市与农村、沿海与内地的经济、文化、教育发展极不平衡，为了适合各地的特点和需要，国家教育委员会组织编写了多套系列教材。除了人民教育出版社编写的、面向全国大多数地区、适合一般学校使用的"六三"制和"五四"制教材外，还有由北京师范大学组编、适合一般学校使用的"五四"制教材，由广东省教育委员会和华南师范大学组编的沿海版"六三"制教材，由四川省教育委员会和西南师范大学组编的内地版"六三"制教材。此外上海市和浙江省还编写了改革步子更大的、适合经济发达的城市和农村使用的实验教材。这开创了我国义务教育教材"一纲多本"的新局面。

(8) 第八次课改（2001年—　）：颁布并实施新课标，编写和试验新教材。

进入21世纪，我国教育事业面临新的历史机遇和挑战，"科教兴国"成为基本国策。

---

① 课程教材研究所. 20世纪中国中小学课程标准·教学大纲汇编：数学卷. 北京：人民教育出版社，2001：153.

为全面落实《面向二十一世纪教育振兴行动计划》，建立一个现代化的基础教育课程体系，教育部基础教育司于1999年3月组建了国家数学课程标准研制工作组，研究、起草义务教育阶段国家数学课程标准。2001年7月我国颁布了《全日制义务教育数学课程标准（实验稿）》，该课程标准的内容将在本书第二章中具体介绍，在此不赘述。

二、对我国小学数学课程演变发展的分析

纵观我国小学数学课程演变的历史，从民间传授计算术到小学堂算术，再到小学数学，发展道路漫长而曲折。以科学的态度审视、分析这一历史，从中探寻一些规律性的经验，吸取其中可以引以为戒的历史教训，对于我们理解当前的课程教材改革，明确今后的发展趋向，都是极为有益的。

1. 对课程目标演变发展的分析

在近百年中，我国小学数学课程目标有了很大的变化。由最初“熟习日常之计算，兼使思虑精确”演变为知识教学、能力培养、思想品德教育并重。每一次改革或调整都有所继承，也有所发展；有所扩充，也有所概括。

这些变化，反映了我国不同历史时期社会政治、经济发展对教育的要求。清末民初，以功利性目标——满足“自谋生计”之需为主，与当时半封建半殖民地社会的小农经济是相适应的。新中国成立以后，教育的两个主要任务逐步明确，即“适应进一步学习和直接参加生产劳动的需要”。这两方面的教学任务，与我国当时只能普及小学教育的国情是相适应的。到了80年代后期，我国又进一步确立了“提高民族素质”的目标，这是增强综合国力、适应国际竞争的需要。

这些变化，也反映出教育思想观念的转变。从只注意传授知识与技能，转变为知识、能力并重，再发展成既重视知识、能力，又注重非认知因素，即促进学生全面发展的素质教育思想。

从小学数学课程目标的具体内容来看，主要的变化有：

（1）数学基础知识的教学目标，主要变化体现在两个方面。一是由局限于算术和珠算，偏重于“数”，发展为兼顾“数”与“形”两方面，并明确规定小学数学的教学内容要在“最基础”的范围内。二是由只要求“牢固”掌握，发展为兼顾教法、学法，即在“理解”基础上掌握。也就是说不仅要求学生能计算、会应用，还要求学生懂算理、会思考。进一步的发展趋势，是使学生在获得数学知识、运用数学知识的过程中学会学习，以适应未来“终身教育”社会中个体发展的需要。

（2）数学能力的培养目标，起初只是“习熟运算之法”，“兼使精细其心思”。从1963年的大纲开始逐步重视培养小学生的四种能力，但起初只对计算能力有比较具体的要求。而对培养逻辑思维能力和发展空间观念方面的要求，在很长一段时间内没有明确的规定，这在一定程度上影响了具体培养计划的落实。直到义务教育大纲出台才比较明确地阐述了这两种能力的内涵，并规定了培养要求。同样，培养解决简单实际问题能力的要求，也有一个逐步明确的过程。从只要求将计算运用于日常生活，到要求“能够运用数学的知识解决日常生活和生产中简单的实际问题”，再发展到“能够探索和解决简单的实际问题”。在

这个过程中也走过一些弯路，例如，把“解决简单实际问题的能力”等同于“解答应用题的能力”，用程式化的解题训练代替生动的实际应用，等等。未来，数学能力培养方面的教学目标将朝着有利于培养创新精神和实践能力的方向发展。

（3）思想品德教育的目标，1950 年的大纲中就已提出这一目标，但一段时间内对此有所忽视。1978 年的大纲将这一目标明确化，以后的几部大纲又进一步丰富、充实了具体的教学要求。寓德育于数学学科教学中的教学目标，将会继续坚持并不断改善。

2. 对课程内容与教材演变发展的分析

从对我国小学数学课程演变发展的回顾中可以看到，我国小学数学课程内容与教材的变化、发展道路是十分曲折的。由单纯的算术知识体系扩展为综合的数学知识体系，由编译、移植外国教材发展为自己编写具有中国特色的通用教材，由“一纲一本”到“一纲多本”，不断改革、不断发展，取得了巨大的进步。

从课程内容的演变来看，小学数学的主要教学内容，大多属于数学中最基础的知识和方法，比较稳定。但随着科学技术包括数学本身的不断发展，社会对数学的需要也在发展变化，这就要求小学数学的课程内容必须相应地进行部分调整和更新。

数与计算的教学内容，在 60 年代及以前是相当稳定的。1978 年后的大纲，都对这部分内容做一定的精简。主要是简化笔算的数据，减少混合运算的步数。但对基本的口算要求，则从未减弱。从 1986 年大纲起，还增加了估算的内容。促成这一变革的主要原因，就是现代计算工具的使用日益广泛，大大降低了笔算的实用价值，因此口算和估算的能力就显得更加重要，这一趋势仍将延续。

量与计量的教学内容，也经历了由繁难到精简的变化过程。这是由国家废止市制计量单位、统一实行法定计量单位的改革举措所决定的。在简化内容的同时，更加重视形成计量单位的表象，并逐步加强实际计量的动手操作，今后也将继续如此。

几何教学内容的演变过程，表现为以“求积”计算为主，转化为以认识图形和发展空间观念为主。清末《奏定高等小学堂章程》规定的高小第四学年的教学内容中，就有“求积”，当时主要是田亩的计算。后期逐步明确了几何初步知识在小学算术中的地位，但有很长一段时间，一直以“求积”为教学重点。1978 年的大纲改变了这种状况，删去了棱柱、棱锥及其体积计算，增加了轴对称图形、三角形内角和、扇形等知识，并加强了图形的拼摆和动手操作活动。义务教育大纲又进一步明确了小学几何的性质为直观几何、实验几何，并突出了培养空间观念的要求。考虑到小学阶段是儿童空间观念发展的重要时期，而且每个人都需要认识个体所在的生存空间，因此这部分教学内容将朝着“图形与空间”的方向发展。

代数和统计的教学内容，则经历了从无到有的发展过程。把代数初步知识引入小学数学，始于 50 年代末一些地方性的教学改革，到 1978 年正式列入教学大纲。同时在教材中采用了逐步渗透、分散与集中相结合的编排方式，做到在算术知识的基础上逐步引入，并与算术知识相互配合、相互促进。在此基础上，义务教育大纲又适当加强了简易方程的内容，以利于应用题教学的改革。这部分内容的变化趋向，是进一步和数与计算的知识紧密结合，并将更多地考虑中小学数学教学的衔接，形成一个递进发展的有机整体。

把统计图表的内容列入小学算术教学内容，始于 1956 年大纲。1978 年大纲增加了数据整理，使学生学习从收集原始数据，进行数据整理到制作简单统计图表的有关内容，从而基本形成了较完整的统计初步知识的框架。义务教育大纲进一步强调绘制统计图表的要求不宜过高。这是随着因为电脑软件的发展，手工绘制图表的机会较少，而从统计图表中获取信息的需要则更多。今后，社会生活中数量化的信息会越来越多，因此统计初步知识的教学内容将进一步得到加强。

应用题过去一直是小学数学的主要教学内容之一。1952 年大纲曾经要求用总课时的一半左右来进行应用题教学。该大纲采用当时苏联教材的应用题分类体系，并引入一系列类型名称。这种应用题分类教学的方式，对之后我国的教材和教学影响很大。按照该大纲的要求，复合应用题要学到六步计算，还有近十种典型应用题。实际上真正能够达到这些教学要求的学生为数不多，而且升入中学学了列方程解应用题以后，算术方法很快就被学生遗忘了。应用题教学内容繁难庞杂的局面，直到 1978 年大纲发布才得到扭转。该大纲不仅精简了应用题教学的内容，而且还强调启发学生分析数量关系，使应用题教学由重视一招一式的解题技巧训练转变为重视解题思路教学，重视培养分析问题、解决问题的能力。同时引进方程，以算术解法为基础，逐步过渡到列方程解应用题，使应用题教学改革进入了一个新的发展阶段。义务教育大纲推进了这方面的改革。进一步的改革将着力恢复数学基础知识与实际应用的天然联系，并加强应用题教学的开放性和探索性。

从教材编写的发展来看，我国的小学数学教材编写工作者由模仿到创新，执着地探索编写的规律，逐步地积累编写的经验，我们从中得到的启示，可以归纳为以下几点：

（1）教材改革必须坚持从中国的实际出发，走自己的路。

这是小学数学教材改革中最深刻的一条经验教训。追溯到清末民初，小学算术教材的编写先学日本，20 年代开始改学美国，50 年代又改学苏联，这些教材都因忽视结合中国实际，照搬别国经验、别国模式，而事与愿违，因此效果不好。60 年代以后，由于端正了学习外国经验的态度，重视从中国的社会主义建设需要出发，我们的教材改革逐步获得较大的发展。

（2）教材改革必须正确处理改革的长期性和阶段性的关系以及不断改革与相对稳定的关系。

教材改革总是为一定的社会政治、经济和科技发展的需要服务的。因此，教材不能一成不变，落后于社会发展的要求；也不能试图一步到位，超越社会发展的客观条件。例如，50 年代小学算术教材片面降低程度，不能适应实际需要；60 年代新编小学算术教材过多地增加内容，试图提高程度，超过了师生的承受能力。另外，50 至 60 年代小学算术教材改动过于频繁，使教师无所适从，给教学带来很大困难；80 年代小学数学教材相对稳定了一段时间，这便于教师积累教学经验，促进了小学数学教学质量的提高。这些都是值得吸取的经验教训。实践表明，教材改革从来都是一个渐进的、继承和革新并存的过程，必须积极而稳妥地分步实施，连续推进。

（3）教材改革必须坚持科学实验。

小学数学教材的编写是数学教育科学研究的一个重要组成部分，必须有正确的研究方法。新中国成立以来的教材编写实践告诉我们，必须坚持以唯物辩证法分析、处理教材编写中的问题，坚持开展试用实验，通过实验解决编写中可能存在的问题，验证教材的可行性，这是提高教材质量的重要保障。

思考题

1. 美国2000年数学课程标准有什么特点?
2. 《科克罗夫特报告》对英国小学数学教育有什么重要意义?
3. 新加坡的以“解决问题”为核心的数学课程有什么特点?
4. 查阅资料，举例说明我国古代数学曾有的光辉一页。
5. 举例说明新中国成立以来我国小学数学课程改革中有哪些值得总结的经验和教训。

参考文献

[1] 白改平，杨光伟. 美国数学课程改革的特点及其启示. 外国中小学教育，2008 (7).

[2] 吴文侃，杨汉清. 比较教育学. 北京：人民教育出版社，1989.

[3] 张奠宙，唐瑞芬，刘鸿坤. 数学教育学. 南昌：江西教育出版社，1991.

[4] 许天来，廖运章. 英国国家数学课程的嬗变、反思与展望. 数学通报，2015 (4).

[5] 赵耸婷，许明. 英国中小学国家课程改革的新动向. 外国中小学教育，2014 (6).

[6] 王学风. 新加坡基础教育. 广州：广东教育出版社，2003.

[7] 董俊峰. 新加坡的教育改革. 贵州大学学报（社会科学版），1993 (2).

[8] 杨光伟. 数学课程标准研修与教材分析. 杭州：浙江大学出版社，2011.

[9] 吴颖康. 新加坡的数学课程. 中学数学月刊，2006 (12).

[10] 陈婷，孙彬博. 清末民国时期小学数学课程的嬗变及其评析. 数学教育学报，2016 (1).

[11] 刘久成. 小学数学课程60年. 南京：江苏大学出版社，2011.

[12] 课程教材研究所. 20世纪中国中小学课程标准·教学大纲汇编：数学卷. 北京：人民教育出版社，2001.

第二章

小学数学课程的几个基本问题

内容提要

世纪之交，我国开始设计并逐步实施基础教育课程改革，经历了一场具有深远影响的教育变革。2001 年 6 月国家公布的《基础教育课程改革纲要（试行）》（简称《课程改革纲要》）是这次课程改革的指导性文件。课程改革以促进学生全面发展为根本目的，在课程理念、目标、内容、方法和评价等方面都发生了很大的变化。从 2001 年实施《全日制义务教育数学课程标准（实验稿）》［简称《课程标准（实验稿）》］到 2011 年颁布《义务教育数学课程标准（2011 年版）》［简称《课程标准（2011 年版）》］的 10 年是一个改革实践的过程，是一个不断思索的过程。本章主要围绕《课程标准（2011 年版）》阐述小学数学课程中的几个基本问题：小学数学课程标准的基本理念、小学数学课程目标、小学数学课程内容和课程资源的开发与利用。

第一节　小学数学课程标准的基本理念

基本理念是制定和实施数学课程的指导思想，反映了在数学课程、数学课程内容、数学教学以及学习评价等方面应具有的基本认识、观念和态度。

一、小学数学课程的核心理念

《课程标准（2011 年版）》提出："数学课程应致力于实现义务教育阶段的培养目标，要面向全体学生，适应学生个性发展的需要，使人人都能获得良好的数学教育，不同的人在数学上得到不同的发展。"

《课程改革纲要》提出："把育人为本作为教育工作的根本要求。"要"关心每个学生，促进每个学生主动地、生动活泼地发展，尊重教育规律和学生身心发展规律，为每个学生提供合适的教育"。显然，《课程标准（2011 年版）》所提出的理念与《课程改革纲要》的要求是一致的。因此，"人人都能获得良好的数学教育，不同的人在数学上得到不同的发展”是数学课程的核心理念。

1. 人人都能获得良好的数学教育

“人人都能获得良好的数学教育”体现了教育的公平性。这句话的主体是“人人”，即指学习数学课程的所有人，而不是指少数人。它表明了义务教育阶段的数学教育是大众教育，而不是精英教育；是人人受益、人人成长的教育，而不是自然淘汰、适者生存的教育。

“良好的数学教育”体现了义务教育阶段数学课程的核心是“数学育人”。今天的数学教育应该是使学生得到全面发展的教育，不仅关注数学知识、技能的传授，也关注思想的感悟及经验的积累；不仅关注数学能力的培养，也关注学生的情感态度与价值观的培养，即关注学生作为一个“全人”的智力与人格的全面协调的发展。

“良好的数学教育”对于学生来说是适宜的、满足发展需求的教育。适宜的数学教育，应该是符合数学课程认知规律和学生身心发展规律的教育，是满足学生的发展需求，为学生未来生活、工作和学习做好准备的教育。如当今社会发展对公民数学素养提出了更高要求，人们越来越多地需要对收集到的数据进行分析、处理以做出决策，统计图和统计表等统计方式在日常生活中已经变得很常见，因此，从满足学生发展需求的角度看，加强统计与概率知识的学习就显得非常必要。

“良好的数学教育”是促进学生可持续发展的教育。可持续发展的数学教育主要是指：数学教育要遵从儿童心理发展应有的阶段性规律，坚持循序渐进、逐步提高的原则；数学教育是生动的、蕴含丰富发展动因的教育；数学教育也是富有生命力的、具有自我生长力的教育。在数学教学中，教师除了要深钻教材，了解学情，研究教法，更应该重视构建一个有利于“创生”的、能促进学生可持续发展的数学教育环境。

2. 不同的人在数学上得到不同的发展

义务教育阶段的数学课程不仅要面向全体学生，而且要适应学生个性发展的需要，即既要关注“人人”，也要关注“不同的人”，既要促使全体学生具备数学基本知识，也要为不同学生的多样性发展提供空间。

“不同的人在数学上得到不同的发展”体现了数学教育中对人的主体性地位的回归与尊重。要实现不同的人在数学上得到不同的发展，首先得为这种发展创造必要的环境和条件，而它又是建立在人的主体性地位得到充分尊重的基础之上的。我们就应该处理好课程中数学与学生、教师与学生的关系，应该摒弃形形色色的“独白式”教育而提倡相互尊重、平等交流的“对话式”教育，为不同学生在数学上得到不同发展创造更为民主的课堂环境。

“不同的人在数学上得到不同的发展”要求正视学生的差异，尊重学生的个性，促成发展的多样性。数学教育面对的是一个个不同的、鲜活的生命，它必然要面对个性与差异。尽管“因材施教”是我国教育的古训，可是在实践中我们却很难这样去做。在数学教育中，数学特有的逻辑顺序和形式结构所形成的“刚性”要求，常常成为“齐步走”和“一刀切”的最为有力的依据；而学生基于各自的生活经验所产生的带有“童真”的生动的思想或富于个性色彩的“异想天开”在数学的严格性面前（而这种严格性又常常为教师所刻意渲染）总是趋于自我消亡。提出“不同的人在数学上得到不同的发展”就是希望数学教育能最大限度地满足每一个学生的数学需求，最大限度地激发每一个学生的智慧潜能，为每一个学生提供多样性的弹性发展空间，这里也包括数学特长生。

“不同的人在数学上得到不同的发展”，本质上要求促进学生更好地自主发展。当前的基础教育课程改革对学生的自主发展极为重视，提出了具体的要求。如在教学改革方面，《课程改革纲要》强调，“教师应尊重学生的人格，关注个体差异，满足不同学生的学习需要……使每个学生都能得到充分发展”。在学习方式方面，强调学生“主动地、富有个性地学习”。在教材方面，强调“应有利于引导学生利用已有的知识与经验，主动探索知识发生与发展”。在评价方面，强调“不仅要关注学生的学业成绩，而且要发现和发展学生多方面的潜能，了解学生发展中的需求，帮助学生认识自我、确立自信”。凡此种种表明，促使学生富有个性的自主性发展已成为课程改革的重要目标。促进学生更好地自主发展，事实上对数学教育提出了更高要求。在义务教育阶段，学生总要经历一个由“被动”到“主动”的转化过程，这需要我们采取恰当的教学手段和措施，从呵护、引领到放手、开放，使学生逐步从“学会”到自己“会学”，真正成为数学学习的主人。

二、小学数学课程内容的选择与组织

1. 正确认识数学课程内容及其选择

在传统意义上，人们认为数学课程内容是数学学科中特定的事实及相应的处理方式，包括概念、命题、原理、方法、问题与结论等。今天看来，上述传统认识应该有所发展，即还应把数学学习活动和经验也包含在数学课程内容之中。

除了对数学课程内容应有正确的认识外，对课程内容的选择也应树立正确的观念。《课程标准（2011年版）》提出：“课程内容要反映社会的需要、数学的特点，要符合学生的认知规律。”这明确了数学课程内容选择的依据。《课程标准（2011年版）》进一步指出“它不仅包括数学的结果，也包括数学结果的形成过程和蕴涵的数学思想方法。课程内容的选择要贴近学生的实际，有利于学生体验与理解、思考与探索。”这表明在数学内容的选择上，不仅要关注具体的、客观的数学结论，也要关注与这些结论相关的数学活动过程；不仅要关注处于显形态的数学事实，也要关注处于潜形态的数学思想及方法；不仅要关注数学知识的逻辑关系与结构，也要关注为学生主动地从事观察、实验、猜测、推理与交流等数学活动提供适宜的学习素材。

2. 正确处理数学课程内容的组织

《课程标准（2011年版）》指出：“课程内容的组织要重视过程，处理好过程与结果的关系；要重视直观，处理好直观与抽象的关系；要重视直接经验，处理好直接经验与间接经验的关系。”

（1）过程与结果。

传统教学习惯把数学课程内容视为一系列事实性的结论。它们是静态的、客观的，也是内涵确定的、边界明晰的。这些事实性结论成为“双基”的主体，也成为课程内容的知识点，它们当然成为课程及教学的重点。但这同时又带来另一方面的问题，即不关注知识的来龙去脉，不关注数学思想、方法的产生与发展。为了节省教学时间，只关注数学结论，老师上课时也总是让课程内容的展开尽快进入运用结论去解题的操练过程。这样的状况在数学课程的现实中仍然较为普遍地存在。

数学课程内容的组织与呈现应该重视过程。斯托利亚尔认为：数学教学与其说是数学活动结果的教学，不如说是数学活动的教学。这里的活动就是指最终得到数学结论的数学活动过程。通过这样一个过程，学生不仅能获得知识与技能，而且能感悟到这些知识技能背后更为本质的东西——知识的产生与发展以及数学的思想、方法，积累起一定的数学活动经验。同时，通过这一过程也可以使学生掌握一定的学习方法，养成良好的学习习惯，从整体上促进自己数学素养的提高。正因如此，过程本身就成为数学课程的目标，而不是像过去那样只是达到知识技能目标的辅助性手段。

在强调过程的同时，也不应形成忽视结果的倾向。在课程内容的组织上，要注意过程与结果的有机关联，还要根据素材的具体情况、学生的实际状况、课时的利用等，处理好过程的历时性、节奏性、阶段性与结果的关系。

（2）直观与抽象。

“数学在本质上研究抽象的东西，数学发展所依赖的最重要的基本思想也就是抽象”①，数学抽象性是数学的本质特征之一。符号、公式以及必要的形式化的处理等成为数学内容组织呈现的基本方式，也是数学课程内容不同于其他学科课程内容的特点所在。但是，作为课程的数学在充分展示它独有的抽象性特征的同时，还要考虑到学生学习的可接受性和心理适应性，因此，采用恰当的直观性手段就显得很有必要。

其实就数学而言，直观与抽象不是对立的，它们是数学的两翼。在很多数学家的研究生涯中，借助直观做出重大发现，然后通过逻辑推理证明结论的事例比比皆是。数学的发展过程也表明，再抽象的数学结论总能找到相对直观的表征和解释。运用直观手段本身就是数学研究的重要方式，它更应成为我们处理和组织课堂内容的重要方式。正如波利亚所说：“抽象的道理是重要的，但要用一切办法使它们看得见、摸得着。”比如，充分利用图形所具有的几何直观，将复杂的数学对象简明化，恰当地构造数学问题的现实情境，将抽象的数学关系具体化，通过直观的形式调动学生的直觉思维以获得数学的猜想，通过数形结合的方法实现抽象与具体之间的转变，等等，都是课程内容组织上可以加强的方面。“数学知识的形成依赖于直观，数学知识的确立依赖于推理”②。因此，在重视直观的同时，我们也应使学生在数学抽象思维上不断得到发展。这正是数学课程所追求的本质的目标。

（3）直接经验与间接经验。

数学课程中的概念、定理和原理等，是人们在长期数学活动中总结出来的成果。学生主要是以教材和老师的讲授为中介，来获得前人已经形成的数学知识，即学生学习主要是以一种间接的方式来获取和形成数学经验。从这个意义上说，数学课程内容主要是间接经验。数学课程内容的这种存在方式容易形成以教师、课堂为中心的教学局面，也容易忽视学生个体在学习中的直接经验。《课程改革纲要》中指出，要改变课程内容“过于注重书本知识的现状，加强课程内容与学生生活以及现代社会和科技发展的联系，关注学生的学

① 史宁中. 数学思想概论（第二辑）. 长春：东北师范大学出版社，2008：184.

② 同①225.

习兴趣和经验”，它表明课程内容中的直接经验也是非常重要的。在数学课程内容组织的具体形式中，应强调课程和教材中的学生学习活动设计，强调他们在活动中的数学经验积累，数学观察、操作实验、综合实践等应该成为重要的课程内容形式。

其实，在数学课程中直接经验和间接经验不是对立的，它们应该是相互关联、相互协调的。建构主义认为学生的数学认识不是被动接受的，而是通过自己的经验主动地构建起来的。书本知识的数学间接经验只有通过学生联系自己的生活实际，在多样化的数学活动中积累自己的经验才能真正理解其数学意义。另外，在学习数学间接经验的同时，学生也在发展自己的直接经验，特别是通过打好知识基础、掌握学习方法，学生具有了主动面对生活和社会去拓展自我直接经验的能力，这正是数学学习的发展性所要求的目标。

三、正确认识小学数学教学

1. 小学数学教学的本质

《课程标准（2011 年版）》提出：“教学活动是师生积极参与、交往互动、共同发展的过程。有效的教学活动是学生学与教师教的统一，学生是学习的主体，教师是学习的组织者、引导者与合作者。”这里的“参与”不仅指态度、行为，更指数学思维；不仅指参与的形式，更指所收到的实际学习效果。数学教学是教师、学生、文本之间的多向交互关联的活动体，它通过交往获得动力，通过互动得到创生。数学教学不仅仅表现为抽象的符号传授，更应是生动的、富于思维碰撞的心灵沟通。

教学活动是在“教”与“学”这两种基本行为中展开的，只有使它们在数学内容固有的逻辑运行轨道上达成一致，教学活动才是有效的。处理好教与学的关键在于处理好这两种行为的主体——教师与学生的关系。《课程标准（2011 年版）》中对教师与学生的角色定位集中体现了以学生发展为本的目标。数学教学最终实现的是师生的共同发展。这样，数学教学追求的就是一个和谐的、具有生命力和生长性的活动，它形成的实际上是一个数学学习共同体，参与度、交往性、发展性成为数学学习共同体的典型特征，这些特征也应该成为教师追求的目标。

2. 小学数学课堂教学

《课程标准（2011 年版）》明确指出“激发学生兴趣”，“引发学生的数学思考”，“培养学生良好的数学学习习惯”，“使学生掌握恰当的数学学习方法”是当前数学课堂教学中最需要做的事情。

在义务教育的数学课堂上，教师要更多地在激发学生学习兴趣上下功夫，要通过自己的教学智慧和教学艺术，充分展示数学的魅力，激发学生学习数学的原动力。其中，数学思考是数学教学中最有价值的行为。有思考才会有问题，才会有反思、有思想，才能真正感悟到数学的本质和价值。良好的数学学习习惯与日常课堂教学行为是密切相关的，包括认真听讲、善思好问、预习复习、认真完成作业、质疑反思、合作交流等等，这些学习习惯需要在日常教学中有意识地引导，使学生逐步积累，通过较长时间的磨炼，逐渐养成。

3. 学生的数学学习

教师的“教”最终都是为了学生的“学”，而为了学生学得更好、更有效，教师必须关注、研究学生的学习状况，组织、引导学生的学习过程，营造良好的数学学习环境。《课程标准（2011 年版）》提出，学生学习应当是一个生动活泼的、主动的和富有个性的过程。认真听讲、积极思考、动手实践、自主探索、合作交流等，都是学习数学的重要方式。学生应当有足够的时间和空间经历观察、实验、猜测、计算、推理、验证等活动过程。

从数学学习心理学的角度看，即使处于同一个年龄阶段的不同学生在认知水平、认知风格和发展趋势上也存在着差异。学生的智力结构也是多元的，有的习惯于形象思维，有的习惯于抽象思维；有的长于计算，有的善于证明。这没有优劣之分，只表现出不同的特征和适应性。另外，每个学生都有自己的生活经历、家庭环境和文化感受，这导致不同的学生在数学学习中有不同的思维方式和解决问题的策略。鼓励学生数学学习的自主性，发展学生的个性，不仅能促进数学学习过程的开放、生动和多样，以利于学生创新意识的培养，而且就整个数学学习共同体而言，多种风格、特征的认知方式可以为学生间的数学交流提供有力的支持，使学生相互启迪，促进大家共同发展。

从数学自身的发展来看，它本身是一个充满着观察和猜想的活动。只不过传统的教科书把这一生动的活动过程“压缩”成了只见逻辑的形式结构。数学发展到今天，由于计算机的使用，其应用范围得以大大拓展，用数学解决问题的方式也更为多样。学校的数学教育有必要让学生经历多元化数学学习活动以适应社会需求。学生学习数学的目的不仅仅是获得知识和技能，更重要的是获得自己去探索数学的体验和利用数学去解决实际问题的能力，获得尊重客观事实的理性精神和科学执着追求的态度。因此，在数学教学中，要让学生亲身经历“做数学”，体验到如何实现数学的“再创造”并从中感受到数学的力量。

4. 教师的主导作用

《课程标准（2011 年版）》提出，教师教学应该以学生的认知发展水平和已有的经验为基础，面向全体学生，注重启发和因材施教。教师要发挥主导作用，处理好讲授与学生自主学习的关系，引导学生独立思考、主动探索、合作交流，使学生理解和掌握基本的数学知识与技能、数学思想和方法，获得基本的数学活动经验。这里明确提出了“教师要发挥主导作用”。

在数学教学中，教师的主导作用和教师的角色定位是一致的，协调一致的基础是它们的落脚点都是如何更充分地调动学生学习的积极性，使学生真正成为学习的主人。作为学习的组织者，应该营造学习氛围，创设学习环境，组织学生参与一定目标导向下的多样化的学习活动，组织学生经历那些特定的教学环节；作为学习的引导者，最重要的是通过恰当的手段去引发学生进行有意义的数学思考；作为学习的合作者，则需要建立一个平等和谐的、相互交往的数学学习共同体。这一切都离不开教师的主导。教师的这三种角色功能要想真正在课堂教学中实现，按部就班的工作方式是不行的，必须要发挥教师的主观能动性和创造性，并在课堂上通过教师的主导作用来实现。

因材施教既是中国传统教育理念中的重要教育思想，也是在长期的数学教学实践中极具成效的教学经验。将其写进《课程标准（2011 年版）》，正是希望在数学教学中对这些宝贵的经验和传统予以继承和发扬。此外，“面向全体”和“因材施教”也是教学中需要处理好的一对关系。前述课程理念中的立足“人人”和“不同的人”的发展应更加直接、具体地落脚于这一对关系的处理之中。

长期的实践证明，在数学课堂教学中，讲授法是一种在概念、命题教学中很有效的教学方法，当然这里的“有效”有一个前提，即能启发学生思维，引导学生探索；而实践同样也证明，那些形式上的“合作”，那些无序的、无目的的“自主”，只能带来数学课堂的低效甚至无效。我们需要的是二者的融合与互补——教师讲授给学生自主以启发、动力、灵感、方向，学生自主给教师讲授以反馈、分享、调控、反思。追求的仍然是教和学的统一。

四、小学数学学习评价

评价在课程中是一个内涵极其丰富，人们对它的理解也较为多样的一个概念，人们或将评价等同于教育中的测量、测验，或将评价视为学生学习的成就与既定目标和达成度的评估、评定，或将评价看作收集信息、做出教学决策的过程，或将评价作为教育专业人员对教育教学中一些行为的价值判断，或干脆将评价视为各种类型的考试和测验。而评价的种类也是多样的，如课程评价、教学评价、学习评价等。评价所包含的要素涉及评价的目标、对象、方法、标准、工具、过程及结果。

《课程标准（2011 年版）》提出：“学习评价的主要目的是为了全面了解学生数学学习的过程和结果，激励学生学习和改进教师教学。”数学学习评价是指根据课程目标的要求，按一定计划采取特定的方式收集和获取学生数学学习的信息，并对学生数学学习的状况做出结论的过程。过去，对学生的学习评价过分强调了“甄别”的功能，主要是通过考试成绩对学生进行等级和名次的划分，使学习评价成了“筛子”。特别是在义务教育阶段，让学生过早、过于频繁经历数学学习的筛选及成绩的区分，实在是有百害而无一利的事。我们希望评价从“甄别”走向“发展”，使数学学习评价成为促进学生发展的有效方式和手段。正因为如此，《课程标准（2011 年版）》指出：“学习评价的主要目的是为了全面了解学生数学学习的过程和结果，激励学生学习和改进教学。”

由此可知，学习评价应该具有如下功能：（1）及时反馈学习信息，诊断学生在学习中遇到的问题；（2）帮助学生形成正确的学习预期，激励学生的学习积极性；（3）根据学生的学习状况，对教学适时进行调控和改进，以取得更好的教学效果。

《课程标准（2011 年版）》指出：“应建立评价目标多元、评价方法多样的评价体系。”这里的“目标多元”是希望改变过去只注重数学“双基”及应试技能评价的狭隘的评价观，立足于学生的发展和知识与技能、过程与方法、情感态度与价值观三维目标的要求，结合具体的评价内容，形成多角度、多层次、多维度的评价，通过评价全面反映学生的学习情况，并产生有利于学生全面而有个性发展的积极导向作用，这里的“方法多样”也是希望改变过去“一支笔、一张试卷”的单一评价方式，针对多样化的学习方式和学习需求而形成多种多样的评价方式。实践中一些老师采用的数学档案袋、数学反思日记、数学作文、数学口试、数学调查报告、观察记录、数学课题完成总结等方式，都是值得提倡的新的学习评价方式。

《课程标准（2011 年版）》指出：“评价既要关注学生学习的结果，也要重视学习的过程；既要关注学生数学学习的水平，也要重视学生在数学活动中所表现出来的情感与态度，帮助学生认识自我、建立信心。”对照《课程标准（实验稿）》，可以发现此段表述只是关联词上有所改动：将原来的两个关联词“要关注”和“更要关注”改成了“既要关注”和“也要重视”。此次课改，课程目标中的一个变化就是将过程本身作为了课程与教学的目标，这也引起评价观的转变，即应把过程纳入评价的视野。同时，基于三维目标的要求，情感、态度、价值观也成为学习评价理应关注的对象。而上述两个方面在传统的数学课程评价中是被忽视的，在很多实践场合是被认为不具备可操作性的。课改实验的情况表明，学习评价关注学生的学习过程和情感态度能够产生积极的导向作用。另外，我们也看到，在一些学习评价的实践场合，也出现了如脱离前者实际，仅从形式上关注后者，造成前后分离的现象。实际上，正如同数学课程中的三维目标是一个整体一样，在学习评价中，结果与过程、学习水平和情感态度都是有机关联的，它们在评价中同等重要。此次改动传达出的信息是：我们应该辩证地处理好这两个关系，使数学学习评价真正发挥它应有的功能。

五、重视信息技术的运用

计算机技术发挥重要支撑作用的应用数学的发展是当今数学发展的一个重要特征。计算机技术与数学之间这种“自然天成”的关系，使得在数学课程中运用信息技术成为一种必然的选择。

《课程标准（2011 年版）》提出：“信息技术的发展对数学教育的价值、目标、内容以及教学方式产生了很大的影响。数学课程的设计与实施应根据实际情况合理地运用现代信息技术，要注意信息技术与课程内容的整合，注重实效。”这里强调了两点：“注意信息技术与课程内容的整合”和“注重实效”。计算机技术本身与数学就是相互融合、紧密结合的。信息技术与数学课程内容之间也应该更多地建立有机的关联，注重其“整合”。“注重实效”是希望提高运用信息技术的数学教学效能。信息技术运用要合理，一方面要充分了解信息技术的使用功能，熟悉它在数学课堂教学环境中运用的特点，正确把握它运用于特定内容教学的长处与短处；另一方面要清楚运用信息技术的目的是更好地解决教学上的难点，以利于学生更好地理解与思考。

《课程标准（2011 年版）》提出：“要充分考虑信息技术对数学学习内容和方式的影响，开发并向学生提供丰富的学习资源，把现代信息技术作为学生学习数学和解决问题的有力工具，有效地改进教与学的方式，使学生乐意并有可能投入到现实的、探索性的数学活动中去。”教师在教学中要善于运用信息技术为学生创造出图文并茂、丰富多彩、人机交互、及时反馈的学习提升环境，使学生在这一环境中能多种感官协同活动，充分利用实验、探究、猜想、验证、推理与交流等多种形式进行数学活动，积累多样化的数学活动经验，创造性地解决问题。通过这种教与学方式的改善，为学生数学素养的全面提升提供有力的支持。

第二节　小学数学课程目标

课程目标是指学生通过学习应达成的目标，当然也是教师教学应达成的目标。教材编写、教师教学、学生学习，以及对教师和学生的评价都要围绕课程目标来进行。

为了体现义务教育数学课程的整体性，统筹考虑九年的课程内容，同时，根据学生发展的生理和心理特征，《课程标准（2011年版）》将9年的学习时间划分为3个学段：第一学段（1～3年级）、第二学段（4～6年级）、第三学段（7～9年级）。义务教育阶段数学课程目标分为总目标和学段目标，分别从知识技能、数学思考、问题解决、情感态度四个方面加以阐述。这种先总体后具体的表述方式既能够提纲挈领，又能多角度、全面、深入地阐述课程目标。

一、数学课程的总目标

《课程标准（2011年版）》中对数学课程的总目标的表述为：通过义务教育阶段的数学学习，学生能：

（1）获得适应社会生活和进一步发展所必需的数学的基础知识、基本技能、基本思想、基本活动经验。

（2）体会数学知识之间、数学与其他学科之间、数学与生活之间的联系，运用数学的思维方式进行思考，增强发现和提出问题的能力、分析和解决问题的能力。

（3）了解数学的价值，提高学习数学的兴趣，增强学好数学的信心，养成良好的学习习惯，具有初步的创新意识和实事求是的科学态度。

数学课程总目标的表述言简意赅，即结合数学教学的特点，分别从获得“四基”、增强能力、培养科学态度的角度，用明确区分又相互联系的三句话表述，这既体现了三维目标，也体现了素质教育和全面育人的思想。

1. 获得“四基”

《课程标准（2011年版）》在“双基”的基础上增加了“基本思想”和“基本活动经验”。把“双基”扩展为“四基”，而且将“双基”列为“四基”的前两条，强调了“双基”。这样的调整有几个原因：一是“双基”仅仅涉及上述三维目标中的一个目标，就是知识与技能，而增加这两条，则还涉及三维目标的另外两个目标（过程与方法，情感态度与价值观）。二是有些教师片面地理解“双基”，而教学必须是以人为本，所以增加数学思想和活动经验就是为了促使数学课程直接与人相关。三是虽然“双基”是培养创新性人才的基础，但是仅仅依靠熟练掌握已有的知识和技能是不能成为创新型人才的，思维训练和积累经验等也十分重要。

数学思想是数学科学发生、发展的根本，是探索研究数学所依赖的基础，也是数学课程教学的精髓。数学思想的内涵十分丰富，也有学者通俗地把“数学思想”说成“将具体的数学知识都忘掉以后剩下的东西”。《课程标准（2011年版）》中所说的“数学的基本思想”主要是指数学抽象的思想、数学推理的思想、数学建模的思想。人类通过数学抽象，从客观世界中得到数学的概念和法则，建立了数学学科；通过数学推理，进一步得到大量结论，使数学科学得以发展；通过数学建模，把数学应用到客观世界中，产生了巨大的效益，又反过来促进数学科学的发展。

我们看一个例子①：

一个笼子里有鸡和兔子共 16 只，共有 52 条腿，那么鸡和兔子分别有多少只？这是典型的鸡兔同笼问题。在小学阶段一般引导学生运用尝试的办法探索规律、得出结果，使学生感受这是数学探索的一种有效途径。比如，可以有规律地给出如表 2－1 所示的计算过程：

表 2－1　　计算过程

兔子数	鸡数	腿的总数
16	0	$4\times16=64$
15	1	$4\times15+2\times1=62$
14	2	$4\times14+2\times2=60$
13	3	$4\times13+2\times3=58$
12	4	$4\times12+2\times4=56$

继续计算下去，可以得到当兔子数为 10、鸡数为 6 时，腿数恰好为 52。通过表 2－1 可以启发学生思考：假设笼子里全是兔子，则此时共有 64 条腿。通过列表法我们可以发现每减少 1 只兔子就要增加 1 只鸡，腿的总数就要减少 $4-2=2$ 条。这时，腿的总数需要减少 $64-52=12$ 条才符合要求，因此需要减少 $12\div2=6$ 只兔子，增加 6 只鸡，于是有 6 只鸡，$16-6=10$ 只兔子。最后验证一下：$10\times4+6\times2=52$，是正确的。

这两种方法都是算术的方法，解决问题的思路非常朴素，具有一定的价值，但是每次都只能解决具体的问题。在学习了方程（组）后，可以使用代数的办法，建立量与量之间的关系。设有 x 只兔子，y 只鸡，则可以得到：

$$\begin{cases} x+y=16 & ① \\ 4x+2y=52 & ② \end{cases}$$

怎么解这个方程组呢？我们利用消元法，过程如下：②$-2\times$①，得 $x=10$，则 $y=6$。这么做为什么可以呢？我们来分析它的内涵，$2\times$①实际上是假设所有的都是鸡，这时共有$2\times16=32$ 条腿，②$-2\times$① 是与共有 52 条腿相比还少 20 条，这 20 条恰是由于将 10 只兔子看成是 10 只鸡而缺少的腿数，因此，$x=10$ 表示有 10 只兔子。解二元一次方程组的过程与算术方法在本质上是一样的。

代数与算术有什么共同的地方呢？实际上它们都是用运算解决问题的。代数与算术有什么不同呢？主要有两点：第一，算术是计算具体的数，代数是把数和字母一起算；第二，算数是解决一个具体的问题，代数是解决一批问题。再如，一个笼子里有鸡和兔子共 20 只，共有 64 条腿，那么鸡和兔子分别有多少只？这时利用代数的方法列方程就是：设

① 王尚志，胡凤娟．全面理解数学课程目标——《义务教育数学课程标准（2011 年版）》解析之二．小学数学教育，2012（4）．

有 x 只兔子，y 只鸡，则可以得到：

$$\begin{cases}x+y=20\\4x+2y=64\end{cases}$$

因此，利用如下模型：

$$\begin{cases}x+y=m\\4x+2y=n\end{cases}(m,n\text{ 是常数})$$

可以解决所有的“鸡兔同笼”的问题。在这个过程中，既有模型思想，也有抽象、推理的思想。因此，在教学过程中，不能把三者割裂开来，它们是相互联系、相互促进的。

此外，这里说的数学活动既包括学生在课堂上学习数学时的探究性学习活动，也包括与数学课程相联系的学生实践活动；既包括生活中的活动，也包括课程教学中特意设计的活动。活动是一个过程，不但学习结果是课程目标，而且学习过程也是课程目标。《课程标准（2011 年版）》提出来让学生获得数学活动经验，还有一个重要目的就是促使学生在活动当中从数学的角度进行思考，直观、合情地获得一些结果。数学活动经验不仅是解题的经验，更重要的是思维的经验，是在数学活动当中思考的经验，学生形成智慧不仅靠知识，也靠在实践当中取得经验。数学思想也不仅要通过推导形成，还需要通过积累数学活动经验形成。基本的数学活动经验分别是直接的活动经验、间接的活动经验、教师设计的活动经验、学生思考的活动经验。

“四基”是一个有机的整体，是互相联系、互相促进的。基础知识和基本技能是数学教学的主要载体，需要花费较多的课堂时间；数学思想则是数学教学的精髓，是统领课堂教学的主线；数学活动是不可或缺的教学形式。“四基”既然比“双基”增加两条，在课堂时间的安排上就应该有意识地给“数学思想”的教学预留适当的时间，但是“数学思想”的教学不能空洞地进行，一定要以数学知识为载体，并且应该注意将数学知识与数学思想融为一体。此外，在教学评价上也应该给“数学思想”和“数学活动”以适当的位置和空间。

2. 增强能力

世界上的一切事物都是互相联系的。要让学生在联系中学习数学，首先要让他们体会数学知识之间的联系。一堂课可能重点学习一个数学知识，但是数学是一个整体，任何数学知识都不是孤立的。一段时间以后，教师应该引导学生把这些知识点连接成线，再把这些线进一步交织成网，在学生的头脑中形成网状的知识体系。这样有利于学生全面认识和准确理解相关的数学知识，从而提高学生对于数学的整体认识和宏观把握，提高学生的数学素养。其次要让他们体会数学与其他学科之间的联系，这主要是说数学学科与其他学科有广泛的联系，学生不应孤立地学习数学，而应注意数学与其他学科之间的联系。至于“数学与生活之间的联系”，也可表述为“数学与实践之间的联系”。表述为“数学与生活之间的联系”会更加贴近这一年龄段的学生。数学来源于实践，又应用于实践，与实践的关系非常密切。千万不要让学生误以为数学是数学家用符号编造出来的“天书”，误以为学数学仅仅是为了解题和应付考试。

学会思考的重要性不亚于学会知识，它将使学生一生受益。这种思考就是“运用数学的思维方式进行”的思考，也可以称为“数学方式的理性思维”。它包括形象思维、逻辑思维和辩证思维，包括合情推理和演绎推理（也称“逻辑推理”）等。在义务教育阶段数学课程进行的全过程中，都应该注意培养学生的数学思维。在第一学段和第二学段，学生较多接触和学习的是合情推理，第三学段则必须加强演绎推理的学习。合情推理是从范围较小的命题得到范围较大的命题，是“从特殊到一般”的推理；演绎推理则是从范围较大的命题得到范围较小的命题，是“从一般到特殊”的推理。还有数学课程中的“统计”部分则有自己的思维规则，不同于数学的逻辑推理，它是从数据出发的，不像数学是从公理和定义出发的；统计的思维规则是以“归纳”为特征的，不像数学是以“演绎”为特征的；统计的结论只有“好”与“差”的区别，不像数学是“对”与“错”的区别。教师对于“统计”与“数学”在思维方式上的这些区别应有清醒的认识，并且要以恰当的方式渗透给学生。

《课程标准（2011年版）》中围绕关键词——“问题”的阐述有两句，一句是“发现问题和提出问题”，另一句是“分析问题和解决问题”。所谓“发现问题”，是经过多方面、多角度的数学思维，从表面上看来没有关系的一些现象中找到数量或者空间方面的某些联系或某些矛盾，并把这些联系或者矛盾提炼出来。“提出问题”是在已经发现问题的基础上，把找到的联系或者矛盾用数学语言、数学符号集中地以“问题”的形态表述出来。对于“分析问题和解决问题”而言，其中的“已知”和“未知”都是清楚的，需要的是利用已有的概念、性质、定理、公式、模型，采用恰当的思路和方法得到问题的答案。但是对于“发现问题和提出问题”而言，其中的“已知”和“未知”都是不清楚的，所以难度更大，要求更高。可是对于培养学生的创新意识和创新精神，发现问题和提出问题的能力是必需的。为此，教师在数学教学中要努力创设适当的情境，让学生用数学的眼光来看待和分析这些情境，善于采用探究式的教学方法，引导学生发现问题和提出问题，也引导学生分析问题和解决问题，从而培养学生相应的能力。

3. 培养科学态度

要让学生了解数学的价值，教师在教学中就要注意说明数学在日常生活中的应用、在工程技术中的应用、在其他学科和实践中的应用。对于低年级学生，要特别注意使用大量实例，说明数学在他们这个年龄段人群中的应用。同时，还要向学生介绍，他们在学会数学知识的同时，也要学会从数学角度看问题的方法，学会数学方式的理性思维，使自己的思考更有条理、表达更加清晰，提高自己的数学素养。当然教师还要讲究教学方法，让学生看到数学内在的本质和自身的魅力，从而激发他们学习数学的兴趣，实现“人人都能获得良好的数学教育”的目标。

良好的学习习惯包括：认真对待学习，勤奋刻苦，积极参与探究，勇于坚持真理和纠正错误，及时完成作业，有饱满的学习热情，有强烈的求知欲，不畏惧困难，愿意提问、咨询、反思和质疑，乐于与人交流、合作，会合理安排时间，等等。这些良好的学习习惯不但对学生今后的学习有益，而且对他们的终生成长都有益。

对于义务教育阶段的学生，教师需要关注他们创新意识的培养，让他们学会发现问题和提出问题，并形成自己的独立见解，愿意讨论，敢于质疑。其实在发现问题、解决问题的教学活动中，学生不但会提高创新意识，也一定会提高创新能力，只不过对于不同年龄的学生，这种能力的含义有所不同。数学学习需要的“科学态度”，也有丰富内涵，如坚持真理、修正错误、严谨周密、实事求是等。其中“实事求是”是科学态度的核心。让学生具有良好的科学态度，也是贯穿数学教学始终的目标。如数学的结论（不包括数学课程中的统计部分）是通过严格的逻辑推理得到的，对就是对，错就是错，来不得半点儿含糊，这对于所有人都是公开、公正、公平的，所以，数学学习特别适合培养学生实事求是的科学态度。

以上这些“情感态度与价值观”方面的课程目标，不能脱离“知识与技能”的载体单独地传授、空洞地讲解。教师应该善于把这些课程目标融于教学过程，并且主动地、每时每刻地关注这些课程目标的实现，这也体现了“过程也是目标”的数学理念。学生在“情感态度与价值观”方面的这些发展，不仅对学习数学会产生积极的效果，而且对学习其他学科也会产生积极的作用；不仅在学习方面会产生积极的效果，而且在做人方面也会产生积极的作用；不仅在义务教育阶段会产生积极的效果，而且对学生的终生成长会产生积极的作用。

二、数学课程的具体目标

具体目标是对总目标的具体化，通过具体目标可以更好地理解总目标。总目标可以从知识技能、数学思考、问题解决、情感态度四个方面进行具体阐述。

1. 知识技能

《课程标准（2011年版）》中关于知识技能方面的目标有四个：

（1）经历数与代数的抽象、运算与建模等过程，掌握数与代数的基础知识和基本技能。

（2）经历图形的抽象、分类、性质探讨、运动、位置确定等过程，掌握图形与几何的基础知识和基本技能。

（3）经历在实际问题中收集和处理数据、利用数据分析问题、获取信息的过程，掌握统计与概率的基础知识和基本技能。

（4）参与综合实践活动，积累综合运用数学知识、技能和方法等解决简单问题的数学活动经验。

知识技能就是“双基”，即基础知识和基本技能，其内容一方面应随科技的发展与时俱进，另一方面又应有相对的稳定性。学生对于基础知识和基本技能的掌握，要尽量达到扎实和熟练的程度，为此，不应排斥模仿、记忆、适当重复和变式练习等行之有效的学习方式，但要在理解的基础上模仿和记忆，而不是机械地模仿，更不是死记硬背。《课程标准（2011年版）》分别从数与代数、图形与几何、统计与概率、综合与实践四个领域来阐述数学课程在知识技能上应该达到的目标。前三个领域是数学课程的三个分支，所以表述的句式都是“经历……过程，掌握……的基础知识和基本技能”。第四个领域有特殊性，表述的句式为“参与……活动，积累……经验”。这里的“经历”“参与”两个行为动词，都是表述“过程”的，说明《课程标准（2011年版）》强调了在达成知识技能目标时应该关注教学过程。知识技能方面的几个目标，是希望学生经历学习知识技能的过程，让学生在感悟、理解的基础上，掌握知识技能，同时积累数学活动经验，感悟数学思想。其中，对于基础知识和基本技能的表述，都用了“掌握”一词，这表明对于“双基”的目标要求是较高的。但是没有用“扎实”“熟练”这两个修饰词，是提醒教师在“双基”教学中要防止题海战术，特别是防止大量的机械记忆类、重复操练型习题。

关于学生如何才算掌握了数学的基础知识和基本技能，可从以下几点考虑：一是对于重要的数学概念、性质、定理、公式、方法、技能，学生应该在理解的基础上记住其结论的本质，并且会运用；二是学生能够了解这些数学概念、结论产生的背景，并通过不同形式的探究活动，体验数学发现和创造的历程；三是学生应该感悟、体会、理解其中的数学思想，并且能够与后续学习中有关的部分联系起来。

2. 数学思考

《课程标准（2011 年版）》中关于数学思考方面的目标有四个：

（1）建立数感、符号意识和空间观念，初步形成几何直观和运算能力，发展形象思维与抽象思维。

（2）体会统计方法的意义，发展数据分析观念，感受随机现象。

（3）在参与观察、实验、猜想、证明、综合实践等数学活动中，发展合情推理和演绎推理能力，清晰地表达自己的想法。

（4）学会独立思考，体会数学的基本思想和思维方式。

前三点从数与代数、图形与几何、统计与概率、综合与实践四个领域来阐述（其中第一点涉及两个领域），最后一点则是概括的阐述，指出了“数学思考”这一方面课程目标希望使学生学会独立思考，体会数学思想，体会数学思维。让学生学会思考，特别是学会独立思考，是数学课程培养学生创新能力的核心，而学会思考的重要方面是学会数学抽象，学会数学推理，学会数学思维。第一点“建立数感、符号意识”“初步形成运算能力”是针对数与代数领域的，“建立空间观念”“初步形成几何直观”是针对图形与几何领域的，而“发展形象思维与抽象思维”则是同时针对这两个领域的。第二点是从统计与概率领域来阐述，应注意其中“体会意义”“发展观念”“感受现象”的表述，它们是用来表达“数学思考”的。第三点从综合与实践领域来阐述，应注意“发展合情推理和演绎推理能力”的表述，它也是用来表达“数学思考”的。从培养创新性人才考虑，关于数学思考还有两个“关系”，教师在教学中需特别注意，一是合作探索与独立思考的关系，二是演绎推理与归纳推理的关系。不仅要强调学生的合作探索，也要强调学生的独立思考；不仅要强调培养学生的演绎推理能力，也要强调培养学生的归纳推理能力。

3. 问题解决

《课程标准（2011 年版）》中关于问题解决方面的目标有四个：

（1）初步学会从数学的角度发现问题和提出问题，综合运用数学知识解决简单的实际问题，增强应用意识，提高实践能力。

（2）获得分析问题和解决问题的一些基本方法，体验解决问题方法的多样性，发展创新意识。

（3）学会与他人合作交流。

（4）初步形成评价与反思的意识。

“问题解决”这一短语与“解决问题”不完全相同，它不但是一种教学方式，是展开课程内容的一种有效形式，是学生应该掌握的学习形式和应该具备的能力，也是课程目标。它包括从数学角度发现、提出、分析和解决问题这四个方面。这里提及的“问题”，并不是数学习题那类专门为复习和训练设计的问题，也不是仅仅依靠记忆题型和套用程式去解决的问题，而是展开数学课程的“问题”和应用数学去解决的“问题”，这些问题应该是新颖的，有较高的思维含量，并有一定的普遍性、典型性和规律性。“问题”又往往会与生活、生产实际相联系，所以这里还强调了“实践”和“应用”，表述为“增强应用意识，提高实践能力”。关于解决问题的策略、方法和途径可以是多种多样的，《课程标准（2011 年版）》强调了这种“多样性”，并且希望学生由此发展创新意识。学生独立思考，自己发现和提出问题，是对创新意识的一种培养。因此，教师应鼓励学生思考和交流，形成自己对问题的理解。在课堂探究时如果对同一问题出现不同的解决方法，教师不应轻易地否定某一种方法，而应该因势利导，让学生在讨论和对比中自己去认识不同方法的优劣，这能使学生体会到“解决问题方法的多样性”。《课程标准（2011 年版）》提到的“学会与他人合作交流”，是指“情感态度”方面的目标，在“问题解决”的过程中教师应该注意引导学生学会交流、合作，既包括学会倾听，也包括学会表达，还包括共同分析问题、解决问题。一方面要听懂别人的思路，补充或者修正别人的思路；另一方面要准确、简明地表述自己的思路，以及从别人对自己思路的评论中吸取正确的成分，改善自己的思路。在问题解决的过程中，教师应该引导学生独立思考、主动探索、合作交流，这是使学生理解和掌握基本的数学知识与技能、数学思想和方法，获得基本的数学活动经验和实践能力的主要途径。《课程标准（2011 年版）》还希望在问题解决的过程中或者问题解决后，有“评价与反思”的环节，去关注、回顾和总结问题解决的过程，而不是仅仅关注问题解决的结果。这样，可以锻炼学生挖掘和抓住事物本质的能力，以及培养学生不断“优化”的思想。同时，教师在这一环节中也应明确表态，使学生知道孰优孰劣，有所收获。在义务教育阶段，只要求学生“初步形成评价与反思的意识”，即了解评价与反思的含义，经历这样的活动，认识其作用和好处。

4. 情感态度

《课程标准（2011 年版）》中关于情感态度方面的目标有五个：

（1）积极参与数学活动，对数学有好奇心和求知欲。

（2）在数学学习过程中，体验获得成功的乐趣，锻炼克服困难的意志，建立自信心。

（3）体会数学的特点，了解数学的价值。

（4）养成认真勤奋、独立思考、合作交流、反思质疑等学习习惯。

（5）形成坚持真理、修正错误、严谨求实的科学态度。

一是学生对于数学活动有积极的态度，“对数学有好奇心和求知欲”，因为学习兴趣是学生主动学习的根本动力，而好奇心和求知欲是发展兴趣的基础。数学课程首先应该能够吸引学生的注意，这是在“情感态度”方面起码的课程目标；如果课程还能够普遍引起学生的“好奇心和求知欲”，就不简单了，这不但要求课程内容非常合适，更需要教师的教学艺术。二是要让学生“体验获得成功的乐趣”，这是培养学生求知欲的重要途径，也有利于学生建立自信心。这要求教材难易适当，也需要学生获得点滴成功时教师恰如其分的肯定和鼓励。但是未必所有学生每一次都有成功的体验，数学学习对许多学生来说还是一个艰苦的过程，所以要让学生在遇到困难和战胜困难的过程中“锻炼克服困难的意志”，这需要教师适当的引导，特别是在学生遇到不同程度困难时给予不同的引导。如果学生在不顺利时不仅有“克服困难的意志”，而且能够找出克服困难的办法，体验到克服困难的乐趣，便会逐渐“建立自信心”。三是价值观方面的课程目标，让学生“体会数学的特点，了解数学的价值”。这需要教材得当的表述，也需要教师得当的教学。数学的价值是多方面的，了解了数学的价值，才有利于巩固对数学的求知欲。四是养成良好习惯方面的课程目标，要让学生“养成认真勤奋、独立思考、合作交流、反思质疑等学习习惯”，这与课程“总目标”第三点的表述相呼应，且具体强调了四个学习习惯。“认真勤奋”的本质是集中精力，这是发展其他习惯的基础；“独立思考”的重点在于思考要独立，这是积累数学经验的基础；“合作交流”则是对于独立思考的补充，可以培养与他人合作的意识；“反思质疑”可以使学生学会深入思考，形成批判思维。其中“认真勤奋”是对待一切工作的良好态度和习惯，“独立思考”是对待问题时的良好习惯，“合作交流”是与他人共同工作时的良好习惯，“反思质疑”是对待结论时的良好习惯。学生在学习活动中养成这些良好的习惯，可以一生受益。“反思”是学生对于自身活动的过程和结果进行思考和总结；“质疑”是学生对于书本或者他人的推理、结论进行思考，提出质疑。两者都需要学生自己独立地“再思考”。当学生进行“质疑”时，教师需要注意鼓励学生为自己的疑问寻找证据，以否定、修正或证实他人的结论，特别是当事实表明学生的怀疑是错误的时候，应指导学生理智地放弃怀疑，实事求是地尊重科学，同时对其敢于质疑的精神给予恰当的肯定。五是科学态度方面的课程目标，要让学生“形成坚持真理、修正错误、严谨求实的科学态度”。在课堂探索中或者合作交流中，常常会有不同观点、不同方法的碰撞，在提高“知识技能”“数学思考”“问题解决”等能力的过程中，也应该关注达成“严谨求实的科学态度”方面的目标。在思考问题时应该严格、谨慎，在对待自己或者他人的错误时应该敢于和善于“坚持真理、修正错误”。

在《课程标准（2011 年版）》中知识技能、数学思考、问题解决、情感态度这四个方面不是相互独立和割裂的，而是一个密切联系、相互交融的有机整体。教师在课程设计和教学活动的组织中，应同时兼顾这四个方面的目标。这些目标的整体实现，是学生受到良好数学教育的标志，它对学生的全面、持续、和谐发展有着重要的意义。数学思考、问题解决、情感态度的发展离不开知识技能的学习，知识技能的学习必须有利于其他三个目标的实现。

三、数学课程的学段目标

“学段目标”分三个学段来阐述课程在知识技能、数学思考、问题解决、情感态度四个方面的具体目标。关于具体阐述，全文结合了每个学段的学习内容，也结合了每个学段学生的年龄心理特点。在阐述知识技能和数学思考的目标时，又会兼顾到课程的“数与代数”“图形与几何”“统计与概率”三个领域；而对于“综合与实践”领域，在“学段目标”中没有做单独的表述。《课程标准（2011 年版）》的“内容标准”部分，虽然是分学段详细表述的，但限于篇幅和分工，主要表述的是课程“知识技能”方面的内容。但实际教学中要求教师同样关注课程在数学思考、问题解决、情感态度方面的具体目标，为此，教师可以参照“学段目标”中三个学段相应的部分，并且在课程设计时把四个方面的具体目标融会贯通。

下面分别对于《课程标准（2011 年版）》中知识技能、数学思考、问题解决、情感态度四个方面的“学段目标”各举一个例子，纵向地将三个学段的表述做简要的对比和解读，从而清晰地看出这些表述是如何层层深入的。这种“层层深入”包含两个方面的意思：一是后一个学段的要求应该比前一个学段更加深入，体现循序渐进；二是不应把过高的要求放在较低的学段，那样会欲速则不达。

1. 知识技能

《课程标准（2011 年版）》中的学段目标在“知识技能”的目标表述中，大量使用了“经历”“体会”“感受”“体验”“探索”等表达过程目标的行为动词，这再次表明课程的结果目标与过程目标是密不可分的，教师在教学活动中一定要统筹兼顾。如在“数与代数”领域中，学段目标关于知识技能方面的表述，可以分为“数学抽象”“数与式”“数学运算”三个小方面，我们看它是如何层层深入的。

关于数学抽象的表述，第一学段为“经历从日常生活中抽象出数的过程”，第二学段为“体验从具体情境中抽象出数的过程”，第三学段为“体验从具体情境中抽象出数学符号的过程”。第一学段的行为动词为“经历”，第二、三学段的行为动词上升为“体验”；第一学段涉及的范围仅仅是“日常生活”，第二、三学段的范围上升为一般的“具体情境”；第一、二学段的中心短语是“抽象出数”，第三学段的中心短语是“抽象出数学符号”。这些表述，都体现出学习目标逐学段提升而逐渐深化的过程。

关于数与式的表述，第一学段为“理解万以内数的意义，初步认识分数和小数”。第二学段为“认识万以上的数；理解分数、小数、百分数的意义，了解负数”。第三学段为“理解有理数、实数、代数式、方程、不等式、函数”。这些表述在逐渐扩大数的范围，至第三学段不但扩大到“有理数、实数”，还扩大到“代数式、方程、不等式、函数”。

关于数学运算的表述，第一学段为“体会四则运算的意义，掌握必要的运算技能，能准确进行运算；在具体情境中，能选择适当的单位进行简单的估算”。第二学段为“掌握必要的运算技能；理解估算的意义；能用方程表示简单的数量关系，能解简单的方程”。第三学段为“掌握必要的运算（包括估算）技能；探索具体问题中的数量关系和变化规律，掌握用代数式、方程、不等式、函数进行表述的方法”。虽然三个学段都使用了“掌握必要的运算技能”的表述，但是第一学段是针对“万以内的数”和简单的“分数和小数”。第二学段是针对“万以上的数”和“分数、小数、百分数”。第三学段则是进一步针对“有理数、实数、代数式、方程、不等式、函数”。关于估算，第一学段只要求“在具体情境中，能选择适当的单位进行简单的估算”，第二学段则要求“理解估算的意义”，第三学段进一步要求“掌握必要的估算技能”。关于方程，第一学段没有要求，第二学段只要求“能用方程表示简单的数量关系，能解简单的方程”，第三学段则进一步要求“探索具体问题中的数量关系和变化规律，掌握用代数式、方程、不等式、函数进行表述的方法”。这些表述也都体现出学习程度逐渐深化的过程。

2. 数学思考

下面围绕“图形与几何”领域及“思维和推理”能力两方面进行阐述。

在“图形与几何”领域，学段目标关于数学思考方面的表述，第一学段为“在从物体中抽象出几何图形、想象图形的运动和位置的过程中，发展空间观念”。第二学段为“初步形成空间观念”“感受几何直观的作用”。第三学段为“在研究图形性质和运动、确定物体位置等过程中，进一步发展空间观念；经历借助图形思考问题的过程，初步建立几何直观”。这里从“发展空间观念”到“初步形成空间观念”，再到“进一步发展空间观念”，从“感受几何直观的作用”到“初步建立几何直观”，也都体现出逐渐深化的过程。

在“思维和推理”能力方面，第一学段为“在观察、操作等活动中，能提出一些简单的猜想”“会独立思考问题，表达自己的想法”。第二学段为“在观察、实验、猜想、验证等活动中，发展合情推理能力，能进行有条理的思考，能比较清楚地表达自己的思考过程与结果”。第三学段为“体会通过合情推理探索数学结论，运用演绎推理加以证明的过程，在多种形式的数学活动中，发展合情推理与演绎推理的能力”“能独立思考，体会数学的基本思想和思维方式”。这里关于思维的表述，从“会独立思考问题”到“能进行有条理的思考，能比较清楚地表达自己的思考过程与结果”，再到“能独立思考，体会数学的基本思想和思维方式”，也体现出逐渐深化的过程。关于推理的表述，从“能提出一些简单的猜想”到“发展合情推理能力”，再到“发展合情推理与演绎推理的能力”，也体现出逐渐深化的过程。

3. 问题解决

下面仅以发现问题、提出问题和初步地解决问题方面为例进行分析。这方面的学段目标：第一学段是“能在教师的指导下，从日常生活中发现和提出简单的数学问题，并尝试解决”。第二学段是“尝试从日常生活中发现并提出简单的数学问题，并运用一些知识加以解决”。第三学段是“初步学会在具体的情境中从数学的角度发现问题和提出问题，并综合运用数学知识和方法等解决简单的实际问题，增强应用意识，提高实践能力”。这里关于发现问题、提出问题，第一学段中的表述“能在教师的指导下”，意味着还不够主动，第二学段的表述改为“尝试”，就多少有了一点主动性，第三学段发展为“初步学会”，体现出逐渐深化的过程。第一、二学段的表述为局部的“从日常生活中”，第三学段的表述为一般的“在具体的情境中”，也体现出逐渐深化的过程。关于初步地解决问题，第一学段中的表述为“尝试解决”，第二学段中的表述为“运用一些知识加以解决”，第三学段发展为“综合运用数学知识和方法等解决简单的实际问题”，也体现出逐渐深化的过程。

4. 情感态度

下面仅以引起好奇心和求知欲两方面为例进行分析。第一学段表述为“对身边与数学有关的事物有好奇心，能参与数学活动”。第二学段为“愿意了解社会生活中与数学相关的信息，主动参与数学学习活动”。第三学段为“积极参与数学活动，对数学有好奇心和求知欲”。这里的中心短语，从“有好奇心”“能参与”到“愿意了解”“主动参与”，再到“积极参与数学活动，对数学有好奇心和求知欲”，范围也从“身边与数学有关的事物”到“社会生活中与数学相关的信息”，这些都体现出逐渐深化的过程。

从以上内容及分析中可以看到，《课程标准（2011 年版）》在三个学段的目标中，对于具体目标的每一方面的表述，都照顾到各个学段学生的年龄心理特点，体现了层层深入、步步提高的意图，也反映了课程内容螺旋式上升的思路。这是符合学生的认识规律的。

第三节　小学数学课程内容

课程内容是指为了达到课程目标而选择的事实、概念、原理、技能、策略、态度、价值观等要素。课程内容的选择要贴近学生的实际，有利于学生体验与理解、思考与探索。

一、小学数学课程内容

小学数学课程包括“数与代数”、“图形与几何”、“统计与概率”和“综合与实践”四个部分的课程内容。各部分的具体内容将分别在第九章、第十章、第十一章和第十二章进行阐述，在此仅做简要介绍。

1. 数与代数内容分析

数与代数部分是义务教育阶段数学课程的重要内容，主要包括：数的认识、数的表示、数的大小、数的运算、数量的估计，字母表示数、代数式及其运算；方程、方程组、不等式、函数，等等。数的概念是学生认识和理解数的开始，从自然数逐步扩充到有理数、实数，学生将不断增加对数的理解和运用。数的运算伴随着数的形成与发展不断丰富，从最基本的自然数的四则运算，扩展到有理数的乘方、开方运算等。字母的引入、代数式和方程的出现，是数及其运算的进一步抽象。用函数表达数量之间的关系，可以在更高的水平上理解数量及数量间的关系。

2. 图形与几何内容分析

图形与几何的课程内容以发展学生的空间观念、几何直观、推理能力为核心展开，主要包括：空间和平面基本图形的认识，图形的性质、分类和度量，图形的平移、旋转、轴对称、相似和投影，平面图形基本性质的证明，运用坐标描述图形的位置和运动。

3. 统计与概率内容分析

统计与概率的内容在新课程中得到了较大的重视，主要包括：收集、整理和描述数据，包括简单抽样、整理调查数据、绘制统计图表等；处理数据，包括计算平均数、中位数、众数、极差、方差等；从数据中提取信息并进行简单的推断；简单随机事件及其发生的概率。其中，统计是这一部分的重点，而统计的核心是数据分析。

4. 综合与实践内容分析

综合与实践是《课程标准（2011 年版）》的一个特色。综合与实践是指一类以问题为载体、以学生自主参与为主的学习活动。在学习活动中，学生将综合运用数与代数、图形与几何、统计与概率等知识和方法解决问题。综合与实践的教学活动应当保证每学期至少一次，可以在课堂上完成，也可以课内外相结合。综合与实践内容设置的目的在于培养学生综合运用有关的知识与方法解决实际问题的能力，培养学生的问题意识、应用意识和创新意识，积累学生的活动经验，提高学生解决现实问题的能力。

二、核心概念

《课程标准（2011 年版）》提出："在数学课程中，应当注重发展学生的数感、符号意识、空间观念、几何直观、数据分析观念、运算能力、推理能力和模型思想。为了适应时代发展对人才培养的需要，数学课程还要特别注重发展学生的应用意识和创新意识。"这里涵盖了十个核心概念，它们是促进学生发展的重要方面，也是最应培养的数学素养。

1. 数感

（1）关于数感的认识。

数感一词的英文表述为"number sense"，这个"感"（sense）可以理解为多种意思，如感觉、感官、理念、意识、领悟等。《课程标准（2011 年版）》的提法是："数感主要是指关于数与数量、数量关系、运算结果估计等方面的感悟。建立数感有助于学生理解现实生活中数的意义，理解或表述具体情境中的数量关系。"将数感表述为感悟不仅使这一概念有了较大的包容性，也使这一概念有了更实在的意义。对数的感悟可以归纳为三个方面：数与数量、数量关系和运算结果估计。第一，数与数量。在小学低段，儿童对数的感悟是从数数学习辨认各组实物对象的多少开始建立的，学习用数表示多少的第一步就是数数，随着学习年级的升高，学生经历了更多的对数意义的感悟，如对分数、负数、有理数……的感悟，并形成对数的各种表征方式的理解，这是一个逐渐展开的过程。第二，数量关系。它是培养学生数感的另一个层次，即不同年龄段的学生在理解了所学数的意义及表征后，就具备了理解一定数量关系的基础，如学生在学习分数概念后，就建立起整体与部分之间关系的感悟，依赖于具体情境或图形，会分辨两个分数的大小。随着学生年级的升高和数系的扩充，他们的数感逐渐增强，对数量关系的感悟也会逐步提升，最后对具体问题所涉及的数量关系有整体把握。第三，运算结果估计。这是数学课程中所占学时较多的内容，过去更多关注运算法则的掌握和运算技能的训练，其实通过运算培养学生的估算意识和能力，以此发展学生的数感应成为我们现在课程教学的目标。因此，《课程标准（2011 年版）》在"数与代数"部分多处提到估计及估算的要求。如"在生活情境中感受大数的意义并能进行估计"，"能结合具体情境，选择恰当的单位进行简单估算，体会估算在生活中的作用"（第一学段），"在解决问题的过程中，能选择合适的方法进行估算"，"会根据给出的有正比例关系的数据在方格纸上画图，并会根据其中一个量的值估计另一个量的值"（第二学段）。所以，对运算结果的估计反映的是学生对数学对象更为综合的数感。

（2）如何培养学生的数感。

既然数感是对数的一种感悟，它的获得就不会像知识、技能的习得那样立竿见影，它需要教师在教学中潜移默化，积累经验。具体做法如下：

第一，重视低学段学生数感的建立，并在数感培养上处理好阶段性和发展性的关系。培养学生的数感，第一学段数学内容的学习是重点。《课程标准（2011 年版）》在第一学段目标中，明确指出，"在运用数及适当的度量单位描述现实生活中的简单现象，以及对运算结果进行估计的过程中，发展数感"。教学要选择适合学生年龄特征的方式，比如提供实物、联系身边具体事物、观察操作、游戏等都是较好的方式。如刚入学的儿童在认识 10 以内数的时候，应该通过实物、图片等，将数与物对应起来。然后，结合具体教学内容，逐步提升和发展学生的数感。在第二学段应结合学生所熟悉的现实素材，使学生感受大数的意义，并能对一些问题进行估算；能了解负数的意义，用负数表示日常生活的问题，建立起对负数的数感。

第二，紧密结合现实生活情境和实例，培养学生的数感。现实生活情境和实例，与学生的实际生活经验密切相连，不仅能够为学生提供真实自然的数的感悟环境，也能让学生在数的认知上经历由具体到抽象的过程，逐步发展学生关于数的思维，使学生理解现实生活中数的意义，理解或表述具体情境中的数量关系。如让学生通过调查、讨论，弄清楚自己的学号、地区邮政编码、汽车牌照号、身份证编号的规律和意义，进一步建立数感。

第三，让学生多经历有关数的活动过程，逐步积累数感经验。在具体的数学活动中，让学生动脑、动手、动口，多种感官协调活动，加强师生、生生交流，这对强化学生的感知思维、积累数感经验非常有益。如让学生调查：从你家到学校的路程大约有多远？你到学校大约要多长时间？教室面积有多大？学校食堂有多大？你家住房有多少平方米？你所在城市有多少人口？如何测量一张纸的厚度？还可组织学生针对一周出版的某种报纸，讨论中间出现了哪些与数、数量、运算有关的数学问题，分别表述这些问题中关于数的意义作用，用数来解决这些具体问题等。

2. 符号意识

(1) 关于符号意识的认识。

符号对于数学来说是特有的。它既是数学的语言，也是数学的工具，更是数学的方法。《课程标准（2011 年版）》中对符号意识的表述有以下几层意思：

第一，能够理解并且运用符号表示数、数量关系和变化规律，即能够理解符号所表示的意义与能够运用符号去表示数学对象（数、数量关系和变化规律等）。如“+、−、×、÷”分别表示特定的运算意义，“=、≈、<、>”则表示数学对象之间的某种关系。同时，对数学符号不仅要“懂”，还要会“用”，即运用符号表达数学对象是“用”符号的重要方面，这里的数学对象主要指数、数量关系和变化规律及它们在各个学段的要求。如用数字符号表示现实中的多少，用单一的运算符号表示数字运算关系，而关系式、表格、图象等又都是表达数量关系和变化规律的符号工具。

第二，知道使用符号可以进行运算和推理，得到的结论具有一般性。这一要求的核心是基于运算和推理的符号“操作”意识，要求在各学段的学习中，加强学生在逻辑法则下使用符号进行运算、推理的训练等，如对具体问题的符号表示、变量替换、关系转换、等价推演、模型抽象及模型解决等。

第三，使学生理解符号的使用是数学表达和进行数学思考的重要形式。数学表达是学生在解决具体问题时必须采用的方式，数学表达实质上就是以数学符号为媒介的一种语言表达。通过培养学生的符号意识，发展学生的数学表达能力已成为当今课堂关注的目标。而发展符号意识最重要的是运用符号进行数学思考，这种思考是数学抽象、数学推理、数学模型等基本数学思想的集中反映，是最具数学特色的思维方式。

(2) 如何培养学生的符号意识。

第一，在各学段紧密结合概念、命题、公式的教学，培养学生的符号意识。因为概念、命题、公式是数学课程内容中的重要组成部分，它们又是数学教学的重点，又和数学符号的表达和使用密切相关。因此，《课程标准（2011年版）》在学段目标和各学段内容标准中都提出了具体要求。如“理解符号＜、＝、＞的含义，能使用符号和词语描述万以内数的大小”，“认识小括号”（第一学段）；“认识中括号”，“在具体情境中能用字母表示数”，“结合简单的实际情境，了解等量关系，并能用字母表示”，“能用方程表示简单情境中的等量关系”（第二学段）。

第二，结合现实情境培养学生的符号意识。一是要尽可能通过实际问题或现实情境的创设，引导、帮助学生理解符号以及表达式、关系式的意义，或引导学生对现实情境问题进行符号的抽象和表达。二是针对某一特定的符号表达式，启发学生进行多样化的具有现实意义的填充和解读。这种建立在现实情境与符号化之间的双向过程，有利于增强学生数学表达和数学符号思维的变通性、迁移性和灵活性。三是在数学问题解决过程中发展学生的符号意识。如引导学生经历发现问题、提出问题（实际上需要运用符号抽象和表达问题）、分析问题、解决问题（实际上是使用符号进行运算、推理和数学思考）的全过程，在这一过程中积累运用符号的活动经验，更好地感悟符号中的数学思想本质，逐步提高学生的符号意识。

3. 空间观念

（1）关于空间观念的认识。

空间观念作为空间想象力发展的基础受到普遍的重视。《课程标准（2011年版）》从四个方面对空间观念进行刻画描述：空间观念主要是指根据物体特征抽象几何图形，根据几何图形想象出所描述的实际物体；想象出物体的方位和相互之间的位置关系；描述图形的运动和变化；依据语言的描述画出图形。这几方面的描述，是义务教育阶段学生图形与几何内容的学习所要达成的目标。这样的目标达成的过程是一个包括观察、想象、比较、综合、抽象分析的过程，它贯穿在图形与几何学习的全过程中，图形的认识、图形的运动、图形与位置等都承载着建立、培养学生空间观念的任务。

（2）如何培养学生的空间观念。

空间观念的培养是一个长期的经验积累的过程。

第一，现实问题情境和学生经验是发展空间观念的基础。《课程标准（2011年版）》第一、二学段的“图形与运动”“图形与位置”中的大部分内容的学习，都是培养学生空间观念的很好素材。从不同方向观察物体、运用基本图形拼图及基本几何体的展开图等，也都是旨在建立和培养学生空间观念的课程内容。教师要在教学中结合学生们熟悉的现实问题情境培养学生的空间观念。

第二，利用多种途径培养学生的空间观念。生活经验的回忆与再现、实物观察与描述、拼图与画图、折纸与展开、分析与推理等，都是建立和培养学生空间观念的有效途径。教学中教师应结合教学内容恰当地安排学习的活动，创造条件使学生有机会从事上述活动来建立和培养空间观念。

第三，在学生的思考、想象过程中建立和培养空间观念。学生空间观念的培养不是一蹴而就的，它需要不断的经验的积累和丰富的想象力，因此，教学中教师要为学生提供足够的时间和空间去观察和想象、操作和分析。

4. 几何直观

（1）关于几何直观的认识。

几何直观就是依托、利用图形进行数学的思考和想象。《课程标准（2011 年版）》中的提法是：几何直观主要是指利用图形描述和分析问题。借助几何直观可以把复杂的数学问题变得简明、形象，几何直观有助于探索解决问题的思路，预测结果。几何直观可以帮助学生直观地理解数学，在整个数学学习过程中都发挥着重要作用。图形有助于发现、描述问题，有助于探索、发现解决问题的思路，也有助于理解和记忆得到的结果，学会用图形思考、想象问题能更好地感知数学、领悟数学。让图形“动起来”，在“运动或变换”中来研究、揭示、学习图形的性质，这样，一方面，加深了对图形性质的本质认识；另一方面，对几何直观能力也是一种提升。由此可以看到，在义务教育阶段对几何直观的学习和研究，能把复杂的数学问题变得简明、形象，能帮助学生直观地理解数学。

（2）如何培养学生的几何直观。

一是在教学中让学生逐步养成画图习惯，即通过多种途径和方式让学生体会到画图对理解概念、寻求解题思路的益处。二是重视变换——让图形动起来，因为几何变换或图形的运动是几何，也是整个数学中很重要的内容，它既是学习的对象，也是认识数学的思想和方法，因此，在教学时教师要充分地利用运动去认识、理解几何图形性质，培养学生的几何直观。三是学会从“数”与“形”两个角度相结合认识数学，因为数形结合是对知识、技能的贯通，能有效进行数与形的化归与转化。四是掌握、运用一些基本图形解决实际问题，在教学中教师只有强化对基本图形的运用，不断地运用这些基本图形去发现、描述问题，理解、记忆结果，才能有效培养学生的几何直观。

5. 数据分析观念

（1）关于数据分析观念的认识。

《课程标准（2011 年版）》将数据分析观念解释为：“了解在现实生活中有许多问题应当先做调查研究，收集数据，通过分析做出判断，体会数据中蕴涵着信息；了解对于同样的数据可以有多种分析的方法，需要根据问题的背景选择合适的方法；通过数据分析体验随机性，一方面对于同样的事情每次收集到的数据可能不同，另一方面只要有足够的数据就可能从中发现规律。数据分析是统计的核心。”这段表述点明了两层意思：一是点明了统计的核心是数据分析。“数据是信息的载体，这个载体包括数，也包括言语、信号、图象，凡是能够承载事物信息的东西都构成数据，而统计学就是通过这些载体来提取信息进行分析的科学和艺术。”二是点明了数据分析观念的三个重要方面的要求：体会数据中蕴涵着信息，根据问题的背景选择合适的方法，通过数据分析体验随机性。

（2）如何培养学生的数据分析观念。

第一，体会数据中蕴涵着信息。在以信息和技术为基础的现代社会里，存在着大量数据，人们需要利用它们做出合理的决策。因此，数据分析观念的首要方面是“了解在现实生活中有许多问题应当先做调查研究，收集数据，通过分析做出判断，体会数据中蕴涵着信息”。首先需要设计合适的例子，鼓励学生收集数据、整理数据、分析数据，从而做出决策和推断。并在此基础上，体会数据中蕴涵着信息，体会数据分析的价值。

第二，根据问题的背景选择合适的方法。《课程标准（2011年版）》针对数据分析方法的选择指出，要“了解对于同样的数据可以有多种分析的方法，需要根据问题的背景选择合适的方法”，如《课程标准（2011年版）》“例38”的说明中指出：“条形统计图有利于直观了解不同高度的学生数及其差异；扇形统计图有利于直观了解不同高度的学生占全班学生的比例及其差异；折线统计图有利于直观了解几年来学生身高变化的情况，预测未来身高变化趋势。”因此，需要我们根据问题的背景选择合适的统计图。

第三，通过数据分析体验随机性。数据的随机主要有两层含义：一方面，对于同样的事情每次收集到的数据可能不同；另一方面，只要有足够的数据就可能从中发现规律。如《课程标准（2011年版）》中的“例40”：袋中装有4个红球和1个白球，一方面，每次摸出的球的颜色可能是不一样的，事先无法确定；另一方面，有放回重复摸多次（摸完后将球放回袋中，摇晃均匀后再摸），从摸到的球的颜色的数据中就能发现一些规律，比如，红球多还是白球多、红球和白球的比例等。

6. 运算能力

（1）关于运算能力的认识。

运算是数学的重要内容，在义务教育阶段的数学课程的各个学段中，运算都占有很大的比重。《课程标准（2011年版）》指出：“运算能力主要是指能够根据法则和运算律正确地进行运算的能力。培养运算能力有助于学生理解运算的算理，寻求合理简洁的运算途径解决问题。”学生在学习数学的过程中，要花费较多的时间和精力去学习和掌握关于各种运算的知识及技能。

（2）如何培养学生的运算能力。

第一，由具体到抽象。其中第一学段理解万以内的数，初步认识小数和分数，初步学习整数的四则运算以及简单的分数和小数的加减运算。第二学段认识万以上的数，进一步学习整数的四则运算（包括混合运算）、小数和分数的四则运算（包括混合运算），了解并初步应用运算律。

第二，由法则到算理。学习和掌握数与式的运算、解方程的运算，学生在反复操练、相互交换的过程中，不仅可以逐步形成运算技能，还会引发对“怎样算?”“怎样算好?”“为什么要这样算?”等一系列问题的思考。这是由法则到算理的思考，使运算从操作的层面提升到思维的层面，这是运算能力发展的重要内容。《课程标准（2011年版）》规定了一系列与算理相关的内容。如在第二学段要求：探索并了解运算律（加法的交换律和结合律、乘法的交换律和结合律、乘法对加法的分配律），会应用运算律进行一些简便运算；了解等式的性质，能用等式的性质解简单的方程。

第三，由单向思维到逆向、多向思维。逆向思维是数学学习的一个特点。在第二学段，《课程标准（2011年版）》规定“在具体运算和解决简单实际问题的过程中，体会加与减、乘与除的互逆关系”。在第三学段，又增加了乘方与开方的互逆关系。到高中阶段，更有指数与对数、微分与积分等互逆关系。运算的互逆关系，是逆向思维的重要表现形式之一。运算也是一种推理，在实施运算分析和解决问题的过程中，“由因导果”和“执果索因”的推理模式也是经常要用到的，表现为有效探索运算的条件与结论、已知与未知的相互联系及相互转化，思维方向是互逆的，更是相辅相成的。

7. 推理能力

(1) 关于推理能力的认识。

推理在数学中具有重要的地位。《课程标准（2011年版）》指出："推理是数学的基本思维方式，也是人们学习和生活中经常使用的思维方式。"学习数学就是学习推理。具有一定的推理能力是培养学生数学素养的重要内容，也是数学课程和课堂教学的重要目标。《课程标准（2011年版）》中的推理能力主要指合情推理与演绎推理。合情推理是数学家波利亚对归纳推理、类比推理等或然性推理（推理的结论不一定成立的推理）的特称。合情推理与演绎推理功能不同，但它们是相辅相成的。用合情推理获得猜想，发现结论；用演绎推理验证猜想，证明结论。正如《课程标准（2011年版）》指出的："两种推理功能不同，相辅相成。"

(2) 如何培养学生的推理能力。

在教学中教师应该从以下几个方面培养学生的推理能力：一是在整个数学的学习过程中应注重学生推理能力的发展，即贯穿于整个数学课程的各个学习内容，它包括数与代数、图形与几何、统计与概率及综合与实践等所有领域内容；贯穿于数学课堂教学的各种活动过程；贯穿于整个数学学习的环节（如预习、复习、课堂教学、自我练习、测验考试等）。二是通过多样化的活动，培养学生的推理能力，即"在观察、操作等活动中，能提出一些简单猜想"（第一学段），"在观察、猜想、验证等活动中，发展合情推理能力"（第二学段），"在多样化形式的数学活动中，发展合情推理与演绎推理的能力"（第三学段）。三是让学生多经历"猜想-证明"的问题探索过程，即让学生能亲身经历用合情推理发现结论、用演绎推理证明结论的完整推理过程，在过程中感悟数学基本思想，积累数学活动经验。

8. 模型思想

(1) 关于模型思想的认识。

模型思想是《课程标准（2011年版）》新增的核心概念之一。尽管《课程标准（实验稿）》在课程实施部分的"教学建议"中提到了"建立模型"一词，但数学模型、建模等概念并未出现在义务教育阶段课程目标及课程内容的文字表述之中。这次随着"模型思想"的列入，我们会看到关于教学模型的相关提法在《课程标准（2011年版）》的多个部分均有出现。特别是模型思想作为一种基本的数学思想，会与目标、内容紧密关联。《课程标准（2011年版）》提出："模型思想的建立是学生体会和理解数学与外部世界联系的基本途径。建立和求解模型的过程包括：从现实生活或具体情境中抽象出数学问题，用数学符号建立方程、不等式、函数等表示数学问题中的数量关系和变化规律，求出结果并讨论结果的意义。这些内容的学习有助于学生初步形成模型思想，提高学习数学的兴趣和应用意识。"

(2) 如何培养学生的模型思想。

第一，在教学中教师要逐步渗透，引导学生不断感悟。教师在教学中要注意根据学生的年龄特征和不同学段的要求，逐步渗透模型思想。比如在第一学段，可以引导学生经历从现实情境中抽象出数、从简单几何体到平面图形的过程，使学生学会用适当的符号来表示这些现实情境中的简单现象，并提出一些力所能及的数学问题。在第二学段，通过一些具体问题，引导学生通过观察、分析抽象出更为一般的模式表达，如用字母表示有关的运算律和运算性质，总结出路程、速度、时间及单价、数量、总价的关系式。总之，模型思想的渗透是多方位的。模型思想的感悟应该蕴含于概念、命题、公式、法则的教学之中，并与数感、符号意识、空间观念等的培养紧密结合。

第二，在教学过程中强化体验。教学中教师要让学生经历“问题情境—建立模型—求解验证”的数学活动过程，它体现了《课程标准（2011 年版）》中模型思想的基本要求，也有利于学生在活动过程中理解、掌握有关知识、技能，积累数学活动经验，感悟模型思想的本质。这一过程更有利于学生去发现、提出、分析、解决问题，培养创新意识。

第三，通过数学建模改进学生学习方式，如下面的学习方式都可以在数学建模中尝试：小课题学习方式，让学生自主确定数学建模课题，设定课题研究计划，完成后提交课题研究报告。小课题研究要适合学生的年龄段，关键要引导学生根据自己的生活经验和对现实情境的观察，提出研究课题。协作式学习方式，以小组为单位在组内进行合理分工，协同作战，培养学生的合作交流能力等。

9. 应用意识

（1）关于应用意识的认识。

数学应用意识是一种用数学的眼光，从数学的角度观察、分析周围生活中问题的积极的心理倾向和思维反应。《课程标准（2011 年版）》提出：“应用意识有两个方面的含义，一方面有意识利用数学的概念、原理和方法解释现实世界中的现象，解决现实世界中的问题；另一方面，认识到现实生活中蕴涵着大量与数量和图形有关的问题，这些问题可以抽象成数学问题，用数学的方法予以解决。在整个数学教育的过程中都应该培养学生的应用意识，综合实践活动是培养应用意识很好的载体。”增强应用意识作为数学课程的重要目标应该引起一线教师的重视，并应通过有效的措施在课堂教学中予以落实。

（2）如何培养学生的应用意识。

一是在教学中教师要注重知识的来龙去脉，即提供数学知识产生的背景，呈现数学知识的形成过程，也就是指教师在教学中，应该关注“知识背景—知识形成—揭示联系”的过程和“问题情境—建立模型—求解验证”的过程，从而提高学生发现和提出问题的能力、分析和解决问题的能力。

如“多项式与多项式相乘”的教学，可设置如下情境：学校操场的长、宽分别为 m 米、a 米，由于教学需要，长、宽分别增加 n 米、b 米，你能用两种方法表示扩大后的操场面积吗？学生画图后可得 $(m+n)(a+b)$ 和 $ma+mb+na+nb$ 两种表示形式。教师再引导学生得出公式 $(m+n)(a+b)=ma+mb+na+nb$。如此，在提高学生学习数学的兴趣的同时，也会让学生体会到多项式乘法的应用价值。

二是在整个数学教育的过程中培养学生的应用意识，即在课程目标定位、课程内容设置、教学设计、课堂教学、课后作业、学习评价等数学教育诸环节都应关注应用意识的培养，将其贯穿于数与代数、图形与几何、统计与概率及综合与实践等所有领域内容的数学课程中。

三是发挥综合实践活动培养应用意识载体的作用，因为综合实践活动兼顾“综合性”

与“实践性”：一方面，注重学生自主参与、全过程参与（经历发现和提出问题、分析和解决问题的全过程），让学生积极动脑（独立思考）、动手（自主设计解决问题的思路）、动口（合作交流）；另一方面，注重数学与生活实际、数学与其他学科、数学内部知识的联系和综合应用。此外，综合实践活动还可以以“长作业”的形式来完成，将课堂内的数学活动延伸到课堂外，让学生经历收集数据、查阅资料、独立思考、合作交流、实践检验、推理论证等多种形式的活动。更重要的是，综合实践活动不仅关注结果，更关注学生积累活动经验、展现思考历程、交流收获体会、激发创造潜能的过程。这样，在多种活动形式、多种过程体验及多种评价方式的交融浸润中，学生的应用意识得到更好的激发、促进、培养。

10. 创新意识

(1) 关于创新意识的认识。

创新意识是《课程标准（2011 年版）》新增加的一个核心概念。“创新意识的培养是现代数学教育的基本任务，应体现在数学教与学的过程之中。学生自己发现和提出问题是创新的基础；独立思考、学会思考是创新的核心；归纳概括得到猜想和规律，并加以验证，是创新的重要方法。创新意识的培养应该从义务教育阶段做起，贯穿数学教育的始终”。数学教育应该注重启发思维，培养学生的创新意识。

(2) 如何培养学生的创新意识。

培养学生的创新意识要做到以下几点：一是鼓励学生“质疑、发现问题和提出问题”。我国著名数学家丁石孙曾说过，没有问题的学生不能算是好学生。保护学生发现问题和提出问题的积极性，就像保护学生的好奇心一样，非常重要。鼓励学生提问应该贯穿于教学的各个环节，无论是在课堂上，还是在日常学习中，都应该鼓励学生提出他们的问题。二是鼓励学生“在做中积累经验”。创新意识不是靠教师教出来的，是“做出来的”，是学生在各个教学环节中不断亲身经历、不断锻炼、不断积累而形成的。教师要坚持在“做”中去培养学生的问题意识，从而逐步提升学生的创新意识。三是教师要带头做。凡是要求学生做的，教师要带头做，教师在教学的各个环节中应该要求自己有问题意识，能够提出问题，并通过提问引导教学不断深入。

第四节　课程资源的开发与利用

数学课程资源是指应用于教与学活动中的各种资源，主要包括文本资源、信息技术资源、社会教育资源、环境与工具、生成性资源，课程资源涵盖了整个课堂教学过程中除去教师和学生之外的所有资源。在数学教学过程中恰当地使用数学课程资源，将在很大程度上提高学生学习活动的水平和教师教学活动的质量。

一、文本资源的开发与利用

文本资源主要包括教材、教师用书、教与学的辅助用书、教学挂图等。文本资源是事先规划、针对特定教学内容而言的，故具有系统性强、利用时间长、使用方便、制约少等特点。本部分着重介绍教材的编写与开发。

1. 教材

数学教材是“实现数学课程目标、实施数学教学的重要资源”。具体来说，数学教材是数学课程理念最基本的物化形式，是学生学习数学、教师教授数学的最基本的蓝本，是联结数学课程目标与实现课堂教学最主要的桥梁。我国数学教材使用呈现“一纲多本”的现状，数学教材的编写应以《课程标准（2011 年版）》为依据。

（1）教材编写应体现科学性。

科学性是对教材编写的基本要求。教材的编写应以《课程标准（2011 年版）》为依据，全面体现和落实标准中提出的基本理念和各项目标。教材设计一方面要符合数学的学科特征，另一方面要符合学生的认知规律。在恰当的时机提出学习主题，以合适的方式呈现学习内容，针对学生发展的阶段性特征，提出相应的学习目标，以利于学生在数学学习过程中真正获得对所学内容的理解，构建有效的数学认知结构。

教材的编写应体现课程内容的数学实质。教材内容的选取首先应关注课程的主干而非形式、细节。教材中学习素材的选择，图片、情境、实例与活动栏目等的设置，拓展内容的编写，以及其他课程资源的利用，都应当与所安排的数学内容有实质性联系，有利于加强学生对数学实质的理解，提高学生对所学内容的兴趣。

教材的编写应准确把握内容标准要求。《课程标准（2011 年版）》对义务教育阶段的数学教学内容有明确而具体的目标要求，教材的编写应遵循学生的认知规律，准确地把握“过程目标”和“结果目标”要求的程度。另外，也要注意内容之间的衔接。比如，“函数”内容的学习贯穿了三个学段，第一学段要求“探索简单情境下的变化规律”，第二学段要求“探索给定情境中隐含的规律或变化趋势”，第三学段要求除了在背景多样化、关系复杂程度等方面都提高要求外，更注重对特定函数关系的量化研究、模型研究。由此可见，后续学段的学习都是建立在先前学段基础之上的，同时又提出了更高要求。

教材的编写要有一定的实验依据。作为课堂教学的主要教学资源，教材的体系、体例都应当有相应的学习理论做依据。教材的内容、实例的设计、习题的配置等，必须经过课堂教学的实践检验，特别是新增的内容要经过较大范围的实验，根据实践的结果推敲可行性，并不断改进与完善。

（2）教材编写应体现整体性。

教材编写应当体现整体性，注重突出核心内容，注重内容之间的相互联系，注重体现学生学习的整体性。

教材的整体设计要体现内容领域的核心。《课程标准（2011 年版）》在设计思路中提出了几个核心词：数感、符号意识、空间观念、几何直观、数据分析观念、运算能力、推理能力、模型思想，以及应用意识和创新意识，它们是义务教育阶段数学课程内容的核心，也是教材的主线。因此，教材应当围绕这些核心内容进行整体设计和编排。

> 例如，在方程、不等式和函数的各部分内容编排中，应整体考虑模型思想的体现，突出建立模型、求解模型的过程。
>
> 再例如，推理能力包括合情推理和演绎推理，无论是“数与代数”“图形与几何”

还是“统计与概率”的内容编排中，都要尽可能地为学生提供观察、操作、归纳、类比、猜测、证明的机会，发展学生的推理能力。

教材的整体设计要呈现不同数学知识之间的关联。一些数学知识之间存在逻辑顺序，教材编写应有利于学生感悟这种顺序。一些知识之间存在着实质性的联系，这种联系体现在相同的内容领域，也体现在不同的内容领域。例如，在“数与代数”的领域内，函数、方程、不等式之间均存在着实质性联系；此外，代数与几何、统计之间也存在着一定的实质性联系。

帮助学生理解类似的实质性联系，是数学教学的重要任务。为此，教材在内容的素材选取、问题设计和编排体系等方面应体现这些实质性联系，展示数学知识的整体性和数学方法的一般性。

数学中有一些重要内容、方法、思想是需要学生经历较长的认识过程，逐步理解和掌握的，如分数、函数、概率、数形结合、逻辑推理、模型思想等。因此，教材在呈现相应的数学内容与思想方法时，应根据学生的年龄特征与知识积累程度，在遵循科学性的前提下，采用逐级递进、螺旋上升的原则。螺旋上升是指在深度、广度等方面都要有实质性的变化，即体现出明显的阶段性要求。

例如，函数是“数与代数”的重要内容，也是义务教育阶段学生比较难理解和掌握的数学概念之一，《课程标准（2011 年版）》在三个学段中均安排了与函数关联的内容目标，希望学生能够逐渐加深对函数的理解。

因此，教材对函数内容的编排应体现螺旋上升的原则，分阶段逐渐深化。依据内容标准的要求，教材可以将函数内容的学习分为三个主要阶段：

第一阶段，通过一些具体实例，让学生感受数量的变化过程以及变化过程中变量之间的对应关系，探索其中的变化规律及基本性质，尝试根据变量的对应关系做出预测，获得对函数的感性认识。

第二阶段，在感性认识的基础上，归纳概括出函数的定义，并研究具体的函数及其性质，了解研究函数的基本方法，借助函数的知识和方法解决问题等，使学生能够在操作层面上认识和理解函数。

第三阶段，了解函数与其他相关数学内容之间的联系（如函数与方程、不等式之间的联系），使学生能够一般性地了解函数的概念。

（3）教材内容的呈现应体现过程性。

教材编写不是单纯的知识介绍，学生学习也不是单纯的模仿、练习和记忆。因此，教材应选用合适的素材，介绍知识的背景；设计必要的数学活动，让学生通过观察、实验、猜测、推理、交流、反思等，感悟知识的形成和应用。恰当地让学生经历这样的过程，对于他们理解数学知识与方法、形成良好的数学思维习惯和应用意识、提高解决问题的能力有着重要的作用。

在设计一些新知识的学习活动时，教材可以展现“知识背景—知识形成—揭示联系”这一过程。这有利于激发学生学习兴趣，理解数学实质，发展思考能力，了解知识之间的关联，如分数、负数和无理数的引入。

教材应当根据课程内容，设计运用数学知识解决问题的活动。这样的活动应体现“问题情境—建立模型—求解验证”的过程，这个过程要有利于理解和掌握相关的知识技能，感悟数学思想、积累活动经验；要有利于提高发现和提出问题的能力、分析和解决问题的能力，增强应用意识和创新意识。

每一册教材至少应当设计一个适用于“综合与实践”学习活动的题材，这样的题材可以以“长作业”的形式出现，将课堂内的数学活动延伸到课堂外，让学生经历收集数据、查阅资料、独立思考、合作交流、实践检验、推理论证等多种形式的活动。提倡在教材中设计更为丰富的“综合与实践”活动题材，供教师选择。

(4) 呈现内容的素材应贴近学生现实。

素材的选用应当充分考虑学生的认知水平和活动经验。这些素材应当在反映数学本质的前提下尽可能地贴近学生的现实，以利于他们经历从现实情境中抽象出数学知识与方法的过程。学生的现实主要包含他们的生活现实、数学现实和其他学科现实。

在义务教育阶段的数学课程中，许多内容都可以在学生的生活实际中找到背景。第一学段，学生所感知的生活面较窄，从他们身边熟悉的、有趣的事物中选取学习素材，容易激发他们学习数学的兴趣，使他们感受到数学就在自己的身边，也易于他们理解相关的数学知识，体会到数学的作用。第二学段，学生的活动空间有了较大的扩展，他们感兴趣的问题已拓展到客观世界的许多方面，他们逐渐关注来源于自然、社会中更为广泛的现象和问题，对具有一定挑战性的内容表现出更浓厚的兴趣。因此，教材所选择的素材应尽量来源于自然和社会，如与现实生活有关的图片和图形（照片、简单的模型图、平面图、地图等），以使学生感受到数学的价值和趣味。

随着数学学习的深入，学生所积累的数学知识和方法就成为学生的“数学现实”，这些现实应当成为学生进一步学习数学的素材。选用这些素材，不仅有利于学生理解所学知识的内涵，还能够更好地揭示相关数学知识之间的内在关联，有利于学生从整体上理解数学，构建数学认知结构。例如，因式分解知识的引入可以借助整数的分解，平行四边形概念的引入可以借助三角形，等等。

数学的许多内容与其他学科的知识有着密切的联系，随着学生学习的深入，其他学科的知识也就成为学生的现实，教材在选择数学学习素材时应当予以关注。

(5) 教材内容设计要有一定的弹性。

《课程标准（2011 年版）》指出，教材的编写要面向全体学生，也要考虑到学生发展的差异，在保证基本要求的前提下，体现了一定的弹性，以满足学生的不同需求，使不同的人在数学上得到不同的发展，也便于教师发挥自己的教学创造性。例如：

1) 就同一问题情境提出不同层次的问题或开放性问题。

2) 提供一定的阅读材料，包括史料、背景材料、知识应用等，供学生选择阅读。

3) 习题的选择和编排突出层次性，设置巩固性问题、拓展性问题、探索性问题等；凡不要求全体学生掌握的习题，需要明确标出。

4) 在设计综合与实践活动时，所选择的课题要使所有的学生都能参与，不同的学生可以通过解决问题的活动，获得不同的体验。

5) 编入一些拓宽知识或选学内容，增加的内容应注重介绍重要的数学概念、数学思想方法，而不应该片面追求内容的深度、问题的难度、解题的技巧等。

6）设计一些课题和阅读材料，引导学生借助算盘、函数计算器、计算机等工具进行探索性学习。

（6）教材编写要体现可读性。

教材应具备可读性，便于学生接受，激发学生学习兴趣，为学生提供思考的空间。不同学段的学生对教材的可读性有不同的要求。因此，在准确表达数学含义的前提下，教材的整体表达要符合学生年龄特征，从而帮助他们理解数学。

对于第一学段的学生，可以利用图片、游戏、卡通、表格、文字等多种素材，直观形象、图文并茂、生动有趣地教授知识，提高他们的学习兴趣。

对于第二学段的学生，由于他们具备了一定的文字理解和表达能力，所以教材的呈现应在运用学生感兴趣的图片、表格、文字等素材的同时，逐渐增加数学语言的比重。

2. 学生学习辅助材料

这类材料主要是为了更好地激发学生学习数学的兴趣和动力，帮助学生理解所学内容，巩固相关技能，开拓数学视野，进而满足他们学习数学的个性化需求。这一类书籍的开发不能仅仅着眼于解题活动和技能训练以应付考试。更重要的是，还应当开发多品种、多形式的数学普及类读物，使学生在义务教育阶段能够有足够的机会阅读数学、了解数学、欣赏数学。

3. 教师教学辅助材料

此类用书主要是为了加深教师对于教学内容的理解，加强教师对于学生学习过程的认识，提高教师采用有效教学方法的能力。为此，在编制教学辅助用书时，提倡以研讨数学教学过程中的问题为主线，提供充分的教学实例，注重数学教育理论与教学实践的有机结合，使之成为提高教师专业水准的有效读物。

二、信息技术资源的开发与利用

信息技术能向学生提供并展示多种类型的资料，包括文字、声音、图像等，并能灵活选择与呈现；可以创设、模拟多种与教学内容适应的情境；能为学生从事数学探究提供重要的工具；可以使得相距千里的个体展开面对面交流。信息技术是从根本上改变数学学习方式的重要因素之一，必须充分加以应用。

信息技术资源的开发与利用需要关注三个方面：

其一，将信息技术作为教师从事数学教学实践与研究的辅助性工具。为此，教师可以通过网络查阅资料，下载富有参考价值的实例、课件并加以改进，使之适用于自己的课堂教学；可以根据需要开发音像资料，构建生动活泼的教学情境；还可以设计与制作有关的计算机软件、教学课件，用于课堂教学活动研究等。

其二，将信息技术作为学生从事数学学习活动的辅助性工具。为此，可以引导学生积极有效地将计算器、计算机用于数学学习活动之中，如在探究活动中借助计算器（机）处理复杂数据和图形，发现其中存在的数学规律；使用有效的数学软件绘制图形、呈现抽象对象的直观背景，加深对相关数学内容的理解；通过互联网搜寻解决问题所需要的信息资料，帮助自己形成解决问题的基本策略和方法等。

其三，将计算器等作为评价学生数学学习的辅助性工具。为此，应当积极开展基于计算器环境的评价方式与评价工具研究，如哪些试题或评价任务适宜在计算器环境下使用，哪些不适宜，等等。

总之，一切有条件和能够创造条件的地区和学校，都应积极开发与利用计算机（器）、多媒体、互联网等信息技术资源，组织教学研究人员、专业技术人员和教师开发与利用适合自身课堂教学的信息技术资源，以充分发挥其优势，为学生的学习和发展提供丰富多彩的教育环境和有效的学习工具和评价工具；为学生提供探索复杂问题、多角度理解数学的机会，开阔学生的数学视野，提高学生的数学素养；为有需要的学生提供个体学习的机会，以便于教师为特殊需要的学生提供帮助；为教育条件欠发达地区的学生提供教学指导和智力资源，更有效地吸引和帮助学生进行数学学习。

值得注意的是，教学中应有效地使用信息技术资源，发挥其对数学学习的积极作用，减少消极作用。例如，不应在数学教学过程中简单地将信息技术作为缩短思维过程、加大教学容量的工具；不提倡用计算机上的模拟实验来代替学生能够操作的实践活动；也不提倡利用计算机演示来代替学生的直观想象，弱化学生对数学规律的探索活动。同时，学校之间要加强交流，共享资源，避免相关教学资源的低水平重复，也可以积极引进国外先进的教育软件，并根据本校学生的特点加以改进。

三、社会教育资源的开发与利用

在数学教学活动中，应当积极开发利用社会教育资源。例如，邀请有关专家向学生介绍数学在自然界、科学技术、社会生活和其他学科发展中的应用，帮助学生体会数学的价值；邀请教学专家与教师共同开展教学研究，以促进教师的专业成长。

学校应充分利用图书馆、少年宫、博物馆、科技馆等资源，寻找合适的学习素材，如学生感兴趣的自然现象、工程技术、历史事件、社会问题、数学史与数学家的故事和其他学科的相关内容，开阔学生的视野，丰富教师的教学资源。

报纸杂志、电视广播和网络等媒体常常为我们提供许多贴近时代、贴近生活的有意义的话题，教师要从中充分挖掘适合学生学习的素材，向学生介绍其中与数学有关的栏目，组织学生对某些内容进行交流，以增强学生学习数学的兴趣，提高学生运用数学解决问题的能力。

四、环境与工具的开发与利用

学生在数学学习过程中，经常需要使用学具，以帮助其理解抽象的概念、模型和较难想象的几何体，或进行较为复杂的运算。这些学具包括：几何模型、操作材料、计数器、计算器、软件等。

教师应当充分利用日常生活环境中与数学有关的信息，将其开发成为教学资源。教师应当努力开发制作简便实用的教具和学具，有条件的学校可以建立“数学实验室”供学生使用，拓宽他们的学习领域，培养他们的实践能力，发展其个性品质与创新精神，促进不同的学生在数学上得到不同的发展。

五、生成性资源的开发与利用

自《课程标准（实验稿）》颁布以来，许多教师努力践行“将学习的主动权交给学生”的课程理念，使得学生成为学习的主人。学生在课堂中主动给出自己对数学的理解，努力设计解决问题的方案，积极提出自己对事物的看法和疑问，由此数学课堂里便出现许多生成性资源。生成性资源是在教学过程中动态生成的，如师生交互、生生交流过程中产生的新情境、新问题、新思路、新方法、新结果等。合理地利用生成性资源有利于提高教学有效性。

生成性资源产生于师生交流的过程。交流得以进行的前提是双方都有表达自己想法的意愿和机会。这就要求教师创设民主、宽松的教学氛围，使学生敢于并乐于表达自己的想法。在学生表达自己想法的过程中，自然会出现教师预见到的“正确”或“不正确”想法，也可能出现教师事先未曾预见到的情况。此时，教师要延迟判断学生的反馈，给学生充裕的时间说明自己的理由。当然，有价值的生成性资源一定要有较大的拓展空间，或在数学内涵方面，或在解决问题方法方面，或在认识数学途径方面等。学生在分析解决这些问题的过程中，往往需要经历观察、比较、概括、猜测、推理等思维活动，而在活动过程与活动结果中也必然存在有价值的生成性资源。

思考题

1. 如何理解《课程标准（2011 年版）》的基本理念？
2. 如何正确认识小学数学教学？
3. 什么是“四基”？为什么要提出“四基”？
4. 谈谈你对《课程标准（2011 年版）》中数学课程总目标的认识。
5. 什么是符号意识？举例说明如何培养学生的符号意识。
6. 举例说明如何在现实情境中让学生体验和理解数学。
7. 有人说：“教材是专家编的，我们教师在实际教学中只能老老实实地去执行教材，而绝对不能改编甚至创编教材。”你认为这种说法对吗？为什么？

参考文献

[1] 中华人民共和国教育部．义务教育数学课程标准（2011 年版）．北京：北京师范大学出版社，2012.

[2] 史宁中．义务教育数学课程标准（2011 年版）解读．北京：北京师范大学出版社，2012.

[3] 黄翔，童莉，沈林．义务教育数学课程目标的新变化．课程·教材·教法，2013（1）.

[4] 黄翔．理解把握数学课程中的核心概念（二）——《义务教育数学课程标准（2011 年版）》解析之四．小学数学教育，2012（2）.

[5] 马云鹏，余慧娟．数学：“四基”明确数学素养——《义务教育数学课程标准（2011 年版）》热点问题访谈．人民教育，2012（6）.

第三章

小学数学学习心理

内容提要

数学学习理论主要以学习者的数学学习为研究对象，揭示其自身的性质、特点、过程和规律。为了提高小学生数学学习的效果，必须深入研究数学教学中有关的心理学问题，一方面按照心理学的规律进行数学教学，另一方面通过数学教学促进学生们的心理发展。本章从儿童数学认知学习的特征与模式、儿童数学学习中的元认知、小学数学知识表征、儿童数学学习迁移以及儿童数学能力培养等方面，结合具体实例对小学数学学习的相关内容进行了论述。

第一节　小学数学学习概述

《课程标准（2011 年版）》指出：数学是研究数量关系和空间形式的科学。小学数学学习是儿童在小学阶段对数学学科知识的学习，它是一个比人类学习和学生学习都更狭义、更具体的概念，其实质是小学生在数学学习活动中由于有关数量关系和空间形式知识经验的习得与积累而引起心理相对持久的变化。学习是一种复杂的心理现象，这是由学习对象的广泛性、学习方式的多样性、学习水平的层次性等多方面因素造成的。因此，对学习进行适当的分类，了解数学学习的过程及特点，有利于研究的开展，从而有效地指导教学。

一、小学数学学习分类

目前教育心理学著作中对于学习的分类有很多。加涅将学习分为联想学习（包括信号学习、刺激-反应学习、连锁学习、言语联想）、辨别学习、概念学习（具体概念的学习、定义性概念的学习）、规则的学习、高级规则的学习（解决问题）5 类。学习的结果是获得：言语信息、智慧技能、认知策略、动作技能和态度。

奥苏伯尔根据学习材料与学习者原有知识结构的关系，将学习分为有意义学习与机械学习，又根据学习的方式将学习分为接受学习与发现学习，按照这两个维度就可以将学习区分为有意义接受学习、有意义发现学习、机械接受学习、机械发现学习。

布鲁姆依据教育的目标和教育任务把学习分为认知、情感和动作技能三大领域，认知领域的学习分为六类：识记（对知识的简单回忆）、理解（能理解所学的知识）、应用（在特殊情况下使用概念和规则）、分析（区别和了解事物的内部联系）、综合（把思想重新组织为一种新的完整思想，产生新的结构）、评价（根据内部的证据或外部的标准做出判断）。

我国有学者把小学数学学习分为符号学习、概念学习、运算技能学习和问题解决学习。

（1）符号学习。

数学符号是人们进行数学表示、运算、推理和解决数学问题的工具。对小学生而言，最先接触到的数学符号是数字符号，它是学生从具体表达过渡到抽象表达的一个工具，是学习数学抽象思维的第一个门槛，也是学生数学学习的基础，十分重要。

符号学习的过程不仅仅是对符号本身的理解过程，而且是对符号所传达意义的建构过程。符号学习的关键是获得符号的意义。所谓符号的意义是指，符号所记录的知识对于学生而言意味着什么。符号是用于表征认识对象的一种记号、载体。"符号的意义"包括两个层次：1）基本意义，又称"字面意义"，是指符号所指代的实际事物，即学生接触到符号时所能直接联想到的符号所意指的实际事物；2）个性化意义，又称"字里行间"的意义，是指符号对于不同的人而言的个性化的含义，这种个性化含义是个人基于自身的实际经验建构出来的，不完全是指事物本身①。

（2）概念学习。

从数学本身的发展来看，数学概念的来源一般有两种获得方式：一是直接从对客观事物的数量关系和空间形式的观察而得，二是在抽象的数学理论基础上经过多级抽象获得。所以说，数学概念既有抽象性，又有具体性。

对于学生获得概念而言，一般有概念同化和概念形成两种方法。当学生学习新概念时，利用认知结构的已有概念与新概念建立联系，从而掌握新概念的本质属性，这种获得概念的方法称为概念的同化。学生依靠直接经验，从大量的具体例子出发，概括出新概念的本质属性，这种方法称为概念的形成。我们认为，在小学生数学学习中，概念形成是小学生获得概念的主要形式。学生在学习概念性知识的过程中，一般使用概念形成的方法，对实际事例做简化、概括或分类。

> 例如，学生学习三角形的概念时，头脑中要对许多具体的三角形进行简化，理解其中的本质特点，用语言或符号进行概括，还要思考三角形与其他图形（如正方形）的关系。

小学生学习数学经历了日常概念与科学概念交互作用的过程。日常概念又叫作前科学概念。日常概念与科学概念既可能一致，也可能有冲突。

---

① 王成营，陈佑清. 试论符号意义获得能力及其培养——以数学教学为例. 全球教育展望，2012（7）.

(3) 运算技能学习。

运算技能属于程序性知识。程序性知识是关于“如何做”的知识。形成运算技能是数学学习中的一个重要部分，运算技能的形成分为三个阶段：

第一个阶段是认知阶段。这一阶段通常是“引导式”的尝试错误的历程。这时，概念性知识和程序性知识是交织在一起的。

第二个阶段是联结阶段。这一阶段，学习者开始把叙述性知识转化为操作行动，很缓慢地构建程序性知识。在操作的过程中，学生经历了行动的过程，逐步形成操作的技能。

第三个阶段是自动化阶段。它是第二个阶段的延伸，第二个阶段中的程序被更加清楚地辨识和更熟练地应用，达到一定程度的自动化。

(4) 问题解决学习。

问题解决是指个人应用一系列的认知操作，从问题的起始状态到达目标状态的过程。简单点说，问题解决是指对问题形成一个新的答案或解决方案。这一答案不是简单应用已经学过的规则，而是对已有的知识、技能或概念、原理进行重新改组，以形成一个适应问题要求的方案。

问题解决是一个复杂的过程。关于问题解决的研究在心理学界已有一个较长的历史，并且形成了几种影响较大的观点，如桑代克的“试误说”、柯勒的“顿悟说”、杜威的“五阶段说”等。20 世纪 50 年代还出现了以信息加工的观点来研究人的问题，并进行了计算机模拟，取得了显著的进展。综合起来，可以将问题解决的过程分为发现问题、理解问题、提出假设和检验假设四个阶段。

小学生的学习过程，既是一个不断接受已有知识经验的过程，也是一个在不断解决问题的过程中获得新的知识、培养能力、发展创造性的过程。深刻地理解、掌握有关问题解决和创造性的内容，对于教师的教学活动具有积极意义。

二、小学数学学习的过程及特点

(一) 小学数学学习的过程

从本质上说，学生的数学学习过程是学生自主建构数学理解的过程，也是一种真正意义上的再创造（主观意义上而非客观意义上）。

1. 数学学习是学生生活常识的系统化

荷兰著名数学家、数学教育家弗赖登塔尔曾经提出“作为普通常识的数学”的概念。他认为数学的根源在于普通常识，对于小学生来说，小学数学知识并不是“新知识”，在一定程度上是“旧知识”。他们在生活中已经获得了许多数学知识的体验，学校数学学习是生活中数学现象和经验的总结与升华，每一个学生都从他们的现实数学世界出发，结合教材内容，建构他们自己的数学知识，小学生的数学学习离不开现实生活。

2. 数学学习是学生自己的活动过程

从课堂教学的角度来看，小学生数学学习是他们参与课堂教学的过程。学生从行为、情感、认知等多个方面投入课堂教学过程中，全面提高知识、能力和品质。这样的数学学习，就要求学生在学习中成为真正的主体，这样才能有效地进行数学学习。

3. 数学学习是一个思考过程

我国小学数学教育专家周玉仁曾经指出，数学学习的本质是学生获取数学知识、形成数学技能和能力的一种思维活动①。思维是认知过程的本质特点，从这个意义上说，死记硬背公式，没有思维要求的反复操练，都不能算是真正的数学学习。学生的数学思维是对自身活动的反思，是对经验的反思。小学生数学学习是一个具体形象思维和抽象逻辑思维相结合的思考过程。小学生在学习过程中，思考过程是直观思维、具体形象思维和抽象逻辑思维三方面的结合。

（二）小学数学学习的特点

小学数学学习作为学生学习的下位概念，它一方面必然具有人类学习和学生学习这两个概念的共同属性，另一方面又具有反映自身特殊性的特点。从不同的视角审视小学数学学习活动，人们可以对它的属性和特点做出不同的解释。这里仅从小学数学学习内容，学习时的情感因素，学习过程中认知、情感发展的阶段性，学习过程的丰富性和学习方式的多样性四方面来阐述。

1. 学习内容的抽象性和形象性

小学数学知识，在人类已有数学知识系统中都是一些最基础且极富教育价值的内容，这些内容由教材编写者经过教学法加工处理将抽象的科学数学知识转化为适合小学生学习的形象化的学科数学知识。它一方面仍然保留了数学高度的抽象性和严密的逻辑性的特点，另一方面又具有生动形象的表现形态。教材使小学数学知识同时具备了抽象概括性和具体形象性。我们认为，抽象性和形象性的统一是彰显小学数学学习内容特征的一大特点，这一特点在小学数学学习内容中比在其他任何学科知识中表现得更突出、更强烈。抽象性和形象性相统一的特点表明：小学数学学习内容在本质上是抽象的，它反映了人类对世界数量关系和空间形式的抽象与概括，但在形式上它却是形象具体的，反映出教材编写者为了满足儿童学习的需要对科学数学知识所进行的加工改造。正是这种加工改造促成了小学数学学习内容高度的抽象性与生动的形象性的有机统一和完美结合。

这种统一与结合反映了数学知识特点与小学生思维特点之间的矛盾对学习内容的客观要求，体现了数学知识与学习者心理发展水平之间的互相制约与适应，同时也表达了教材编写者对数学知识处理策略与方式的正确选择。如用“小猪盖房子”的活动情景呈现“同样多”“多”“少”等数学概念，就是教材编写者对抽象的数学概念所进行的一种形象化改造，这种改造给数学学习内容赋予了抽象性和形象性的特点，使抽象的数学概念成为适合新入学儿童理解和接受的学习内容②。

2. 学习时的情感因素

有效的数学学习来自学生对数学活动的参与，而参与的程度与学生学习时产生的情感因素密切相关。正如皮亚杰所说，“没有一个行为模式（即使是理智的）不含有情感因素作为动机”。

① 周玉仁．小学数学教学论．北京：中国人民大学出版社，1999：53．

② 谭劲，李光树．小学数学学习特点对教学的影响．课程·教材·教法，2014（8）．

3. 学习过程中认知、情感发展的阶段性

进入一年级的儿童正处于从快速发展到相对平稳发展的过渡时期。心理发展和社会发展的双重转变是小学初期的主要特征。在入学的最初几年中，儿童在学业上的成功是非常重要的。因为在小学阶段，儿童主要把自己定位为学生，而学生的主要任务就是成功地完成学业。小学低年级的学生，更多地关注“有趣、好玩、新奇”的事物。而小学中、高年级的学生，开始对“有用”的数学更感兴趣，更多地关注数学在其他学科和生活中的应用(现实的、具体的问题解决)。因此，小学阶段的学生数学学习素材的选取、呈现方式以及学习活动的安排，都应当充分考虑到小学生的实际生活背景和趣味性（玩具、故事等），使他们感到学习数学是一件有意思的事情，从而更愿意学习数学①。

4. 学习过程的丰富性和学习方式的多样性

《课程标准（2011 年版）》指出：“学生学习应当是一个生动活泼、主动并富有个性的过程。认真听讲、积极思考、动手实践、自主探索、合作交流等，都是学习数学的重要方式。学生应当有足够的时间和空间经历观察、实验、猜测、计算、推理、验证等活动过程。”

所以，在数学教学中，必须通过学生主动的活动，包括观察、描述、画图、操作、猜想、实验、收集、整理、思考、推理、交流和应用等，让学生感受数学过程形象而生动的性质，亲身体验如何“做数学”，如何实现数学的“再创造”，并从中感受到数学的力量，促进数学的学习。

第二节　儿童数学认知学习的特征

现代认知心理学研究告诉我们，学生学习数学的过程，实际上是一个数学认知的过程，在这个过程中学生在老师的指导下把教材知识结构转化成自己的数学认知结构。

一、数学认知结构

“所谓数学认知结构，就是学生头脑里的数学知识按照自己理解的深度、广度，结合着自己的感觉、知觉、记忆、思维、联想等认知特点，组成的一个具有内部规律的整体结构。”② 简单地讲，数学认知结构就是学生头脑里获得的数学知识结构，只不过是一种经过学生主观改造后的数学知识结构，它是数学知识结构与学生心理结构相互作用的产物，其内容包括数学知识和这些数学知识在头脑里的组织方式与特征。如有关分数的意义及四则运算的认知结构，一方面要反映分数的概念和性质、分数四则运算的意义及运算法则等知识内容，另一方面更要体现学生在头脑里对这些知识内容的接收、编码、储存、提取等一系列活动的组织方式。学生的数学认知结构是在后天的学习活动中逐步形成和发展起来的，由于不同主体对知识内容的理解和组织方式不同，数学认知结构是有个体差

① 孔凡哲，曾峥. 数学学习心理学. 北京：北京大学出版社，2009：12.

② 曹才翰，蔡金法. 数学教育学概论. 江苏：江苏教育出版社，1989：52.

异的。

（一）认知结构与知识结构的区别

数学认知结构和数学知识结构是两个不同的概念，它们之间既有密切的内在联系，又有严格的区别。两者的联系主要体现为学生的数学认知结构是由教材中的数学知识结构转化而来的，数学知识结构是数学认知结构赖以形成的物质基础和客观依据，两者的区别主要表现在以下几个方面：

（1）概念的内涵不同。数学知识结构是由数学概念和命题构成的数学知识体系，它以最简约、最概括的方式反映了人类对世界数量关系和空间形式的认识成果，是科学真理的客观反映。而数学认知结构是一种经过学生主观改造的数学知识结构，它是数学知识结构与学生心理结构高度融合的结果，其内容既反映了数学知识的客观性，又体现了认知主体的主观性。

（2）信息的表达方式不同。数学知识结构和数学认知结构都是表达信息的，但两者在信息表达的方式上却有着明显的区别。教材中的数学知识结构是用文字和符号详尽表达有关世界数量关系和空间形式认识成果的信息。它表现为一个逻辑严密、结构相对完善的数学知识体系。在这个体系内部，知识的逻辑起点、表达形式以及前后内容之间的联系，在其载体——数学教材中都有明确而具体的表述，而学生头脑里的数学认知结构则主要是以语义的方式概括、简约地表达信息，并且通常以直觉的方式将信息储存在头脑里。这种表达方式表明，“认知结构已经将知识表征和个人智力活动方式融为一体”了。

（3）结构的构造方式不同。数学具有高度的抽象性和严密的逻辑性，作为小学课程内容的数学虽然经过了教材编写者的教学法处理，但其内容仍然是一个较为严密的逻辑体系，前后内容连贯有序，整个结构相对完善。而学生头脑里的数学认知结构内容之间并无严格的逻辑顺序，它既不是一种条理清楚的线性结构，也不是一种排列有序的网状结构。数学知识结构一旦被学生内化为认知结构以后，其内容之间的逻辑顺序和层次性往往就被淡化了，不同内容之间表现出一种相互融合的态势，其内部结构也不像数学教材知识结构那样清晰可辨。

（4）结构的完备性不同。教材中的数学知识结构在内容上都是相对系统的、完备的、无缺口的，结构本身就涵盖了它的全部组成内容。而数学认知结构，由于学习者本身在接受、理解上的失误和学习后遗忘等原因，在内容上常常是有缺口的、不完备的。如“分数的意义和性质”的知识结构，其内容就包括了分数的意义和单位、分数与除法的关系、分数的分类、假分数与带分数和整数的互化、分数的基本性质及约分和通分等，这些内容构成了一个完整的、无缺口的单元知识结构。当其化成学生的数学认知结构以后，并不一定每一部分的内容都非常清晰，某些内容可能是模糊的，甚至是被完全遗忘了的。因而对学习主体来说它可能是一个内容不完备的数学知识结构。

由此表明，学生的数学认知结构尽管是由教材知识结构转化而来的，但并不是教材上写了的和老师讲了的内容就一定能够完整无缺地被学生接受和记忆，在学生的数学认知结构中经常出现某些缺口。

（5）内容的科学性不同。数学教材知识结构中的内容都是经过严格逻辑论证和实践检验、能正确反映客观世界数量关系和空间形式普遍规律的科学真理，通常不存在什么错误。而数学认知结构中的内容，是经过学生主观改造的数学知识结构，所以它并不一定都是科学的。其内容可能是正确的，也可能是错误的，还可能是部分正确、部分错误的。很明显，学生头脑里掌握的数学知识，其内容的科学性是有待检验的。我们不能把学生数学认知结构内容的科学程度简单地与数学教材知识结构内容的科学程度等同起来，从而掩盖学生在学习过程中可能产生的某些错误认识。

（二）数学认知结构的主要变量

数学认知结构变量就是指学生头脑里的数学知识在内容和组织方面的特征。根据奥苏伯尔的研究，学生原有认知结构对新数学知识学习有重大影响的变量为以下三个：

（1）原有认知结构中对新的学习起固定作用的观念的可利用性。这是对数学学习影响特别大的一个认知结构变量。在新的数学知识学习中，学生原有认知结构中是否有可以用来同化新知识的观念，是决定数学学习活动能不能顺利进行的关键因素。这是因为学生建构新的数学认知结构总是以他们原有认知结构中的有关内容为基础的，如果他们原有认知结构里缺乏适当的观念作为新的学习的固定点，新内容输入头脑之后就不会有相应的旧知识与之发生相互作用，没有新旧内容的相互作用就不可能有原有数学认知结构的扩充和新的数学认知结构的建立。

例如，学生原有认知结构里如果没有分数的基本性质、通分和同分母分数加减法计算法则等观念起固定作用，他们就根本不可能形成有关异分母分数加减法的认知结构。

（2）新知识同原有认知结构中起固定作用的观念之间的可辨别性。在学习中，如果学生原有认知结构中的有关内容（特别是那些在新的学习中起固定作用的内容）是按照一定的结构严密地组织起来的，面对新的学习任务，他们不仅能迅速地在认知结构中找到学习新知识的固定点，同时还能清楚地辨别出新旧知识之间的联系和区别，由此顺利实现教材知识结构向认知结构的转化。反之，如果学生不能清晰地辨认新旧知识之间的联系和区别，那么在学习中学生就难以建立起以新的数学知识为内容的数学认知结构。

如学习方程概念时，如果学生不能清楚地辨认方程与等式的区别，他们就不能正确理解方程的意义，也就不能建立起方程的数学认知结构。

由此表明，新旧知识内容之间的可辨别性也是影响学生数学认知结构形成的一个重要变量。

（3）原有认知结构中起固定作用的观念的稳定性和清晰性。在数学学习中，如果学生原有认知结构中的有关观念（主要是指那些与新知识有密切联系的旧知识）不稳定甚至模糊不清，那么这种认知结构不仅不能为新的学习提供适当的关系和强有力的固定作用，而且还会影响新旧知识之间的可辨别性，进而影响新知识同原有认知结构之间的相互作用和数学认知结构的建立。

例如，学习分数的基本性质时，如果学生对原来已学过的分数与除法的关系和除法中商不变性质等旧知识的认识是模糊不清的，那么他们就不能真正理解“分数的分子和分母同时乘以或者除以相同的数（零除外）分数的大小不变”的普遍规律。

很明显，只有学生原有认知结构中的相关内容既稳定又清晰，他们才能顺利实现原有数学认知结构的扩充和新的数学认知结构的建立。

（三）数学认知结构的基本特点

1. 数学认知结构是数学知识结构与学生心理结构相互作用的产物

学生的数学认知结构是由教材知识结构转化而来的，它一方面保留了数学知识结构的抽象性和逻辑性等特点，另一方面又融进了学生感知、理解、记忆、思维和想象等心理特点，它是科学的数学知识结构与学生心理结构相互作用、协调发展的结果。在其发展过程中两者表现出互相影响、互相促进、辩证统一的发展态势，一方面数学知识结构直接影响着学生心理结构的发展，不仅规定着数学认知结构的内容和发展方向，同时还制约着学生感知、理解等心理活动的过程和方式；另一方面学生的心理结构又不断地改造着数学知识结构，使数学知识结构变成与他们心理发展水平和认知特点相适应的数学认知结构。正是学生心理结构对数学知识结构的主观改造，导致了学生数学认知结构的个体差异。

2. 数学认知结构是学生已有数学知识在头脑里的组织形式

从学生构建数学认知结构的过程和方式来看，他们都是以原有知识为基础对新的数学知识进行加工改造或者适当调整自己的数学认知结构，然后按照一定的方式将所要学习的新知识内化到头脑里，使新旧内容融为一体，形成相应的数学认知结构，并通过这种形式把所学数学知识储存下来的。由此表明，就其形态而言，数学认知结构又是学生已获得的数学知识和数学经验在头脑里的组织形式，这种组织形式反映了数学知识内化到学生头脑里以后的结构状态。有关研究表明，数学认知结构在学生头脑里是呈板块结构的。具体来讲，源源不断的新知识内化到头脑里以后，在新旧内容相互作用的基础上，学生将所掌握的数学知识形成若干系统，由此在头脑里组成相应的数学知识板块，板块的大小和多少直接受所学数学知识内容的多少的制约和影响。呈板块结构状态的数学知识既便于储存，又便于提取。

3. 数学认知结构是一个不断发展变化的动态结构

由于学生的数学认知结构是在后天的学习活动中逐步形成和发展起来的，所以它又是一个不断发展变化的动态结构，其动态性主要表现在以下几个方面：

一是数学认知结构的建立要经历一个逐步巩固的发展过程。对某一具体数学知识的学习来说，学习初期，学生在老师的帮助下通过原有认知结构和新知识的相互作用，只能在头脑里形成相应数学认知结构的雏形，其结构极不稳定，需要紧跟其后的有效练习和在后续内容学习中的进一步应用，这样所形成的数学认知结构才能逐步巩固和稳定。

二是学生头脑里的数学认知结构经过不断分化逐步趋于精确。学习初期学生头脑里形成的数学认知结构是笼统的，甚至是模糊的，随着认知活动的不断深入，他们头脑里的数学知识经过不断分化才能形成比较精确的数学认知结构。

如学习三角形，学生首先获得的是“由三条线段围成的封闭图形”“三角形有三条边、三个角”的笼统认识。随着学习过程的不断深入。学生会逐步发现：就角来讲，三角形可以分为锐角三角形、直角三角形、钝角三角形；从边来看，三角形有等边三角形、等腰三角形和不等边三角形。这一过程的完成，标志着学生对三角形有了比较精确的认识。

三是学生的数学认知结构是逐步扩充和完善的。随着学习过程的逐步深入和数学知识的不断积累，学生的数学认知结构将会不断地扩充和完善。

如有关整数乘法的认知结构，在二年级学生仅形成了一位数乘一位数（表内乘法）的认知结构，在三年级又分别形成了一位数乘多位数和两位数乘多位数的认知结构，在四年级又进一步形成了三、四位数乘法的认知结构。经过三年级的系统学习，学生最终才在头脑里形成了一个相对完善的整数乘法认知结构，每次新的学习对学生原有认知结构来说都是一次新的扩充。

4. 数学认知结构是一个多层次的组织系统

数学认知结构是一个相对的概念，它的内容是一个多层次的庞大系统。既有大到包括整个小学数学知识系统在内的数学认知结构，也有小到由一个概念或命题组成的数学认知结构。数学认知结构的层次性主要是由数学知识结构内部的层次性和逻辑系统性决定的，原则上数学知识有怎样的分类，学生的数学认知结构就有怎样的划分。

如分数可以分为真分数和假分数，假分数又可以分为整数和带分数，相应地学生头脑里的分数认知结构在层次上也可做出相应的划分。

数学认知结构的层次性还体现在认知结构的发展水平上，对小学生来讲既有直观水平上的数学认知结构，也有抽象化水平上的数学认知结构。

二、数学学习过程的一般模式

根据认知学习的理论可知，数学学习的过程是新的学习内容与学生原有的数学认知结构相互作用，形成新的数学认知结构的过程。依据学生数学认知结构的变化情况，可以将数学学习的一般过程划分为四个阶段：输入阶段、新旧知识相互作用阶段、操作运用阶段和输出阶段。

如果把数学学习内容分为三个层次——数学知识、数学活动经验和创造性数学活动经验，那么新的数学认知结构就是在完成这三个层次的学习内容的基础上形成的。

（一）输入阶段

学习活动起源于新的学习情境。输入阶段实质上就是给学生提供新的数学信息和新的学习内容，并创设有利于学生观察思考、分析辨别和抽象概括的情境。在这样的学习情境中，学生原有的数学认知结构与新学习的内容之间发生认知冲突，使他们在心理上产生学习新知识的需要，这是输入阶段的关键。在这一阶段，教师一方面要设法激发学生强烈的学习动机和学习热情；另一方面要通过一定的手段（例如必要的复习）强化与新知识有关的内容，使学生做好必要的认知准备。

（二）相互作用阶段

在学生有了学习的需要和一定的知识准备之后，当新的学习内容输入后，数学学习便进入相互作用的阶段。这时学生原有的数学认知结构与新的学习内容之间就发生相互作用。相互作用的基本形式有两种：同化和顺应。

同化　在小学数学学习中，同化是指学生在学习中将新的数学知识直接纳入认知结构，扩大原有认知结构，使数学认知结构发生量变的过程。

如异分母分数加减转化成同分母分数加减法，并将其纳入原来已经形成的同分母分数加减法的认知结构中去，从而扩大和完善分数加减法认知结构的过程。

又如，学习等腰三角形，就是把等腰三角形同化到三角形这个认知结构中去的过程。学生在此之前已经形成了三角形的认知结构，因此，把等腰三角形的概念输入后，学生在头脑中形成的等腰三角形认知结构，是对原有关于三角形认知结构的分化。

顺应　顺应是指某些新的数学知识不能直接同化到学生原有认知结构中去，必须适当调整或改造学生的原有认知结构使其适应新知识的学习，在此基础上将新知识纳入改造后的认知结构中去，从而建立新的数学认知结构的过程。简言之，顺应就是改造原有认知结构而建立新的数学认知结构的过程。如果说同化是促进原有认知结构量变从而扩大和分化认知结构内容的过程，那么顺应则是使原有认知结构发生质变，从而建立新的数学认知结构的过程。顺应主要适用于那些与旧知识没有直接联系的新知识的学习。

例如，开始学习列方程解决问题时，学生头脑中只有用算数方法解决问题的内容，而这些内容又不能直接与列方程解决问题发生联系，因此就只能采用顺应的认知方式进行学习。①

心理学研究表明，在学习中，学生用顺应的方式改造原有认知结构接纳新知识主要是通过两种途径去实施的：一是调整，二是并列。“所谓调整，就是改变原有认知结构的组织形式，或赋予原有认知结构中某些观念以新的意义，使之与新知识相适应，并以此为固定点接纳新知识。”如在列方程解决问题的学习中，就可采用这种方式赋予新设的未知数“x”与已知数同等的地位，让它参加列式和运算，从而调整学生原有的未知数都是要求的问题，不能参加列式和运算的认知，由此实现学生认知结构主动适应列方程解决问题的学习。“所谓并列，就是赋予新知识和认知结构中某些原有观念以一定意义的外在联系，并把新知识与旧的知识连接成一定的结构。”如在分数乘法意义的学习中，就可利用一个数乘分数和学生认知结构中整数乘法意义的联系，通过具体实例（如一瓶橘汁重$\frac{3}{5}$千克，那么$\frac{1}{2}$瓶橘汁重多少千克）赋予一个数乘分数就是“求这个数的几分之几是多少”的意义。由此通过一个分数乘法意义与整数乘法意义的并列，实现学生原有认知结构的改造和分数乘法意义新认知结构的建立。

同化和顺应是小学生学习过程中原有数学认知结构和新学习内容相互作用的两种不同的形式；它们往往存在于同一个学习过程中，只是侧重面不同而已。例如上面所说的乘除运算的学习，对运算方法的意义而言是同化，而从运算的方式上来看则包含顺应；而在函

① 宋乃庆，张奠宙．小学数学教育概论．北京：高等教育出版社，2008：141.

数概念的学习中，也存在着同化过程。如果说数学学习是数学认知结构的建立、扩大或重新组织的话，那么，同化就是改造新的学习内容使之与原有的认知结构相吻合；顺应则是改造原有的数学认知结构，以适应新学习内容的需要。

新旧知识相互作用阶段的关键是学生头脑中是否有相应的知识与新知识发生作用，因此，教师的作用就是查明学生是否具备相应的知识，为学生创设"最近发展区"。

这一阶段实质上是在第一阶段产生新的数学认知结构雏形的基础上，通过练习等活动，使学习的知识得到巩固，初步形成新的数学认知结构的过程。通过这一阶段的学习，学生学到了一定的技能，使新的知识与原有的认知结构产生较为密切的联系。

（三）操作运用阶段

这一阶段是运用在相互作用阶段形成的新的数学认知结构去解决问题的过程。这里的操作指智力活动，也就是数学思维活动，操作的主要形式是学生解决数学问题。这一阶段是学生利用习得的知识，通过解决数学问题，使新的知识完全融于原有的数学认知结构，形成完善的认知结构的过程，这一过程可以实现预期的教育目标，使学生的能力得到进一步的发展。

在实际数学教学中，我们常常会发现这样的现象：教师在课堂上详细分析过的数学习题，学生在作业或测验中仍然可能是谬误百出。尽管教师强调数学的意义，但学生仍然认为数学是毫无意义的符号游戏。这里可以根据建构主义观点做如下分析：建构主义认为，学生学习活动的本质是一个以学生已有的知识和经验为基础的主动的建构过程。学生对数学知识的真正"理解"并不是指学生弄清教师的本意，而是指学习者运用已有的知识和经验对教师所讲的内容重新加以解释、重新建构意义；学生真正消化知识，是把新的学习内容正确地纳入已有的认知结构，从而使其成为整个结构的有机组成部分。教师的主要作用在于帮助学生从已有的知识、经验中抽象出新的概念，归纳、概括出新的规律。

（四）输出阶段

这一阶段是在操作运用阶段的基础上，通过发现问题、提出问题、分析问题并加以创造性解决的过程，使学生的数学认知结构臻于完善，新、旧数学认知结构最终融为一体，能力得到发展，数学思维水平得到明显提高。这一过程最终形成新的数学认知结构。

总之，依据学生认知结构的变化，可以将数学学习的一般过程这样表示：

新的学习内容 → 原数学认知结构 → 产生新的数学认知结构 → 初步形成新的数学认知结构 → 形成新的数学认知结构。

数学学习过程的各阶段是紧密联系的，任一阶段的学习出现纰漏，都会影响学习的质量。无论是数学新内容的接受还是纳入，都取决于学生原有的数学认知结构。因此，学生已有的数学认知结构总是学习新数学内容的基础。有效的数学学习，要求新知识与原数学认知结构处于相互容纳的动态平衡之中。

数学学习的这一过程向我们展示了两条学生成长的途径：一是学生的数学认知结构由"旧"到"新"，学生的数学认知结构不仅是"量"的变化，更重要的是"质"的飞跃；二是学生以数学知识的学习为载体，形成了数学能力，而这正是我们进行数学教育所追求的目标之一。这就是说，在数学学习的过程中随着新的数学认知结构的形成，学生的数学能力同时也得到了提高。

三、小学数学知识的学习

学生学习数学的过程实际上是一个认知的过程，在这个过程中，学生根据教师的指导积极内化数学知识，把教材知识结构转化为自己的数学认知结构。

（一）小学数学概念学习

小学数学学习是从概念入手的，概念的学习是小学数学学习的基础，对小学数学学习具有重要的作用。根据奥苏伯尔的有意义学习理论，小学生主要是通过概念形成和概念同化两种认知方式学习、掌握数学概念。

1. 数学概念形成

所谓数学概念形成，是指学生依据直接经验，从大量的具体例子出发，在数学概念的具体例证中通过归纳抽取一类数量关系或空间形式的共同属性，从而获得初级概念，并把概念的本质属性推广到同类事物的过程。这种方式不仅是小学低年级儿童学习数学概念的主要途径，就连小学高年级学生对某些抽象的概念也需要通过这种认知方式加以掌握。如六年级学生学习“圆”的概念，可以先观察硬币、钟面、圆桌面等一系列“圆”的例证，然后在教师的帮助下归纳出这些物体表面形状的共同属性，在此基础上得出“圆”的概念①。

2. 数学概念同化

随着学生年龄的增长和头脑里所获得的数学概念的不断增多，到中年级以后概念同化就逐渐成为学生学习和掌握数学概念的主要方式。所谓数学概念同化，就是利用学生头脑里已有的数学概念，以定义的方式直接揭示新概念的本质属性，从而获得二级概念（在已有概念的基础上通过掌握概念的定义而获得的概念）的过程。如“平行四边形”“方程的解”“解方程”等概念，学生都是通过这种方式掌握的。概念同化是学生心理发展到一定水平后自觉学习数学概念的主要方式，它主要依靠的是学生对经验的概括和新旧概念的联系。如学习“方程的解”这一概念时，由于学生的认知结构里已经有了“方程”“未知数”“未知数的值”等概念，所以学习时可以直接通过定义“使方程左右两边相等的未知数的值叫作方程的解”揭示其本质属性，并将这一概念作为一个受条件限制的（使方程左右两边相等）特殊的未知数的值，纳入原来形成的有关“未知数的值”的认知结构中去。这样，一方面有利于突出新概念的本质属性，另一方面又可以进一步充实和完善原有认知结构。

我们说，概念形成和概念同化是小学生掌握数学概念的两种不同方式，但这绝不意味着这两种方式是彼此独立的，甚至互相排斥的。事实上小学数学教材中大量的数学概念，学生都是借助这两种认知方式的有机结合而掌握的，如平行线、三角形、平行四边形、分数、方程、比例、正比例、反比例等概念，教学时一方面通过大量的实际例子丰富学生的感性认识，让他们获得抽象概念本质属性的客观依据；另一方面又通过定义更深刻地揭示所学概念的本质属性，以此加深概念内涵的理解。这样处理，既符合学生的心理发展水平，又有利于揭示数学概念的本质属性，更有利于学生全面了解概念背后的丰富事实，把

① 宋乃庆，张奠宙．小学数学教育概论．北京：高等教育出版社，2008：147-152．

抽象的数学概念具体化。

（二）小学数学命题学习

数学命题学习和掌握的关键是获得数学概念之间关系的理解，而数学概念之间关系的理解又依赖于新命题与原有认知结构中有关知识的联系。

1．下位学习

如果学习者原有认知结构中有在概括层次上高于所学新命题的知识，那么原有认知结构中的有关知识和新命题就构成上下位关系，利用这种关系获得数学命题的学习形式叫作下位学习。根据所学数学命题与原有认知结构中有关数学知识之间的关系，又可以将下位学习具体划分为派生类属学习和相关类属学习两种不同形式。

（1）派生类属学习。

派生类属学习是指将要学习的新命题整合到原有认知结构的有关内容中去，新命题对原有知识只起支持或证实的作用，新命题通过新旧内容的相互作用而获得意义，原有认知结构不发生质的变化，仅仅是外延增加了一个具体的例证。也就是说，派生类属学习不会导致原有认知结构实质性的变化，只会引起量的变化。

如学生学习圆柱体的体积计算方法，由于他们在前面长方体的体积计算方法学习中已经知道了长方体的体积等于底面积乘高，并且掌握了其计算公式 $V=Sh$，所以学习时就可以将它作为前面已有计算方法的一种特例，通过派生类属学习的形式加以掌握。

又如，原有概念是“四边形”（A），而“四边形”的概念是通过矩形（a_1）、菱形（a_2）、梯形（a_3）等从属概念构成的。现在要学的新概念是正方形（a_4）。正方形纳入原有的“四边形”概念之中，既扩充了“四边形”概念，又使“正方形”这一概念获得了意义。

但是在派生类属学习中，新概念只是使原有的、总的概念的扩张，并不能使原有概念的本质发生改变①。

例如，学生通过学习等腰三角形、长方形、正方形，已建立了轴对称图形的概念，现在来学习新命题“圆也是轴对称图形”。由于学生的认知结构中已有了牢固的轴对称图形这个上位概念（沿一条直线对折，两部分图形完全重合），新命题很快被上位概念同化（将具体的圆或者圆的表象进行对折，验证两部分的图形是重合的）。学生找出了圆的对称轴，而且知道不止一条。实际上，学生习得新命题，只不过是原有上位概念的运用而已，它是轴对称图形的一个例证。新的命题被同化后，原有的上位概念没有发生实质性的变化，仅仅是外延扩大了——增加了一个轴对称图形的例证②。

（2）相关类属学习。

相关类属学习是指将要学习的新命题整合到原有认知结构的有关内容中去，新旧内容整合的结果不但使新命题获得意义，并且使原有认知结构被扩充或修改，从而使原有认知结构发生变化。如梯形面积计算公式虽然不能直接由平行四边形面积计算公式派生出来，但是它可以通过割补、拼合转化成平行四边形，从而得出其面积计算公式 $S=\frac{(a+b)\ h}{2}$

① 孔凡哲，曾峥．数学学习心理学．北京：北京大学出版社，2009：49．

② 何小亚．数学学与教的心理学．广州：华南理工大学出版社，2003：86．

(S为面积，a为上底，b为下底，h为高)。很明显，梯形面积计算方法就可以通过相关类属学习的形式去掌握①。

例如，学习了“三角形”之后又学习“直角三角形”就是相关类属学习下位概念的有意义学习②。相关类属学习不仅会使原有的认知结构在量的方面发生变化，而且会导致质的变化。

例如，学生已掌握了“平行四边形”的定义，再来学习“菱形”的定义“有一组邻边相等”这个限制条件，上位概念“平行四边形”就被精确化为菱形这种特殊的平行四边形和非菱形的平行四边形。同化学习的结果是，新命题“菱形”获得了意义，原有的“平行四边形”这个上位概念得到了精确化与扩展③。

2. 上位学习

通过对原有认知结构中有关内容的归纳和综合，概括出新的数学命题的学习形式叫作上位学习④。经过上位学习，学习者的认知结构无论是量的方面还是质的方面均发生了变化。例如，在学习了正方形、长方形、菱形的基础上，再学习新命题——正方形、长方形、菱形都是四边形，这种学习就是上位学习。

人们从许多具体的例子和大量的现象中概括出概念或者归纳出结论的学习都属于上位学习。例如，在平面几何学习中，如果学生已经知道正方形、长方形和平行四边形的内角和都等于360°，现在来学习新命题——四边形的内角和等于360°，这种学习是上位学习。

上位学习所采用的思维方法主要是概括与综合，由于它主要通过归纳和综合原有认知结构中的有关内容而建立新的认知结构，因此上位学习必须具备两个基本条件：一是所学习的数学命题在概括层次上一定要高于原有认知结构中的已有知识；二是原有认知结构中一定要有可供归纳和概括的内容，即头脑里必须具有比新的数学命题层次低的相关内容。如要概括加法交换律$a+b=b+a$时，学生头脑里必须有3＋5＝5＋3、25＋75＝75＋25、500＋400＝400＋500等可供概括的内容。

上位学习在小学数学学习中有着非常广泛的运用，概括运算定律和运算性质、总结运算法则、建立概括层次较高的计算公式通常都要采用上位学习。由于小学数学教材内容在安排上通常反映为一种连续扩充和深化的过程，因此某些知识体系要通过多次的上位学习过程才能获得。如整数乘法的计算方法、多位数乘一位数的乘法法则是表内乘法的扩充，多位数乘两位数的乘法法则又是多位数乘一位数乘法法则的扩充。

从学习的认知方式来看，下位学习主要依靠的是同化，上位学习主要依靠的是顺应，它要通过改造原有认知结构才能获得新命题的意义，因此一般来讲，上位学习比下位学习困难。

3. 并列学习

利用所学数学命题与原有认知结构中有关知识之间的并列关系，通过类比掌握数学命

① 宋乃庆，张奠宙．小学数学教育概论．北京：高等教育出版社，2008：147-152.

② 莫雷．教育心理学．广州：广东高等教育出版社，2012：120.

③ 何小亚．数学学与教的心理学．广州：华南理工大学出版社，2003：86.

④ 同①151.

题的学习形式叫作并列学习。并列学习所采用的思维方法主要是类比，其关键在于寻找新命题与原有认知结构中有关法则、规律、性质的联系，在分析这种联系的基础上通过类比实现对新命题的理解和掌握。并列学习在小学数学学习中也有十分广泛的应用，许多数学命题都要通过这种学习方式去掌握，如学习分数的基本性质和比的基本性质，学生都要利用它们和除法商不变性质的联系，通过类比去掌握。

何小亚认为，如果学习者认知结构中既无上位的也无下位的适当观念可以用来同化新命题，但他的认知结构中有某些观念可以用来理解和推演新命题，那么这种学习称为组合学习或并列学习。

我们说下位学习、上位学习和并列学习是三种不同的学习形式，这主要是为了讨论的方便，事实上它们之间并不是彼此孤立的，三者之间有着密切的联系，常常体现于同一数学命题的学习中，只是某些数学命题以下位学习为主，而某些数学命题以上位学习或并列学习为主。另外，在小学数学学习过程中常是先上位学习后下位学习，如运算法则一般都是先用上位学习从具体计算过程中概括出法则，然后通过下位学习将法则运用于具体计算。在实际教学中，要注意引导学生根据具体情况灵活运用几种学习形式，从而促进他们对数学命题的更好掌握①。

第三节　儿童数学学习中的元认知

近年来，随着教育改革的不断深化和发展，元认知这一概念逐渐被教育工作者所熟知，许多研究者认识到元认知是影响学生学习成绩的重要因素之一。小学生这一特殊群体，他们的思维方式没有定型，可塑性较强，同时数学学科又是小学阶段的基础学科，元认知对于培养良好的数学思维、提高数学学习的能力具有至关重要的作用。因此，发展小学生的元认知能力、丰富小学生的元认知知识、使小学生进行元认知体验、使小学生加强元认知监控是当前小学数学教育的有效途径。

一、元认知的概念

1976 年美国心理学家弗拉维尔提出了元认知（metacognition）这一概念，指出元认知是“反映或调节认知活动的任一方面的知识或者认知活动”。简言之，元认知就是对认知的认知，主要包括元认知知识、元认知体验、元认知监控三个方面。

1. *元认知知识*

元认知知识是关于影响自己的认识过程与结果的各种因素及其影响方式的知识。它包括三个方面的知识：

一是关于认知主体的知识，即主体能正确认识自己的兴趣、爱好、能力、学习特点以及自己在学习特定内容时的局限，同时也能认识到别人认知能力的特点与长处。

① 宋乃庆，张奠宙．小学数学教育概论．北京：高等教育出版社，2008：147－152．

二是关于认知对象的知识，主要涉及认知材料、认知任务以及认知活动。具体地说，就认知材料而言，主体应知道材料的性质，如材料是有意义还是无意义的、材料的新颖性如何、材料的结构有何特点以及材料以何种方式呈现。就认知任务而言，学习者要明确不同的认知任务的不同目的要求，明确任务中有关信息的特点，比如信息丰富或贫乏、有无组织和逻辑性、简略或冗长，等等。就认知活动而言，主体要能区分不同层次的认知活动。

三是关于认知活动中的策略知识，策略是提高效率的方法和技巧，它包括认知活动中的认知策略、元认知策略等。

有关主体、认知对象、策略三方面的知识，按照主体理解的深度、广度，结合主体的感觉、知觉、记忆、思维等认知特点和动机、情感、意志、性格等非认知特点，可以组合成一个具有内部规律的整体结构，即认知主体的元认知知识结构。

2. 元认知体验

元认知体验即主体伴随着认知活动而产生的认知体验或情感体验。它包括肯定和否定两个方面，元认知体验是个体对其认知经验进行反思而获得的更具有概括性的经验，它包括知的体验，也包括不知的体验；在内容上可简单也可复杂；可能发生在主体认知活动持续期，也可能发生在主体认知活动的前后。例如，预感失败后产生的焦虑，预感成功后产生的喜悦，从成功的经验中获得心得，从失败的经验中获得教训，借此产生信心、效能感等，都是主体认知前后产生的情感体验。元认知的体验一般发生在能够激发高度自觉思维的学习之中，因为这种学习要求事先有计划、事后有评价，并要进行策略选择，整个过程都伴有情感体验。

3. 元认知监控

元认知监控即主体在进行认知活动的全过程中，根据元认知的知识、体验对认知活动进行积极的、及时的、自觉的监控、调节，以期达到预定目标的过程，它是元认知的核心，根据认知活动的不同阶段，元认知监控可分为以下一系列连续的环节：

(1) 制订计划，做好准备。根据特订的目标制订计划，预设活动的结果，选择适当的策略，设想解决问题的各种方法，做好各种具体的准备，并能预估其有效性。

(2) 实际控制，调节过程。始终清楚活动的目标、对象和任务，在认知活动中严格控制自己去执行计划，排除干扰，保证活动的顺利进行，如坚持在完成学习任务后才做其他事情。讲究策略，选择并采取合适的方式方法，如预习时在不懂的地方做上记号，听讲时弄清老师讲课的思路，在理解的基础上记忆要掌握的内容。及时地评价、反馈，当发现存在不足时及时修正和调整策略。

(3) 检查结果，反思总结。根据有效性的标准来评价各种认知活动策略的效果，并根据认知目标来评价认知活动的结果，从而正确估计自己达到的认知程度，思考和总结认知活动的经验和教训。

(4) 采取补救措施。根据反馈结果对自己实践活动采取补救性措施。首先分析事物的主客观原因，包括调整主观态度以及认知策略，不断提炼和完善自己工作的方式、方法，以保证认知目标的实现。如发现某一部分工作做得不好，就多花些时间或想一些办法去做好它。

在实际的认知活动中，元认知知识、元认知体验和元认知监控三者互相依赖、相互制约，有机构成一个对认知活动具有高水平的自我意识、自我调节功能的开放的动态系统。具体而言，主体所拥有的各种元认知知识，只有通过元认知监控这个具体的操作过程才能发挥效用，同时，主体还要通过元认知监控这个实践性的环节，不断地检验、修正和发展有关元认知的知识，使主体所拥有的元认知知识结构更加丰富和完善。主体产生的关于某一具体认知任务的元认知体验，受相关的元认知知识的制约，同时元认知体验又可以转变成元认知知识而进入主体的长时记忆中，成为其元认知知识结构中的一部分。元认知监控的每一具体步骤的效应，都会对元认知体验产生影响，而元认知体验也会对元认知监控产生动力性作用。

二、元认知在数学学习中的应用

(一) 运算能力的培养

如何才能更好地发展与培养学生的数学能力？这是心理学与数学教育工作者共同关心的问题。近年来元认知理论在开发学生智力、教会学生如何学习这些问题中的作用，越来越引起教育界人士的重视。运算能力是学生数学能力的基础。那么，运算活动中学生元认知心理特点是什么？运算元认知水平与运算能力的关系如何？数学教学中如何开发元认知、培养运算能力？研究这些问题对今后整个数学能力培养都有重要意义。

1. 运算活动中学生元认知心理特点

元认知反映在数学运算活动中包括三个方面：

(1) 学生对运算所具备的元认知知识。

为了更好地学习运算，学生应具备四个方面的元认知知识：学习运算所具备的方法和策略知识，对自己或他人的运算水平进行评价的知识，对影响自己运算成败的因素进行分析的知识，对自己运算过程进行监控调节的知识。

(2) 学生对运算活动的元认知体验。

元认知体验在运算活动中指学生对自己运算成功的体验和对运算失败的体验。在数学概念建立、法则推导发现及运算过程中，伴随着成功与失败，学生通过反思进一步丰富自己的元认知知识，以便今后更好地对运算过程进行思维监控。这就是元认知体验的重要作用。因此，教师在教学中应创设问题情境，让学生尽可能多地进行由不知到知的体验。

(3) 学生运算活动中的元认知监控。

学生对自己运算过程的思维进行监控，其实质就是运算思维活动中的自我省察、自我意识和自我调节。运算活动中的元认知监控的作用主要包括三个方面：

1) 对运算思维活动方向进行监控。学生解题运算活动中首先要思考运算要达到什么目标才算完成？此题沿着什么方向前进，运算才能成功？对解题方向进行监控并不难，只要在整个运算过程中坚持反复审题就能保证。

2) 对运算思维活动的进程进行监控。学生在运算过程中要善于对思维的进程进行自我评价、自我控制。这表现在：对正确的运算要自信，对多余的运算信息干扰要排除，对运算过程中出现的错误要能觉察，对运算速度要适当掌握。

3）对运算思维活动的策略进行监控。学生的运算活动的顺利进展有助于学生肯定原来的思维方法和运算策略，运算活动的困难和错误则促使学生修改原来运算的思维方法与策略，从其他的角度对运算的途径和结果进行重新考察和验证。这实际上就是对运算策略进行监控。但是这种监控并不完全以偏离运算方向的程度为标准，应具有整体观念。

2. 运算元认知与运算能力的关系

学生运算能力的心理结构表现在运算思维品质的五个方面：运算思维的敏捷性、深刻性、灵活性、批判性和独创性。这是考查和培养学生运算能力的出发点。那么元认知心理开发与运算能力之间有什么关系呢？笔者认为学生运算元认知水平制约着学生运算能力的发展。在教学实验中，为了弄清数学成绩优的学生与成绩差的学生在学习策略上的差别，实施数学能力统一测验：在 60 名学生中挑出 8 名运算能力强的学生和 10 名运算能力差的学生，对这两组学生的元认知水平进行系统观察和个别心理调查，结果发现，这 8 名运算能力强的学生的元认知水平较高，他们在运算活动中善于根据题型的不同要求自觉地采取相应的方法和运算策略，并在运算过程中能控制自己的运算速度，一旦出现错误能及时纠正，特别是在考场上，他们能根据题目的难易程度和剩余时间的长短进行自我调节，合理安排解题顺序和验算方法以得到最佳成绩。在考试后的总结反思报告中，他们对于成败会主动从智力因素上找原因。在运算能力上表现出运算思维的敏捷性、深刻性、灵活性、批判性和独创性。而另一组运算能力差的学生的元认知水平很低，在对他们进行运算心理辅导时发现他们首先缺少运算策略等方面的元认知知识。

如在有理数运算 $0.37-1\frac{1}{3}-(-0.63)-2\frac{2}{3}$ 中，只会按先后顺序进行运算，而不注意把小数 0.37 与 $-(-0.63)$ 相加，把分数与分数 $-1\frac{1}{3}$ 和 $-2\frac{2}{3}$ 相加，其次在运算速度上，成绩差的学生不注意对运算速度进行控制。

由于这些成绩差的学生运算元认知水平低，他们的运算能力品质（敏捷性、深刻性、灵活性、批判性和独创性）与数学能力强的学生有很大差距。由上面调查可以看出，学生元认知水平直接制约着数学运算能力的发展。也就是说，学生运算能力各品质的差异仅是外在表现形式，其根源在于元认知对整个运算活动的控制、调节水平的差异。

3. 运算元认知开发与运算能力培养

（1）改进学生学法，使其掌握知识整体结构和基本原理。数学知识是严密的逻辑体系。但是教科书往往把一个单元的知识分成若干个小例题，学生经过很长时间的学习之后才回过头来进行总结，这样不利于培养学生把握全局、吃透基本原理的能力。

看这样一个案例。以前学生只学会了几个公式法则，而不注意学习思考的方法和策略。在一元一次方程教学中，教师一改传统教科书一节课只讲一个知识或技能（如移项法解方程或去分母法解方程）的教学方法，而告诉学生，数学知识是一个整体结构，这个单元主要讲一元一次方程的解法，共 8 节课，但是他们的基本原理是同样的。同学们只要学会了基本解题原理和方法就能自己获取新知识了。通过观察，学生知道 $ax=b$ 是最简方程，根据同解方程原理，把其他方程转化为最简方程就可求解。接着教师让学生观察指出下列方程的解各是什么？①$x-7=5$；②$3x=2x+5$；③$2x+5=2(5-6x)$；④$\frac{x}{2}-7=5+4x$。对于方程①和②学生能用观察法把它们化成最简方程 $ax=b$，并找出它们的解，但对③和④用观察法求解就难办了，怎么办呢？这就引起学生的思考。这时教师引导学生通过去分母、去括号、移项合并同类项等手段把它们化成最简方程形式，并指出一些带字母系数方程的解题原理与方法是相同的。由于学生学会了解题的基本原理与方法，后续课程学生完全可以自学。这样学生不但学到了内容，也学到了学习方法，丰富了元认知知识。

（2）加强元认知体验，学习反思方法，培养反思习惯。反思，简单地说就是指完成一项任务后回过头来思考一下自己的智能活动过程。想一想自己是如何完成法则的发现和解题过程，用了哪些策略，自我评价一下长处和短处，及时总结出最佳学习策略，是反映元认知水平的重要指标。教学中，让学生学会反思的方法，培养反思的习惯，是开发元认知能力的重要途径。学会反思的本领需要教师指导学生进行自我训练，如学会数学反思要抓好两条：一是教师向学生提出明确的反思任务。比如每次数学测验后立即让学生写一份反思报告，对运算成功与失败都要通过反思找出智力与非智力各种因素的影响，进行分析总结。写得好的可以推广，同学们都受启发。二是教师创设发现情境让学生尽可能多地进行由不知到知的体验，课堂上充分展现思维的过程，让学生通过自己的思维来学习数学，然后立即组织学生进行反思，从中悟出方法。如果按传统教法，教师讲得多，一些学生思维体验不够深，他们也就没有反思材料。通过概念法则公式的发现，培养学生反思的习惯，提高学生的认知策略。比如，在复习一元一次方程解法的基础上，引导学生探索一次不等式的解法，学生经过对比、联想，探索发现不等式的解法，然后请同学们回想一下是怎样探索出来的，并思索这种思考方法对今后学习有什么启发。通过反思培养举一反三的能力，同时增强学生学习数学的信心。

（3）掌握运算监控方法，培养运算监控能力。学生对自己运算过程的监控能力直接制约着运算能力的发展，因此要培养学生对自己运算过程的监控意识，教学中要有计划地训练学生对运算方向、运算进程、运算策略进行监控。在运算方向上的监控要让学生做到三次审题：解题前审题为明确方向，解题中审题为控制方向，解题后审题为验证方向。在运算进程上的监控要让学生做到：一先保证准确，再加快速度；二对运算的每一步进行及时反思；三对运算的中间环节要充满自信；四对运算中的失误要能觉察。在运算方法策略上的监控要让学生做到：对于熟悉的类型题要善于选最佳解法；在运算中出现了困难要善于修改原来的思路或方法；对运算的结果要善于从多角度检验，在运算中反思，要善于克服平时自己的运算弱点。

总之，数学教学中坚持突出数学思维品质培养，并坚持元认知心理开发，是发展学生数学能力的有效途径①。

---

① 郑士平．数学教学中元认知心理训练与运算能力培养．教育科学，1992（1）．

（二）数学元认知对小学数学问题解决的影响

1. 元认知在小学数学问题解决中的作用

数学被人们称为是“思维的体操”，数学学习将对其他学科的学习及学生自身发展起到重要的作用，它是小学阶段的重要课程之一。当前的小学数学的学习中，学生简单地模仿例题、死记公式、复习僵化等现象仍旧普遍存在。数学学习中比较重要的自我领悟、自主学习、主动探寻解题模式和方法、应用已有知识等方面未受到重视。数学问题解决是创造性的思维活动，这种心理活动需要投入更大的精力。元认知在数学问题解决活动中的重要作用，体现在以下三个方面：元认知控制下的目标认定与计划拟定，元认知监控保证下的解题过程，元认知控制下的解题后反思。问题解决是创造性的思维活动，与其他较为低级的心理活动相比，数学问题解决更需要元认知的统摄、调节和监控。因此，数学的问题解决与元认知有着十分密切的关系。

（1）元认知知识的统摄作用。根据元认知的理论，数学结构中的元认知知识主要包括程序性知识、情境性知识。程序性知识是如何运用数学知识和技能的知识；情境性知识是在适当的条件下运用恰当的方法和技能，以达到数学知识和技能应用的最大化。如果学生只是掌握了程序性知识，而缺乏情境性知识的指导，在解决数学问题的时候只会事倍功半。问题的解决需要情境性知识的引导，情境可以引领解决问题的思路，也可以使学生打开思路、触发灵感。小学生的学习往往只注重题目自身，很少关注内容之间的联系。如果能够把程序性知识和情境性知识联系在一起，对解题会有很大的帮助。

例如，小学生在学习多边形面积时，学习了平行四边形的面积，看到长方形、三角形、梯形时，能很快地找到它们之间的关联，运用割补法推断出它们之间的转换关系，触类旁通。

（2）元认知体验的调节作用。元认知体验的调节作用主要体现在修正目标、改组数学元认知知识和激活策略三个方面。小学数学的问题解决是一个创造性的思维过程，从提出问题到解决问题，这个过程中会经历很多的困难和挫折，认知主体会产生不同的元认知体验，这些体验也会促使元认知的主体不断调整自己的认知过程，确定目标和计划。通过补充来改组元认知知识。元认知体验贯穿整个元认知过程的始终，使得主体在问题解决的过程中时时有计划。同时，元认知体验具有激活作用。学生在数学问题解决的过程中经常会有一种对问题的怀疑体验，这种怀疑的体验使得在过程中不断地修正自己的问题，实现认知主体对心理活动的调节和指导。

例如，学生在学习两位数乘以两位数之前，他们已经学习了两位数乘以一位数的乘法，因此面对 12×13 这样的题目，他们会先把 13 进行拆分，变成 $(10+3)$，然后用 $12\times(10+3)=12\times10+12\times3=156$。孩子尚未学习乘法分配律，但部分孩子就会运用这种方法来解题，十分难得。但是这种这方法比较烦琐，因此我们激励孩子去探寻更好的方法解题，使计算更加简便快捷。

（3）元认知的监控作用。元认知的监控作用是通过元认知知识和元认知体验的交替作用来实现的。问题解决的过程，都是围绕着目标展开的。在解题的过程中，要排除错误信息的干扰，对正确的思维过程要加以鼓励，对错误信息要加以纠正，对思维过程加以评估。

例如，任意调换五位数 12345 各数位上数字的位置，所得五位数中质数个数是多少？解本题时，有些学生把 1、3、5 放到个位，认为这样得到答案的概率大些。可是不论怎么验证，都觉得很复杂。受到思维活动中自我意识的作用，学生开始质疑、观察、寻求解决策略。最后发现不管如何调换数字只要各数位数字之和为 15，所得的数都可被 3 整除，这就清除了题中“任意调换”的干扰，删除了多余信息，利用元认知知识成功地解决了问题。

2. 加强小学数学的元认知训练

元认知训练是帮助学生提高学习能力的必要和有效的途径，它的主要内容是教会学生如何根据自己的特点和学习内容、学习任务制订相应的计划，采取适当的方法，并在学习过程中进行积极的监控和调节，以达到解决问题的目的。其实质是通过学生的内省，发现问题、分析原因、采取最为恰当的学习策略，以真正地提高学习能力。

元认知的获得和培养可以从元认知的三要素加以考虑。元认知技术训练主要通过增加认知者的元认知知识、不断地提高认知主体在认知过程中的自我监控意识及其精确性，来培养其主动控制认知活动的能力，特别是以监控判断为依据采用有效认知策略的能力，强化其认知活动的计划性、策略性、调控性。

小学生的元认知能力具有很大的可塑性，在具体的学习过程中结合元认知技术采取适当的训练措施，能极大地促进学生元认知能力的提高。多年的教学经验告诉我们，启发式自我提问法可以对小学数学问题的解决起到很好的促进作用。当前许多元认知实验都采用了语言化训练方法，即在训练中伴随有思维过程和语言活动，包括他人提问和自我提问等方式。

例如，在解决几何问题思维策略的元认知训练实验研究中，可以采用流程图的训练方法，即编制一个“解决平面几何问题的思维流程图”，要求学生按照流程图规定逐步地思考，把问题分解，从而解决问题。

又如，在解应用题元认知训练中采用元认知训练的外显和内隐两种方式。首先结合例题应用元认知的知识弄懂所要学习的知识，其次由教师来对例题的元认知教学进行示范，然后要求学生在解题过程中自我提问，了解自己擅长哪些，而对哪些问题没有全面掌握和了解，这样能对所学知识有更深入的了解和把握。

此外，在数学教学中，应该通过目标激励与强化、创设思维情境、加强知识发生过程的教学、优化认知结构等措施，培养学生的元认知能力①。

（三）小学生矫正数学差错中的元认知培养

所谓小学生数学差错，是指小学生在学习数学过程中的一种过失行为。具体表现为受自身及外部诸多因素影响，出现在作业本或练习上的错误（解题方法和结果均不正确）和偏差（解题方法不简便、书写不规范等，但往往结果正确）。小学生矫正数学差错，是指小学生对自己或他人在数学学习中产生的差错，通过识别差错处，分析产生原因，判别差错类型，采用恰当的方法订正的一种特殊认知过程。在大规模的调查中，我们发现小学生

① 王晓娟，马银银．元认知对小学数学问题解决的影响．学科建设，2011（12）．

矫正数学差错的现状基本属于被动、盲目、低效的状态，而且随年级升高，由于差错痕迹未消除，因此同样差错多次再犯，加上学习新知产生的差错未及时矫正，学习质量和学习积极性受到严重影响。要改变这种状况，除了在传授知识、训练技能方面要科学设计，及时反馈、有效训练外，更重要的是促进小学生在反馈矫正中元认知的发展，即通过有效的教与学的指导来促进小学生在矫错过程中自我意识和自我调控能力的提高。

为了搭好理论转化为实践应用的桥梁，我们将学生的矫错思路简化为图 3－1 所示的模型：

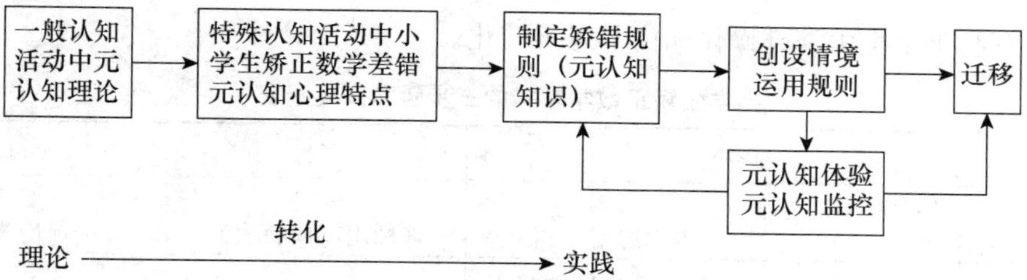

图 3－1 学生矫错思路

1. 小学生矫正数学差错的元认知心理特点

小学生矫正差错过程的元认知是指小学生矫正数学差错思维活动中的自我观察、自我认识和自我调节。根据元认知的三大成分，我们分析了矫正数学差错中小学生元认知心理三部分的特征：

（1）小学生对矫正数学差错所具备的元认知知识。

1）对自己或他人的差错进行判断、识别的知识，即识别差错处，判断差错类型等。

2）对产生差错的原因进行分析的知识，即分析为什么会出现这种差错，怎样预防等。

3）矫正差错过程中如何监控和调节的知识，即选择怎样的方法使订正有效等。

4）矫正差错的方法和步骤，即分哪几步思考，才能达成矫错的目标。

（2）小学生对矫正数学差错的元认知体验。

1）对矫错过程及结果成败的体验（有效—激励动机—树立自信；无效—反思—丰富元认知知识—再矫正）。

2）矫错中能否及时总结，可做哪些调整、改进？

3）影响矫错成功或失败的因素。

（3）小学生对矫正数学差错的元认知监控。

1）思维定向：沿什么方向、选什么方法能使矫错成功？

2）过程控制：正确→坚持；多余干扰→排除；出现错误→自查。

3）方法调整：从元认知知识中选取最佳方法矫正差错。

2. 矫错规则

根据以上矫错中小学生元认知心理特点提炼出一套可操作的矫错规则，它包括六种表示差错类型的符号、矫错过程的三步骤及四要素（见表 3－1 至 3－3、图 3－2）。

小学生矫正数学差错规则有如下作用：

（1）有利于师生矫错信息的反馈、调节。

表3-1　　小学生数学差错类型的符号及运用时间

差错类型	抄错或漏写（数字、符号、单位名称）	算错（法则不理解，运算顺序错误，运算技能欠熟练）	列式错（应用题、文字题审题错，不理解数量关系致错）	概念错（数、几何、单位化聚等概念因不理解或混淆致错）	格式错（书写不规范，格式不正确）	没简便或简便方法用错
符号	?	×	⊗	⊠	○	△
首次用	一年级上	一年级上	一年级下		一年级上	一年级上

（2）有利于学生由外部操作向内部思维转化。

表3-2　　小学生矫正数学差错的三步骤和四要素表

步骤	一找		二标	三订正
四要素	何处（用～～～划出）	何因（内部思考分析）	何类（标出相应符号）	何法（选择恰当方法）
填写内容要求	用提问方式写出某类知识差错检验的几个方面或几种方法	因人而异，从知识基础、基本技能、学习方法和习惯、非智力因素方面引导学生自己分析、明确本身差错产生的原因	用差错符号表示。注：同一差错外显形式，原因不同、可用不同符号表示	针对某一类差错提供有关知识对照标准（如例题、法则、公式等）

此四要素表主要由教师备课时根据教材内容特点及学生出差错的实际情况编写，促使教师充分考虑从学生实际出发，教会学生如何矫正。中高年级可采用师生共同在矫错过程中归纳的方法，此表可作为矫错工具，让学生根据实例对照表矫错。

（3）小学生矫正数学差错规则操作程序图。

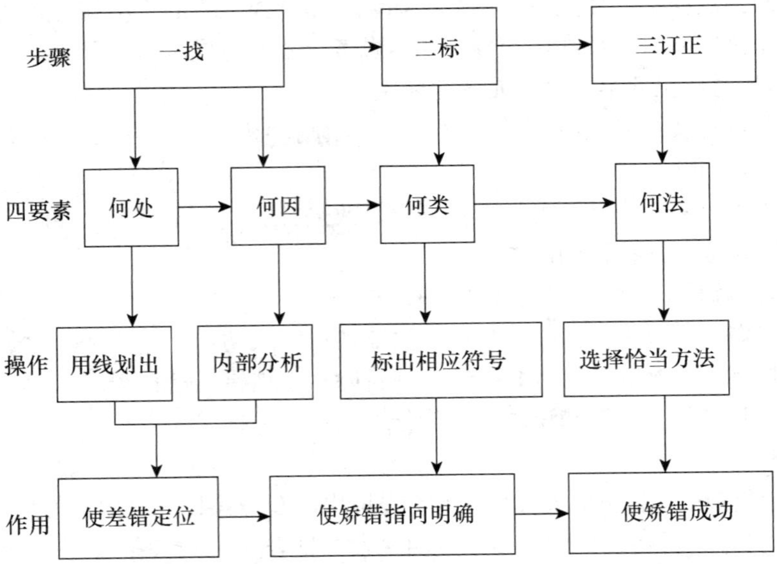

图3-2　　矫错程序图

表 3-3 示例：四年级四则混合运算矫错四要素表

一找		二标	三订正
何处	何因	何类	何法
是否抄错，漏写？		？	对照原题，或在题目上下部分核对修改。
运算顺序对吗？		×	重新观察题目中运算符号，确立先算什么，再算什么，参照书 p.1。
有没有计算错？		×	重新算或验算，一步一检查。
书写格式正确吗？（等号位置）		○	对照课本上例题的书写格式（递等式）。

错例操作：

(18＋12÷12＋18)×127
＝(30÷30)×127
＝1×172
＝172

订正：

(18＋12÷12＋18)×127
＝(18＋1＋18)×127
＝37×127
＝4 699

3. 教师指导的方法和途径

为了使学生更好地学会运用差错矫正规则，我们根据目前小学班级授课制的特点，采用不同的指导方式，以适应不同层次的学生的需求。

(1) 渗透式指导。

即在平常新授、练习、复习、讲评等类型课的各环节中渗透指导学生学习运用规则的做法。这种指导方式结合教学内容，可同时面向不同层次的学生。教师在传授知识时，提供矫错范例，指导学生运用规则，以预防差错；针对差错实例指导运用策略，强化应用；在课外，通过学生自检与矫正或个别辅导，进行查缺补漏。

(2) 专题式指导。

即把一学期的数学知识分成几个专题内容，分别加以指导，在指导时可以采用两种形式：

1) 在一阶段内容结束后上专题式指导课。

例如，四年级上“四则混合运算矫正指导课”等，使学生在某一单元知识差错矫正规则运用上有一个整体的认识。

2) 从几个平行班中抽出同一层次（中等和中等以下）的学生，组合成教学班，进行专题指导。

例如，在某一地区或某一校中抽取四年级中水平中等及以下的学生组成专题指导班。由于学生水平相近，指导难度与速度可适应绝大多数学生。

两种指导模式各有侧重点，但结合运用，能起到互补互促作用，更有利于学生对差错矫正规则的学习运用，而且能达到较好的矫错效果①。

第四节　小学数学知识表征

知识表征是指信息在人脑中的储存和呈现方式，它是个体知识学习的关键。人们在学习过程中，都是根据自己对知识的不同表征而选择相应的学习方法和应用方法。

一、数学知识表征

（一）知识表征

1. 知识的分类

知识的表征是建立在知识分类基础之上的。现代认知心理学根据对人们学习知识的信息加工过程的研究，认为知识可分为两类：一类是陈述性知识，另一类是程序性知识。

陈述性知识是指关于事实的知识，而程序性知识则是指关于进行某项操作活动的知识。程序性知识又分为两类：一是通过练习，其运用能达到相对自动化，很少或不需要受意识控制的知识；二是受意识控制，其运用难以达到自动化程度的知识。加涅把前者称为智慧技能，把后者称为认知策略。认知策略又包括策略性知识和元认知两个方面，策略性知识是对思维方式的认知，元认知是对认知过程本身的认知②。

2. 知识表征的内涵

知识表征（representation）是指知识或信息在人脑中记载和贮存的方式。陈述性知识是以命题和命题网络来表征的，程序性知识是以产生式和产生式系统来表征的。

知识的表征或编码就是用符号或代码代表知识。因为知识是抽象的，所以我们在讨论知识时，实际上讨论的常常是知识的表征。知识的表征有外部表征和内部表征两种形式：知识的外部表征是指用外部的事物，如某种语言文字甚至某种行动来代表知识；而知识的内部表征则是用大脑内的心理和生理结构与过程，如某种心理意象或者某种神经系统的生化机制来代表知识③。

3. 知识表征质量的三个指标

知识表征的清晰度、牢固度、系统度是衡量知识表征质量的三个指标。要提高学生的学习水平，首先就要提高学生知识表征的三个指标。

（1）知识表征的清晰度。

所谓知识表征的清晰度，就是知识内容在头脑中记载、呈现的准确程度、条理化程度。知识表征的清晰度取决于学生头脑中相似知识的准确辨认程度及知识的条理性。那么如何有效地提高知识表征的清晰度？方法就是辨析。辨析就是辨别并分析清楚知识的异同

① 张培美．小学生矫正数学差错中元认知培养的研究．上海教育科研，1995（2）．

② 喻平．知识表征与数学学习．上海师范大学学报，2002（9）．

③ 王瑞明，莫雷，李莹．知识表征的新观点．心理科学，2005（28）．

点。实践中有两种用法：一是辨析相似的概念，二是辨析不同情境下的同一概念。

（2）知识表征的牢固度。

所谓知识表征的牢固度，就是知识在头脑中不同表征方式之间转换的强度。不同表征方式之间的转换，其本质就是语言与心理表象、实物之间的一种对应变化。如果一名学生能用多种不同的表征方式表征同一个知识，那么他知识表征的牢固度就高。那么该如何提高知识表征的牢固度呢？根据知识表征牢固度的特性，可以分三步走：首先，进行直观辅导。在讲解一些知识时结合实物进行，使学生能形成直观的心理表象。其次，去掉实物，让学生尝试用语言描述。在此过程中不断地对他的描述进行指导修正，直到学生可以根据自己的理解准确描述为止。最后，教师用语言指导学生用图形描述。

（3）知识表征的系统度。

所谓知识表征的系统度，就是知识在头脑里编码呈现时的全面程度和深刻程度。全面程度表现为联系知识的各个方面。深刻程度表现对该知识的先前知识和后继知识的觉知。对先前知识和后继知识觉知得越多，学生知识表征的系统度就越高，因而他的数学水平也越高。那么如何提高知识表征的系统度呢？根据知识表征系统度的特点，后继知识取决于先前知识，因而可以辅导学生从后继知识开始表征，在表征的过程中，遇到先前的知识，又继续表征这个先前知识，如此继续，直到表征到定义、公理为止。

（二）数学知识的分类与表征①

喻平认为，将数学知识分为陈述性知识、程序性知识和策略性知识三类是恰当的，这样能准确地反映数学知识的特征，三者分别为学习者提供了知识信息、技能信息和智能信息。

陈述性数学知识的表征是命题和命题网络。对于命题和命题网络在数学知识的范畴而言，有其特殊性，喻平认为概念域、概念系、命题域、命题系是数学命题网络的特征，并且可以得出，陈述性数学知识的表征是概念系（域）和命题系（域）。

程序性数学知识的表征是产生式。

策略性数学知识的表征是一种双向产生式。所谓“双向产生式”是指一种具有双重功能的指令，它既能指令具备什么样的条件下会有什么动作（程序性知识的产生式），又能指令在不同的情形中选用不同的产生式。换言之，学生不仅知道“如果……那么……”，而且还知道在什么条件下去使用这个“如果……那么……”。

关于数学知识的表征，还可以从它的内在表征、外在表征以及多元表征三个维度来理解。认识数学知识的特征，有利于我们全面准确地理解数学知识的表征系统。

二、数学知识的内在表征

内在表征主要是认知心理学领域研究的话题。对内在表征的研究，主要集中在知识的心理表征的形式与内容、结构与功能方面。研究者应用心理表征来刻画知识或信息在人脑中的储存和加工机制，或应用心理表征来刻画认知结构及其功能等。

① 喻平．知识表征与数学学习．上海师范大学学报，2002（9）．

（一）命题与命题网络（CPFS）

命题是指具有内在联系的两个或两个以上的概念之间相互组合而构成的事实，一个命题大致与我们头脑中的一个观点相当。麦科思和拉特克利夫通过对简单段落语义加工进行研究，证明了人是通过命题来表征和加工信息的。它是不带有任何感官通道特征的心理意义。言语信息、视觉信息都可以由命题来表征。命题表征是不连续的、外显的、抽象的（它们可以指代来自任何感官通道的信息，且是通过规则组织起来的）。安德森和鲍尔等人的研究也表明，人是用命题的形式储存言语信息的。贮存在人脑中的各种命题知识并非孤立地存放在那里，命题之间产生联系形成命题网络，不仅可以节约储存空间，还可以促进推论。科林斯和奎林对人储存各种动物及其特征的方式进行了研究，提出了层次语义网络模型，采用这种储存方式避免了事物的共性储存于具体的事物之中，从而极大地节约了储存空间。

在数学教育中，关于命题表征的研究主要是符号表征系统和CPFS结构理论，对数学命题表征的描述相对完善的是CPFS结构理论。CPFS结构的含义是：（1）在个体头脑中内化的数学知识网络之中，各知识点（概念、命题）在这个网络中处于一定位置。知识点之间具有等值抽象关系或强抽象关系或弱抽象关系或广义抽象关系。（2）正是因为网络中知识点之间具有某种抽象关系，而这些抽象关系本身就蕴含着思维方法，因而网络中各知识点之间的联结包含着数学方法，即“连线集”，为一个“方法系统”。如因数与倍数部分的命题网络如图3－3所示。

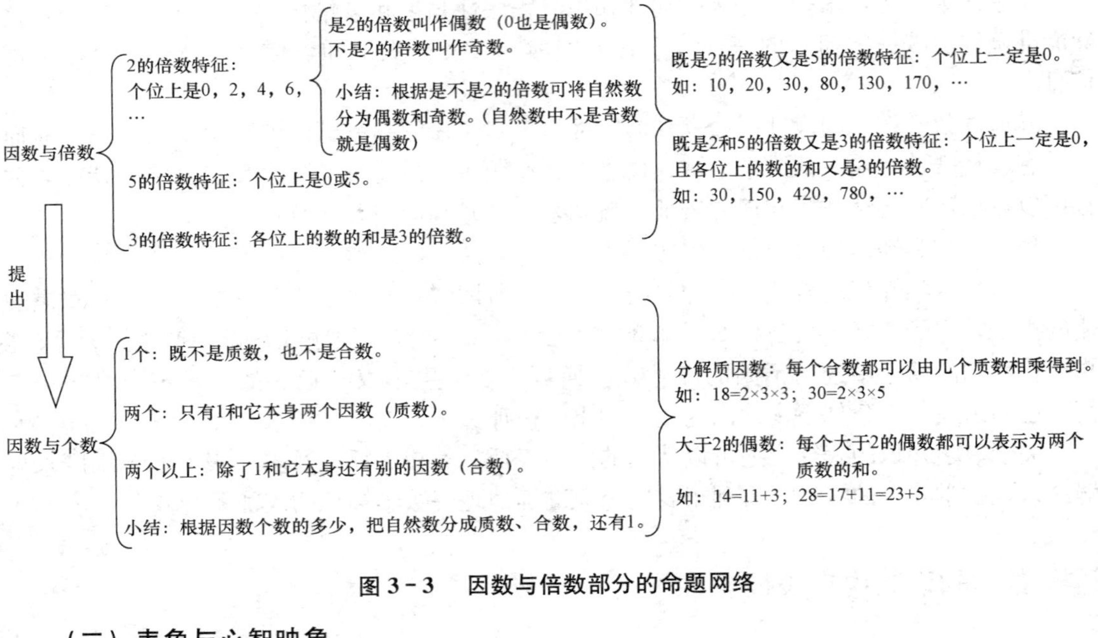

图3－3　因数与倍数部分的命题网络

（二）表象与心智映象

表象是曾经感知过的事物形象在人脑中的反映。在认知心理学中，表象的含义很广，它既指人脑中的形象或图象这种相对特殊的心理活动，也指在人脑中积极进行回忆或对空间关系进行表征的非言语思维活动。

例如，在回忆实验仪器时，头脑中浮现出有关的仪器的形象；在描述物质的微观结构时，头脑中出现相关的结构模型；在进行实验操作时，头脑中浮现具体的操作方法；这些表征过程均使用了表象表征。

心智映象是一种类似图象的表征，它是一种特殊的，通常是以空间的中介形式运作的。心智映象是“头脑中的图象”，这种更具常识的观念实际上很好地抓住了这一术语的特殊含义，即心智映象是通过一种认知过程在人的头脑中形成的与现实世界的情景相类似的心理图象。因为关于客观事物的空间形式的知识是数学知识，因此，有关空间形式的知识，如几何知识就以心智映象表征存储于人的头脑之中，如三角形，则以“△”这样一个心理图象来表征。心智映象表征的数学知识有一个缺点就是表征形式与表征内容易脱离。心智映象具有简约化特点，心智映象只是“大体保留了事物的知觉特征”。

（三）图式

命题、表象等是知识表征的最基本单位，但它们难以解释较大的、有多层次重叠组织的知识。虽然目前对图式的解释各异，但其一般含义已被大多数心理学家所认同，即图式是指人脑中有组织的知识结构，它涉及人对某一范畴的事物的典型特征及关系的抽象，是一种包含了客观环境和事件等一般信息的知识结构。在一个图式中，既可能包含命题、命题网络等表征形式，也可能包含表象表征，甚至还可能包含小的图式。

例如，解一元一次方程是以图式“移项—合并—除系数”加以储存的，解分式方程的图式则为“除分母—移项—合并—除系数”。

现代心理学认为：人脑中的知识不可能孤立地储存，总要通过与其他知识建立某种关系而储存。而且，只有通过一定的网络系统储存的知识才能被有效地提取利用，这意味着，运用图式理论指导概念教学，帮助学生形成知识结构，可以提高教学效果。图式的特征之一是知识的有组织性。它的作用在于将知识加以梳理、联通，使知识点之间发生联结，形成知识的网络系统，这样形成的认知图式便于理解记忆。作为教师就要建构良好的知识结构图①（见图 3-4）。

（四）产生式与产生式系统

数学的逻辑性使产生式表征数学知识成为可能。数学命题是数学知识中的主要部分，数学命题总是可以表述成“如果……，那么……”的形式。“如果 A，那么 B”中，A 表示命题的题设，B 表示命题的结论；而产生式表征包含了“如果某种条件满足，那么就执行某种动作”的知识，这是程序性知识的主要表征形式。

如等腰三角形判断定理：如果图形是两维图形，该图形有三条边，该图形为一封闭图形，该图形中有两角相等，那么图形中有两边相等，该图形是等腰三角形。

产生式表征是启发式的，因为产生式的一个最基本特征，是它产生的总是由目的引导的行为，这种目的性表现为，产生式的条件部分总包含有关于目的的陈述。许多技能依靠单个的产生式规则无法完成，此时需要将多种产生式规则组织起来。当一个产生式的输出能够成为另一个产生式的输入时，这两个产生式就可能建立起相互联系，当多种产生式之

① 王瑾，顾春晓. 应用图式理论教小学数学概念. 上海教育，2000（2）.

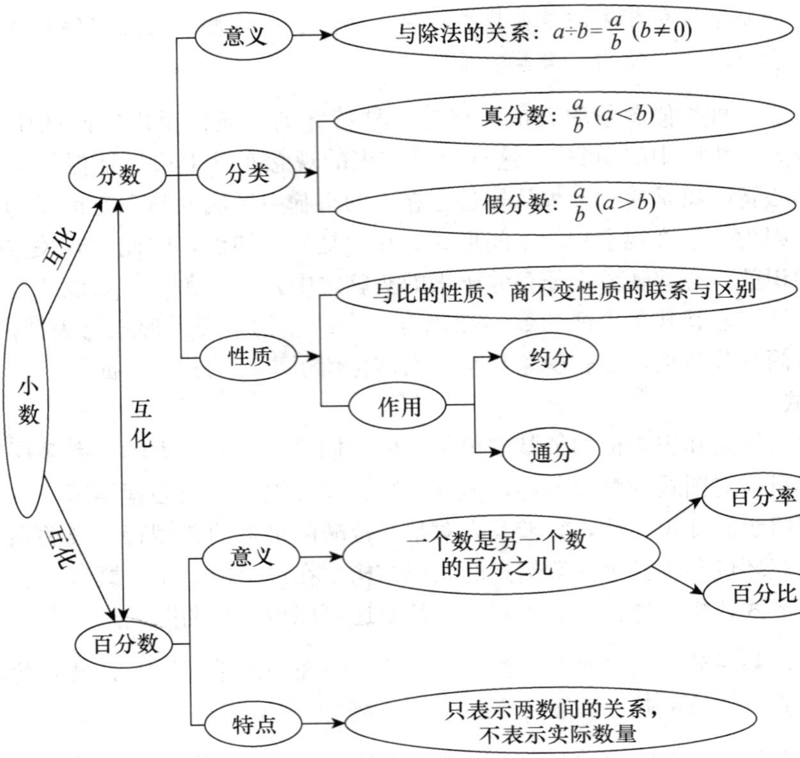

图 3－4　小数部分图式

间形成一个有组织的目标层级的整体时，产生式系统便形成了。

总之，数学内在表征是个体对数学学习对象的外在表征进行意义建构的产物，其结构好比星形的冰山，中心是此数学对象的核心概念，每一尖端对应着一个表征形式，尖端之间是相互联系的。完善的内在表征结构至少具有两个特点：其一，从数量上说，至少包含类比表征和命题表征的某些形式；其二，从质量上说，内、外表征系统能够发生较强的相互作用，即表征系统内的相互转换和表征系统间转译比较灵活。某种意义上，因为表征是思维的对象或原材料，内在表征的结构与功能在外化时，实际反映了数学思维的品质。

以上提及的数学知识内在表征的几种形式是基于数学知识的独特属性的。一方面，由于数学知识的丰富多样性，表征形式必然是丰富的；另一方面，数学知识的表征主体具有差异性，因此表征形式也会因人而异。尽管在此列出了几种基本形式，但在具体的实践中，数学知识的表征很有可能是一种综合性的形式。

三、数学知识的外在表征

一般而言，认知科学与教育心理学研究者主要根据表征符号的本质差异，将外在表征分为叙述性表征和描绘性表征两大类。

（一）叙述性表征

叙述性表征的本质是抽象符号。这些符号与它的被表征对象之间不存在天然的联系，有着任意的结构，但这个结构与约定俗成的内容相关联。数学学习中的话语文本、书写文本、数学公式和逻辑表示等都属于此类。

譬如 $a(b+c)=ac+bc$，$\sin(A+B)=\sin A+\sin B$，从数学意义上讲，$a(b+c)=ac+bc$ 是正确的，$\sin(A+B)=\sin A+\sin B$ 是错误的，因为这些符号又必须与数学共同体约定的内容紧密相关。

（二）描绘性表征

描绘性表征的本质是图象符号。这些符号没有结构，但与被表征对象在具体上或在某些抽象水平上有天然的联系。

譬如，图片、图画和数学模型，甚至用以传递动作与情感经验的各种手势、表情动作，它们与被表征对象具有一定程度的相似性或相关性。图表、曲线图（如函数图象）、知识图（如概念图、思维导图）等逻辑图，虽然它们与被表征对象相似性不大，但它们的内在结构与被表征对象的结构具有某种对应关系。

又如，概念图可用来组织概念内部（概念本质属性、符号、实例）与概念外部之间的关系，以直观形象的方式表征概念与概念之间的结构关系。

（三）两种外在表征的区别

如果考虑表征与被表征对象的结构的差异以及作用的不同，可以将叙述性表征与描绘性表征的主要区别归纳为以下几个方面（见图 3－5）。

	表面结构相似	抽象结构相似或同构	任意联系	
	真实照片 图画 数学模型等	曲线图 知识图 逻辑图等	口语 书面语言 数学符号语言等	
描绘性表征	（1）没有连续符号 （2）内隐的，无表示关系的符号 （3）无组织不同符号的规则 （4）传递直观、具体、明了的信息 （5）比较完整地反映信息的整体 （6）很适合直观展示		（1）不连续符号 （2）外显的，有表示关系的符号 （3）语法的，有组织不同符号的规则 （4）传递抽象、具体否定的和分离的信息 （5）比较精细地反映信息的部分 （6）很适合逻辑推理	叙述性表征

图 3－5　叙述性表征与描绘性表征的主要区别

相对来说，叙述性表征概括性和抽象性较强，比较容易表征一般否定的或一般分离的信息，而描绘性表征能够给出直观、具体、明了的信息。

譬如，若要表达“宠物不准入内”，“请将座位留给病、弱或怀抱婴儿的人”这些信息，叙述性表征只需要给出语言就行了，但这常常需要人们将读懂的信息赋予一定的意义行为。如果应用描绘性表征，可以画一张“有一只狗和带禁止标记”的图形，这直观明了，但这只能表达“狗不准入内”的信息；如果要表达“请将座位留给病、弱或怀抱婴儿的人”这句话的信息，则需要画出“怀抱婴儿的妈妈”等图形。

描绘性表征能够表征对象信息的整体，而叙述性表征只能描述部分信息。

例如，一个三角形图形“△”暗含了这个三角形、三边、三角的大小等信息，而用叙述性表征则需要用一系列语言来表达这些信息。

因此，描绘性表征整体性强，运用描绘性表征，我们可以根据某一对象的具体信息，预测该对象的整体信息。

例如，如果给出一个“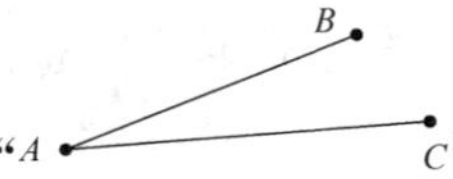

”，即“只有两条边和一个角”的图形，学过三角形相关知识的人，一般能够补全这个三角形的第三边，甚至借助工具可以得到这个三角形的面积大小等。

描绘性表征有时会给人假象，容易误导人们，而叙述性表征刚好相反。

叙述性表征适合逻辑推理，便于传递抽象经验和信息；而描绘性表征适合直观展示，便于传递具体经验和信息，在数学学习中尤其如此。数学中代数符号和几何图形是典型的叙述性表征和描绘性表征。

四、数学知识的多元表征

（一）数学多元表征的含义

数学多元表征的含义主要来自 20 世纪 60 年代初英国数学教育家迪因斯提出的多元具体化原则。也就是说，多元表征的含义主要是一种学习原则。目前，数学多元表征的含义主要来源于认知科学、教育心理学领域的研究。一般地，在认知科学、教育心理学研究领域中，研究者眼中的多元表征泛指多元外在表征，即将一个学习对象用叙述性表征、描绘性表征等多种形式显示出来。因此，多元外在表征也叫作多元表征显示，现在一般用多元表征来称呼。

数学多元表征是指将同一个数学学习对象用叙述性表征（言语化表征）和描绘性表征（视觉化表征）两种本质不同的形式来表征。

（二）多元表征的形式

根据认知科学、教育心理学研究者对外在表征的分类，无论是叙述性表征，还是描绘性表征，由于数学本身的特征，数学表征的形式更加丰富。

外在表征的多元性表现为：（1）表征的感觉通道形式多元，可以是触觉表征（如折纸等动作表征）、听觉表征（如教师的言语等）和视觉表征（如书面语、课件动画等）；（2）表征的计算属性多元，可以是口语、书写文本、数学公式和逻辑表示等抽象形式，也可以是图形表征、图表表征、图像表征等形象形式；（3）表征状态多元，可以是静态的图片表征，也可以是动画等动态表征①。

莱什等从数学表征在数学学习中交流、认知等方面的作用出发，指出数学学习中存在五种外在表征系统（见图 3-6），下面概述莱什等人的数学表征分类：

（1）实物情境：指解释学习内容或问题情境的真实世界的实际物品，例如钱币、苹果、饼干等。

（2）教具模型：指显示数学学习对象的内在关系的具体物，例如积木、手指、位值算盘、数字卡、心算卡、分数板等。

（3）口语：指日常口语和数学的特殊语言、数学专有名词，例如三分之一、象限、集合等。

（4）图形或图表：指将数学关系予以具体、形象地描绘，以推理的图形或图表表示，如算子表征。

算子是数学中的一个重要概念，它表示的是一种形式化运算。数学中许多运算律、法则等储存于学生头脑中均是以算子表征。

如平方差公式$□^2-○^2=(□+○)(□-○)$其表征形而无须知晓□及○所代表的内容。算子表征能够较好地反映表征内容达到了一种很好的匹配。如上式中的平方差公式，□可以代表一切数学式，○也可以代表一切数学式。

（5）书写符号。

数学的一个显著特征就是符号化。无论是从心理的角度还是从实践操作的角度来看，符号表征都是最好的记载形式。正如数学家怀特海所说，数学的符号化是最经济的方法，既是操作上最经济的，也是记忆上最经济的。因此符号表征是数学在学生头脑中储存的独特的、具有普遍意义的表征。符号表征指一般的书面符号表征和数学的特殊符号（数字符号、运算符号与关系符号等）表征。符号表征有两种形式：一种是全符号表征，如二次根式概念，储存于头脑中的就是$\sqrt{a}$这样一个符号；另一种是不完全符号表征，如代数式概念，是以 1/2，a，$a+6$ 等形式储存的。符号表征仅仅以符号形式储存。它的缺点是表征的形式与表征的意义相脱节。

> 例如，学生在判断“$\sqrt{a}$是二次根式”这一命题时会产生错误。判断 1/2 是否为整式、2 是否为代数式等时容易出现困难。在表征二次根式时，将二次根式的意义丢失而只有形式$\sqrt{a}$却不知二次根式中要求$a>0$。由于整式、代数式、多项式、单项式等概念的意义，必须通过对它们的不完全表征式进行归纳才能将其表征形式与表征内容配对，所以易出现表征的形式与表征的意义脱节的现象。

对中小学数学学习而言，绝大多数数学学习对象都可以用这五种表征系统的某些表征形式来表征。

> 譬如，算式 3+2=5 可以用如图 3-7 所示的五种形式来表征。

另外，这五种表征系统可以指内化在大脑中形成相对应的内在表征，也可以指内在表征的外化形式。事实上，通过学生的口语表述、动作操作、推理阐述、同伴交流等外化表

① 唐剑岚．国外关于数学学习中多元外在表征的研究述评．数学教育学报，2008（1）．

征活动过程，即可表明与反映出其内在表征是什么样的；相应地，各种外在表征的给予将有力支撑学生建立一个丰富的、个体性的、相关的内在表征。

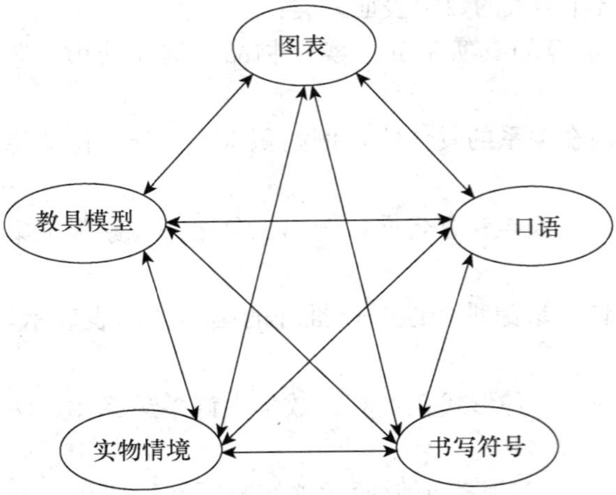

图 3－6　五种外在表征系统

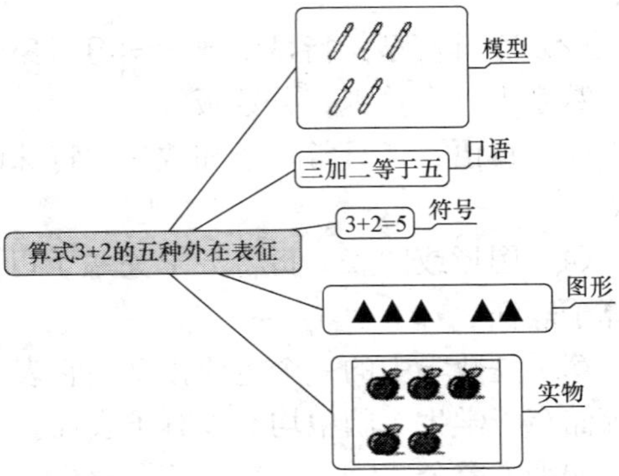

图 3－7　算式 3＋2 的五种外在表征

（三）多元表征在小学数学教学中的应用

学生数学思维和创新能力的发展离不开多元表征的学习。数学学习规律表现为从具体材料到抽象概念，再到具体问题解决的一系列过程，体现为从非形式化到形式化，再到更广的非形式化验证和运用。数学内容理解表现为由直观表征到符号表征的转化以及符号表征与直观表征的联系，中间交织着言语表征。学生对数学内容的理解程度表现在自己创建多元表征形式的过程中。教师将自己对数学内容的理解、信念和观点等的教学表征转化为学生易于接受的多元表征，以此发展学生的多元表征，帮助学生学会数学思考，培养学生的创新意识，这应成为数学教学的重要策略。

1. *以直观表征引入数学概念*

在小学数学教学中，直观表征表现为具体实物、模型、图形、表格等可视材料或教具，是小学生学习的基本辅助材料。形式多样和丰富多彩的情境表征，可以激发学生学习数学的热情和兴趣，也可以促进学生的概念性理解。教师应首先针对所学内容，发掘或者创设一些不同类型的直观表征，帮助学生形成对数学概念的知觉理解。

如分数 1/2 的认识，可设计其面积表征、集合表征、线段表征和运算表征等，如：

（1）面积表征

（2）集合表征

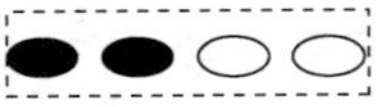

（3）线段表征

（4）运算表征

1 个苹果分给 2 个人，每个人分到的量可以用 1/2 表示（读作二分之一）。

教师引导学生认识 1/2 的不同表示，给以直观形象的认识，从概念涉及的外延上启发学生对 1/2 的意义进行思考。这样的概念引入从广度上为概念理解打下了基础，也激发了学生的学习兴趣。

2. 多元表征变式加深数学理解

美国 2000 年课程标准中指出，“不同的表征将导致不同的思维方式”，建议学生不仅应该学会在问题解决过程中选择、使用与转化各种数学表征，而且应能够在概念的不同表征之间建立广泛的联系。就像德雷费斯和艾森伯格指出的，“任何表征将能够表达出部分但不是全部的信息，凸显其中的一些方面，而隐藏另一些”。在数学教学上，创设或操作多元表征可以帮助学生更快地形成数学抽象表征，达到数学本质理解。

如对 1/2 的理解，可设计或变式其面积表征、集合表征、线段表征和运算表征等，如：

（1）面积表征变式

（2）集合表征变式

（3）线段表征变式

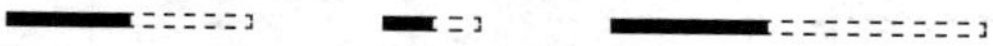

（4）运算表征变式

A. 1 个苹果分给 2 个人，每个人分到的量可以用 1÷2 表示（二分之一）。

B. 小玉有 3 元，小伟有 6 元，小玉是小伟的几倍？表示为 3∶6＝1/2。

C. 1 个月饼分给 3 个人，每个人吃 1/3。

注：每一个表征的变式中，前两个是肯定变式，后一个是否定变式（错误变式）。

教师引导学生对 1/2 的不同表征进行变式，从概念内涵上启发学生对 1/2 的意义进行思考，加深了概念理解，也培养了学生的数学抽象能力。

多元表征中的每一个表征都是学生学习的知识，都有其实质内容，只不过表达形式不同而已。通过多元表征的变式，可以解决背景资源不足和种类不够丰富的问题，达到知识组织的完善、有序，利于知识的提取和加工。但是，过多地使用则有可能增加学生对数学内容的理解负荷，使学生的理解和思维停留在混沌状态。

3. 引导学生自己创建多元表征

开始时，教师应用具体表征或实际操作来鼓励学生运用自己的策略来理解数学或解决数学问题。学生的策略可以是教师教过的，也可以是教师没有教过的。当然，学生数学概念的不断发展，要求教师帮助他们形成更多概括性的表征和策略，从而发展他们数学的抽象思维和概念性的理解与运用，从中发展他们的创新能力。以下介绍美国教师引领学生创建多元表征解决问题的案例：

问题：如图 3-8 所示，2 个足球、1 顶帽子的价钱一共是 80 美元，1 个足球、2 顶帽子的价钱一共是 76 美元，问每个足球和每顶帽子的价格各是多少美元?

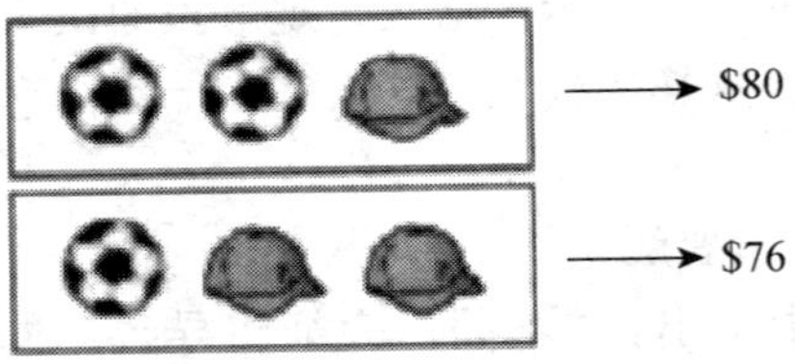

图 3-8　创建多元表征解决问题的案例

(1) 教师引领学生用图形表征进行求解。

解法一：

图 3-8 中，如果把两组图形加起来，就可以发现 3 个足球和 3 顶帽子的价钱一共是 80+76=156（美元）。那么 1 个足球和 1 顶帽子的价钱一共是 156÷3=52（美元），然后从图中第一行可以得到，1 个足球的价格为：80-52=28（美元），从而得出 1 顶帽子的价格是 24 美元。

解法二：

图 3-9 中，从第一行到第二行，把 1 个足球换成 1 顶帽子，总价钱减少了 4 美元，如果再把第二行的足球换成帽子，就可得到第三行图形，即包含 3 顶帽子，第三行的价钱也应该比第二行少 4 美元，这样就得到 3 顶帽子的价钱是 72 美元。进一步就可以分别求得足球和帽子的价格。

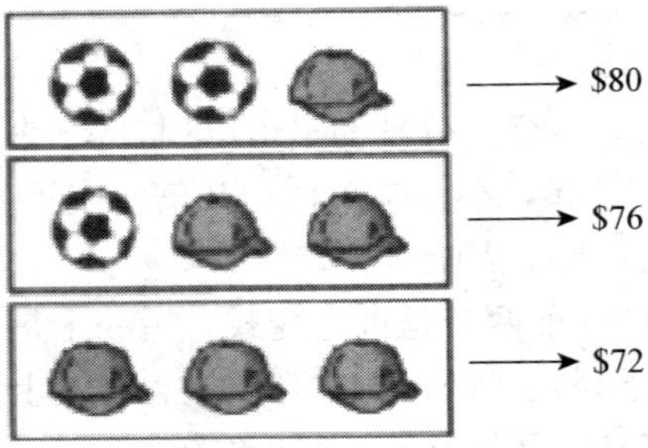

图 3-9　创建多元表征解决问题的案例（变形）

评注：解法一解题策略，来源于图形表征的结构观察，进行图形化归或化简运算后，得出答案。解法二解题策略，也是对图形进行比较或变式的结果，方法更加简便。此法利用了图形的信息，把握了各个量之间的关系，激发了学生学习兴趣，培养了学生创新能力。两种解法类似于古代中国算筹求解方程的方法，给人以数学美的感受。

(2) 教师引领学生用表格表征进行求解。

解法三：

根据已知，可以构造下面的表 3-4，从 80 美元到 76 美元找出相差 4 美元的规律，进而完成表格中带括号的数据 84 美元和 72 美元，可以得到足球和帽子的价格。

表 3-4 创建多元表征解决问题的案例（表格）

足球数量	3	(84)			
	2		80		
	1			76	
	0				(72)
		0	1	2	3
	帽子数量				

评注：该解法利用各种“现实量”或“可能量”列表发现规律，得到答案。这种探索性求解对特殊问题的特殊解答，对培养学生发现问题、分析问题和解决问题能力有重大的意义。当然得到的结果还需代回原题进行检验。这种解法内含着直线图解的思想，给人以许多启发。

(3) 教师引领学生用符号表征进行求解。

解法四：

设足球的价格是 x 美元，帽子的价格是 $(80-2x)$ 美元，由题意得：

$$x+2(80-2x)=76$$

解得：$x=28$，当 $x=28$ 时，$80-2x=24$

解法五：

设足球的价格是 x 美元，帽子的价格是 y 美元，由题意得：

$$\begin{cases}2x+y=80\\x+2y=76\end{cases}$$

解得：$x=28$，$y=24$

评注：直观图形或表格求解，也离不开数学概念法则和思想，对培养学生创新意识有非常好的作用，但仍需要走向符号表征的解决，体会数学概念和法则的直接解决问题的优越性，把握数学思想方法的真谛，培养学生的数学思维能力。但是，符号表征解决问题时也是离不开直观表征的辅助理解。经过这样的引导训练，学生真正体会了多元表征之间的联系和转化作用。

这就是说，无论用哪种表征求解问题，实质上都是数学模型或模式在起作用，只不过是某种表征更容易显现模式特征，即数学关系或结构更加直观、直接，而这种表征有利于这个年龄段的学生学习和思考，这就是我们常说的多元表征之间的联系和转化的旨意所在。利用多元表征目的是帮助学生建构自己的数学知识。为此，教师引导学生创建自己对数学概念、法则公式和观念的表征，甚至引导进行问题解决时自我表征的发挥，既利于学生巩固或者加深对数学知识的思考，又可培养学生积极的学习情感和态度。应特别说明的是，在教师创设一定活动情境下，鼓励学生进行或创新多元表征，以此进行小组活动，可以真正达到课标要求的数学教学活动水平①。

① 李静. 从中美小学生数学学习的多元表征看数学教学. 比较教育研究，2013 (8).

第五节 儿童数学学习迁移

学习迁移指的就是一种学习对另一种学习所产生的影响，它广泛地存在于知识、技能、情感态度和行为规范的学习中。

一、数学学习迁移分类

在数学教育领域中，研究者基本上是根据一般学习迁移的类型对数学学习迁移进行分类，主要有以下几种分类标准：

（1）依据学习迁移的性质，迁移可以分为正迁移与负迁移。

正迁移指的是一种学习能促进另一种学习，负迁移指的是一种学习阻碍和干扰了另一种学习。一般来说，负迁移是暂时性的，经过有目的的练习可以消除。教学的重要任务之一就是促使学习之间的正迁移，避免或消除负迁移。

（2）依据迁移的影响方向，迁移可以分成顺向迁移和逆向迁移。

顺向迁移指的是先前学习对后继学习的影响，逆向迁移指的是后继学习对先前学习的影响。

（3）依据原有的知识在新情境中应用的难度和结果，学习迁移可以区分为水平迁移和垂直迁移。

水平迁移又称横向迁移，是指在内容和难度相似的两种学习之间的迁移。

例如，学习三角形面积公式后，运用该公式来计算某给定三角形的面积。

垂直迁移又称纵向迁移，是指不同难度、不同概括性的两种学习之间的相互影响，包括较容易、较具体化的学习对难度较高、较抽象的学习的影响。

例如：运用三角形的面积公式来推导梯形的面积公式。

（4）依据迁移内容，迁移又可分为特殊性迁移和一般性迁移。

特殊性迁移是指某一领域的学习对另一种学习有直接、特殊的适应性，通俗地说，特殊性迁移就是特定事实与技能的迁移；而一般性迁移产生的内在原因不像特殊性迁移那么直观明了，它常常表现为原理原则的迁移，有时在两个看起来不十分相同的学习内容中也有发生，或者表现为态度的迁移。

（5）依据迁移的范围，迁移可划分为近迁移与远迁移。

近迁移是指将所学的知识迁移到与原初学习情境比较相似的情境中，而远迁移是指将所学的知识迁移到与原初学习情境极不相似的情境中。

（6）依据迁移的内容，数学学习迁移可以分为概念的迁移和思想方法的迁移。

例如，自然数范围内四则运算的知识有利于整数范围内四则运算知识的学习，这属于概念的迁移；解决了问题 A 后，将解决问题 A 的思维和程序自觉地运用到问题 B 中去，这属于思想方法的迁移。

二、小学数学类比迁移机制

（一）数学迁移机制

在数学教育领域中，研究者基本上是基于早期的迁移理论解释或探讨数学学习的迁移机制。曹才翰和章建跃指出，数学学习迁移可以从宏观机制和微观机制两个层面进行分析。数学学习迁移的宏观机制是一个数学知识的相互作用、逐渐整合、建立广泛联系的网络型认知结构的过程。宏观机制又包括同化性迁移、顺应性迁移和结构重组性迁移。数学学习迁移的微观机制是指学习迁移中的认知成分，主要包括分析与抽象、概括与综合两类。

（二）类比迁移机制

类比是数学学习内容和学习方法的特点，类比迁移学习在数学学习和教学中具有鲜明的意义，因此很多研究者对数学问题解决中的类比迁移做了比较深入的探讨。

所谓类比迁移就是用熟悉的方法去解决新问题的一种策略。它可以发生在具有相同结构特征的两种不同的概念领域，也可以发生在相同或非常接近的概念领域。类比迁移过程主要有两个环节：一是类比源的选取，即搜索记忆中可供参考的解决方法或可资利用的例子，确定应该利用哪个原理去解决，这个过程称为问题的类化；二是关系匹配或一一映射，即把目标问题与源问题的各个部分进行匹配，根据匹配产生解决目标问题的方法，这是原理的运用①。

（三）类比迁移优化数学认知结构

数学学习既有知识技能和思维方法的迁移，又有学习态度的迁移，而类比可以成为其相互迁移的桥梁和纽带。

1. 数学与其他学科类比迁移

通过数学与其他学科在知识或方法上的类比迁移，不同学科知识融合到一起，使得数学知识更加丰富多彩、数学问题解决的途径更加宽广、数学应用的领域更加广泛。

例如，小学数学与地理、自然等课的联系。在比例尺是 1∶6 000 000 的地图上，量得 A 地到 B 地的距离是 15 厘米。A 地到 B 地的实际距离大约是多少千米?

2. 数学知识类比迁移

数学中的迁移，常常涉及数与形的迁移、离散与连续的迁移、有限与无限的迁移、低维与高维的迁移等等。迁移理论在数学中有广泛的应用，它不仅能促进知识、技能和方法的迁移，而且能揭示知识间的联系，优化数学认知结构，有利于学生对基础知识和基本技能的掌握，以及创造思维和创新能力的培养。其中，数形迁移的表现方式有下面两种。

从数式向图形的迁移，即把数的问题转化为形的问题。数与形是数学学习的两个重要对象，反映了数学问题的两个侧面，它们既是对立又是统一的。数与形的相互转化为数学问题的研究与解决开辟了广阔的途径。

从图形向数式的迁移，即借助几何图形的直观性解决代数、三角等问题。图象法为我

① 傅夕联，张玉峰．数学学习中的类比迁移．数学教育学报，2006（11）．

们解决很多数的问题提供了巧思妙解，有时甚至非它莫属。

例如：某班有学生 50 人，参加学校的体育周“大家跳”活动，全班每人至少参加一项，其中参加跳远的有 28 人，参加跳高的有 32 人。问两项都参加的有几人？

利用韦恩图解题，根据题意可画图（见图 3-10）：

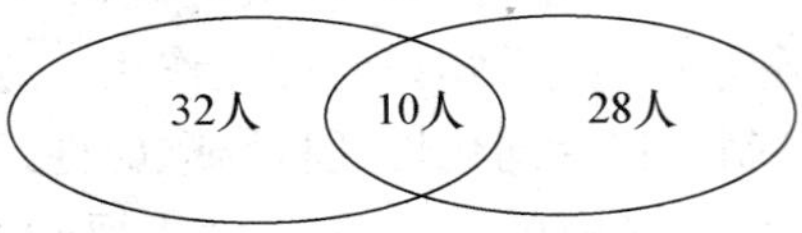

图 3-10　韦恩图示例

从图 3-10 中可以知道，参加两项运动的人数之和应为 28+32=60，但全班只有 50 人，相差 60-50=10（人），说明参加两项运动的有 10 个人。

数学知识类比迁移还可以从以下几方面来研究：

（1）不同分支类比迁移。对于不同分支可以找出其相互关系，将其串成知识链，以利于整个知识体系的建构。

（2）同一数学分支类比迁移。同一数学分支联系紧密，它们之间的类比迁移更加方便和频繁。因此通过类比，达到旧知向新知的迁移，这样的学习事半功倍。

3. 结论上类比迁移

数学上很多结论，通过探索与研究，可以延伸与推广，有利于整体把握一类问题。对于一些命题类比迁移，通常可以将条件或结论进行相似变换，留同增异，如由低级推向高级，由静态推向动态。这种对知识和方法的延伸和推广，有利于思维的变异和发散，通过类比、猜想、探索和发现，将知识和方法进行迁移，易于思维品质的提高和知识结构的优化。

4. 方法上类比迁移

不同的问题可以用同一类方法解决，属于多题归一问题，再拓展迁移，就可以类似研究一题多解、一题多变的问题。如果能将所学的具有典型性的问题或题目进行多方变化与发挥，必能大大提高学习效率，优化知识结构。

5. 迁移产生创新

迁移并不是简单的类比，需要看到不同问题深层次的相似之处，通过迁移培养观察、发现和提出问题的能力。对创新性问题的提出和探究，有利于培养学生的创新能力。①

（四）数学学习过程中影响类比迁移的因素

在数学中，两个不同知识系统或两个不同问题之间的共同要素以及学习主体头脑中的认知结构是影响类比迁移的两个主要因素。两个可类比的系统存在直接和间接关系，具有直接关系的两个系统存在着意义完全明确的类比关系，因此可直接进行类比推理；具有间接关系的两个系统则需要对类比系统进行变换或重新整合处理，建构一个中介系统。在类比迁移过程中，两个系统的共同要素是诱因，而过程性知识则起着支配作用。

① 曲长虹. 类比迁移优化数学认知结构. 数学通报，2005（12）.

三、数学样例对数学学习的影响

样例又称为例子或范例，是一种能够例说或表征较为抽象的概念原理的相对具体的实体，能够展示同一类事物性质的样本或值得模仿的榜样。因此，样例亦是一种教学方法，其以逐步呈现问题解答步骤的形式向学习者提供解决问题的方法或规则。从数学教与学的角度来说，数学样例是数学问题及其解答的组合体。它可用以说明一类数学问题的解法、例释一个概念、例说一个原理或例示一个公式及其用法。

研究表明，规则和公式等抽象知识通常很难被学习者特别是新手直接利用。用样例来表达相应的解题规则等抽象知识，容易被学习者理解和运用。但是，研究者中同时存在着两种不同的声音：有人认为，样例提供了专家解答问题的方法，可供学习者模仿和学习，因此，易化了认知技能的获取，减少了新手的认知负荷，促进了原理的学习；然而，也有人认为，解题者从样例中获得的往往是僵化的知识，他们很难将已经学过的解题规则迁移到与样例解决步骤有所不同的题目中，问题中很小的变化就可能极大地降低迁移效果。

鉴于此，如何设计更有效的样例以促进学习的迁移受到了研究者的关注。已有研究主要集中在两个方面：第一是设计不同形式的样例，以促进解题者对样例的自我解释、利于其理解样例，从而获得问题解决的迁移。第二是设计出有利于学习者把握问题性质特征的系列样例，促进学习者的问题解决迁移①。样例设计的一些方法如图 3-11 所示：

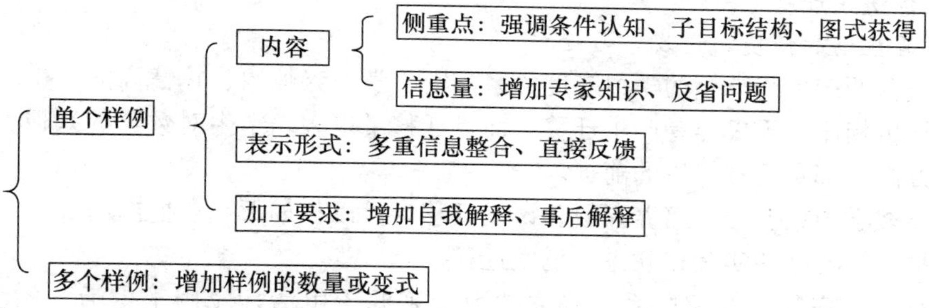

图 3-11　样例设计的方法

资料来源：喻平，涂荣豹，徐文斌．中国数学教育心理研究 30 年．北京：科学出版社，2011：110-115.

喻平等对上述第二个问题进行了初步的探讨。研究认为，解题者需要一定数量的样例才能获得问题解决的迁移。同时，为了深入研究样例的特征对学习者把握问题性质特征的影响，一些研究区分了样例的表面特征和结构特征。因此，便有了多重样例的特征变异对问题解决迁移影响的研究。对于多重样例的变异研究主要有两种情况：一是对问题的表面内容进行变化而保持结构特征不变，即表面变异；另一是对问题结构进行变化而尽量保持表面特征不变，即结构变异②。不过，关于这两种特征的变异样例，哪一种更有利于问题解决规则的学习还存在不同的研究结果和争论。特别地，究竟是结构特征变异的样例，还是表面特征变异的样例，有助于问题解决的迁移？这个问题目前还没有明确的答案。由于

① 喻平，宁宁．多重变异性数学样例对迁移影响的初步研究．数学教育学报，2010 (12).

② 赵弘．小学生算术应用题多重变异样例学习的迁移效果．辽宁师范大学，2007.

数学样例是数学问题及其解答的组合体，因此，喻平回避样例问题的“表面”和“结构”两种属性，从解答的角度，用解题步骤的相似性来衡量变异水平的高低，进而研究多重样例的变异对迁移的影响，得出以下结论：样例的变异性对学习者学习迁移的影响与迁移程度有关。对近迁移而言，样例的变异水平对近迁移的影响不大，但对于中等迁移和远迁移而言，样例的变异水平对其有显著影响。

也有研究者对样例和练习在促进解题迁移能力中的作用进行了研究，研究通过一个2×2×2 因素实验，对 96 名初一学生在解题迁移能力中受样例和练习的影响进行了研究。实验结果表明了以下两个结论：

(1) 强调样例下的练习促进技能的熟练和解题能力的迁移。样例在技能习得的早期扮演了重要的角色，并提高了练习的密度，从而更有效地促进了技能的熟练和解题能力的迁移。

(2) 练习本身并不总是保证促进技能的熟练和解题能力的迁移。实验数据分析表明它至少要受三方面因素的影响：第一，与在练习中是否有来自外部的指导和反馈有关；第二，与练习的任务性质有关；第三，与参与练习的个体的智力和认知水平有关①。

四、小学生的数学学习迁移能力的培养

(一) 促进正迁移

1. 设置生动的情境，诱发学习迁移

学习迁移的产生与学生的学习态度关系甚密。学习兴趣浓、热情高的学生与对学习不感兴趣的学生相比，不仅容易产生迁移，而且迁移量也大；学生对数学的兴趣、热衷于探索知识的方向，都是迁移产生的前提。

在数学教学中想要做到培养兴趣、诱发迁移，可以从如下几点把握：

(1) 将数学与生活实际相联系，诱发迁移。

现实存在和实际问题相联系，确立“数学来源于生活，应用于生活”的教学信念，运用生活与理论的联系成功促进生活中的知识向课堂数学知识的迁移，增强课堂教学的活力与趣味性。例如，在学习小数这一节内容时，可以先让同学们观察去超市购物的清单。

(2) 利用多媒体教学调动学生的学习兴趣。

以计算机为中心的多媒体技术的进步和发展为数学教学带来了很多的便利。现代多媒体能够集声音、图像、文字于一体，能够有效地将抽象的数学原理转化为具体形象的图文，有利于激发学生的学习兴趣。

例如，学习三角形的数学概念时，可以通过几何画板动态地向同学演示三条线段如何组成一个三角形以及组成一个三角形所需要的条件。

2. 抓好“双基”的掌握，创造“联想”的条件

首先，“双基”指的是基础知识和基本技能，它们不仅是形成联想的必要条件，还是

① 张春莉. 样例和练习在促进解题迁移能力中的作用. 心理学报，2001 (2).

解答数学题的关键保障。因此，必须通过优化教学方式来增强学生对基础知识的理解，可通过学生对数学符号的深入理解来提升学生的思维能力。

例如，我们在解答方程题 $2x-3=5$ 时，不仅要具备一项基础知识，即整数的运算知识，还要掌握一项基本技能，即一元一次方程的解法，但是如果学生不熟悉这两个方面，自然不会产生对这些知识的“联想”，难以快速找到解答的正确方法。

所以说，良好的思维联想是以牢固的基础知识和基本技能为前提的，我们不能只重视各种题目的答题技巧，忽略对最基本的数学知识的学习，否则学生将很难在不同知识间产生联想，无法完成知识间的迁移。

其次，利用联想力来强化知识的记忆和知识的运用能力。在新知识的学习过程中，可以根据相似的特性将它们联结起来，然后系统记忆，这样才能将知识、原理灵活地运用到解题中。

3. 加强新旧知识之间的联系，培养学生的比较能力

新旧知识技能之间都有共同的一些性质原理，掌握的知识技能越多，就越能顺利地掌握新知识新技能，即学习的迁移就越顺利。

例如，判断 82924632 这个数能否被 9 整除。先看这个数的各数位上的数字的和是 $8+2+9+2+4+6+3+2$ 刚好等于 36。36 能被 3 整除，又是 9 的倍数，所以 82924632 能被 9 整除。这是由于 9 是 9 和 3 的倍数，9 的倍数之和一定能被 9 或 3 整除。这已经运用了被 3 整除的数的特征，把已学的知识运用到新课题上。

再如，学生比较熟练地掌握整数的意义，就能加深对小数、分数意义的认识，它们三者都是由计数单位组成的。①

在数学学习中，为了促进正迁移的产生，防止负迁移的干扰，教师应该注意揭示新旧知识之间的共同因素和不同因素②。其中包括：第一，对同一内容的对比。许多数学概念、定理、公式具有各种不同的表现形式，形式上的变化是为了更有效地把其本质应用于不同的问题情境。第二，相似内容的对比。在数学教学中，相似的数学概念是最容易被混淆的。

如学生在学习平行四边形、矩形、菱形、正方形等内容时，对它们的性质及判定一直不能较好地掌握，这就需要加以对比，揭示其异同。

总之，在教学中引导学生揭示数学概念、定理、公式之间的不同结构和本质区别，实际上是促使学生排除干扰因素，集中注意于问题的主要方面，在此基础上就会产生大量的正迁移。此外，变换题目中的条件，组成对比练习题，不仅可以让学生在练习中对比数学概念、定理和公式，而且还可以进行数学方法、解题途径、技能技巧等的对比。正迁移的产生与此有直接关系③。

---

① 王月美. 小学数学教学中迁移能力的培养. 教育评论，2001 (4).

② 黄长征. 在中学数学教学中培养学生的迁移能力. 教育评论，2001 (4).

③ 马欣. 谈谈数学教育中的正迁移. 数学通报，1986 (6)

4. 提高知识的概括水平

学习的迁移是学生依据已有的知识和经验去辨认新的课题，并把新课题纳入已有的知识经验系统的过程，已有的知识概括水平越高，就越能用已有的知识去理解当前的新课题。

例如，简单应用题教学中，要把常见的数量关系概括为单价×数量=总价，工作效率×工作时间=工作总量，速度×时间=路程等，这样到后面的复合应用题学生学习起来就简便了。①

研究表明，一个人熟悉的知识越是基础性的、概括性的，那么他在新旧知识的迁移上就表现得越广泛。学习中大量事实告诉我们，概括才是迁移的本质，所以，只有不断完善自己的数学知识体系、提高整体的概括性，才能有效提升数学学习的迁移能力。在涉及新的知识领域时，我们有了清晰、完整、高概述、结构全面的知识体系，才能将新知识轻松地融入旧体系。

5. 培养学生解决新问题的信心

做好儿童的思想工作，树立他们的学习信心，培养坚强的意志，做到镇定、斗志旺盛，这种心理状况有利于知识的顺利迁移。

例如，在教授正比例的应用题后出示例题：某电视机厂去年共生产电视机 12.3 万台，今年头两个月就和去年 5 个月的产量同样多，照这样计算，今年将生产多少万台电视机？学生用正比例来列出两个比例式。此时，教师鼓励学生想一想，用以前学过的方法能不能解答。学生回答用归一方法解答：先根据"今年头两个月就和去年 5 个月的产量同样多"求出今年一个月的产量为 2.562 5 万台，然后求出今年产量为 30.75 万台，最后列成综合算式，解答后，教师肯定学生的积极性。同时，提示学生换个角度，抓住题中的数量关系来分析，又能用什么方法来解。结果有的学生提出用分数思想来解。这样练习，不但能激发学生的学习兴趣，沟通应用题间的联系，做到新旧知识的联系，而且能促进学生知识技能的正迁移。②

（二）防止负迁移

1. 小学数学中常见的负迁移现象

（1）概念方面。概念中的负迁移，概念混淆最为常见。

例如，学生学了整除概念以后，往往会把"15÷3"和"0.15÷3"都看作能够整除，这是除尽概念引起的负迁移。

（2）计算方面。计算中的负迁移，多是套用四则运算的法则和定律造成的。

例如，不少学生在计算小数加减法时往往套用整数加减法末位对齐的方法进行计算；强调应用运算定律进行简便计算时，往往把式题 $14\times\frac{1}{2}\div14\times\frac{1}{2}$ 错算成 $7\div7=1$

① 唐友春，万凤彬．数学教学中如何促进正迁移．教学与管理，2005（6）．

② 陆光洲．促进数学迁移能力提高的教学策略研究．内蒙古师范大学学报（教育科学版），2014（2）．

(3) 应用题方面。这方面的负迁移，大致可归纳为两类：

1) 概念混淆不清所致。

例如，学了分数乘法应用题后，有许多学生竟把“某水果专业户种了6亩地的西瓜，已经收了$\frac{1}{3}$亩，还剩下多少亩没有收”之类的应用题，误解为“$6\times(1-\frac{1}{3})=4$（亩）”；

又如，学了“长方体和正方体的体积”应用题后，学生往往把“有一种长方体的硬纸盒，长10厘米，宽6厘米，高5厘米，求这个长方体纸盒的表面积是多少平方厘米”，错解成“$10\times6\times5=300$（平方厘米）”。

2) 错用关键词语所致。

例如，不少学生解应用题时，见“多”就加，见“少”就减，见“倍”就乘，把“某校有男同学460人，比女同学多15人，女同学有多少人”误解为“$460+15=475$（人）”，把“饲养场养了135只黑羊，比白羊少35只，白羊有多少只”误解为“$135-35=100$（只）”。

造成这些负迁移的原因，主要是教师片面地强调了关键词在解应用题中的作用，机械地教给学生抓关键词确定解题的方法①。

2. 产生负迁移的原因

(1) 范围变化，概念延伸，易产生负迁移。

由于数学学习的阶段性，随着研究范围逐渐扩大，不少概念发生了变化。有的外延缩小，内涵扩大；有的外延扩大，内涵缩小。这时，如果学生的认识仍停留在原有的范围内，就会出现知识的负迁移②。

(2) 思维呆板，思路狭窄，易产生负迁移。

数学思维对学习产生正迁移的现象是经常发生的。如习惯性思维对知识的稳步增长和理论体系的巩固完善是不可缺少的。直觉思维有助于提高对知识的直观洞察力，逆向思维对培养学生学习的灵活性、组织性、深刻性都有一定的促进作用。但数学思维也会对学习产生负迁移。

通过对学生理解问题、处理问题时出现的错误进行分析，发现许多错误源于思维的负迁移。主要表现在以下方面：一是习惯性思维对学习产生的负迁移。二是由于盲目使用思维方法，忽视思维方法的限制条件所产生的负迁移。三是数学符号对学习产生的负迁移。

第一，人们思考问题习惯于因循已有的思路，我们将之称为惯性思维。这种思维的形成反映了思维过程的连续性、渐进性、联结性，对数学学习形成一种正迁移。但惯性思维也会造成方法定型化和“先入为主”的情况，使思维封闭、呆板，阻碍学习的进步，形成一种负迁移，如理解问题定格化，选择思路定型化等。受惯性思维的影响，学生对新的学科、新的知识体系的学习摆脱不了已有的数学观念、思维框架的束缚，认识不到新知识的独特性及其与以往知识间的差异，造成负迁移。

① 练桥盛．浅谈小学生数学学习的负迁移及其防止方法．小学教学研究，1986 (4)．

② 李振堃．数学学习中负迁移的原因及防止措施．江苏教育，1993 (5)．

第二，解决数学问题比较常用的是类比、转化等思维方法。学生在使用过程中由于忽视各思维方法使用的范围、条件，对学习产生了负迁移。

类比思维方法是数学中常用的思维方法。类比有助于学习的正迁移。类比思维是通过事物间的普遍联系以及这种联系间存在的可比较性得到启发的，是解决问题的重要思维方法。但类比思维的根据并不充分，它无法保证已知相同（相似）的属性和推出的属性之间有必然的联系。使用类比思维不能仅注意表面形式的相似性，还要追究造成这种相似的原因，这样才能减少类比思维的负迁移。

转化思维也是常用的思维方法。解决问题时，对未解决的问题做等价或不等价的转化，做到化繁为简、化难为易。转化促进学习的正迁移，但转化也是有条件的，忽视转化条件也会导致负迁移①。

(3) 学风浮躁，方法不当，易产生负迁移。

随着学生智力的发展，学习的知识逐渐深化，这是教学中的必然规律。但为什么有的学生常常出现负迁移，而有的学生较少出现负迁移呢？这与他们的学习作风和学习方法有很大的关系。经常出现负迁移的学生大多数学习马虎，解题时凭直觉，凭习惯，凭先入为主的印象②。

3. 防止负迁移

教学中，要根据学生的心理特征，研究教法、学法，尽量防止负迁移的产生。

(1) 加强辨析对比，理解概念的本质。

心理学认为，知识之间虽本质不同，但在一些方面存在共同之处，这是产生负迁移的前提。对于相似、相近、易混的概念，要通过辨析对比，明确内涵、廓清外延，揭示概念的本质特征，让学生理解其实质，以有效地防止知识的负迁移。

(2) 精心选择习题，适时充分练习。

对于易产生负迁移的知识，教师要根据教材前后内容的内在联系，精心选择练习题目，循序渐进地反复练习，练习时要针对学生的错误，及时纠正。

(3) 引导多向思考，克服思维定式。

教学中，要引导学生从多方向、多角度进行思考，克服思维定式。

研究数学学习迁移的一个主要目的就是在揭示数学学习迁移规律的基础上，考虑如何将这些结果用于数学学习和教学的实践中去，即如何应用迁移规律，促进正迁移的产生，尽量防止负迁移的干扰，提高数学教学效率。

第六节　儿童数学能力培养

现代数学教育理论普遍认为，数学能力是一种特殊能力，是人们顺利完成数学活动所必须具备的稳固的心理特征。数学能力是一种与数学活动有关的特殊能力，是在数学活动

---

① 倪伟平．数学思维的负迁移．教育探索，2000 (10)．

② 李振堃．数学学习中负迁移的原因及防止措施．江苏教育，1993 (5)．

过程中形成和发展起来的，是顺利完成数学活动所必须具备的，并且能够直接影响活动效率的一种个性心理特征。

一、数学能力成分

《课程标准（2011 年版）》指出，通过义务教育阶段的数学学习，学生能增强发现和提出问题的能力，提高分析和解决问题的能力，初步形成几何直观和运算能力，发展合情推理的能力，提高实践能力。相较大纲中对学生数学能力的界定，新课标对能力的界定和分类，不仅体现了数学能力的特殊性，而且更为细致和准确，对我国数学教育，尤其是对培养学生的数学能力具有很强的指导作用。

曹日昌先生认为，数学能力的基本组成部分是：迅速概括数学材料的能力，运算过程中思维活动迅速地“简化”的能力，正运算过渡到反运算的灵活性。

数学教育学导论编写组认为，数学能力分为：感知数学材料形式化的能力，对数学对象、数和空间关系的抽象概括能力，运用数学符号进行推理的能力，运用数学符号进行运算的能力，思维转换能力，记忆特定的数学符号、抽象的数学原理和方法、形式化的数学关系结构的能力。

苏联的许多心理学家和数学教育家对数学能力进行了长期的研究，其中影响较大的是克鲁捷茨基的研究工作。在他的领导下，研究人员花了 12 年的时间，通过对各类学生的广泛实验研究，系统地研究了数学能力的性质和结构。克鲁捷茨基注重分析思维过程，以数学思维为核心阐述了数学能力的主要成分。把数学能力区分为 9 种成分：（1）把数学材料形式化，并用形式的结构（关系和联系的结构）来进行运算的能力；（2）概括数学材料的能力；（3）能用数字和其他符号来进行运算的能力；（4）连续而有节奏的逻辑推理能力；（5）能用简缩的思维结构来进行思维的能力；（6）逆转心理过程（从顺向的思维系列到逆向的思维系列）的能力；（7）思维的机动灵活性（从一种心理运算过渡到另一种心理运算的能力）；（8）数学记忆能力；（9）形成空间概念的能力。

二、数学能力结构

数学能力结构是由数学能力成分以及各因素之间的关系组成的一个系统。在确定了数学能力的成分之后，还必须研究这些因素之间的相关性，确立数学能力的主因素，建立完整的数学能力结构。

对于一般能力结构的研究，美国心理学家吉尔福特提出了一种构想。他认为智慧因素是由操作（包括认知、记忆、分散思维、辐合思维和评价五种智力类型）、材料内容（包括图形、符号、语意和行为）和产品（包括单元、门类、关系、系统、转换和含蓄）三个变项构成，像一个有长、宽、高三个维度的方块，每一变项都由有关要素组成，一共可以得到 $5\times4\times6=120$ 种结合。每一种结合代表一种智力因素，这样不仅建立了能力结构模式，而且还可确定能力的成分因素。吉尔福特的研究方法为建构数学能力结构提供了参考模式。

林崇德教授主持的“中小学生能力发展与培养”实验研究，从思维品质入手，对数学能力结构做了如下描述：“数学能力是以概括为基础，由运算能力、空间想象能力、逻辑思维能力与思维的深刻性、灵活性、独创性、批判性、敏捷性所组成的开放动态系统的结构。”数学能力结构应包括传统的三种数学能力以及五种思维品质。三种能力与五种思维品质不是并列关系，而是交叉关系，这种交叉关系形成15个交叉点以及上百种表现形式。

张士充先生认为，数学能力的本质是（形式和辩证）逻辑思维能力。这种逻辑思维能力又经常分别地表现为关于形的逻辑思维能力、关于数的逻辑思维能力，更经常地表现为数形结合的逻辑思维能力。以这三种逻辑思维能力为“经”，以形式辩证逻辑的思维形式和规律为“纬”，形成关于数学能力的结构网络，网络的每一点，都可以作为研究的一个专题。

另外，邵光华先生认为数学思维能力结构是由12种能力成分由低向高组成的一种分层塔状体。张学杰先生认为数学能力结构是由知识量、数学基本能力、个性心理、思维品质4个因素组成的一个多维空间立体结构。

三、儿童数学基本能力

数学能力是在数学活动过程中形成和发展起来，并通过该类活动表现出来的一种极为稳定的心理特征。研究数学能力也应从数学活动的主体、客体及主客体交互作用方式三个方面进行全方位考察。就数学活动而言，对活动主体的考察主要立足于对主体认知特点的考察，对客体的考察则主要是对数学学科特点的考察，至于主客体交互作用方式则突出表现为主体的数学思维活动方式。因此，对数学能力的把握最终取决于对主体认知特点、数学学科特点、主体数学思维活动特点的全面理解。

数学活动包含以下心理过程：知觉、注意、记忆、想象、思维。因而在数学活动中形成和发展起来的数学观察能力、注意能力、记忆能力、想象能力、思维能力也就必然构成数学能力的基本成分。需要指出的是，这里所说的数学能力成分有别于一般意义上的能力。如数学观察力是指从“数”和“形”的角度去观察事物、寻求事物的具有数学意义的本质特征与内部规律的能力，数学记忆能力则是指记忆特定的数学符号、抽象概括的数学原理和方法、形式化的数学关系结构的能力。

就数学学科特点、主体数学思维活动特点来分析，数学能力指：用数字和符号进行运算、对形式化结构进行变换的能力（运算能力）；对空间形式及其符号表示进行想象、形成空间概念及空间关系的能力（空间想象能力）；对数学对象及其关系进行抽象概括、从事数学推理（包括逻辑推理、合情推理等）、进行思维转换的能力（数学思维能力）以及在此基础上形成的数学问题解决能力。

数学观察能力、注意能力、记忆能力是主体从事数学活动的必然心理成分，因此是数学能力的必要成分，我们将之称为数学一般能力；而抽象能力、逻辑推理能力、运算能力、直观想象能力、数据分析能力和数学应用能力则体现了数学学科的特点，是主体从事数学活动而非其他活动所表现出来的特殊能力，我们将之称为数学特殊能力。数学一般能力和数学特殊能力共同构成数学能力的基础，同时二者又是构成数学实践能力这一更高层次的数学能力的基础。

（一）数学一般能力

1. 观察能力

观察能力在心理学上是指有意识、有目的、有组织的知觉能力，而数学观察能力是指对用数字、字母、符号、文字所表示的数学关系，各种图形、图表的结构特点的感知能力，以及对概括化、形式化、空间结构和逻辑模式的识别能力。主体不仅要对数学对象在视觉系统进行感知，还要注意事物的各种特征，进行比较分析，了解它们的性质、关系和变化，因此观察不是一种单纯的知觉过程，还包含着积极的思维活动。

数学观察能力具体表现为：在掌握数学概念时，善于舍弃非本质特征、抓住本质特征的能力；在学习数学知识时，善于发现知识的内在联系，形成知识结构或体系的能力；在学习数学原理时，能从数学事实或现象中，掌握数学法则或规律的能力；在解决数学问题时，善于识别问题的特征，发现隐含条件，正确选择解题途径和数学模型的能力，以及解题的辨析能力。

2. 注意能力

注意是一种心理现象，是心理（意识）对一定对象的指向和集中。注意可分为内部注意和外部注意。内部注意就是对本身的思想、情感或体验的注意，外部注意则是指对周围的对象和现象的注意。注意又可分为无意注意和有意注意。无意注意是指事先没有预定的目的，也不需要做意志努力的注意；有意注意则是指有预定的目的，需要做一定的意志努力的注意。注意能力包括注意力的集中、注意力的分配、注意力的持续、注意力的转移等性能。

数学注意能力的具体表现有：在内部注意上有良好的自我评价意识，在外部注意上不仅善于用分析的态度对某个对象的局部或个别属性加以注意，而且善于用综合的态度对对象的整体或全部特征属性加以注意。研究表明，有意注意是直接影响注意能力提高的因素，因此，数学注意能力还表现在能否从无意注意中迅速引发有意注意。

3. 记忆能力

记忆是一个人所经历过的事物在大脑中的反映，是大脑积累经验的功能表现。数学记忆是学生学习过的数学知识、经验在头脑中保存的印记，是学生通过数学学习积累数学知识、经验的功能表现，是数学学习的一切智力活动所包含的心理活动。数学记忆能力的特征是从数学科学特定的特征中产生的，是一种对于概括化、形式化结构和逻辑模式的记忆能力。记忆能力不仅包括对众多抽象的数学符号、定义、公式、定理、数学图形的记忆能力，也包括对典型的推理模式、重要的运算格式和步骤、数学模型的物理背景的记忆能力以及再现不同数学概念之间逻辑联系的能力。

记忆能力在任何时候都是数学学习和数学创造获得成功的重要因素之一。实践表明，数学能力强的学生把推理或论证的模式记得很牢，但并不是去强记一些事实和具体数据，不是机械的记忆，而是在理解的基础上，对语义结构的记忆和对证明方案与基本思路的记忆。因此，数学记忆能力的本质在于对典型的推理和运算模式概括的记忆能力。根据布鲁姆对知识的分类，按被回忆的材料将数学记忆能力分为以下几种：对具体数学事实、术语的记忆能力，对数学概念、算法的记忆能力，对数学原理、法则的记忆能力，对数学问题类型标志、解题模式的记忆能力，对数学解题方法、思想的记忆能力。

（二）数学的特殊能力

1. 抽象能力

数学抽象是指舍去事物的一切物理属性，得到数学研究对象的思维过程。主要包括：从数量与数量关系、图形与图形关系中抽象出数学概念及概念之间的关系，从事物的具体背景中抽象出一般规律和结构，并且用数学符号或者数学术语予以表征。

数学中的概念、性质、法则、公式、数量关系等都是抽象概括的产物。数学抽象能力是指从具体对象中抽取出其中蕴含的数学关系或结构，并将其共同属性和本质特征进行推广的能力。数学抽象能力是数学思维能力，也是数学特殊能力的核心。数学抽象能力具体表现为：发现普遍现象中存在着差异的能力，在各类现象间建立联系的能力，分离出问题的核心和实质的能力，由特殊推广到一般的能力，从非本质的细节中使自己摆脱出来的能力，把本质的与非本质的东西区分开来的能力，善于把具体问题抽象为数学模型的能力等。

2. 逻辑推理能力

逻辑推理是指从一些事实和命题出发，依据逻辑规则推出一个命题的思维过程。主要包括两类：一类是从特殊到一般的推理，推理形式主要有归纳、类比；一类是从一般到特殊的推理，推理形式主要是演绎。

逻辑推理能力是指正确、合理思考的能力。主要表现在：从具体情境中抽象概括出数量关系和变化规律的能力，演绎推理能力，通过对事物的观察、比较、分析、综合、归纳、类比等进行合情推理的能力，选择和运用不同推理方法的能力，清晰准确地表达逻辑思维过程的能力等。

3. 运算能力

数学运算是指在明晰运算对象的基础上，依据运算法则解决数学问题的过程。主要包括：理解运算对象，掌握运算法则，探究运算方向，选择运算方法，设计运算程序，求得运算结果等。

数学运算是数学活动的基本形式，也是演绎推理的一种形式，是得到数学结果的重要手段。数学运算是计算机解决问题的基础。

运算能力是在不断地运用法则、公式，经过多次合理练习而逐步形成的。其标志是运算的正确、迅速、灵活和意识到法则公式的清晰程度，以及随后的自动化程度。在初级阶段，保证运算的正确性，明确地意识到法则，清楚地意识到算理。然后通过练习逐渐减少思考法则的时间和精力，乃至不须意识到法则，达到自动化的程度，能迅速地进行运算。

4. 直观想象能力

直观想象是指借助几何直观和空间想象感知事物的形态与变化，利用图形理解和解决数学问题的过程。主要包括：借助空间认识事物的位置关系、形态变化与运动规律；利用图形描述、分析数学问题；建立形与数的联系；构建数学问题的直观模型，探索解决问题的思路。

直观想象是发现和提出数学问题、分析和解决数学问题的重要手段，是探索和形成论证思路、进行逻辑推理、构建抽象结构的思维基础。

直观想象能力是人们对客观事物的空间形式（空间几何形体）进行观察、分析、认知的抽象思维能力，培养学生的空间想象力是数学教学的主要任务之一，同时也是难点之一。这种能力的特点是善于在头脑中构成研究对象的空间形状和简明结构，并能对实物进行一些操作，在头脑中做相应的思考。

5. 数据分析能力

数据分析是指针对研究对象获得相关数据，运用统计方法对数据中的有用信息进行分析和推断，形成知识的过程。主要包括：收集数据，整理数据，提取信息，构建模型对信息进行分析、推断，获得结论。

数据分析能力是指合理收集、整理、分析数据以及从中提取有价值的信息、做出判断并合理决策的能力。

数据分析能力具体表现在：能结合具体问题选取合适的调查方式收集数据；具有良好的统计意识及对统计图表准确的理解能力；能从多个统计图表中合理获取数据信息；能整理、描述数据并计算相关统计量；能借助加工信息和计算所获得的统计量，科学合理地进行统计推断；能应用概率统计的知识、方法去解决实际问题；等等。

6. 数学应用能力

数学应用能力就是运用所学数学知识解决实际问题的能力，即数学建模能力。数学建模是对现实问题进行数学抽象，用数学语言表达问题、用数学知识与方法构建模型解决问题的过程。主要包括：在实际情境中从数学的视角发现、提出问题，分析问题，构建模型，求解结论，验证结果并改进模型，最终解决实际问题。

数学模型构建了数学与外部世界的桥梁，是数学应用的重要形式。数学建模是应用数学解决实际问题的基本手段，也是推动数学发展的动力。

数学教学应该将数学与生活紧密联系起来，数学来源于生活，寓于生活，用于生活，引导学生把数学知识运用到实际生活中去，使学生充分认识到数学来源于生活同时又是解决生活问题的基本工具。

教学中应引导学生积累用数学解决实际问题的经验，使学生能够在实际情境中发现和提出问题；能够针对问题建立数学模型；能够运用数学知识求解模型，并尝试基于现实背景验证模型和完善模型；能够提升应用能力，增强创新意识。

思考题

1. 什么是认知结构？认知结构的主要变量有哪些？
2. 举例说明什么是同化、什么是顺应。
3. 概念学习与命题学习有哪些特征？如何指导学生进行概念学习与命题学习？
4. 什么是元认知？如何培养学生的元认知能力？
5. 小学数学教学中如何有效运用多元表征促进学生的理解？
6. 什么是迁移？数学学习中有哪些迁移？如何培养学生的迁移能力？

7. 什么是数学能力？小学数学能力包括哪些？结合具体案例说明如何培养学生的数学能力。

参考文献

[1] 中华人民共和国教育部. 义务教育数学课程标准（2011 年版）. 北京：北京师范大学出版社，2012.

[2] 莫雷. 教育心理学. 广州：广东高等教育出版社，2012.

[3] 叶立军，等. 数学课程与教学论. 杭州：浙江大学出版社，2011.

[4] 喻平，涂荣豹，徐文斌. 中国数学教育心理研究 30 年. 北京：科学出版社，2011.

[5] 孔凡哲，曾峥. 数学学习心理学. 北京：北京大学出版社，2009.

[6] 鲍建生，周超. 数学学习的心理基础与过程. 上海：上海教育出版社，2009.

[7] 宋乃庆，张奠宙. 小学数学教育概论. 北京：高等教育出版社，2008.

[8] 斯莱文. 教育心理学（第七版）. 北京：人民邮电出版社，2005.

[9] 何小亚. 数学学与教的心理学. 广州：华南理工大学出版社，2003.

[10] 孔企平. 小学数学课程与教学论. 杭州：浙江教育出版社，2003.

[11] 周玉仁. 小学数学教学论. 北京：中国人民大学出版社，1999.

[12]《数学教育学导论》编写组. 数学教育学导论. 北京：高等教育出版社，1992.

[13] 林崇德. 中学生能力发展与培养. 北京：北京教育出版社. 1992.

[14] 曹才翰，蔡金法. 数学教育学概论. 南京：江苏教育出版社，1989.

[15] 克鲁捷茨基. 中小学数学能力心理学. 上海：上海教育出版社，1983.

[16] 谭劲，李光树. 小学数学学习特点对教学的影响. 课程·教材·教法，2014（8）.

[17] 李静. 从中美小学生数学学习的多元表征看数学教学. 比较教育研究，2013（8）.

[18] 王成营，陈佑清. 试论符号意义获得能力及其培养——以数学教学为例. 全球教育展望，2012（7）.

[19] 王晓娟，马银银. 元认知对小学数学问题解决的影响. 学科建设，2011（12）.

[20] 喻平，宁宁. 多重变异性数学样例对迁移影响的初步研究. 数学教育学报，2010（12）.

[21] 唐剑岚. 国外关于数学学习中多元外在表征的研究述评. 数学教育学报，2008（1）.

[22] 赵弘. 小学生算术应用题多重变异样例学习的迁移效果. 大连：辽宁师范大学，2007.

[23] 傅夕联，张玉峰. 数学学习中的类比迁移. 数学教育学报，2006（11）.

[24] 王瑞明，莫雷，李莹. 知识表征的新观点. 心理科学，2005（28）.

[25] 曲长虹. 类比迁移优化数学认知结构. 数学通报，2005（12）.

[26] 喻平. 知识表征与数学学习. 上海师范大学学报，2002 (9).
[27] 张春莉. 样例和练习在促进解题迁移能力中的作用. 心理学报，2001 (2).
[28] 喻平. 数学能力的成分与结构. 课程·教材·教法，1997 (11).
[29] 孙宏安. 数学能力新探. 课程·教材·教法，1996 (7).

第四章

数学教育基本理论

内容提要

任何一门学科总有自己的基本问题和基本规律，20世纪以来，产生了许多重要的数学教育基本理论，如波利亚、弗赖登塔尔、斯根普、M. 克莱因四位数学教育家的数学教育思想；风行欧美的建构主义理论对数学教育也直接产生了重大影响；中国数学教育也已从“双基”发展为“四基”，有了更丰富的内涵。

第一节　波利亚数学教育理论

波利亚（George Polya，1887—1985），美籍匈牙利数学家。生于布达佩斯，卒于美国。青年时期曾在布达佩斯、维也纳、巴黎等地攻读数学、物理和哲学，获博士学位。1914年在瑞士苏黎世工业大学任教，1938年任数理学院院长。1940年移居美国，历任布朗大学、斯坦福大学教授。作为数学家，波利亚在众多的数学分支，如函数论、变分学、概率论、数论、组合数学以及计算和应用数学等领域多有建树，留下了许多以他的名字命名的术语和定理。1963年，美国数学协会授予他最高职业奖。他是法国科学院、美国国家科学院和匈牙利科学院的院士。曾著《怎样解题》《数学的发现》《数学与猜想》等，它们被译成多种文字，广为流传。

一、波利亚的启发式教学思想

在数学教育方面，他曾以数十年的时间悉心研究数学启发法和数学教学，从而为数学方法的现代研究奠定了理论基础。作为一个数学教育家，他的教育宗旨是“教会年轻人去思考”，培养学生的“独立性、能动性和创新精神”，根据社会需要把学生培养成合格的人才。他认为一个人在学校所受的教育应该受益终生，他赞成良好的教育应该“系统地给学生自己发现事物的机会”，“应该帮助学生自己再发现所教的内容”，应该能使学生主动学习。他特别重视发展学生的数学思维能力，强调数学教学要加强思维训练，要发展学生运用所学知识的能力，发展技能、技巧、有益的思考方式和科学的思维习惯。他反复指出，数学教育的目的不仅仅是传授知识，还要“发展学生本身的内蕴能力”。波利亚对教师的教和学生的学进行了综合研究，提出了著名的“学习（教学）三原则”和“教师十诫”。

波利亚的主要著作有《怎样解题》（1945）、《数学的发现》（1962）与《数学与猜想》（1982）。在青年时代，由于不满足于教师那种照本宣科式的讲述和教科书上那种突如其来的，“像是帽子里跑出一只兔子”式的证明，他开始探索数学中的发明创造问题。为此，他阅读了大量数学和哲学文献，并利用在各级学校任教的机会，对学生进行细致观察，终于制定出了“现代启发法”纲领和解题艺术的大成——“怎样解题”表。到1945年完善成为著名的《怎样解题》一书。这本书的问世，标志着作者关于解题理论和数学发现学说的形成。此后，波利亚继续撰写论文和专著，使自己的学说更加系统化、完整化。20世纪40年代波利亚学说的出现是世界数学史和数学教育史上的一个意义重大的事件。在数学解题方面，波利亚是一面旗帜，是一代宗师。

波利亚最大的贡献是解题表。通过对解题过程中最富有特征性的、典型的智力活动的分析归纳，提炼出分析和解决数学问题的一般规律和方法——弄清问题、拟订计划、实现计划、回顾四个阶段，并就解题技能问题提出了一系列公式化的指导性意见和建议。这事实上就构成了数学启发法的核心内容。

波利亚的解题表包含四个步骤，即弄清问题、拟订计划、实现计划、回顾四个阶段。

“怎样解题”表①内容如下所示：

第一，弄清问题。

你必须弄清问题。

未知是什么？已知是什么？条件是什么？满足条件是否可能？要确定未知，条件是否充分？或者它是否不充分？或者是多余的？或者是矛盾的？

画张图，引入适当的符号。

把条件的各个部分分开。你能否把它们写下来？

第二，拟订计划。

找出已知数与未知数之间的联系。如果找不出直接的联系，你可能不得不考虑辅助问题。你应该最终得出一个求解的计划。

你以前见过它吗？你是否见过相同的问题而形式稍有不同？

你是否知道与此有关的问题？你是否知道一个可能用得上的定理？

看着未知数，试想出一个具有相同未知数或相似未知数的熟悉的问题。

这里有一个与你现在的问题有关，且早已解决的问题。你能不能利用它？你能利用它的结果吗？你能利用它的方法吗？为了能利用它，你是否应该引入某些辅助元素？

你能不能重新叙述这个问题？你能不能用不同的方法重新叙述它？

回到定义去。

如果你不能解决所提出的问题，可先解决一个与此有关的问题。你能不能想出一

---

① 波利亚．怎样解题：数学教学法的新面貌．上海：上海科技教育出版社，2002：6-16.

个更容易着手的有关问题？一个更普遍的问题？一个更特殊的问题？一个类比的问题？你能否解决这个问题的一部分？仅仅保持条件的一部分而舍去其余部分。这样对于未知数能确定到什么程度？它会怎样变化？你能不能从已知数据导出某些有用的东西？你能不能想出适合于确定未知数的其他数据？如果需要的话，你能不能改变未知数或数据，或者二者都改变，以使新未知数和新已知数据彼此更接近？你是否利用了所有的已知数据？你是否利用了整个条件？你是否考虑了包含在问题中的必要的概念？

第三，实现计划。

实现你的求解计划，检验解题方案，检查每一步骤。你能否清楚地看出这一步骤是正确的？你能否证明这一步骤是正确的？

第四，回顾。

验算所得到的解。

你能检验这个结果吗？你能检验这个论证吗？你能否用别的方法导出这个结果？你能以不同的方式推导这个结果吗？你能一眼就看出它来吗？

你能在别的题目中利用这个结果或这种方法吗？

二、波利亚的合情推理思想

（一）合情推理的含义

合情推理是根据已有的事实和正确的结论（包括定义、公理、定理等）、实验和实践的结果，以及个人的经验和直觉等推测某些结果的推理过程。猜想是合情推理的最普遍、最重要的一种思维方法，归纳与类比首先都包含有猜想的成分，所以我们在教学中提到的猜想、归纳与类比等都属于合情推理的范畴①。

（二）波利亚合情推理模式②

波利亚在他的著作中首先概括了“合情推理”的模式。

为了描述这些推理模式，他使用了一系列能引发想象的状语来反映推理过程，例如，“较不可靠”“极为可靠”“稍更可靠”“更可信”“几乎不可信”“几乎总是可靠”等。这些表达状态的形容词或副词被波利亚用来表达合情推理的规律。

波利亚通过比照亚里士多德的“三段论”推理论证模式来建立科学研究或数学研究的推理模式，即“合情推理”的推理模式。与“三段论”不同的是，波利亚将推理论证中的命题的质——“真”和“假”，置换成“可靠”“更可靠”这类非质性的状态表达，认为这更接近于人的研究过程，是“通人情的”，如此得到的“模式”可以建立推理关系，并可以进行形式证明。至此，“合情推理”算是有了一个“理论性的结构”。

（三）合情推理能力的培养③

在小学数学教学中培养学生具备更好的合情推理能力，教师应当注重教学方法的选

① 杨慧娟，杜鹏．新课标下重析波利亚的合情推理思想．数学通报，2006（2）．

② 连四清，方运加．“合情推理”辨析．课程·教材·教法，2012（5）．

③ 朱林玲．如何培养小学生的合情推理能力．课程与教学，2014（12）．

择。首先，要引导学生善于发现与总结相关规律，这是合情推理的基础。其次，要鼓励学生大胆猜想，这是许多推理过程的根基。此外，要不断深化学生的问题解决能力，只有在问题解决的过程中学生的合情推理能力才能够得到全面锻炼。

1. 引导学生发现与总结相关规律

推理能力是一种重要的应用能力，尤其是对于数学课程的学习过程而言，具备良好的推理能力不仅是学生思辨能力的体现，也能够很好地帮助解决许多具体问题。推理能力的培养与发展需要经历一个过程，尤其是对于小学阶段的学生而言，他们的思维能力与探究能力都仍然处于构建中，这个时候让他们掌握良好的推理能力与推理技能非常重要，有助于学生智力的发展。

以“分数的基本性质”的教学过程为例，教师可以根据教学内容的特点，不失时机地给学生们创设好的问题情境。可以让学生利用三张同样大小的长方形纸条，分别折出长方形纸条的$\frac{1}{2}$、$\frac{2}{4}$和$\frac{4}{8}$，借助纸条直观地比较$\frac{1}{2}$、$\frac{2}{4}$和$\frac{4}{8}$的大小。随后，可以组织学生通过观察分析，比较$\frac{1}{2}$和$\frac{2}{4}$、$\frac{2}{4}$和$\frac{4}{8}$、$\frac{1}{2}$和$\frac{4}{8}$各组分数的分子、分母的变化情况，学生们慢慢会发现这三组分数都具有分子、分母同时乘以或除以同一个不为0的数，分数的大小不变的性质。这个规律的总结非常重要，这也是合情推理的根基，有了这个规律总结后，学生才能够进一步展开推理：所有的分数都可能具有这一性质。

2. 引导学生大胆猜想

通过具体问题解决过程，发展与锻炼学生的合情推理能力，鼓励学生大胆进行猜测与设想，引导大家积极地展开探究，并且大胆假设一些条件或结论，然后再借助有效的途径将假设进行验证，在验证的基础上进而得出推理的结果。这是一种很典型的问题思考与解决的思路，通过猜想和假设来逐渐验证与解决问题，这也是数学问题的解析中一种十分常见的方法与规律。小学阶段的学生们普遍还不具备很好的猜想能力，尤其是不知道应当从哪个角度或者哪个方面进行猜想。这就需要教师在平时的教学中有意识地进行教授，通过锻炼，提升学生的合情推理能力。

在学习“圆柱和圆锥”这一节内容时，一个教学重点就是让学生掌握“圆柱的体积”的计算方式。为了保障学生们对于这部分知识有良好的掌握，教学时可以设计如下教学过程。首先，教师可以对小学生已经学过的体积公式进行过滤，进而得出：长方体、正方体与圆柱体都“比较直”，都是直柱体，外在形式具有相似性；其次，可以给学生们强调虽然长方体、正方体体积公式的主要表征形式不相同（长方体体积＝长×宽×高，正方体＝ 棱长×棱长×棱长），但长方体、正方体的体积都可以用“底面积×高”表示。有了这些梳理与总结后可以进一步引导学生们进行大胆的猜想：圆柱体的体积公式可能是怎样的？用什么方法可以验证自己的猜想呢？学生们自然会联想到和长方体及正方体类似的表达形式，这样，合情的推理也就得以形成，学生们终于在猜想的基础上推理出了圆柱的体积计算公式。

3. 引导学生寻求解决问题的方法

推理能力很多时候是在问题解决的过程中逐渐形成的，具备良好的推理能力也能够很好地帮助解决许多复杂的数学问题，二者相辅相成，互相促进。因此，教师可以通过具体的问题解决过程来不断培养学生的合情推理能力。

一次教学中和学生们讨论到“13亿粒米有多重”的问题，教师如果简单地让学生猜测推理“13亿粒米有多重”，这显然不切合实际，学生们会给出各种不合理的答案，离问题的正确答案甚远。如何让学生有根有据、合理科学地猜测呢？教师要注重教学方法的选择。由于不可能数出13亿粒米再来称，那这个问题到底可以怎样解决呢？教师首先要组织学生思考：用怎样的方法才能比较可靠地得出13亿粒米有多重？推动学生们进一步想办法，学生间通过讨论后得出，要知道13亿粒米有多重，必须先称出一部分（若干粒）米的重量，再猜测（推测）出13亿粒米的重量。

三、波利亚关于教学的理论

（一）教学的三原则

有效的教学手段应遵循一些基本的原则，而这些原则应当建立在数学学习原则的基础上，为此，波利亚提出了下面三条教学原则。

1. 主动学习原则

学习应该是积极主动的，不能只是被动的，不经过自己的思维活动就很难学到新东西。学习的最好途径是亲自去发现它，这样会使自己体验到思考的乐趣和发现的喜悦，有利于养成良好的思维习惯。因此，教师必须让学生主动学习，让思想在学生的头脑里产生，教师只起“助产”的作用。教学应采用“苏格拉底问答法”——向学生提出问题而不是讲授全部现成结论；对学生的错误不是直接纠正，而是用另外的补充问题来帮助学生发现错误。

2. 最佳动机原则

如果学生没有动机，就不会去行动。而学习数学的最佳动机是对数学知识的内在兴趣，最佳奖赏应该是聚精会神的脑力活动所带来的快乐。教师的职责是激发学生的最佳动机，使学生信服数学是有趣的，相信所讨论的问题值得花一番功夫。为了使学生产生最佳动机，引入问题时应尽量诙谐有趣。在做题之前，可以让学生猜猜该题的结果，旨在激发其兴趣，培养其探索习惯。

3. 阶段序进原则

“一切人类知识以直观开始，由直观进至概念，而终于理念。”波利亚将学习过程区分为三个阶段：(1) 探索阶段——行动和感知；(2) 阐明阶段——引用词语，提高到概念水平；(3) 吸收阶段——消化新知识，吸取到自己的知识系统中。教学要尊重学习规律，要遵循阶段性，要把探索阶段置于数学语言表达之前，而又要使新学知识最终融于学生的整体智慧。新知识不能从天而降，应密切联系学生的现有知识、日常经验、好奇心等，使学生经历“探索阶段”；学了新知识之后，还要把新知识用于解决新问题或更简单地解决老问题，建立新旧知识的联系，通过新学知识的吸收，对原有知识的结构看得更清晰，进一步开阔眼界。波利亚感到遗憾的是，中学教学严重忽略了探索阶段和吸收阶段，而过于关注概念水平阶段。

要实现这些原则，教师首先必须掌握。波利亚指出，教师要对自己讲的课题充满兴趣、有深入理解，要懂得学习的最佳途径并善于了解学生。在传授知识的同时，要培养学生具有合理思维的能力和有条不紊的工作习惯，既教会合理猜测，又教会严谨证明。对具体题目要注意其一般价值，讲授方法要有一定技巧，要多建议而不要强迫学生接受。要造就符合这些要求的教师，就要在培训的同时，上好"方法"课，方法课要由既有数学研究经验又有教学经验的教师讲授，最好的形式是"解题讲习班"。要实现这些原则，还要有能体现这些原则的教材。波利亚在这方面做出了范例，他写的书不仅丰富多彩、生动有趣，而且体现出"数学有两个侧面"的特点：不是使读者被动地接受现成知识和作者的观点，而是和读者讨论，为读者提供模仿的例子和练习的机会，促使他们自己去发现、思考和汲取，使他们不仅能掌握知识，而且能掌握知识的来源和创造的途径。波利亚的这些主张是针对美国数学教学的状况而提出来的，但对我国的数学教学，不无参考价值①。

（二）教师的思和行②

波利亚在教学实践的基础上，经过思维加工，把数学教师的素质和工作要点归纳提炼出"一套见解"，他称之为"教师十诫"：

（1）要对你讲的课题有兴趣。

教师厌烦的课题，整个班级也一定会感到厌烦。这就足以证明教师的第一条和首要的一诫：要对你讲的课题有兴趣。因此，如果你对数学不感兴趣，你就不要去教它，因为你的课不可能受学生欢迎。

（2）要懂得你讲的课题。

如果教师对所教的数学内容一知半解，那么即使有兴趣，有教学方法及其他手段，也难以把课教好，你不可能一清二楚地把数学教给学生。

（3）要懂得学习的途径。

学习任何东西的最佳途径是靠自己去发现它。阅读一本好书或是听一堂关于学习心理学的好课，你也许会感到有很大收获。然而读和听并不是绝对必要的，它们也绝不是充分的。你应当从自己研究的经验中及从对学生的观察中去了解学习的途径并且详细熟悉学习的过程。把耳闻所知的东西当作一条原则是不妥的，空谈原则就更糟。学习任何东西的最佳途径就是自己去发现它，你应当努力去懂得它并真正理解它。

（4）要读懂你学生脸上的表情，弄清楚他们的期望和困难，把自己放在他们的位置上。

甚至具备了某些真正的知识和兴趣，并且对学习过程也有所了解，你也可能不是一个高明的教师。这种情况不是常有的，但也不是十分稀罕的。为了教与学的正常进

① 杨之．波利亚的数学思想．自然杂志，2013（8）．

② 波利亚．数学的发现——对解题的理解、研究和讲授．北京：科学出版社，2006：283-288．

行，在教师和学生之间必须要有某种接触和联系。教师应当能够了解学生的情况，他应当能够注意到学生的反应。学生对你的教学的反应取决于他们以往的经历、他们的见解与兴趣。因此要把他们知道什么、不知道什么，他们想知道什么、不想知道什么，他们应当知道什么以及什么对他们的学习来讲是无关紧要的等等经常放在心中并加以考虑。

（5）不仅要教给他们知识，并且要教给他们技能、思维方法和有条不紊的工作习惯。

教学内容是由“知识”和“技能”所组成的。技能是技巧，是一种处理知识、运用知识为既定目标服务的能力。技能可以描述成为一组适当的思维方法，从根本上讲，技能就是有条不紊地工作的能力。在数学里，技能就是解决问题、构造证明和批判地去检验解答和证明的能力。而且在数学里，技能比知识重要得多。所以在数学课中，“你怎样去教”也许比“你去教什么”更重要。

（6）要让学生学习猜测。

先猜，后证——这是大多数的发现之道。你应当懂得这一点，而且你还应当懂得，数学教师有很好的机会去说明猜测在发现中所起到的作用，从而使学生在脑海中形成一种根本性的思维方式。

无知的、不经心的学生常常是“瞎猜”一通，我们必须教会他们的当然不是“瞎猜”，而是合理的猜测。合理的猜测是建立在归纳论证和类比的适度运用上，并且最终包含了全部合情推理的手续。

（7）要让他们学习证明。

“数学是一所证明推理的好学校”。这句话听起来是熟悉的——数学的某些叙述形式可能几乎与数学这个学科同样古老。事实上，数学与证明推理是共存的，一门科学仅当它的概念提升到了充分抽象确定的数理逻辑水平，数学才能渗透得进去。低于这一水平高度便不会有严格的推理证明（比如日常事务并不需要严格的推理证明）。不过，数学教师还是应当让除低年级以外的学生都了解证明的推理。

（8）概括出题目的本质特征——建立一般模型。

要找出手边题目中那些可能对解后来题目有用的特征——设法揭示出隐蔽在眼前具体情形中的一般模型。

当你介绍某个题目的解法时，就应当适当地强调一下解法的有教育意义的特征。一个特征，假如它值得去模仿，就是有教育意义的，也就是说，它不仅仅能用于解眼前的问题，并且也可用于解其他的问题——其可用的次数越多，就越有教育意义。一个很好的特征就是你的解法可以变成一个标准解法，变成一个使人印象深刻、可效法的模型，学生将模仿它去解其他许多的问题。

（9）不要一下子吐露出你的全部秘密——让学生在你说出来之前先去猜，尽量让他们自己去找出来。

在你开始讨论一个题目之前，先让你的学生猜一猜。那些有了一个猜测或甚至把猜测说出口的学生一定会变得很专心，他会紧跟解题的进展以便最后落实他的猜测是对的还是错的——这样他就不可能分散精神了。

(10) 要建议，不要强迫别人接受。

亲爱的教师，请不要说“你是错的”，假如可能，就换成“你是对的，但是……”，假若你这样做，并不表示你虚情假意，而更能显出你的诚恳。在有教师教的条件下，尽可能给学生发挥自主和主动精神的机会。

让你的学生提出问题，要不就像他们自己提问的那样由你去提出这些问题。

让你的学生给出解答，要不就像他们自己给出的那样由你去给出解答。

“教师十诫”前4条是教师搞好教学的“充分必要条件”。5～7条是讲教学目的的，着重强调培养学生的“解题能力”、“猜想能力”和“证明能力”。第8条是说解题教学中要让学生获得“一些可能用于解今后题目的特征”。9～10条是强调“在现有条件下留给学生尽可能多的自由余地，让他们发挥其首创精神和积极性”。波利亚的“教师十诫”是他“教学法”的思想和内容，这也是他的教学经验的系统总结和理论提升，“教师十诫”可以说是波利亚数学教学思想的精髓。笔者认为，这十条的要求是一个数学教师必备的基本素质。

第二节 弗赖登塔尔数学教育理论

汉斯·弗赖登塔尔（Hans Freudenthal，1905—1990）是荷兰著名数学家、数学教育家，是20世纪下半叶最伟大、最具影响力的国际数学教育权威。作为一名数学家，他的主要研究领域是代数拓扑学和李群研究，同时也涉及其他数学分支及哲学和科学史领域。早在20世纪30、40年代，他就以拓扑学和李代数方面的卓越成就而为世人所知。作为一名数学教育家，他非常关注教育问题，很早就把学习和教学作为自己思考和研究的对象，并简单地解释说：“我一生都是做教师，之所以从很早就开始思考教育方面的问题，是为了把教师这一行做好。”在随后长期的数学教育研究实践中，他逐步形成了适应儿童心理发展、符合教育规律、经得起实践检验并具有自己独特风格的数学教育思想体系。他的这一体系，不仅在很大程度上改变了荷兰数学教育的面貌，也通过世界范围内的交流，极大地推动了国际数学教育研究的发展，尤其是他的“数学化”和“再创造”思想对各国中小学数学教育的改革产生了巨大的推动力。作为具有国际盛名的数学教育家，他从1954年起担任荷兰数学教育委员会主席，1967年又担任国际数学教育委员会主席，并主持召开了第一届国际数学教育大会，创办了世界性数学教育杂志《数学教育研究》。鉴于他在数学教育方面的巨大成就和贡献，人们把他和伟大的几何学家F. 克莱因相提并论，并这样评价他：“对于数学教育，在20世纪上半叶是F. 克莱因做出了不朽的功绩，而在下半叶则是弗赖登塔尔做出了巨大的贡献。”

弗赖登塔尔主要有三本数学教育方面的论著：《作为教育任务的数学》、《除草与播种——数学教育学的序言》与《数学结构的数学现象学》。在上述著作中，弗赖登塔尔详细论证了为什么必须对传统数学教育进行改革，系统阐述了其数学教育思想的理论体系，探讨了如何设计数学课程、编写数学教材以及选取教学方法等方面的问题。以下将对其数学教育思想做较为详尽的阐述。

一、数学现实

数学源于现实，也必须寓于现实，并且用于现实。这是弗赖登塔尔“数学现实”思想的基本出发点。从巴比伦的数学到埃及的数学，再到希腊的数学，他逐一做了分析和思考后发现，在巴比伦时代，数学是平民、商人、工匠、测量员以及天文学家的数学；在希腊，航海人员等都需要数学，虽然那是极为贫乏的数学应用。他认为：“如果没有应用的推动，数学会变得多么贫乏！数学起源于实用，它在今天比任何时候都更有用！”但其实，这样说还不够，我们应该说“倘若无用，数学就不存在了”。

在以上认识的基础上，弗赖登塔尔形成了他关于“现实数学”的数学观和数学教育观。

（一）数学观——现实的数学

一方面，根据数学发展的历史，无论是数学的概念，还是数学的运算与规则，都是由于现实世界的实际需要而形成的，数学不是符号的游戏，而是现实世界中人类经验的总结。数学来源于现实，因而也必须扎根于现实，并且应用于现实。数学不能脱离那些丰富多彩而又错综复杂的背景材料，否则就将成为“无源之水、无本之木”。

另一方面，数学是充满了各种关系的科学，通过与不同领域的多种形式的外部联系，使内容得到不断的充实和丰富。与此同时，由于数学本身内在的联系，数学形成了自身独特的规律，进而发展成为严谨的形式逻辑演绎体系。

因此，数学是现实的，是现实世界的抽象反映和人类经验的总结。它的过去、现在和将来都属于现实世界，属于社会。

（二）数学教育观——现实数学教育

在《作为教育任务的数学》中，弗赖登塔尔曾说：“数学的整体结构应该存在于现实之中。只有密切联系实际的数学才能充满着各种关系，学生才能将所学的数学与现实结合，并且能够应用……”他还指出：“对非数学家而言，与亲身经历的现实的联系将是至关重要的。”他主张数学应该属于所有的人，为此必须将数学教给所有人。但人与人之间的差别可能很大，不同的人联系着不同的现实世界，也就需要不同的数学，即不同的人有不同的“数学现实”，其中包括个人接触到的客观世界中的数学规律以及有关这些规律的数学知识结构。

英国的《科克罗夫特报告》，在进行了广泛的调查，分析了一些比较实际的资料后提出，人们所需要的数学可以分为三种，这三种数学分别满足人们的三类需要：一是日常生活的需要，二是不同的技术或者说是各种职业的需要，三是为进一步学习并从事高水平研究的需要。

因此，数学教学必须从学生的“数学现实”开始，现实在不断地扩展，教师的任务就在于确定各类学生在不同阶段所必须掌握的“数学现实”，并随着学生们所接触的客观世界的发展，了解并掌握学生所实际拥有的“数学现实”，从而据此采取相应的方法予以丰富、扩展，以逐步加深学生对其“数学现实”的理解和掌握程度并扩充其范围。数学教育本身也应该以这些不同的“数学现实”为基础构建课程体系，并通过这些课程不断地扩展每个人的“数学现实”，使每个人在数学上都获得最大的发展。

最后，在“数学现实”思想里，弗赖登塔尔还主张把客观现实材料和数学知识融为一体，使数学教学展现从现实背景中抽象出数学知识的全过程，着眼于能力的培养。

例如，小学学加法，可以由很多实际情境引发教学，举例来说，可以通过公共汽车经过各个停靠站时上下车的人数来讲解。假定汽车里原来有5个人，在第一个停靠站上来了3个人，没有人下车，在第二个停靠站又上来了2个人，也没有人下车，等等，汽车在停靠站停靠后里边人数分别是（5+3）个，（5+3+2）个，……，这样小学生就可以自己形成加法的概念，并找出加法运算的规律。在这里乘公共汽车就是小学生所接触过的“现实”，自然数2、3、5就是他们所拥有的现实数学知识。教师可以根据这两方面的“现实”，通过加法进一步理解这一“现实的数学”，从而使学生既学会了加法，又扩充了“数学现实”。

二、数学化

弗赖登塔尔认为，数学化就是用数学的思维组织现实世界的过程，即人们在观察、认识和改造客观世界的过程中，运用数学的思想和方法来分析、研究客观世界的种种现象并对其加以整理和组织，从而发现其规律的过程。

他强调的数学化对象有两大类：一类是现实客观事物；另一类是数学本身的内容，包括数学符号、观点、概念以及它的运算方法和规则等。其中对客观世界的数学化形成了数学的概念、运算法则、规律、定理以及为解决实际问题而构造的数学模型；对数学本身的数学化，利于深化数学知识，或者是数学知识的系统化，形成不同层次的公理体系和形式体系。

由于每个人都有自己特有的“数学现实”，因此数学化就有不同的层次和特征。根据特莱弗斯和哥弗里的提法，可以将数学化的过程分为水平的和垂直的两种。

其中从现实中找出数学的特性，用不同的方式将同一个问题形式化或直观化，在不同问题中识别其同构的方面以及将一个现实问题转化为数学问题或已知的数学模型等，都是将同一个问题在水平方向扩展，称为水平数学化。其过程如下：

从背景中识别数学 → 图式化 → 形式化 → 寻找关系和规律 → 识别本质 → 对应到已知的数学模型（现实的，经验的）

而用公式表示出某个关系，证明了一个定律，采用不同的模型或对模型进行加强或调整，以及形成一个新的数学概念或建立起由特殊到一般化的理论等，则是将某一问题垂直地加以深入，这一过程称为垂直数学化。其过程如下：

猜想公式 → 证明一些规则 → 完善模型 → 调整综合模型形成新的数学概念 → 一般化过程（现实的，构造的）

水平数学化是从“生活”到“符号”的转化过程。垂直数学化是“水平数学化后的数学化”，是从低层数学到高层数学的数学化。当然，在数学化过程中，以上两方面的作用是相辅相成而又相互依存的。

数学教育的正确途径应该是现实的数学化途径，为学生准备的课程体系应该全面而完善地体现数学化的正确发展，既要强调现实基础，又要重视逻辑思维，既要密切注意数学的外部关系，也要充分体现数学的内在联系，将这两者有机地结合在一起，才是数学教育所必须遵循的正确路线。

三、再创造

根据对数学的看法及数学发展历史进程的分析，弗赖登塔尔认为数学的根源在于普通常识，数学实质上是人们常识的系统化，它与其他科学有着不同的特点，是最容易被创造的科学。为此，在教学时，教师不必将各种规则、定律灌输给学生，而应该创造合适的条件，提供很多具体的例子，让学生在实践活动的过程中，“再创造”出各种数学知识，即应该让每个人在学习数学的过程中，根据自己的体验，用自己的思维方式，重新创造有关的数学知识。当然，这也并非机械地重复历史，只是在某种意义上重复人类的学习过程，重复数学创造的历史。这种创造并非按照历史的实际发生过程进行，而是假定我们的祖先，在过去就知道了更多的现有知识以后，情况会怎样发生——可能发生的历史。即应该让学生体验到：“如果当时的人有幸具备了我们现有的知识，他们是怎样把那些知识创造出来的。”

弗赖登塔尔认真分析了两种数学，一种是现成的或者说是已完成的数学，另一种是活动的或创造的数学。其中“现成的数学”以形式演绎的面目出现，完全颠倒了数学的实际创造过程，给予人们的是思维的结果。对此，他指出：数学家向来都不是按照他创造数学的思维过程去叙述他的工作成果，而是恰好相反，把思维过程颠倒过来，把结果作为出发点，去把其他的东西推导出来，这种叙述方法称为“违反教学法的颠倒”。而“活动的数学”则是数学家发现数学过程的真实体现，它表现出数学是一种艰难而又生动有趣的活动。弗赖登塔尔指出，传统的数学教育传授的是现成的数学，是反教学法的，学习数学唯一正确的方法是实行“再创造”，也就是由学生自己去把要学的东西创造或发现出来，教师的任务是引导和帮助学生进行这种再创造工作，而不是生吞活剥地把现成的知识灌输给学生。他认为“再创造”是一种最自然、最有效的学习方法，说它最自然，是因为生物学上“个体发展过程是群体发展过程的重现”这条原理在数学学习上也是成立的，即数学发展的历程也应该在每个人身上重现，这才符合人的认识规律，当然这其中走过的弯路、进过的死胡同就不必让学生重复经历了；而说它最有效，是因为只有通过自己的再创造，获得的知识才能被真正掌握和灵活应用。

四、反思

弗赖登塔尔认为反思是一种重要的数学活动，是数学活动的核心和动力。数学的发现来自直觉，而对直觉进行分析理解的过程是通向证明的道路，为此必须教育学生对自己的判断与活动甚至语言表达进行思考并加以证实，以便使他们学会反思，能有意识地了解自身行为后面的逻辑，这样的教育才能真正培养学生的数学能力。

弗赖登塔尔为自己的数学教育思想体系绘制出一个总体框图。在这个框图中，由现实世界直接抽象形成数学概念的过程，称为“概念的数学化”。学生经过对这种概念的反思，随之进行抽象化和形式化的加工，再用以解决现实世界的问题。经过数学化的深化，可转而形成新的理论工具，由此又可组织更高层次的数学现实，并进而创造出更新的数学观念。反思可以使数学现实与数学化相互反馈、协调发展，这是数学理论发展的动力，也是数学教育的目标。

在日常的教学中，反思可以激发学生的数学想象力，数学想象的特点是神驰万里、思接千载，越是离奇古怪的想象，越可能产生极有价值的科学成果。数学家通过想象和巧妙的构思，赋予了数学知识全新的内涵或组织形式，使其结构得以再组织（丰富、扩展、升华）。

反思和想象可以促进数学猜想，数学猜想是数学理论的“胚胎”，它是建立、丰富和发展数学理论的中介与桥梁。“猜”必“潜”，猜测意味着发掘科学领域中的潜在内涵。英国哲学家和数学家牛顿曾经深刻地指出：“没有大胆的猜想，就没有伟大的发现。”因而，在数学教育中，应该通过反思来激发学生的数学想象力，使其勇于提出新的数学猜想。

以上是对弗赖登塔尔数学教育思想的介绍，不难发现弗赖登塔尔数学教育思想的着眼点在于数学；出发点是数学的本质和特性——数学是人们常识的系统化，是人类对现实世界经验的总结，数学具有抽象性、精确性和应用的广泛性；关注的是如何把数学以最恰当合理的方式教给最适用的人。

第三节　斯根普数学教育理论

理查德·斯根普，1919 年 3 月 10 日出生于布里斯托，是布里斯托大学斯根普教授的儿子。1932—1937 年，他在贝克郡的威灵顿学院作为由基金捐助支持的学者学习，1937 年获得牛津大学赫特福德学院的数学公开奖学金。在 1939 年到 1945 年的第二次世界大战中，他服役于通信兵，在印度服役并在战争结束回国前获得上尉军衔。1945—1947 年他在赫特福德学院完成数学学士学位，然后成为一名数学教师。他对孩子是如何学习的兴趣不断增加，他在 33 岁时再次回到牛津大学的赫特福德学院研修第二学位——心理学，并在 1955 年取得心理学学位。1959 年，他获得曼彻斯特大学心理学博士学位，1955—1962 年他成为该大学心理学讲师，1962—1973 年成为高级讲师，指导儿童群体学习。1973 年，54 岁时，他由曼彻斯特大学调到华威大学，成为华威大学教育理论教授，在华威大学执教直至 1986 年退休。1976 年，他的肖像挂在了位于卡尔斯鲁厄的国际数学教育委员会。1971 年他出版了《数学学习心理学》，被译成荷兰语、匈牙利语、西班牙语、日语、汉语和希腊语，该书 1987 年再版，在书中他对数学学习心理学理论进行了比较完整的研究，并提出了许多新的见解。该书是继苏联心理学家克鲁捷茨基的《中小学生数学能力心理学》之后的又一部产生巨大影响的数学学习心理学著作。全书共分为两部分，第一部分为七章，主要是从心理学角度阐述数学学习的基本问题：什么是理解？用什么方法才能达到理解？（除绪论外）共分析了六个问题：数学概念的形式、图式的思想、直觉的和反省的智力、符号、不同种类的意象、个人之间及情感的因素，这一部分的重点是心理学的观点，数学内容主要是为说明这些观点服务的。第二部分作者着重围绕具体的数学知识深入展开了上述各种观点，描述了其中有关的基本数学思想。主要的专题有：数学的起源、数的命名、等价的思想和数学模型的思想、数系扩充的要求、与数的概念有关的图式、数学的问题解决、映射与函数、几种几何概念的一般化。在第二部分中从数学思想方法等方面阐述了数学学习心理学问题。

斯根普的主要著作有：《智力、学习和行动》（*Intelligence，Learning and Action*，1979）、《数学学习心理学》（*Psychology of Learning Mathematics*，1987）、《小学数学》（*Mathematics in the Primary School*，1989）、《小学数学的结构行为》（*Structured Activities for Primary Mathematics*，1989）。论文有：《机械理解和相关理解》（Instrumental Understanding and Relational Understanding，1976）、《无声的音乐——数学》（The Silent Music of Mathematics，1982）、《解决问题的理论基础》（Theoretical Foundations of Problem-Solving：A Position Paper，1993）。

斯根普对他自己作品的质量要求非常严格，作品公开发表之前都要仔细推敲。他的打破常规的论文《机械理解和相关理解》在最后定稿之前就经过几年的讨论；毫无疑问，时至今日，它仍然是一篇能够激发灵感的论文。斯根普有一种特殊的方式对待学生的作业。比如说，他手里会拿一个录音机，把学生写的作业和他给学生作业的评论注释录下来，交给学生在闲暇时学习。对学生来说，这样的注释是非常有价值的，学生可以反复多次回顾评语的细节。

斯根普喜欢和各种年龄的人交流，特别是孩子，他对待他们就像对待同事。他交流的愿望在他的著作中都体现得非常明显，无论是实践方面的还是理论方面的。他致力于用优雅、简洁的语言表达深刻的想法，认为“实践与理论同等重要”。他为了证明这种说法，提出了包括《智力、学习和行动》在内的学习理论和与之相配合的实践课程材料，如《理解数学》和《小学数学》。

他在用简单的语言表达思想本质方面有一种特殊的天赋。比如说他在批评提出“新数学”的课程改革者时，就采用了一种合乎逻辑发展的说法称“那只是教了数学思想的产物，而不是用数学方式思考的过程”。他的很多思想理论广为流传，特别是他关于“实物理解”和“关联理解”的区别使用。他还有很多其他特别有价值的发现，例如，关于“概念”和图式的简单描述，在图式理论中用“扩充”和“重建”代替“吸收同化”和“迁移”，“三种构建和测试数学概念的模式”，关于“反射性思维”的思想，等等。

一、关于数学概念的形成

对于数学概念我们主要考察什么是概念，怎样才能形成和使用概念，以及如何把这些概念联系到一起。斯根普认为，概念是“抽象活动的结果”，“是一种处理事实材料的方法”，“一个概念在它的形成过程中，需要一定的经验，而这些经验之间具有某种共同的东西”。在这个过程中，起主要作用的是“分类”和“抽象”这两种思维活动。“其一是对他们先前的经验作某种分类，其二是使他们现有的经验能归结到某个种类中去”。然后，从特殊到一般，抽出更进一步不变的性质。形成了某个概念，还需要对它命名，加以定义。斯根普紧接着指出了数学概念学习所面临的一种特殊的危险：通过定义而不是通过实例来学习。为此，他提出了两个学习原理："（1）比某个人早已具有的那些概念更加高级的概念不能用定义向他传递，而只能用他所接触到的恰当的实例进行传递。（2）因为数学中这些例子几乎都是一些不变的概念，所以必须首先保证这些例子在初学者的思想中是早已形成了的。"第一个原理是说，概念教学应该从大量实例出发，用实例直观地帮助完成定义。第二个原理则是指出，数学概念总是多次抽象的结果，所以在教学中，"必要的低级的概念一定要在下一步抽象之前就出现"，而且必须得到理解，能够真正成为新学内容的基础①。

数学学习从无到有，需经大量的学习及许多老师的引导启发，是各方面因素的汇聚。我们由活动中吸取经验，由经验中学习继而再转化为行动。因此，人类的智力行为是经历对事物的分类、归类，进而产生心智中的"归档"。在这种心智活动过程中，经分类、归纳、抽象，把抽象化后的事物存在心中，便称为"概念"。平常数学中所谓的"定义"，即将某一数学概念更加精确地显示出来。因此，数学中的"定义"，是前人心血累积所成的数学概念②。

例如，现在的儿童很早就学会了按次序背诵五以内或十以内的数的名称，通常在他们小学入学以前就会了。他们能够把这些数字与某个集合里的对象相匹配，这样做不会有多大困难。因此，他们能够在很小的时候就正确地给出各种小一点的集合的数。

二、图式

图式的思想也就是概念的结构问题，并用它解释了"什么是理解"。斯根普说"结构本身的研究是数学心理的核心内容"。图式作为一个常用的心理学术语，现在"不仅包含了复杂的数学概念结构，而且还包含了相当简单的结构间的相互关系"。他认为，图式主要有两种功能，一种是使已有知识完整化的功能，即某些特殊的概念，通过图式与其他的概念建立联系，把已有知识有机地组织起来，使得知识的巩固和应用更为有效。

例如，我们见到一辆小汽车，就会同时考虑到两个方面：一是这辆车本身，一是它作为小汽车种类中的一员。这个类概念通过图式就与其他概念发生联系，如果这辆车是你想买的，由图式就会联想到它的功能、它的最高速度、它的价格等，而如果价格很高，钱的支付如分期付款或者借贷等都会通过图式联想起来。

图式还是获得新知识的智力工具，即新学习依赖于头脑中的适当的图式。学习设计飞机，就要先掌握空气动力学，而这又依赖于微积分，微积分又需要了解代数，代数又要以算术为基础。斯根普通过一个语言符号学习的实验，把图式化学习的效果与机械学习的效

① 斯根普. 学习数学的心理学. 青海省心理学会，1978：21-22.
② 徐月琴. 斯根普的数学教育思想研究. 呼和浩特：内蒙古师范大学，2007.

果做了比较，结论是：图式化学习的效果要比机械学习高出两倍。他还深入分析了图式化学习，认为它比较花费时间，而且如果形成的图式不够合理的话，反而会使之成为一种学习的障碍，因此，图式形成过程中必须进行同化和顺应。

例如，最基本的数学图式就是自然数系，它可以进行加、乘等运算。学生掌握了十以内的加法，只要理解了十进位计算法，就可迅速转向两位数的计算。而三位、四位数的加法只是在此基础上的简单推广。还有，同数的连加产生乘法，同数的连乘产生乘方。这些内容的掌握，就主要依靠同化的作用。但是出现分数后，事情就发生了变化。计算的体系变了，数的表示的意义也变了，不同的分数可能表示同一个值。分数加法不再如整数加法简单，乘法也不能再理解成连加。要理解和掌握这些新情况，心理上必须适当加以调整。

在上述基础上，斯根普提出，所谓对某个概念的理解，“指的是将它同化到一个适当的图式之中”。这里实际上有两层意思：一是指概念的理解总要调动起头脑中已有的知识结构，使新概念能与之建立联系，并同化于其中，否则就难以理解；二是指这种图式必须是恰当的，否则会产生误解。古希腊人将打雷现象看作一阵巨响，同化到正在发怒而乱摔东西的宙斯这样的图式中去。直到 18 世纪富兰克林把打雷的概念同化到放电这个适当的图式时，人们才对它有了正确的理解。在数学教学中，理解学习即图式化学习可以有以下几种做法：第一种是设计一种关于基本数学思想的完好的结构基础，教师自己先要发现，并帮助学生去发现这些基本模式。第二种是教学生自己不断地去寻找这些模式。第三种则是教学生经常有准备地将它们作为工具使用，并不断形成更好的图式。斯根普认为，第一种方法是在教数学，第二、三种则是在教学生学数学。他的结论是，只有后两种做法才能使学生对新的学习做好充分的准备，其意义更深远、作用更大。

三、不同种类的意象

斯根普接着分析了数学学习不同意象所发挥的作用。他认为，主要是视觉符号和语言符号在起作用，它们有各自不同的功效，同时也在互相补充。他认为，代数语言体系是可传递的，社会化的性质无疑使该体系优于视觉体系；视觉符号体系可能更为基本，至少在形成数学模型的初级阶段是这样。因为图式有它的特殊性。

例如，欲求某大楼的高度，可以到离大楼 100 米处对楼顶进行观测。如果仰角是 30°，那么大楼高度就等于 100tan30°，这个代数语言——公式的归结，就是结合了点、线、直角三角形这些有关空间的视觉符号。图式在表现这个问题的全部结构时，给出了一种背景，以使得特定的计算能从这个情境中抽象出来，这是它的优越之处，但是视觉符号传递交流起来比听觉符号来得困难。而且有许多问题，例如几何问题，并不能靠图式来解决，最终要依靠语言符号，而两者最完美的结合，就是笛卡儿的坐标系①，斯根普最后将视觉符号与代数语言符号之间的差别做了对比（见表 4－1）：

① 斯根普. 学习数学的心理学. 青海省心理学会，1978：96－111.

表 4-1　视觉符号与代数语言符号差别对比

视觉符号	代数语言符号
对空间性质如形状、位置的抽象	不依赖于空间结构的性质如数的抽象
较难传递	较易传递
可以表达更具体的、更完整的、显示结构的思维	可以表达更多社会化的思维
同时发生的	分析的、显示细节的
直觉的	连续的、逻辑的

四、数学学习中的理解方式

1976 年斯根普在与挪威的梅林-奥尔森（Mellin-Olsen）交流以后，明确提出了事物的理解有两种模式：工具性理解和关系性理解。工具性理解是指一种语义理解，即符号所指代的事物是什么；或者是一种程序性理解，即一个规则所指定的每一个步骤是什么，如何操作。关系性理解则还需加上对符号意义和替代物本身结构上的认识、获得符号指代物意义的途径以及规则本身有效性的逻辑依据等。斯根普把工具性理解和关系性理解作为数学理解的两极，并认为只有从工具性理解达到关系性理解，个体才能真正把握数学对象的本质。

斯根普认为：学生在学习新的数学概念或数学公式时，由于对代表学习对象的符号形式不熟悉（尤其是由一些不常见的字母或复杂形态所表示的符号），往往把注意力集中于对符号本身含义的描述，而不是它的指代物的意义，即所从事的是促进“工具性理解”形成的活动。实际教学中这些活动的结果又往往被视为“理解”的标志。

例如，一些学生在学长方形的面积公式 $A=L\times B$ 时，不理解公式的意义，教师便解释：“公式的意思是，要想得到一个长方形的面积，只要把它的长度与宽度相乘就可以了。比如说，如果一个长方形的长是 5，宽是 7，那么它的面积就是 $5\times7=35$。”“噢，我知道了。”学生认为已经理解了这个面积公式的意义，而且他随后的工作就是去做一系列类似的练习题（问题的变化至多体现在复杂程度上），当一个学生做练习都能获得正确答案时，就认为他已经完全掌握（理解）了这个公式；类似的情况在除法（颠倒相乘）和“移项改号”的学习活动中时常可见。换言之，对概念或法则的“理解”在这里被定位为“工具性理解”。

显然，就对概念或法则的学习过程而言，“工具性理解”应当是一个重要的，甚至是不可或缺的环节，例如：个体在学习一个新的对象时，首先是把该对象与代表它的符号视为等同的，这就属于工具性理解的学习活动，而随后对符号本身的操作，包括对它的替代物——学习对象的识别，以及对符号本身的运算等基本上都没有超出工具性理解活动的范畴。传统的“定义（定理）—实例—练习—习题”的教学模式所表现出来的对于理解的定位就是工具性理解。学生对数学的概念、定理、公式、法则缺乏理解、单纯重复的死记硬背式的学习，斯根普认为不是真正的数学学习。

就数学知识的学习而言，斯根普明确指出：更多的理解应当定位于“关系性理解”，即最终我们应当让学生获得的是关系性理解，他给出了关系性理解的四个优势：更有益于学习者解决新的问题，更容易记忆，本身就是一个数学学习的目的，有助于形成高质量的知识结构①。

五、数学学习中的情感因素

个人间的和情感间的因素，实际上谈的就是数学学习的非智力因素，主要涉及学习的兴趣和动机，讨论了与学生面对面进行教学的教师与学生个人之间的相互影响。斯根普认为："在数学中，也许比别的课程更突出的一点是学习过程依赖于结构的一致性，而这种一致性又是依赖于纯粹的推导。"一些文科的课程，比如语言，学生所写的文章或译文的优缺点或正确性程度，基本上是取决于教师的权威、教师的主观评价。数学则不同，尽管数学不像一般的自然科学那样求助于实验，但它的评价主要还是依靠结论的客观性、一致性。这就是数学教学中的权威或标准，教师应主要利用这种权威来提高学生学习的兴趣和信心，而不是主要利用本人的职权和地位来组织教学。他指出："通过教师对学生智力的考察，而不是依靠他的威信和口才，学生才会逐步与他达到一致。因此，数学教学就是智力之间的一种相互作用，即一个人对另一个人的才智的尊重。学生尊重教师的更渊博的知识，并希望他自己的理解更广更深。"否则，学生就会"对数学感到厌恶、挫折或失去信心"。他指出："教师的第一个作用就是要使学生学会如何超过教师。他的另一个作用就是要允许、鼓励学生发表与自己不同的意见。"

斯根普分析了数学讨论的问题。他认为，除了师生之间的互动外，同学之间的讨论"可能对学习也是一种重要的促进"，因为讨论中需要学生学会运用语言进行交流，并澄清思想，而且也需要将自己的图式与别人的图式相互联系，加以顺应和同化，讨论还会刺激新思想的形成，通过交流，共同形成新的完整的理解，激发创造性。他认为，讨论的小组中人数宜少些，一般两三人即可，而作为讨论的组织者、领导者的教师，应该"既是一个军官，又是一名乐队指挥，并能根据需要变换这两种角色"。

斯根普还讨论了学习数学的动机，将动机分为长期动机和短期动机。长期动机就是把数学作为未来的运用或学术目标，而短期动机是以学习活动为一种心理发展的需要。他认为，心理成长的需要是图式这种心理机制的内在特性。因此，短期动机是一种内在动机。它是对学习数学或其他学科的最有力的刺激。而在课堂上，最有效的动机是"希望博得老师的高兴"，但这并不是数学本身所固有的要求。斯根普认为，不管怎么说，在内在动机得到完全了解和真正激发前，"数学仍是一门需要耐心而不是欢快的学科"②。

第四节　M. 克莱因数学教育思想

M. 克莱因（Morris Kline，1908 年 5 月 1 日—1992 年 5 月 10 日），生于美国纽约市

① 马复. 试论数学理解的两种类型——从 R. 斯根普的工作谈起. 数学教育学报，2001（3）.

② 徐月琴. 斯根普的数学教育思想研究. 呼和浩特：内蒙古师范大学，2007.

布鲁克林，是美国数学史家、数学教育家与应用数学家、数学哲学家、应用物理学家。1930年，他以优异的成绩毕业于纽约大学，并于1932年获硕士学位，1936年获博士学位。获博士学位后，1936—1938年在普林斯顿高等研究院研究拓扑学，1938年回纽约大学任文理学院教授，并在著名数学家库朗指导下研究应用数学，其代表作《西方文化中的数学》《古今数学思想》不仅在科学界，甚至在整个学术文化界都有广泛、持久的影响。

《古今数学思想》不同于一般数学史的著作，而主要作为“从历史角度来讲解的数学入门书”，突出了数学发展的思想方法，论述了数学思想的古往今来，被誉为“我们现有的数学史中最好的一本数学史”。此外，他的《西方文化中的数学》(1953)，《数学、文化修养的方法》(1962) 是论述数学文化较早的两部书。在这些著作中，他提出许多有价值的教育思想，这使他进入世界著名数学教育家的行列。他的名字可以与近代数学教育史上一批著名的数学教育家如F. 克莱因（《爱尔兰根纲领》的作者)、波利亚、弗赖登塔尔等并列。

一、M. 克莱因数学教育原则

从20世纪50年代起，在美国首先开展了一场新数学教育运动，倡导者提出要改革中学数学教学内容，增加近代数学知识，使几何学代数化，欧几里得几何观点及方法被变换几何观点及方法所代替，集合、函数的观点，结构的观念成为贯穿教材的线索，改革还涉及应用数学和趣味数学的内容。新数学教育运动一开始就遇到一批数学家的挑战，两种意见斗争激烈，孰是孰非终无定论，但在争论中双方的许多有益见解促进了数学教育的发展。到70年代末，新数学教育运动高潮已过去，一般认为，该运动有许多可取之处，特别是渗透了现代数学思想，但是现代数学内容增加太多、更新太快、程度太深。

M. 克莱因属于抨击的一方。1958年4月，M. 克莱因在一篇演讲中，对新数学教育运动进行了激烈的批评，后来这篇演讲以《古代派对现代派》为题发表。又经过8年，1966年4月，他在《数学教师》杂志上发表《对高中数学课程的建议》，继续抨击新数学教育运动。他在该文中，首先陈述了受新数学教育运动影响的现代数学课程的原则：一套推理的结构与公理化基础；精确地陈述；数学为独立封闭的知识体系；原理、概念仅从数学的需要中产生；要求学生学习抽象的概念；数学术语越多越好；尽量用符号，不用词汇。M. 克莱因批评了现代数学课程的设计者，指出他们企图使14岁的年轻人在两三年内达到设计者的高水平，这是完全不可能的。M. 克莱因提出的一套新原则和上述原则直接对立。其中，突出将在数学领域取得成就的构建法、直觉思维、重视数学等思想方法作为原则①。

M. 克莱因从数学思想方法的深度提出数学教育的原则如下：

(1) 数学的发展，不是推导得到的，而是创建来的。我们必须构建概念与技能，从最简单的例子到越来越复杂的理论，在完全理解我们已经掌握内容的基础上，才去推导公式。事实上，我们应让学生学会构建的方法，推导只是最后的一步，构建的方法包括让学

① 郑隆炘，毛鄂涴. M. 克莱因数学思想方法的初步研究. 武汉教育学院学报（自然科学版），1993 (3).

生去学会猜想，去构思，去探索证明，这种方法保证了教和学的独立，及学生思考的创造性。

（2）不要把数学说成是尽可能严密的东西，而要把它描绘成尽可能靠知觉接受并在现实中运用得十分普遍，但学生们并没有意识到的事实，学生们只需要去证明他们认为需要证明的东西，欣赏严密的能力是学生们这个年龄的特点，而不是数学家所具有的。

（3）数学不是一个与外界隔离的、自我封闭的知识体系。我们必须不断地显示数学在数学领域外的成就。正是由于用处如此之大，数学在今天才得到极大的重视。

（4）初等数学并不是自我产生的，重要的数学概念、操作、定理，以至证明的方法是由于表达的需要、难题的产生而提出的。数学是由于现实世界的经验发展产生出来的。

（5）对于抽象，我们必须尽可能地提供具体事例。例如，一个学生不知道方程的普遍定义无关紧要，但他应该知道 $y=x$，$y=2x$，$y=x^2+7$ 等是方程。一个学生能否定义多边形也不重要，只要他看见时能认出并使用就行了。

（6）尽可能少地介绍数学术语。用普通的词，最好是那些对学生们来说是熟悉的词汇，使新术语减少到最小程度。

（7）尽可能少用符号。符号会吓到学生，另外，记忆符号的意义往往是负担，而不是帮助。

二、关于数学教学

1. 数学教育要面向全体学生

作为应用数学家，M. 克莱因充分认识到数学已越来越深入地渗透到社会的各个层次，数学的广泛应用性使得每个人都在不同程度上对数学产生了需要，而且这种需要的水平逐渐在提高，因此数学学习已不再是少数人的特权，数学教育不得不面向所有学生，特别是不能放弃差生，不能按成绩优劣分班分组。

2. 数学教学要激发学生对数学的兴趣

M. 克莱因认为，学生对数学的内在兴趣是学习的最佳动机，而激发这种动机的最好方法就是让学生真正喜欢数学，真正理解数学。这就要求教师注重数学发现过程的教学。M. 克莱因说，“我相信，数学教学中的主要问题是动机的激发”。他希望加强教学的探索性和直觉性，从学生的生活世界和亲身经历的现象中选取内容贯彻到教学中去①。

3. 主张再创造教学，反对过分演绎化

M. 克莱因认为，如果忽略数学发现过程的教学，过分演绎化，会抑制学生自己发现数学的愿望，不利于创造思维的发展。因此他主张要教学生“再创造数学”②。

对每一个结论都必须根据明确叙述的前提做出演绎证明，这是数学区别于其他学科的重要特点之一。因而演绎法本身是无可厚非的，问题在于现代派过分强调了演绎法，把它作为课本中展开数学内容的主要方法，甚至把它说成是行之有效的教学原则，是理

① 赵雄辉. M. 克莱因与“新数”运动. 江苏教育，1990（5）：29-30.

② 方国平. M. 克莱因其人其思. 科学大众（科学教育），2010（12）：46.

解数学的诀窍。M. 克莱因指出，中学数学教育中滥用演绎法是对数学的曲解。首先，数学是一种创造性的活动，因而需要凭借观察、类比、猜想、探索等直觉思维方式去发现重要的结论，然后才考虑它的证明。其次，数学来自现实世界，许多重要的数学概念、定理，甚至证明方法，都是从现实世界和人类活动中得到启示的。过分强调演绎法和演绎结构的结果，会引导学生得出“数学只是由少数天才创造的，数学定理是由他们通过逻辑推理直接从一组公理推演出来的虚假印象”。他同时还指出，历史上的大数学家都是通过直觉思维发现数学真理的，即使这样，得出的结论也未必可靠，可通过试验去发现错误，再予纠正。教师应当从数学发展史中得到启示，应当注意发展学生的直觉思维，帮助他们去发现，鼓励他们去再创造。但如果数学课本和数学教学限制在演绎法和逻辑推理的框架里，就会堵塞通向发现的渠道，抑制学生创造能力的发展。由此看来，在今天的数学教育中，除了应注意发展学生的逻辑思维能力，对学生非逻辑思维能力的培养也应是数学教育的主要任务之一①。因此他主张要教学生“再创造数学”。

三、关于课程的建设

1. 数学内容的选取应面向所有学生

中小学数学内容的选取应面向所有学生，而不应当以现代数学研究的侧重点为指针。M. 克莱因指出，中小学学生在未来可能从事各种各样的职业，其中成为数学家的只是极少数人，因此以培养数学家的要求为标准，或者以现代数学研究的侧重点为选择教学内容的指导方针，都是不适当的。

2. 处理好三种辩证关系

作为科学的数学是以高度的抽象性、严谨的逻辑性为特征的演绎体系，而作为中学课程的数学则应把数学科学的这些属性与学生的实际结合起来。M. 克莱因认为，教材不能纯演绎地展开，他提出数学教材要构造性地展开，要体现数学的发生、发展过程，表现出数学的生命和精神。课程选择要处理好演绎与构造、具体与抽象、严格与直观的辩证关系。

3. 加强数学与其他学科的联系

作为应用数学技术家和数学史专家，M. 克莱因充分认识到，数学来源于客观世界又广泛应用于客观世界，并与其他学科有着密切的联系，它不是一个自生自长的封闭体系。数学之所以在学校教学科目中占有中心地位，正是因为它能为学生未来理解、认识和改造客观世界提供基本工具。

4. 推崇数学文化在数学课程中的作用

狭义的数学文化是指数学的思想、精神、方法、观点、语言以及它们的形成和发展。广义的数学文化除上述内涵以外，还包含数学家、数学史、数学美和数学教育，此外还有

① 张维忠．试论 M. 克莱因的数学教育思想及其对我国数学教育研究的启示．比较教育研究，1992（4）：15-19.

数学发展中的人文成分、数学与社会的联系、数学与各种文化的关系等等。

对于数学与文化发展的关系，M. 克莱因的一个基本观点是：两者休戚相关。“一个时代的特征在很大程度上与该时代的数学密切相关”，希腊文化、罗马文化是这一观点的极好例证。正是由于古希腊强调严密推理、追求理想与美的数学，才使得古希腊具有优美的文学、极端理性化的哲学、理想化的建筑与雕刻，才使古希腊社会出现了现代社会的一切萌芽。也正是由于数学创造力的缺乏，才使得罗马民族缺乏独创精神，虽然罗马建造了高标准的跑马场、浴池，雄伟的凯旋门，但罗马文化却是外来文化①。

M. 克莱因尤其关注数学史在数学课程中的重要作用。作为一位数学教育家，M. 克莱因对数学史在数学教育中的作用寄予了厚望。在他看来，通常数学教科书所介绍的是一些没有什么关系的数学片断，它们给出一个系统的逻辑叙述，使人们产生了这样的错觉：似乎数学家们从定理到定理的证明是理所当然的，并且他们能克服任何困难。此外，课本字斟句酌的叙述，不能反映数学家们艰难的探索过程②，所有这些对于培养真正的富有创造力的数学家都是极其不利的。

作为数学史专家，M. 克莱因充分认识到数学史的教育价值，他相信数学史是数学教育的指南，通过数学史的学习可以做到：(1) 教师可以更清晰地看到课程内容间的相互联系，而且能把内容与数学思想的主干联系起来，从而有可能在教学中，积极引导学生的智能顺着人类数学发展的主干道路发展。数学史可以提供整个课程的概况，使课程的内容互相联系，并且与数学思想的主干联系起来。(2) 一方面，历史上数学家所遇到的困难，学生们在课堂上也会遇到。M. 克莱因坚信，历史上大数学家所遇到的困难，也是学生会遇到的学习障碍，因而历史是教学的指南。另一方面，数学史可以让学生们看到数学家们创造历史的真实——如何跌跤，如何在迷雾中摸索前进，如何鼓起研究的勇气。从历史的角度来讲数学，是使人们理解数学内容和鉴赏数学魅力的最好方法之一。(3) 学生学习数学的认知过程与数学史的发展过程相似。19 世纪以来，西方数学家 F. 克莱因、庞加莱等将德国生物学家海克尔（Haeckel，E.，1843—1919）所提出的一个生物发生学的定律“个体发育史重蹈种族发展史”运用于数学教育，他们认为学生学习数学的认知过程与数学史的发展过程相似。M. 克莱因也持这种观点，他坚信历史顺序是教学的指南，并以此为依据，对美国的“新数运动”进行尖锐的批判。M. 克莱因指出：“数学绝对不是课程中或教科书里所指的那种肤浅观察和寻常诠释，换句话说，它并不是从显明叙述的公理推演出不可怀疑的结论来。”

我们可以看出 M. 克莱因数学教育思想的核心内容是以数学史为教学的指南：数学教材的编写和数学课堂教学都应以史为鉴，根据历史发展的顺序来安排教学内容的顺序，利用历史背景知识来激发学生的兴趣，展现数学的魅力，创造学习的动机。在这种数学教育思想指导下的课堂教学具有浓郁的人文气息，数学因此不再索然寡味，不再冰冷无情，不再一味抽象，数学学习也因此不再缺乏动机③。

---

① 张维忠．试论 M. 克莱因的数学教育思想及其对我国数学教育研究的启示．比较教育研究，1992（4）：15-19.

② M. 克莱因．古今数学思想．上海：上海科技出版社，1981：序言．

③ 汪晓勤．M. 克莱因的数学教育思想与高等数学教学．曲阜师范大学学报，2004（10）．

四、关于数学教师的素质

教师素质的重要性是人所共知的。M. 克莱因认为数学教师应具备以下几个方面的素质：

（1）数学教师要理解和掌握一定的数学知识。理解和掌握数学知识包括两个方面：1）不只熟悉中学数学教材所包含的知识，而且要懂得更多一些，“更多”不只是量上的差别，而且还有质的差别；2）掌握数学应用方面的知识。

（2）数学教师要懂得数学发展史。通过数学史的学习，教师可以更清晰地看到课程内容间的相互联系，而且能把内容与数学思想的主干联系起来，从而有可能在教学中，积极引导学生的智能顺着人类数学发展的主干道路发展①。

第五节　数学“四基”教学

《课程标准（2011 年版）》提出了从“双基”（基础知识、基本技能）向“四基”（基础知识、基本技能、基本思想、基本活动经验）转变的教学目标，即要求学生“获得适应社会生活和进一步发展所必需的数学的基础知识、基本技能、基本思想、基本活动经验”。这是教育理念的重大转变，由过去的“以知识为本”变为“以人为本”。

一、“四基”的提出

在新时代的发展下，传统数学中的“双基”已不能适应现代数学教学，甚至影响着数学课程的改革和发展。新课标提出的“四基”是对学生进行良好的数学教育的重要体现，关系到学生当前的学习和发展。“四基”应当贯穿整个数学教学，在不同学段和不同领域的教学中都应当体现“四基”。在具体的教学实践中，无论是教学目标的定位、教学活动的设计、教学内容的呈现还是教学的展开过程都应当考虑如何关注“四基”、体现“四基”。“四基”更强调学生能力的培养，即发现问题和提出问题的能力、分析问题和解决问题的能力。

二、“双基”到“四基”的转变

注重“双基”的学习、促进学生的发展，历来是我国数学教育目标的重要组成部分。经过长期的教育实践和探索，“双基”教学已成为我国数学教育极富自我特点的教学形式，而中国学生基础扎实也成为国际数学教育界所公认的事实。此次课程改革继承了这一传统，明确促进学生数学“双基”的发展是三维目标中的重要要求，明确提出了“双基”向

① 方国平．M. 克莱因其人其思想．科学大众（科学教育），2010（12）．

“四基”的发展。

第一，从历史发展来看，对数学“双基”的理解、认识亦需与时俱进。比如，一些传统的内容需要删减（如繁杂的计算、证明技巧的演练、脱离实际的陈旧的习题等），一些体现时代要求的内容需要增加（如算法、统计、概率、数学综合与实践问题等）。此外，在实践中以应对考试为目的的“双基”过度训练也导致一些数学课堂教学价值的缺失。

第二，从数学自身来看，“双基”更多的是对数学原理、定理、概念、公式等结论性知识的反映，学习它们固然重要，但其背后更为深层次的东西是什么呢？数学的本质不在于它的结论，而在于它的思想。数学课程不应仅仅满足于教给学生一些结论，而应该给学生更多数学思想、精神的浸润。正如数学教育家米山国藏所指出的，在学生毕业之后不久，数学知识很快就会被遗忘，“然而，不管他们从事什么业务工作，深深地铭刻于头脑中的数学的精神、思维方法、推理方法和着眼点在随时发生作用，使他们受益终生”。

第三，从时代要求来看，创新精神和实践能力的培养是数学课程必须加强的目标要求，而这一要求的落实仅靠“双基”是难以支撑的。事实上，学生创新精神的培养除了要掌握必要的数学知识和技能外，还要学会数学地思考，并在多样化的数学活动中积累经验。

第四，从学生的数学学习和数学素养发展来看，它并非单纯地通过接受数学事实来实现，更多地需要通过对数学思想方法的领悟、对数学活动经验的条理化以及对数学知识的自我组织等活动来实现。因此，我们应该在课程中提供一个用以支撑它的更为科学的框架。这个框架的基础由四个维度组成，即基础知识、基本技能、基本思想、基本活动经验。前两者主要体现为结果性的知识、客观性的事实，后两者则是在过程中主体获得的主观性体验和感悟。这样，数学活动的结果与过程、客观性知识技能的学习与主观性的数学感悟体验就有机地结合起来，学生数学素养的发展就有了合理的基础①。

三、对“四基”的认识

从“双基”到“四基”是多维数学教育目标的要求。知识与技能的培养只是数学教育目标的一部分，而这部分往往是看得见、可测量、易操作的。人们往往在教学与评价中把关注的焦点放在所谓的知识点和技能训练上。对学生的评价也往往注重他们在知识技能上的表现，忽视其他方面。然而，数学教育的目标除知识技能外，还应当包括学生多方面的能力、学生对数学思想的把握、学生活动经验的积累以及学生的情感态度等。因而，只有知识技能是不够的，必须同时发展学生数学素养的其他方面，而基本思想和基本活动经验正是学生数学素养的重要组成部分。

1. 对“双基”的认识

基础知识一般是指数学课程中所涉及的基本概念、基本性质、基本法则、基本公式等。对基础知识的教学重在理解和掌握，而不是死记硬背多少概念和法则。理解的标志是

① 黄翔，童莉，沈林．义务教育数学课程目标的新变化．课程·教材·教法，2013（1）．

能描述对象的特征以及与相关对象之间的区别和联系。掌握是在理解的基础上，把对象用于新的情境，本质是能够在具体问题中运用相关的知识。

例如，《课程标准（2011 年版）》第二学段有这样的内容要求——“结合具体情境，理解小数和分数的意义，理解百分数的意义”，并用例 25 对这一要求加以解释。下面借助这个例子对“理解和掌握基础知识”做简要说明。

> 例 25：说明$\frac{1}{4}$，0.25 和 25%的含义。
>
> 分数、小数和百分数是重要的数学概念，它们有各自的特征，又有密切的联系。真分数通常表示部分与整体的关系，所以理解什么是$\frac{1}{4}$，一定要知道是哪个整体的$\frac{1}{4}$，如求全班同学人数的$\frac{1}{4}$，若全班同学是 40 人，其$\frac{1}{4}$就是 10 人；若全班同学是 32 人，其$\frac{1}{4}$就是 8 人。小数通常表示具体的数量，如一支铅笔 0.25 元，书桌的宽度是 0.45 米。百分数是同分母（统一标准）的比值，便于比较，如去年比前年增长 21%，今年比去年增长 25%。在实际的教学中，学生能够举出恰当实例说明分数、小数和百分数的含义，意味着他们理解这几个概念的含义。同时，在具体的情境中合理运用不同的数表示具体的数量也是进一步的理解。

基本技能内容包括基本的运算、测量、绘图等技能。对基本技能的要求一直都离不开“正确、迅速、合理、灵活”等，而在实际教学和测验中，往往把速度看得过重，一味追求运算的速度。把形成熟练的技能当作天经地义的事，并且成为大量训练、题海战术的理由。在这种理念下，难免把技能训练作为数学学习的重要内容，甚至是核心要求。从数学的本质考虑，技能的要求应当以正确为重点，在正确的基础上适当考虑合理，应当淡化对速度的要求。一方面，在解决问题的过程中，重在思考，速度是居于次要地位的；另一方面，速度是因人而异的，不能要求大多数学生都达到同样的计算速度。这也是不同人在数学上有不同发展的标志之一。用一分钟正确地解答出一个问题和用两分钟正确地解答出一个问题，在本质上并没有区别。经过自己的思考，能够寻找恰当的方法解决问题才是重要的。这个问题也与考试的题目和要求有关。一些考试题量过多，学生必须用很快的速度才能完成，这也是导致教师追求速度的一个原因。但从另一个角度看，这种考试和测验的模式是否是平时的教学中追求技能熟练的结果呢？《课程标准（2011 年版）》对于一些基本的运算给出了速度上的建议。如要求第一学段 20 以内加减法和表内乘法，每分钟完成8～10 题。这一要求可以看作一个参照，大多数学生经过一定的训练完全可以达到，不排除一些学生经过一段时间训练才能达到这一要求，也会有相当一部分学生能高于这一要求。这一要求可以作为平时考查学生的参考，也可以作为测验和考试的参考。

2. 数学基本思想应贯穿于数学学习过程

数学基本思想主要是指数学抽象的思想、数学推理的思想和数学模型的思想。之所以把这些称为数学基本思想，是因为它们贯穿于数学的学习过程，是对数学本质理解的集中体现。数学学习内容的四个方面——数与代数、图形与几何、统计与概率以及综合与实践，都应当以数学基本思想为统领，在具体内容的理解和掌握过程中体现数学的基本思想。

数学基本思想应当成为学习掌握各部分数学内容的魂，成为形成数学概念、建立数学知识体系、思考和解决数学问题的主线。

3. 在数学学习过程中形成基本活动经验

首先，数学基本活动经验的积累要和过程性目标建立联系。

《课程标准（2011 年版）》确定的目标有两类，一类是结果性目标，一类是过程性目标。一般来说，结果性目标是指向基础知识与基本技能的，过程性目标更多地指向数学基本思想和基本活动经验。如《课程标准（2011 年版）》规定："经历数与代数的抽象、运算与建模等过程，掌握数与代数的基础知识和基本技能；经历图形的抽象、分类、性质探讨、运动、位置确定等过程，掌握图形与几何的基础知识和基本技能；经历在实际问题中收集和处理数据，利用数据分析问题，获取信息的过程，掌握统计与概率的基础知识和基本技能；参与综合实践活动，积累综合运用数学知识、技能和方法等解决简单问题的数学活动经验。"在具体的课程内容中，也有一些过程性的描述，"结合生活实际，经历用不同方式测量物体长度的过程，体会建立统一度量单位的重要性；经历简单的数据收集和整理过程，了解调查、测量等收集数据的简单方法，并能用自己的方式（文字、图画、表格等）呈现整理数据的结果"。这些过程性目标和内容实现的主要标志就是学生形成活动经验，学生在经历相关的数学活动中，了解数学知识发生发展的过程，体会数学知识和方法的探究。

其次，数学基本活动经验的积累需要依靠丰富多样的数学活动的支撑。

这里的数学活动是指伴随学生相应的数学知识学习而设计的观察、实验、猜测、验证、推理与交流、抽象概括、数据收集与处理、问题反思与建构等。数学活动的设计与相应的知识技能有关，但其目的不只是完成数学知识技能的学习，还是学生积累数学活动经验的重要途径。

最后，数学基本活动经验的积累是一个长期的过程。

活动经验要靠积累，积累需要一个过程，不能指望一两次活动就能完成。因此，应当把活动经验的积累看作一个长远的目标，持续不断地组织学生参与数学探究的过程，使学生逐步形成数学活动经验①。

思考题

1. 波利亚解题表的主要内容有哪些？如何运用解题表来指导学生解题，提高学生的解题能力？

2. 简述弗赖登塔尔、斯根普和 M. 克莱因的数学教育基本思想，阐释如何用其指导教学实践。

3. 数学建构主义学习的主要特征有哪些？简述建构主义的基本观点。

4. 举例说明建构主义的教学模式有哪些。

---

① 余慧娟. 数学："四基"明确数学素养——《义务教育数学课程标准（2011 年版）》热点问题访谈. 人民教育，2012（6）.

5. 简述数学“四基”的内涵，并阐述如何进行“四基”教学。

参考文献

［1］波利亚．数学的发现——对解题的理解、研究和讲授．北京：科学出版社，2006.

［2］波利亚．怎样解题：数学教学法的新面貌．上海：上海科技教育出版社，2002.

［3］罗增儒．数学解题学引论．西安：陕西师范大学出版社，1997.

［4］M. 克莱因．古今数学思想．上海：上海科学技术出版社，1981.

［5］斯根普．学习数学的心理学．青海省心理学会，1978.

第五章

小学数学教学过程

内容提要

数学教学过程涉及很多方面，比如教学原则、教学过程的基本因素及基本环节等。本章基于小学数学的学科专属特性及其相对于一般教学原则的共性特征，从一般原则和特殊原则两个维度对小学数学教学的基本原则进行了阐述。在此基础上，分析了小学数学教学过程的主要特点，从教学活动的实施主体、教学活动的目标与任务、教学活动的结构三个方面解读了小学数学教学过程的基本因素，并分析了小学数学教学过程的基本环节。

第一节　小学数学教学基本原则

教学原则是主观与客观贯通的桥梁，在教学过程中处于十分重要的地位。教师意图将教学基本原理顺利运用于个体教学实践，势必经历对教学原则的认识、感悟与内化、外显。王策三先生曾对 20 世纪 90 年代及之前的教学原则体系做了归纳，他指出这些原则有的是“简单地从经验出发”，有的是“简单地套用一般哲学、政治原则”，有的是“简单地从别的学科中引用而来”，有的是“搬用前人和他人的教学原则”，有的是“把古今中外不同来源的某些教学原则简单地拼合到一起，构成一个体系”①。这对于目前的教学原则探讨仍然有着重要的参考价值和方向引领作用。

小学数学教学亦需受教学原则的规范，遵循教学原则的要求。一般而言，小学数学教学原则是依据小学数学教学的目的和任务，根据对教学过程基本规律、小学生心理发展特征、小学数学学科特性的研究和小学数学教学实践经验的积累与总结而制定的，是师生在小学数学教学活动中应遵循的基本要求和准则，可能存在不同认识，有着伴随教学实践的发展而发展、伴随教育研究水平不断提升的“与时俱进”特征。在义务教育阶段数学课程改革深入推进的背景下，在“全面立德树人”思想指引下，有必要对其进一步厘清。

---

① 王策三. 教学论稿. 北京：人民教育出版社，1985：155-158.

小学数学教学原则涉及小学数学教学的内容处理、过程运行、结果达成、教学手段的选取与运用等方面，需要对小学数学教学的方方面面起到普适且具备可操作性的指导作用。基于小学数学的学科专属特性及其相对于一般教学原则的共性特征，本书从一般原则和特殊原则两个维度对小学数学教学的基本原则加以阐述。

一、小学数学教学的一般原则

小学数学教学的一般原则虽更强调一般性，但并非一般教学原则的简单移植，更多的是一般教学原则在小学数学教学上的“改造式”反映。

（一）主动参与与教师引导相结合的原则

数学学习的效果与学生的学习行为、认知策略和情感态度等参与方式和程度有着极大的相关性。正如杜威所言：“教与学犹如卖与买。”既然没有人买，也就无所谓卖①。“买”即意味着学生的主动参与，但同时融为一体的“卖”则代表着教师的引导。基于小学生的知识基础和思维发展所处水平，其参与的主动性和有效性必须以教师引导为保障。

小学数学教学需要教师创设有利于学生主动参与的教学情境，激发学生的学习兴趣，让他们形成主动获取数学知识的心理需要；要充分调动学生的学习积极性，让他们获得主动参与数学学习的强大动力；要给学生留有思考和探究的余地，学生自己能够解决的问题教师绝不代劳；要鼓励在独立思考基础上的合作学习，在必要的情况下各显其能，以分工合作的方式解决问题；要重视学生数学学习自信心的培养，尤其是对在数学学习方面暂时落后的学生，应创设条件使其达到适当的学习目标，让他们体验到成功的喜悦，增强其数学学习的“可获得感”，增强他们进一步主动参与数学学习的动力，逐步提升其数学学习水平和能力。

一个坏的教师是奉送真理，一个好的教师则教人发现真理②。教师的引导作用即在于此，教师既要引导学生理解和运用知识，又要引导学生掌握数学学习方法，感受和理解数学学习过程。

（二）过程与结果并重的原则

小学数学教学既要重视学生对数学概念、公式、定理、法则等结论的掌握，更要关注他们对这些结论形成过程的理解，避免“掐头去尾烧中段”，让学生在理解的基础上更好地掌握、应用所学的数学知识。

数学教学与其说是数学活动结果的教学，不如说是数学活动的教学③。数学教学的本质是教师引导下的学生活动，在情境交互、师生互动及学生之间的互动中经历发现问题、提出问题和解决问题的过程。数学教学需要依照数学知识的逻辑体系和小学生的认识发展顺序进行，实现小学生对数学逻辑结构动态进程的认识和静态结果的掌握，同时促进小学生思维水平的发展和反省自身思维过程的元认知能力的提升，实现过程与结果的并重。

---

① 施良方，崔允漷．教学理论：课堂教学的原理、策略与研究．上海：华东师范大学出版社，2010：9.

② 张焕庭．西方资产阶级教育论著选．北京：人民教育出版社，1984：367.

③ 斯托利亚尔．数学教育学．北京：人民教育出版社，1984.

这里的“过程”尤其要突出对学生数学学习思维过程的认识与引导，使学生明确自身思维过程的起点、展开的方向路径、思维活动的结果及其与对应目标的匹配程度，通过学生撰写数学小作文、做“数学小老师”等方式帮助学生展现自身的数学思维过程，发现其中的闪光点与不足之处，及时在教学中进行鼓励、弥补与纠正。这些过程将有效提升小学生的数学反思意识和能力，促进其对所学内容逻辑结构的认识，感受数学知识的形成与发展过程对数学学习结果的意义与价值。

（三）发展的基准性和差异性并重的原则

小学数学教学处于基础教育的第一、二学段，不是精英教育而是大众教育，不是为了筛选淘汰而是力求人人发展，主要目的是实现全体学生全面发展的育人大目标，基本要求是：依据数学课程标准的要求，制定适宜学生发展的基准性的学段整体目标和课堂具体目标，明确体现对全体学生的“底线”基准要求，使学生掌握必要的基础知识和基本技能，促使每一个学生达成基本质量标准的要求。

小学数学教学在面向全体学生，达成基准性要求的同时，还要面对作为活生生个体的不同学生的个性与差异，实现“不同的人在数学上得到不同的发展”①。不了解孩子——不了解他的智力发展，他的思维、兴趣、爱好、方法、禀赋、倾向——就谈不上教育②。大部分小学生的智力发展水平或许差异不大，但他们的思维方式、兴趣、爱好、方法、禀赋、认知倾向等往往存在诸多差异，教师在教学中需要正视这些差异，并将其作为教学资源加以利用，促进学生在数学学习过程中得到不同发展。

从这个角度而言，小学生在达到数学“基准线”水平的前提下，学有余力者应当结合个体认知风格的特征进一步寻求提升，以不同的速度达到不同程度、不同领域的数学学习水平。如对于“图形与几何”领域有兴趣的学生，可以给他们更为综合化的图形，要求其发现特征，总结规律；在“数与代数”领域有所长的学生，可以要求其发现更多的运算规律，并寻求多种途径验证其正确性等。

（四）注重创新意识培养原则

创新意识是《课程标准（2011年版）》的新增核心概念之一，学生的各科学习对于创新意识的培养发挥着各自不同的作用。对于小学数学教学而言，培养学生的创新意识落脚点在“意识”而非具体成果。就具体成果来说，只要学生能够在已有基础上有所发展就应该得到充分鼓励。

小学生的数学学习过程应当成为“再发现”或“再创造”的过程：一是鼓励学生在已有知识、方法、经验的基础上勇于发现新问题，探究新知识；二是鼓励学生不拘泥于教师的讲解，要能够创造性地理解数学知识，敢于别出心裁地提出问题；三是鼓励学生将已掌握的数学知识广泛迁移到不同的情境中去加以运用，实现创造性地运用数学知识，让学生在数学知识的巩固运用中创新，在创新中进一步加深对数学知识的理解和巩固；四是鼓励学生善于将数学学习与生活实践相结合，对于所学数学知识在生活中的应用与相互联系产

---

① 教育部基础教育课程教材专家工作委员会. 义务教育数学课程标准（2011年版）解读. 北京：北京师范大学出版社，2015：65.

② 苏霍姆林斯基. 把整个心灵献给孩子. 天津：天津人民出版社，1981：7.

生较强的“敏感度”，实现学以致用。

二、小学数学教学的特殊原则

（一）直观与抽象相结合的原则

小学生思维的概念化处于从实物性表象概念过渡到内部心理表象概念的阶段，但这个阶段离不开具体事物的直观支撑，不能脱离直观图形的把握，小学生不能在脱离具体事物的前提下进行思维活动①。小学数学教学的许多问题都是由教学脱离了学生的具体水平所引起的。儿童在具体水平或操作水平阶段，甚至在描述水平或画图水平阶段，还没对概念积累充分经验之前，不宜在抽象水平或符号水平展开学习。大多数儿童将在前运算阶段进入学校，因此我们准备让他们从头开始学习系统的思维方法。由于这种思维方法还没有形成，教师开始必须从具体的基础出发去教授概念②。这从客观上决定了小学数学教学必须坚持直观与抽象相结合的原则。

一方面，教师要充分利用学生的多种感官和已有经验，通过各种形式的感知，丰富学生的直接经验和感性知识，使学生获得生动的表象。比如学习“可能性”时，教师举出足球比赛、掷硬币、商场抽奖活动等学生熟悉的例子，增强学生对“可能性”的直观理解。另一方面，由于数学学科的特有属性，还要注重从丰富的感性材料中引导学生抽象概括出数学概念，促进学生对所学数学知识的理解和掌握，并使认识能力得到较好的发展。如比例基本性质的教学，需要教师举出若干具体的比例式，在学生计算内项积和外项积的过程中，发现一般规律并用抽象的数学符号加以表征。

（二）归纳与演绎相结合的原则

促进学生推理能力的发展是数学教学的重要和长期任务，归纳和演绎作为推理的两种重要形式在小学阶段的数学教学中不可偏废。鉴于小学生的认知水平，从具体事例中猜测结论、发现规律是小学数学教学的常用手段。但同时亦应使学生认识到，猜测出的结论未必是真的，合理猜测的前提下还需要“言必有据”，需要有条理地思考问题、表达想法，需要初步感悟演绎推理的意义与价值。如学生从大量实际计算中概括出乘法分配律，进而需要将概括出的运算法则应用到后续的更多计算中去完成对这一规律的进一步认同。

小学数学教学中的演绎并不要求严格的演绎推理格式，不需要学生用完整的三段论格式去由大前提推出小前提，它主要是通过对已概括出来的数学概念、公式、法则和定理的运用去完成推广运用的演绎过程。小学生在掌握数学知识的过程中要综合运用归纳和演绎两种推理形式，学生的数学学习过程反映了归纳与演绎的有机统一。

（三）适度把握生活化的原则

数学源于生活，用于现实，学生的生活经验有助于他们对数学的理解；联系生活实际能激发他们学习数学的兴趣。小学数学的教学组织要尽可能地贴近学生的生活，以联系学生的实际为基础，使学生在探究数学知识的同时，了解数学的价值。无论是联系生产建设

---

① 涂荣豹．数学教学认识论．南京：南京师范大学出版社，2003：186．

② 海敦斯．美国现代小学数学．武汉：华中师范大学出版社，1989：5，35．

还是社会生活的实际，都必须考虑到学生的实际，即所联系的实际是在学生的生活经验里已经有的，至少是学生可以理解的实际。如若教师所举的例子虽然看起来是生活化的，但是学生没有经历，或者学生根本不理解，那就失去了生活化的本来意义，还会增加学生的认知负担。当然，有些实际虽未进入小学生生活经验，但却很重要，这就要运用实物演示、视频观看或现场观摩等方法，使它们先进入学生的生活经验，然后再联系具体数学知识。

另外，生活化需要适度，不宜时时处处都进行生活化。比如下面的问题："某校六年级学生乘一辆大客车和一辆中巴车去春游。上大客车的占全年级人数的55%，上中巴车的有90人，后因中巴车上人多下来10人到大客车上去，这时大客车上的人数占全年级人数的百分之多少?"这种看似生活化的问题实际是违背学生实际生活经验的，因为一般的中巴车无法乘坐90人或者80人，一般的大客车也坐不了根据本题已知条件可以求得的120人。

数学知识有自身的逻辑体系，部分数学知识的学习可以由学生已有的数学内部知识引入。有些数学知识可以留待小学生反复认识、加深理解，真正在生活中接触其可以应用的情境后再进行"回顾式"的生活化。小学数学教学的"生活化"应以促进数学知识的深层次理解、激发学生数学学习的内部动机、提高数学应用能力、培养学生的创新精神和应用意识为目标。

（四）应用意识的双向性原则

应用意识并非只是关注数学知识学习后的推广运用，还要考虑数学知识"从哪里来"的问题。"从哪里来"与"到哪里去"体现了小学数学教学应用意识培养的双向性。

主动应用所学数学知识的意识是现实生活必需的。比如，针对当前报刊和电视新闻中时常出现的统计图表，就应要求小学生能够看得懂所处年级应当看懂的部分，同时能够用自己的语言加以解释。学习数学知识之后，应主动思考应用这一知识可以解决身边什么样的问题，实现数学学习的"学以致用"。

小学数学教学面对的并非"白纸一张"，小学生已初步建立起对数学的个性化理解，比如他们对大数的理解，低学段的小学生认为10 000就是很大的数字。这些理解源于其已有的生活经验和常识，是应用意识发展和提升的基础。没有理解就谈不上应用，更谈不上创新与发展。这些生活经验和常识需要在教学中进行分类利用，不全面的需要补充，谬误的需要纠正。要使教学恰当地与小学生已有的知识经验建立联系，发现和提出需要运用新获取的数学知识解决的问题同样是数学应用意识的重要成分。

第二节　小学数学教学过程的基本因素

小学数学教学过程的基本因素包括：教学活动的实施主体，即教师和学生；教学活动的目标与任务；教学活动的结构。

一、教学活动的实施主体

教学活动中的参与者就是教师和学生，别无其他，也就是说，只有教师和学生才可能成为教学活动的主体，而且只要他们进行认识和改造“教学世界”的活动，就可以顺理成章地由潜在主体转化为教学活动的现实主体。

“教学世界”是教学活动中的人认识和改造的对象，教学活动者亦在其中，而且是重要成分之一。其他还有教科书、电子教材、教学环境、各种技术设备等等。教学活动中的人既可能对他人和客观的“物”进行认识和改造，也可能进行自我认识和改造，也就是作为主体的“我”认识和改造作为客体的“我”。

比如教师在备课时虽然不直接面对学生，但仍需“备学生”“备教材”“备教法”。“备学生”的过程即是对学生进行认识和预设改造的过程，在此过程中，教师就是主体，学生即为客体。当然客体还包括教师认识和改造的教学内容，其中的主要成分是教材。至于学生在课前对要学习的内容的预习以及对相关已学习内容的复习，无论是主动进行的还是在教师提醒、要求之下进行的，都是学生对知识的认识。一般而言，学生此时极少进行对知识的改造活动。因此，学生在这里就是学习的主体，预习和复习的内容就是学习的客体。在课前的这个阶段，教和学在某种程度上是相对独立、各自进行的。

教学活动正式进行时的情形相对复杂，教和学交织其中，联系自然、紧密，只是为了理论分析的需要，才分别进行讨论。单看教的活动，教师展现备课时对教学内容的认识与改造并随时拓展新的认识与改造表现形式，虽然是这样，最终目的却并非认识与改造教学内容，而是借助于对教学内容的认识与改造达到对学生的改造。在这个过程中，还需要随时认识学生，即对学生的学习反馈及时做出回应、发挥教学智慧以便更好地改造学生，认识学生是为了更好地改造学生。

从上述意义来讲，单独看教的活动，教师即为主体，学生是主要的客体，教学内容也是客体的一部分，但无论是作为主体的教师还是作为客体的教学内容，都是为促进学生成长、实现学生发展服务的。如果只是看学的活动，学生在其中认识学习内容，当然就是主体，这个过程中还存在对学习内容的符合个人认知特点的适当加工改造，学习内容就是学习过程中的主要客体。

从另一方面来讲，这些学习内容是经过教师加工改造的，对这些内容的学习是在教师引导之下进行的，因此在学的过程中教师也是学生的认识对象。限于教学的现实情形和小学生的实际水平，教师较难成为学生的改造对象。基于此，教师也是学的客体，而且是为学生认识学习内容服务的客体。学生随着年龄提升和认识能力的发展，逐渐具备一定的自我分析、自我评价以及自我反省的能力，在学习的过程中自然会将自身作为认识和改造的对象，去不断发现真实的自我，塑造理想的自我。这就是说，学生自身在学的过程中也是客体的一部分，但是这个潜在客体需要具备一定的自我意识才能转化为现实客体。随着学生年龄的不断增长、身心的不断发展，教师要想更好地实现对学生的改造，必须借助于自我改造。

在课堂教学之后，一般会倡导教师进行教学反思，学生要进行复习或者学习反思。在教师反思的过程中，是以自身为主体，以反思的内容为客体，这其中有对自己教的反思、对教材的反思、对学生学的反思等；在学生反思的过程中，学生当然就是主体，反思的内容包括自己学到了什么、是怎么学到的等。

教师和学生扮演的角色从各自视角来看是不同的：从教的角度看，教师是主体，学生是主要客体，教学内容则是辅助式的、具有中介性质的客体。从学的视角看，学生是主体，学习的内容是认识的主要客体。学生自身作为自我认识和改造对象的客体地位也在不断凸显。教师则成为占据主要指导地位的中介式客体，其目的是认识和改造主要客体。

二、教学活动的目标与任务

在小学数学教学过程中，无论是教的活动还是学的活动，其目标都是一致的，都是为了学生能够获得知识，发展能力，增长智慧。教师作为主要向导，其重要作用主要体现在如下四个方面。

（一）激活学生已具备的与当前学习情境相关的知识和经验

在学习新知识之前，学生也许已经具备了与当前学习情境相关的知识，但是这些知识是否可以有效应用到新的学习情境中，是否会被激活？这对新知识的学习而言至关重要。教师的主导作用之一即是帮助学生激活这些知识，从而增强他们的学习信心，让他们感觉到新知识是由已经掌握了的知识自然而然“生长”出来的，而不是从外部强行“嵌入”头脑中的。以这样生成性的方式学习知识也会在学生头脑中形成整合的认知结构，使得一个个的知识点通过看不见的“链条”串起来，在需要时可以及时方便地提取。

比如多数儿童在进入小学阶段的学习时，都储备了一定数量的算术知识。当然，他们还缺乏正规数学课程中可以学到的用加减法符号表示的能力。如果教师充分发挥主导作用，挖掘出儿童的已有知识并使其按照正规化的加减运算方式建构个人理解，儿童就更易于形成对运算过程的理解。

学生在学习过程中，很多情况下会利用已有经验建构对新知识的理解，但是在这个过程中可能会对新信息产生误解。如果没有教师进行具体而有针对性的引导，他们可能无法将日常经验与学校课程学习联系起来，甚至已形成的日常经验还会对学科学习产生负面影响。

比如许多儿童在上数学课时都带着这样的观点：数字越大，其表示的量或单位也越大。这个观点对于小学低年级的整数学习来说是有利的。但是在学习分数时就可能产生问题：许多儿童初学分数时可能认为万分之一百不仅大于百分之一，而且大很多。学生根据自己已有的知识建构对新知识的理解，突出了“讲中教”的危险①。也就是说，教师应通过多种多样的方式发挥主导作用，不能只是依靠讲授或者其他形式的直接教学。

（二）引导学生经历探究的过程并得到正确的结论

当前有一种论调认为：学生只要参与了富有创造意义的主动探究，使自己的创新思维能力得到锻炼和提高，即使最后得到错误的结论也仍然是值得肯定的。这恐怕无法让人认同，试想：如果学生终日进行探究活动，最后得到一堆错误的结论，这种探究的意义到底体现在哪里呢？

学生的探究学习毕竟与科学家的研究和人类的探索活动不同，大多数情形下，他们面临的是已经获得定论的知识，进行的探究也只能是一种“再发现”或“再创造”。诸多主客观条件也不可能允许他们再次全盘经历人类探究知识过程中的种种艰辛和整个历程。教

---

① 布兰思福特，等．人是如何学习的．上海：华东师范大学出版社，2002：73.

师主导作用的另一体现是对学生的探究活动进行适时引导和调控，使其合理有效地进行，既让学生尽可能地体会到知识的发生发展过程，延伸和加深对结论的认识，又让学生在一次局部的探究活动结束时可以获得正确的结论。

（三）以形式上的“教师为中心”服务于实质上的“学生为中心”

在教学研究中存在将教和学看成对立两极的论调和对“教师为中心”还是“学生为中心”的争论。在教学实践中，恐怕不像在理论研究中区分得这么明显，或者说在教学实践中很可能是亦此亦彼的。比如戴维·克拉克（David Clarke）在对 14 个国家的课堂进行观察和研究后所揭示的，中国的课堂是教师调控和学生参与的独特组合①。

“教师为中心”未必一无是处，“学生为中心”也未必一定就得奉若圭臬。“教师为中心”在某些时刻是完全必要的，至少在外在形式上是这样：有些课题非常需要教师的集中讲解；在课堂教学过程中，学生在独立思考的基础上完成了讨论，发表各自意见，评价他人意见等活动后，教师进行点睛式的总结是十分必要的，可以帮助澄清学生形成的一些不正确、不完善的想法，这个时候就需要以教师为中心。但是，“教师为中心”说到底还是为学生的提高和发展服务的，根本宗旨仍是以学生为中心。这也是体现教师主导作用的一个重要方面：适时有效地以教师为中心促进学生的学，实现真正的以学生为中心，而非肤浅地认为完全放手给学生就是以学生为中心。

（四）呼唤学生的主体地位

皮亚杰曾指出：认识既不是起因于一个有自我意识的主体，也不是起因于业已形成的、会把自己烙印在主体之上的客体；认识起因于主、客体之间的相互作用，这种作用发生在主体和客体之间，因而既包含着主体也包含着客体②。

这段话明确说明，真正的认识只能形成于主体对客体的活动过程之中，也就是学生对所学习内容进行活动的过程之中。当然，这里的活动既有外部动作操作活动，又有内部智力操作活动。而且，学生要想真正认识一个对象，就得采取行动，改变它。只有首先承认并在教学实践中真正落实了学生的主体地位，学生主体和学习内容之间的相互作用、学生对学习内容的行动和改变才可能发生，否则出现的只会是偶然的、被动的认识。

学生在教学中的主体地位是“与教学之生俱来”的，学生是教学过程的重要组成部分，没有学生就谈不上教学过程，但是对学生主体地位的唤起、尊重与落实却需要教育工作者“有意为之”。静等学生随着年龄的增长与知识的被动增加而突然显露出主体性是不负责任的态度，从完全被动到基本主动是一个很难跨越的鸿沟。即使跨越了，也可能会出现自我放任的不良后果。因此，明智的做法是在尊重学生主体地位的前提下，渐进式地培养其主体性，逐步让学生由“自然人”发展为“社会人”。

三、教学活动的结构

此处并非对教学活动的结构进行面面俱到的论述，仅对其中若干较为重要的方面加以

① 王薇. 数学课堂文化——由十四个国家和地区比较所获得的启示. 数学通报，2006（11）：29-32.

② 皮亚杰. 发生认识论原理. 北京：商务印书馆，1981：21.

阐述。

（一）教学情境

新课程改革的重要理念之一，是教师在教学中要善于鼓励学生自主发现、提出问题并加以解决。这就要求教师在教学中要进行有效的情境创设，提供给学生自主发现、提出问题和解决问题的实际载体，使学生产生“愤”“悱”的情绪感受，利用学生的“愤”“悱”之感激发其探究欲望，引导其经历探究过程。

小学数学教师在教学实施之初通过创设有效的情境，能充分激发学生的求知欲，增强学生数学学习的积极性。良好的教学情境，有利于联系新旧知识，实现自然而然地“以旧引新”，促使学生主动学习新知识，加深其对所学内容的理解。良好的教学情境蕴含着融洽的师生关系，学生处于愉悦的学习氛围中，能够产生移情效应，由对情境的兴趣、对教师的热爱迁移出对数学学习的热情。良好的情境为学生提供获取真实情境体验的机会和可能性，小学生的想象力和创新意识在教学过程中得以发展，数学素养得以培养。

对于小学数学教学而言，教学情境的类型可以是供学生“玩中学”的游戏情境，可以是涵盖数学基本原理的故事情境，还可以是关注学生家庭生活、校园生活和社会生活的数学情境等。这些情境需要教师注意日常的积累，收集报刊、电视等的相关素材，即时向学生了解其身边的事件，将其适当改造为适合小学数学教学、体现数学基本内容的教学情境。

（二）教学方法

一般而言，教学方法是指为达到教学目的、实现教学内容，运用教学手段而进行的，由教学原则指导的，由一整套方式组成的，师生相互作用的活动①。教学有法，教无定法。在小学数学教学过程中，教学方法需要经历由规范性到探索性、发展性、机动性的演变过程。规范性的教学方法运用在教师专业发展的最初阶段是必需的，也能够为教师的专业发展服务。伴随教师对教学方法的运用熟练程度的提升和灵活水平的增加，对教学方法进行综合运用、探索革新、适当改造等将成为必然。

在小学数学教学过程中，需要基于明确的标准，依据具体的教学目标任务、所教内容的性质、不同学段小学生的心理发展特征、教师自身所长与具体教学方法的匹配性、学校当前的客观条件等对讲授、演示、实验、自学辅导等诸多教学方法进行选择、加工和运用。充分发挥自身主观能动性，在教学过程中不断丰富和改造已有的教学方法，积极探索和创造新的适切教学方法。

（三）教学组织形式

教学组织形式是指为了完成教学任务，实现教学目标而把教师和学生组织起来进行活动的形式。它主要解决的是教师和学生在教学过程中如何联系，如何组织学生的学习活动，何时进行班级集体讲授，何时组织小组合作学习，以及课堂教学的时间、空间的利用方式，课堂教学的类型及结构如何等问题。

教学组织形式在教育教学发展的历史长河中具有相对稳定性，如个别教学、班级授课制、分组教学、复式教学等常见形式。对于在学科和学段方面更为具体化的小学数学教学

---

① 汪刘生．教学论．合肥：中国科技大学出版社，1996：141.

过程而言，主要的组织形式有如下几种①：

环套式组织形式。教师通过编制一整套的系统的层层递进式的问题（或问题情境），以此来引导学生不断地去探索、发现直至解决核心问题。

回旋式组织形式。教师通过编制一个引导学生对问题情境进行探索、思考与发现的问题系统来组织学生的学习。这个系统是一个循环式的回路系统。例如，某堂数学课教师设计了多个问题情境，“情境一”和“情境二”之间构成一个不断比较、探索、思考和修正的回路，教师引导学生通过尝试、比较、修正逼近问题目标。

多向式组织形式。教师设计若干知识同构而情境不同的问题，用来指向同一个问题目标，以此引导学生对这些问题情境进行探索和尝试解决问题，从而在实现问题解决的基础上构建新的认知。

反推式组织形式。教师先呈现一个问题情境，再向学生提出预设的一系列的并非科学正确的问题解决方案，并通过一些问题来引导学生，使学生在辨析与修正过程中接近正确的问题解决方案，直至获得新的认知，丰富已有的数学认知结构。

第三节　小学数学教学过程的主要特点

分析小学数学教学过程的特征，有助于准确把握小学数学教学过程中的数学活动规律和学生的数学思维活动，采取有针对性的有效教学策略，以提高小学数学课堂教学的有效性。鉴于小学数学教学过程的内涵，其特征主要表现为以下几方面：

一、全面育人

《课程标准（2011 年版）》指出：课程目标的整体实现，是学生受到良好数学教育的标志，对学生的全面、持续、和谐发展有着重要意义。在这样的理念要求下，小学数学教学过程的主要任务，就是以发展小学生的数学思维能力、提升小学生的数学核心素养为主，促进小学生知识、能力、情感、态度和价值观全面和谐地发展。

二、合情推理

由于数学知识的高度抽象性和严密逻辑性，小学生的思维发展是从以具体形象思维为主，逐步过渡到抽象逻辑思维的历程，对数学知识尚不具备直接的理解能力。因此，小学数学教学过程的实质是形象思维与逻辑思维、合情推理与演绎推理相结合的过程。在这个过程中，学生对大多数数学结论往往不能给出严格的逻辑论证，更多的只是依附不完全归纳等合情推理方式。头脑接受这些数学结论后，学生可以在后续不断应用的过程中加深理解，并进一步增强对其确实为真的认同感。

---

① 杨庆余．小学数学课程与教学．北京：中国人民大学出版社，2010：145-146．

三、数学化

所谓“数学化”，是指学习者从现实的具体情境出发，经过归纳、抽象和概括等思维活动，寻找数学模型，得出数学结论的过程。简单地说，就是用数学方法将实际材料组织起来。数学学习过程离不开“组织”，组织本身就是一项数学活动，数学教学过程实质上也是数学化的过程。小学数学教学理应肩负数学化的重任，重视帮助学生建立数学内部逻辑联系的同时更加重视数学与外部的联系。

数学化的过程从某种程度上来说是一种“去情境化”的过程。在这个过程中，学生需要在教师引导下从实际经验中提炼抽象出数学知识，经历从实际背景中抽象数学问题、抽取数学因素、建构数学模型、解决问题的过程。在数学化的过程中，小学生能够认识到，个人的日常生活经验和常识对于数学学习的重要价值，在对这些经验和常识进行反思、整理、组织、完善的过程中，可以产生新的数学概念。这些数学概念可以通过自己的实践活动来获取，获得这些数学概念之后又可以进一步将其推广运用到日常生活当中，实现对概念的深层次理解。

四、动态平衡

有效的数学教学过程表现为师生双方在认知上容易达成平衡，达到数学思维的最佳活动效果。所谓认知上的平衡，就是指通过一定的师生互动活动，使学生已有的知识和能力足以解决所面临的问题，达成学习目标，从而在观念、目标认识等方面与教师保持在相同的认知层面上。否则，学生已有的知识与能力不足以解决所面临的问题时，就会出现目标认识上的偏差，这就是师生之间认知上的不平衡。

在小学数学教学过程中，师生之间在认知上达成平衡往往是相对的、暂时的，师生之间认知的不平衡是教学过程中的一对主要矛盾，是一种常态化状态。小学数学教学过程是师生之间在认知上从不平衡到平衡，再从平衡到不平衡，进而达到更高层次平衡的多次循环往复的过程。在这个过程中，小学生不断加深对所学数学知识的理解、对所学数学方法的领会，不断经历探究和思维碰撞的过程。

五、互动生成

小学数学教学过程是一个以小学数学教材为中介的教师与学生、学生与学生多主体互动的合作过程。这一过程要求教师必须精心做好弹性化的预设，采取有效的教学手段和方法，充分利用学生教学过程中即时生成的资源，展开进一步的有效互动教学，帮助学生把数学教材知识结构转化为自己的数学认知结构。

在互动生成的过程中，实现对教学资源的充分利用，既能够在最大程度上预设小学生可能出现的种种学习行为、认知障碍和闪光点，又能及时抓住教学过程中超出个人预设的生成性的或精彩或失误的内容，实现对教学的同步改进提高。

小学数学教学过程中教师引领作用的重要体现之一，是运用灵活的教学方式，积极参与教学过程，关注学生的思考过程，适时调控，努力营造师生互动、生动活泼的课堂氛围，启发学生共同探索，形成有效的学习活动。

第四节　小学数学教学过程的基本环节

教师和学生是教学活动的实施者，教师的教和学生的学构成了小学数学教学过程的一对基本矛盾，教学过程的进行即为了不断解决矛盾、实现动态平衡的过程，终极目标是为了学生的提高和发展服务。反过来，学生的学也会影响和促进教师的教，实现实践意义上的“教学相长”。

一般而言，小学数学教学过程的基本环节有如下几方面：

一、课前准备

数学教学过程并不局限于课堂上的40分钟，在教师和学生进入课堂之前，双方都需要做大量的准备工作，尤其是教师。教师的课前准备活动主要包括：钻研课程标准和不同版本的数学教材，深入了解和研究学生，把控教学环境、教学手段等并在需要时进行优化，对学生提出相关要求以使得课堂教学更加有效，积累教学资料以提升数学教学素养等(具体内容将在第七章中详细介绍)。

通过这些准备活动，教师要搞清某一册、某一单元在数学教学整个第一、二学段中的地位及其与其他部分的相互关系，具体落实“四基”的内容与要求；了解学生的知识储备、智力水平、认知结构、兴趣需要、学习方法、学习习惯等，以便对教学中以及学生学习上可能遇到的困难和障碍有个大致估计，从而有针对性地进行教学；设计学年、学期、单元、课时等不同层级的计划，设计好教学过程。

学生的学习准备，包括知识准备和心理准备两方面。前者是指在开始课堂学习之前，有意识地复习与新知识有紧密联系的旧知识，唤起对旧知识的积极回忆，并以此为学习新知识的基础。后者主要是指教学前教师以适当的方式呈现给学生所要学习的知识内容及其在后续学习中的作用以及学习这些知识的大致方法，让学生初步明确下一阶段的学习任务，产生学习需要，并自觉预习将要学习的教材内容或复习与将要学习内容密切联系的旧知识。学生学习准备的效果在很大程度上取决于教师启发、激励的方法与技巧。

二、教学实施

(一) 新知引入

新知引入是小学数学教学过程中课堂的起始环节，关系到课前准备工作能否实效化。对于小学生而言，需要在课堂教学之初使其明确即将进行的学习任务、需要解决的眼前问题，在完成任务、解决问题的过程中实现对新知识的学习。

教师可以采取创设问题情境、通过复习旧知识引入、直接给出学习任务等方式实现新知引入。具体如创设生活化、游戏化、现实化、操作化、动态化、悬念式等多种类型的问题情境引起学生注意，激发学生兴趣，促进学生的主动参与和积极思考。问题情境的创设需要紧扣将要展开的数学教学内容和教学目标设计，充分考虑学生的现有发展水平，不可过于标新立异而脱离学生实际。依据不同的教学内容设计不同的导入方式，追求切入数学本质的简洁明快。

（二）理解巩固

数学知识的表示形式是数学语言符号，符号本身是数学学习的对象，符号代表的数学事实、概念和原理是数学学习更为重要的对象。在新知引入的过程中，需要帮助学生建立与已有适当知识之间的非人为和实质性联系①，即帮助学生实现对数学新知识的有意义学习。在心理上获得数学语言符号所代表的新知识的实际意义的同时，实现对原有数学认知结构的改造和重建。

理解巩固的过程不只是为了获得数学新知的静态结果，更重要的是明确静态结果学习的必要性及其产生的来龙去脉，经历对静态结果的探究过程，在动态过程中自然而然地实现对静态结果的理解掌握。

引导学生对已经理解的知识加以巩固和运用，使其真正掌握，这既是教师教学工作的一个重要步骤，也是学生学习过程中的一个基本阶段。这一阶段对于学生加深数学知识的理解、强化知识的保持、训练技能和发展能力都具有其他阶段无法替代的作用。巩固和运用的目的是使学生在理解的基础上将所学知识牢牢掌握，并用所学的数学知识解决问题。但在教学实践中两者往往是交织在一起的，通常很难做出严格的区分，因此将两者综合成小学数学教学过程的一个基本阶段。从活动过程的构成来看，这一阶段主要通过学生的练习活动承载，但由于学生的练习始终离不开教师的必要指导，需要教师的合理组织和必要干预，故而本环节仍需要教师教的过程与学生学的过程之间的相互适应和协调统一。

（三）学习评价

数学教学过程中的学习评价也是一个重要环节，这将在第八章中进行详细阐述。这里需要明确以下方面：日常数学教学过程中的评价并不是为了排名，它的重要作用是及时发现问题和激励学生，实现调整巩固，促进教学过程的高质量进行。

学习评价活动的形式不仅仅是教师评价学生，可以更多地设计学生之间相互评价的有效方式，实现学生之间的“比学赶帮”。通过评价方式促进学生之间的相互学习、取长补短。课堂教学过程中的评价，也要充分发挥学生自我评价的主体作用，引导学生通过自我监督、激励、评价、反思、调整、提高实现数学学习效果的提升和元认知能力的发展。

在具体实施中要注意处理好三个问题：一要确立好评价标准，其标准既要全面反映知识掌握、能力培养和核心素养提升等内容，又要具体规定知识掌握和能力培养的层次要求；二要重视师生对教和学相关认知的自我评价；三要突出对学生学习过程的评价。

（四）总结回顾

教学结束之时需要在较短的时间内浓缩概括当堂课的教学内容、知识结构，使得学生对教学内容产生清晰的系统化印象，同时力争能够对知识的深化拓展产生一定的延伸铺垫

① 邵瑞珍. 教育心理学. 上海：上海教育出版社，1985：31.

作用。总结回顾是小学数学教学过程的一个必要步骤，是构成小学数学教学过程的一个不可缺少的组成部分。

教学过程中的总结回顾并非对已学内容的面面俱到式的回顾，那样反而无法突出重点甚至阻碍学生对重要内容的理解掌握，总结需要精练、具体，以使学生印象深刻，产生对重点内容和重要思想的“可获得感”与“可领悟感”。小学生的学习积极性高但容易表面化，满足于对教师提问的踊跃回答，不能主动深入思考问题，这就需要通过总结回顾促进其对所学知识进行简单概括，产生认识上的升华，体会到成功解决问题的愉悦感。经常进行有效的数学学习总结回顾，可以帮助学生将学到的知识条理化，建立起知识之间的相互联系，减少遗忘，养成良好学习习惯，提高数学素养。

三、教学回顾与补充

（一）教学反思

教学反思是教师专业成长的重要途径，通过教学反思可以促使教师成长为专家型教师。通过反思，教师能够总结教学经验，使碎片化的经验结晶为体系化的实践智慧，从而有利于指导个人的进一步教学，甚至供他人借鉴参考。

教学反思的常见形式是撰写反思日记，记录个人的教学活动，总结经验、梳理困惑，整合体现个人的、他人的经验和各自教育教学理论原理，寻求对困惑之处的解决之道，并在后续教学实践中验证其有效性。寻求解决之道的途径可以是自己查阅资料，独立思考，也可以向其他教师寻求帮助，还可以在教学研讨会、集体备课等过程中提出问题，共同讨论。

（二）课外辅导

课外辅导是课堂教学的一种辅助形式，是对课堂的一种有益补充。课外辅导方式可根据学生的不同情况加以确定，个别有问题的学生可以采取个别辅导的形式，这可能是普遍存在的情形；部分学生具有共同性问题则可采用小组辅导形式；学生中存在的普遍性问题，则采用集体辅导的形式。辅导需要及时进行，以免积累过多问题。

思考题

1. 小学数学教学的一般原则和特殊原则各有哪些？
2. 教师和学生分别是如何体现作为教学活动实施主体的价值的？
3. 小学数学教学活动的常见组织形式有哪些？
4. 小学数学教学活动的主要特点有哪些？
5. 请根据小学数学教学过程基本环节中“教学实施”的相关内容，选择小学数学教学的某一节，进行教学设计。

参考文献

［1］皮亚杰．发生认识论原理．北京：商务印书馆，1981.

[2] 苏霍姆林斯基. 把整个心灵献给孩子. 天津：天津人民出版社，1981.

[3] 张焕庭. 西方资产阶级教育论著选. 北京：人民教育出版社，1984.

[4] 王策三. 教学论稿. 北京：人民教育出版社，1985.

[5] 海敦斯. 美国现代小学数学. 武汉：华中师范大学出版社，1989.

[6] 布兰思福特，等. 人是如何学习的. 上海：华东师范大学出版社，2002.

[7] 涂荣豹. 数学教学认识论. 南京：南京师范大学出版社，2003.

[8] 施良方，崔允漷. 教学理论：课堂教学的原理、策略与研究. 上海：华东师范大学出版社，2010.

第六章

小学数学教学模式和教学方法

内容提要

教学模式和教学方法是教学理论的具体化，是教学实践的概括化的形式和系统，具有多样性和可操作性。本章主要对教学模式和教学方法的概念、特征，国内外常用的教学模式和教学方法进行了介绍。

第一节　教学模式

每一种教学模式都有自己的特点和适用范围。教师对教学模式的选择和运用需有一定的条件和要求。教学模式必须要与教学目标相契合，要考虑实际的教学条件，针对不同的教学内容来选择教学模式。

一、教学模式的概念

教学模式是在一定教学思想或教学理论指导下建立起来的较为稳定的教学活动结构框架和活动程序。作为结构框架，突出了教学模式从宏观上把握教学活动整体及各要素之间的关系的功能；作为活动程序，则突出了教学模式的有序性和可操作性。

二、教学模式的特点

教学模式是一种设计和实施教学的理论，尽管各种教学模式所依据的教学思想或教学理论不同，但从一般意义上来讲，教学模式都具有以下五个特点。

1. 操作性

教学模式所提供的操作要求和教学程序都是便于人们理解、把握和运用的，这是教学模式的本质特点。一方面，教学模式之所以具有操作性，在于它总是从某个特定的角度、立场和侧面来揭示教学的规律，比较接近教学的实际而易被人们理解和操作；另一方面，教学模式的产生不是为了空洞的思辨，而是为了让人们去把握和运用，因此，教学模式有一套系统的操作要求和基本的实施程序。教学模式的操作性特点，使教学模式可以被学习、示范和模仿，从而使教学模式的运用成为技术、技能和技巧，达到预期的教学效果。

2. 整体性

任何教学模式都是由一定的指导思想、目标、程序、策略和评价等基本要素有机构成的整体，自身都有一套比较完整的结构和机制。因此，在运用某种教学模式时，必须从整体上把握，既要透彻了解其基本原理，又要切实掌握其方式方法。那种无视教学模式的整体性，放弃理论学习，只简单套用一定的程序步骤的做法，对提高教学水平是有害而无益的。

3. 简约性

任何教学模式都是简化了的教学结构及其活动方式，是以精练的语言、象征性的图式或明确的符号去概括和表述教学过程。一般来说，这种简约化的教学模式的形态主要有：条纹型，这类模式通过非概念化的语言跳跃式地表达，相对全面，便于操作；框图型，这类模式仅暗示大意，通常只将变量的逻辑关系勾画出来；公式型，这类模式主要采用教学公式或类似形式表达。因此，教学模式既能将那些纷繁杂乱的实践经验理论化，又能在人们的头脑中形成一个比抽象的理论更具体、简明的框架，从而便于人们去理解、交流和运用。

4. 开放性

教学模式是一个动态开放的系统，有一个产生、发展和完善的过程。尽管教学模式一经形成就具有一定的稳定性，但这并不意味着该教学模式从此就不再发生变化。教学模式总是随着人们对教学实践的认识、教学观念和教学思想的更新而不断得到丰富和发展。一种有影响的教学模式之所以具有较强的生命力，就在于它能在原有的基础上不断地充实和提高，否则它就会被逐渐地淘汰。

5. 针对性

每种教学模式都有它的特殊性，即明确的针对性。当然，可能有些教学模式的适用范围更宽广一些，但也有些教学模式只能适用于极为特殊的教学情境。因此，使用教学模式需要有鉴别不同类型的教学目标的能力，以便选用与特定目标相适合的特定的教学模式。如果超越教学模式的适用范围，或者不具备相应的教学条件，就很难取得好的教学效果。例如：发现式教学模式较适用于数理学科的教学，却不适用于体育教学；程序教学模式适用于知识技能训练，而对于培养探究精神和科学态度则不太适用。

三、教学模式的类型

（一）国内教学模式

1. 传递-接受教学模式

这是我国中小学教学实践中长期以来所普遍采用的一种基本的教学模式。它源于赫尔巴特及其弟子席勒提出的“五段教学”，后经过苏联的凯洛夫等人改造后传入我国，我们又对其做了适当的调整和修改。

这一模式主要运用于系统知识、技能的传授和学习。它的基本程序为：激发学习动机—复习旧课—讲授新知识—巩固运用—检查评价。通过教师传授使学生对所学的内容由感知到理解，再到领会，然后再组织学生练习、巩固所学的内容，最后检查学生学习的效果。

这种教学模式之所以被我国中小学普遍采用，并且成为我国基本的教学模式，是由于它有下列优点：第一，它能使学生在单位时间里较为迅速有效地获得更多的知识信息，突出地体现了教学作为一种简约的认识过程的特性，是人类传播系统知识经验最经济的模式之一；第二，它能有效地发挥教师的主导作用，易于达到预期的教学目标，这一模式主要适用于学科课程的书本知识的教学，适用于加强基础知识和基本技能的训练，适用于班级授课制的课程教学。但这种教学模式下，学生处于被动地位，这不利于学生学习主动性的充分发挥，多年来受到各方面的批评。然而正如美国心理学家奥苏伯尔所指出的：接受学习不一定都是机械被动的，关键是教师传授的内容是否具有潜在的言语材料，能否同原有的知识结构建立实质性联系；教师能否激发学生主动从自己原有的知识结构中提取有联系的旧知识来“固定”或“类属”新知识。如果能实现上述两点，则这种模式在掌握知识技能中所具有的独特功能就无法否定。

2. 自学-指导教学模式

自学-指导教学模式是指教学活动以学生自学为主，教师的指导贯穿于学生自学始终的教学模式。如卢仲衡提出的“中学数学自学辅导教学”、上海育才中学的“八字教学模式”、魏书生提出的中学语文教学的“六步教学法”模式、黎世法提出的“六课型单元教学”等。

这种模式以自学能力为主要目标，实现以“讲”为主向以“导”为主的转变。它的实现条件：第一，教师要有正确的教学指导思想，以“学”为主，以“导”为主线。也就是教师是“指导者”“引导者”，要充分相信学生能自学，积极指导学生自学。第二，教师要设计要求明确的自学提纲，提供必备的参考书、学习辅助工具，如词典、字典等。教师要有一套指导学生自学的方法。该模式要求有一定的阅读能力，故小学低年级较少采用。

这一模式的基本操作程序为：提出要求—学生自学—讨论、启发—练习运用—评价、小结。教师的指导贯穿于每一个环节。

自学-指导教学模式可以提高学生学习的主动性和主体意识，有利于学生自学能力和学习习惯的培养，加速学生创造性思维能力的发展，有利于适应学生的个性差异，更好地解决了集体教学中如何因材施教的问题。采用这一模式，教师虽少讲了，只起点拨、解疑的作用，但对教师的主导作用要求却更高了。如果教师不能做到这一点，自学就会导致自流，这种教学模式的优越性就难以体现。

3. 引导-发现教学模式

这一模式又称引导-探究教学模式，是一种以问题解决为中心，注重学生独立活动、着眼于创造性思维能力和意志力培养的教学模式。我国如小学数学尝试教学法、小学数学引导法、中学引导发现法、中学物理研究教学方法等皆属于此列。

该模式的理论基础是杜威的“五步教学法”，即“情境—问题—假设—解决—验证”

五个步骤。

该模式的基本程序是：提出问题—建立假设—拟定计划—验证假设—总结提高。

该模式的优点在于使学生学会如何学习，如何发现问题，怎样加工信息，如何推理、论证假设等，因而有利于培养学生科学的学习态度和探索能力。引导-发现教学模式也存在不足，一般适用于数理学科，它需要学生有一定的经验储备，才能从强烈的问题意识中找到解决问题的线索。

4. 情境-陶冶教学模式

这是指在教学活动中创设一种情感和认知相结合的教学环节，让学生在轻松愉快的教学气氛中有效地获得知识的同时陶冶情感的一种教学模式。实验中的“情境教学”“愉快教学”“成功教育”“快乐教学”“情知教学”等皆属此列。

这种教学模式通过情感和认知多次交互作用，使学生的情感不断得到陶冶、升华，个性得到健康发展，同时使学生学到科学的知识。

操作程序包括：创设情境—情境体验—总结转化。这一模式中教师是学生情感的“激发者”和“维持者”，因此要求教师具有多种能力，如表演、语言表达能力等。教师还要根据教学要求，提供音乐器材、教具或教学场所，并把他们组织好；要有融洽的师生关系，师生一起进入角色，使情境更加入情入理，发挥诱导学生情感和促进学生认知的作用。

这一教学模式的主要作用是对学生个性的陶冶和人格的培养，通过设计某种与现实生活同类的意境，让学生从中领悟到怎样对待生活、认识自己和对待他人，提高学生的自主精神和合作精神。此教学模式也可以用于自然学科的教学，以提高其教学效率。但一般而言，较适用于思想品德课、外语课、语文课的教学，还可以广泛适用于课外各种文艺兴趣小组和社会实践活动等教学活动。

5. 示范-模仿教学模式

这种模式是历史上最古老的模式之一，也是教学模式中最基本的模式之一，是指教师有目的地把示范技能作为有效的刺激，以引起学生相应的行动，使他们通过模仿有效地掌握技能的一种教学模式。它是以示范技能为目的的教学。

该模式重在使学生掌握一些基本行为技能，如读、写、算、唱、跳及各种运动和操作技能；在学龄初期或社会化早期，通过示范模仿，使学生掌握社会的道德习惯和行为模式。其操作程序是：定向—参与性练习—自主练习—迁移。前三个阶段是涉及示范模式本身的，而迁移是对模仿的更高要求，是模仿的进一步深化。

该教学模式的运用范围广，很多学科的技能训练都适宜。当代西方国家所采用的模拟教学，是该种模式与现代化手段相结合的产物，提高了学习效率。但在该模式中，由于技能的形成主要是学生自己练习的结果，因此教师只起组织者的作用。

（二）国外教学模式

二战以来，在其他国家的教育领域里出现了诸多教学模式，现简要介绍几种。

1. 程序教学模式

程序教学就是将教学内容分成许多小步子，系统地排列起来，学生对小步子所提出的问题做出反应，确认以后再开始下一步学习。

该模式的目标是教给学习者某种具体的技能、观念或其他内外部的行为方式，如掌握某些智力技能或行为技能等。

采用这一模式，需把教学内容根据学习过程分解成许多小步子，并按一定的次序排好。每一个问题都要先做出解释，然后提出要求学生回答的问题，每一个问题都要有正确的答案。当学生回答问题后，通过出示正确答案，让学生确认自己回答的正误，正确后再进入下一项目的学习。

程序教学的优点是可以使学习内容化难为易，易于学生掌握、易于巩固；及时反馈、及时强化，有利于调动学生学习积极性，及时调整学生的学习；可以根据各人的情况，自定步调，确定学习进度，有利于因材施教。其不足是只能显示教学结果，不能体现教学过程，对教学活动中最复杂的因素——学习者的心理活动无法控制；削弱了教师对学生的随机指导，也割断了学习者间的相互影响；知识被分成一个个小项目来学习，影响了学习者对知识整体的把握。

2. 概念获得教学模式

这也称“发现学习”教学模式，是要求学生在教师指导下，像科学家那样，通过自己的探索和学习，发现事物变化的因果关系及其内在联系，形成概念，获得原理。

该模式主要是让学习者通过体验所学概念原理的形成过程来发展学生的归纳、推理等思维能力，掌握探究思维的方法。

该模式的基本程序为：识别概念—形成概念—验证概念—分析思维方法。需要具备的实现条件：第一，这一模式原则上是要掌握学科基本结构，因而要精选教材，从中提炼出最基本的结构，难度要适中，并围绕着学习课题准备好假设、验证用的资料、实验等。第二，教师要以少胜多讲清基本原理，引导学生去探索；使学生了解各种可供选择的方法和不同的观点，诱发学生探索的积极性。第三，师生在教学中处于协作关系，这使学生能开展积极能动的活动，对所引用的材料敢于发表自己的见解。教师要根据具体的课题和学生的情况来决定学习者的主动程度，使他们能够做到独立发现。

概念获得教学模式可引发学生主动探究，使他们产生内在的学习动机，有利于迁移能力的形成，并可培养学生创造的能力，从而开发学生智力潜能。但该模式所追求的“发现”较为费时，难于全面推广，它对各门学科并非具有同样的价值，一般较适用于逻辑系统严密的数理学科，而以情感为基础的艺术学科则不太适用，另外它需要有一定的知识和先行经验的储备，要求学生有相当的思考能力，所以对低年级学生和思考力较弱的学生来讲，有一定困难。

3. 掌握学习教学模式

掌握学习教学模式是美国当代著名心理学家和教育家布鲁姆创立的。掌握学习就是在“所有学生都能学好”的思想指导下，以集体教学为基础，辅之以经常、及时的反馈，为学生提供其所需的个别化帮助以及所需的额外学习时间，从而使大多数学生达到课程目标所规定的掌握标准。

该模式的目的是帮助学生解决学习效率的问题，以求大幅度提高教学质量，其基本程序为：诊断性评价—团体教学—单元形成性测验—已掌握者进行巩固性、扩展性学习或帮助未掌握者（或未掌握者接受矫正—再次测验）—进入下一单元。在一学期结束或几章节学完后进行总结性测验和评价。

需要的条件：第一，师生双方对掌握学习都要抱有信心。第二，确定所教学科的内容、目标和测量手段，包括三点：确定学习内容，明确学科学习范围，并概括地加以表述；明确掌握目标，编制教学目标“双向项目表”（横栏表示行为，纵栏表示内容）；准备终结性测验，试题要覆盖所有目标。第三，为掌握制订计划。

掌握学习教学模式强调的是因材施教，使教学适应学生的心理特点和个别差异，从而使大多数学生达到课程目标所规定的掌握标准，达到大幅度提高教学质量的教学目标。这种教学模式并没有根本改变学校和班级的组织，在普通的学年制班级里便可实施，因此产生了相当广泛的影响，在其他国家也得到了相当程度的普及。

掌握学习也有许多问题和困难需研究解决。如教学内容的单元怎样划分才更科学、合理；教师上课前的大量准备工作以及要使用多种教学手段和方法，势必增加教师的负担；一般来讲，掌握学习教学模式适合于成绩较差和一般的学生，而优等生则不太适应，因为这种模式使深化学习和扩展学习难以进行。

4. 非指导性教学模式

非指导性教学就是非操纵的教学，教师并不直接教学生，而仅仅是促进他们学习。这种教学活动以学生为中心，把学生的“自我”看成教学的根本要求，以此来设计教学行为，教师的任务是促进学生自我的主导意识。

针对传统教学只注重人的理智发展、片面地训练人的认识能力、忽视学生的情感培养等缺点，罗杰斯提出教学目标应以人的本性为出发点，把教学作为促进自我实现的工具，开发人的创造潜能，形成人的独立个性，认为教学的最终目标是培养真正自由独立的“完整的人”。

实现条件：第一，要十分注重人际关系和情感因素在教学中的作用，师生关系上要消除紧张感。第二，教师不是教学生怎样学，而是提供学习的手段（包括教师本人的学识、能力、思考方式等），由学生决定怎样学，因此教师不是以指导者而只是以顾问的身份出现。

该模式的基本程序为：创设情境—开放性探索—个人或小组鉴别。

非指导性教学模式所提出的、被一般教学模式所忽视的情感的作用和价值观以及建立新型师生关系等内容是值得肯定的。它注重学生自身的潜力的充分发挥，促进学习者自我完善，但它又过分强调以学习者为中心，这必然会削弱教师在教学中应起的作用。同时它完全放弃课程内容对学生的教育作用，这对教学也是十分有害的。

5. 合作教育教学模式

这是苏联教学实践中形成的一种新的教学模式，它以“合作教育学”为思想基础，是以尊重学生的个性、深刻体现人道主义精神为宗旨的教学模式，其主要特点是师生之间建立相互信任、相互尊重的合作关系，

该模式的目标是使学生形成良好的个性，使他们的精神力量得到充分发挥。

实现条件：第一，在一切可行的场合下，教师应给学生提供自由选择的机会，使学生时刻体验到一种受尊重、被信任的感觉。学生应成为学习的主人。第二，教材的重点要精心编制，如“纲要信号”“算法口诀”等可见的行为，使学生通过视、听等多种活动来牢

固地掌握知识。第三，在教学过程中不能单纯由教师“教”，学生“学”也要渗透“教”“自教”“互教”等因素。第四，用实质性评价代替传统的形式评价，使评价起到鼓励、促进学生学习积极性的作用。这种教学模式尚在发展中，其基本程序尚待概括和成型。

由于它强调促进教与学两个方面的积极性，主张师生合作和发展学生的个性、创造能力，因而具有极强的生命力，正成为一种有影响的教学模式。在西方国家也出现了以人际关系为教学目标或手段的教学模式，如小组探究模式、社会探究模式等。

第二节　教学方法

教学有法，教无定法。每种教学方法都有自己的特点和适用范围。教师要根据教学目标、教学内容、学生的认知特点、教学条件以及自己的教学风格等诸多因素来选择恰当的教学方法。

一、教学方法的概念

教学方法是为了达到一定的教学目标，教师组织和引导学生进行专门内容的学习活动所采用的方式、手段和程序的总和。它包括了教师的教法、学生的学法、教与学的方法。

二、国内常用的教学方法

人们通过总结和比较筛选，把我国中小学常用的教学方法分为十种，即“讲授法、谈话法、读书指导法、演示法、参观法、实验法、实习作业法、练习法、讨论法、研究法”，这十种方法可以被分为四类。

1. 以语言传递为主的教学方法

(1) 讲授法是教师通过语言系统连贯地向学生传授知识的方法，分为讲述、讲解和讲演三种。讲授法要求讲授内容要有科学性、系统性和连续性，教学中要注意启发学生，这种方法很讲究语言艺术。

(2) 谈话法又称问答法，它是由教师按一定的教学要求向学生提出问题，要求学生回答，并通过问答的形式来引导学生获取或巩固知识的方法。谈话法包括复习谈话和启发谈话两种。使用要求是要准备好问题和谈话计划，教师要善于提问，要善于启发诱导学生，要做好归纳小结。

(3) 读书指导法是教师指导学生通过阅读教科书、参考书以获取知识或巩固知识的方法，包括指导学生预习、复习、阅读参考书及自学教材等。使用要求是：有明确的目标、要求和思考题，教给学生读书的方法、加强辅导，适当组织学生交流心得。

2. 以直接感知为主的教学方法

(1) 演示法是教师通过展示实物、直观教具或演示实验，使学生获得知识或巩固知识的方法。使用时要求做好演示前的准备，使学生明确演示的目的、要求和过程，讲究演示的方法。

（2）参观法是教师根据教学目的组织学生到校内外一定的场所，直接观察事物及现象以获得新知识或巩固验证已学知识的一种教学方法，包括准备性参观、并行性参观和总结性参观三种。使用要求是事先做好准备工作，明确学生参观的重点环节，参观过程中要加强指导，让学生有目的、有重点地进行选择，结束后要指导学生做好讨论总结，安排作业。

3. 以实际训练为主的教学方法

（1）实验法是在教师指导下运用一定的仪器设备，进行独立作业，观察事物和过程的发生和变化，探求事物的规律，以获得知识和技能的方法。这种方法包括感知性实验和验证性实验两种。使用要求是：做好实验前的准备，使学生明确实验的目的、要求和做法，注意实验过程中的指导，做好实验小结。

（2）实习作业法是学生在教师指导下进行一定的实际活动以培养学生实际操作能力的方法。使用要求是：教师要做好实习作业的准备，做好实习作业的动员，做好实习作业过程中的指导，做好实习作业的总结。

（3）练习法是学生在教师指导下运用知识去反复完成一定的操作以形成技能技巧的方法，分为各种口头练习、书面练习、实际操作练习、模仿性练习、独立性练习、创造性练习。使用时要求提高练习的自觉性，循序渐进、逐步提高、严格要求。

4. 以引导探究为主的教学方法

（1）讨论法是学生在教师指导下为解决某个问题而进行探讨、辨明是非真伪以获取知识的方法。使用要求包括：讨论的问题要有吸引力，要善于在讨论中启发引导学生，做好讨论小结。

（2）研究法是在教师指导下学生通过独立地探索，创造性地解决问题，来获取知识和发展能力的方法。使用时要求正确选定研究课题，提供必要的条件，让学生独立思考与探索，这种方法要求循序渐进、因材施教。

除了这些常用的教学方法以外，我国还创建了一些新的教学方法，比如“六课型”教学法，“读读、议议、讲讲、练练”的八字教学法，学导式教学，情境教学法等，这些教学方法和外国的新的教学方法也有着异曲同工之妙。

三、国外常用的教学方法

随着心理学研究的不断深入、教育教学改革的不断发展和教育工作者的持续努力，教学方法在当代获得了前所未有的发展，国外创建了许多新的教学方法。这些新的方法中有三种在国外有很大的影响力，分别是发现式教学法、范例教学法、掌握学习教学法。

1. 发现式教学法

（1）概念。发现法是由美国著名心理学家布鲁纳提出的，是指学生在学习概念的原理时，教师只给他们一些事例和问题，让学生自己通过独立工作去发现问题、解决问题、得出结论的方法。这也正是它的特点，即学习的内容需要学生自己发现。这类教学方法因其与科学研究方法类似而日益受到重视，但也因费时而不太可能成为主要的教学方法。

（2）过程结构。发现式教学法由四个环节构成。1）教师创设问题情境。教师深入分析教学内容，向学生提出要解决或研究的课题。2）学生提出假设或答案。学生在阅读和学习有关教材、参考书的基础上对教师提出的问题做出各种可能的假设和回答。3）检验假设。在教师指导下，学生根据不同的课题性质，通过思辨、实验、演示等，以讨论的形式对假设进行检验。正确的就可以作为结论和结果，错误的再修正假设。4）得出结论。在充分讨论和验证假设的基础上，对假设进行补充、修改和总结，对教师提出的问题做出回答。

（3）该方法在数理学科，特别是在对概念、理论、现象间的因果关系或其他联系进行探究的教学中非常适用。

（4）使用的基本要求。教师在使用该方法时须做到：1）根据教材特点和学生实际，确定探究发现的课题和过程。2）严密组织教学，积极引导学生的发现活动。3）努力创造一个有利于学生进行探究发现的良好情境。

2. 范例教学法

（1）概念。该方法是将精选的知识经验以及事实范例作为教学内容，使学生掌握一般的、有普遍意义的知识，形成独立和主动学习的能力和养成独立批判、判断能力的教学方法。它是德国教育家瓦·根舍因等创立的。范例教学的目的在于通过学习精选的隐含着本质因素、根本因素、基本因素的典型事例，使学生掌握一般的知识、观念，而不是要学生复述式地掌握知识。

（2）过程结构。范例教学法由四个阶段构成。1）范例地阐明“个”的阶段。通过整体的一个或几个特性来说明整体，也就是通过个别的典型特征来说明整体。2）范例地阐明“类”或“属”的阶段。就是对上一阶段获得的知识进行归类。3）范例地掌握规律范畴的阶段。在前两个阶段的学习基础上，进一步探究出规律性的认识来。4）范例地获得关于世界经验和生活经验的阶段。通过上述三个阶段的教学，进一步把获得的知识进行加工和应用，从而获得关于世界的经验和生活的经验。通过这一阶段，学生不仅了解了客观世界，也认识了自己，加强了行为的自觉性。

（3）使用要求。教师在使用这一方法时要做到：1）帮助学生主动学习。2）激发学生的学习动机。3）努力让学生认识知识内部的逻辑结构，掌握范畴性的知识。4）教师要引导学生去发现。

3. 掌握学习教学法

（1）概念。该方法是通过操作教学时间来实现因材施教，是以每个学生掌握教学内容为标志的，使每个学生都尽可能发展的教学方法。主张这种教学法的代表人物是美国的卡罗尔和布鲁姆。

（2）基本原理。卡罗尔和布鲁姆提出，学习结果的主要变量是学习时间。学习时间分为实际学习时间和必要学习时间。学习程度$=f$（实际学习时间/必要学习时间）。实际学习时间是完成指定的学习任务所安排的教学时间，是由教师决定的。必要学习时间是学生完成指定的学习任务所必要的学习时间，对学生来说是因人而异的。从教师角度看，要尽可能多地给予学生足够的实际学习时间；从学生角度看，教师要尽可能帮助学生缩短必要学习时间。学习所花的时间是“掌握学习”的关键，掌握学习教学法就是要找到为每个学生提供他所需要的学习时间的教学方法。

（3）过程结构。该方法分为教学准备和教学实施两个阶段。

教学准备阶段的过程结构为：1）教师首先确定教学内容。2）教师把课程分解为一系列单元，并制定具体的教学目标。3）在新课程之前，对学生进行诊断性评价。4）编制各单元简短的“形成性测验”试题，预先确定并准备好可供选择的学习材料（如辅导资料、练习手册、学术游戏等）和矫正手段（如小组学习、个别辅导、重新讲授等），供学生遇到学习困难时选择。5）编制“终结性测验”试题，覆盖所有单元目标，目的是评价学生是否完成了该学科的学习任务。

教学实施阶段的教学过程为：1）教师首先向学生介绍掌握学习的一般程序，包括：学习→形成性测验→（再学习→形成性测验……）→终结性测验→每个学生都达到教学目标。2）在新课程之前，对学生进行诊断性评价。3）在集体教学中给学生以相同的教学内容和教学时间。4）在一个单元学习结束时，进行一次“形成性测验”，正确率达80%～85%即可通过。5）通过者进行加深学习，未通过者进行补救学习，这种补救学习可利用可供选择的学习资料（如辅导资料、练习手册、学术游戏等）和矫正手段（如小组学习、个别辅导、重新讲授等）。6）再进行一次“形成性测验”。7）进行“终结性测验”，评定每个学生的学业成绩。

（4）使用要求。教师在使用该方法时应做到：诊断学生要准确，激发每一个学生的学习动机，让每一个学生充分体验“学习成功”的喜悦，教师要引导学生不断总结和形成自学方法。

四、灵活选择教学模式与方法

教师可以根据以下原则选择教学模式与方法。

（1）依据教学目标进行选择。

不同领域或不同层次的教学目标的有效达成，要借助相应的教学模式和方法。教师可依据具体的可操作性目标来选择和确定自己的教学模式和方法。

（2）依据教学内容特点进行选择。

不同学科的知识内容与学习要求不同，不同阶段、不同单元、不同课时的内容与要求也不一致，这些都要求教学模式和方法的选择具有多样性和灵活性的特点。

（3）根据学生实际特点进行选择。

学生的实际特点直接制约着教师对教学方法的选择，这就要求教师能够科学而准确地研究分析学生的上述特点，有针对性地选择和运用相应的教学方法。

（4）依据教师的自身素质进行选择。

任何一种教学方法，只有适应了教师的素养条件，并能为教师充分理解和把握，才有可能在实际教学活动中有效地发挥其功能和作用。因此，教师在选择教学方法时，还应当根据自己的实际优势，扬长避短，选择最适合自己的教学方法。

（5）依据教学环境条件进行选择。

教师在选择教学方法时，要在时间条件允许的情况下，最大限度地运用和发挥教学环境条件的功能与作用。

思考题

1. 什么是教学模式？国内外常用教学模式有哪些？
2. 什么是教学方法？国内外常用教学方法有哪些？
3. 目前流行的学案教学存在哪些优势与不足？谈谈你对目前学案教学的认识。

参考文献

[1] 喻平．数学教学心理学．北京：北京师范大学出版社，2010.
[2] 张卓玉．第二次教育革命是否可能．北京：商务印书馆，2009.
[3] 莫雷，张卫，等．学习心理研究．广州：广东人民出版社，2005.
[4] 斯莱文．教育心理学（第 7 版）．北京：人民邮电出版社，2004.

第七章

小学数学教学设计

内容提要

教学是学校教育工作的基本形式。在教学实施之前，教师要为教学活动的各个方面做好准备，这些准备工作就是教学设计。本章将简要介绍教学设计的含义和基本过程，重点讨论小学数学教学设计的前期分析和小学数学教学方案的设计，结合具体案例呈现教学内容分析、教学对象分析、学习需求分析，以及教学目标设计、教学内容设计、教学策略设计、教学媒体设计、教学方案的撰写等。

第一节　数学教学设计概述

教学设计属于教育技术范畴，目的在于优化学习过程、提高教学质量。经过长期的发展，其内涵不断深化，对教学实践的影响也逐步扩大。教学设计在数学教学中具有不可或缺的地位，对数学教师来说，了解教学设计的内涵，理解教学设计的基本理论，掌握教学设计的步骤和方法，是优化教学过程、提高教学能力所必需的。

一、教学设计的基本含义

教学设计，是面向教学系统，按照系统方法对教学问题和教学要素进行分析，从而设计解决方法，并对解决方法进行试行、评价、修改，最终构建一个教学系统的过程，也称为教学系统设计。这里所谓的设计，实质上就是为创造某种具有实际效用的新事物而进行的探究活动，包括探究不完善的情境，发现并解决有关的问题，说明导致有效变化的途径等。因此，教学设计的工作包括分析教学问题，确定教学目标，建立教学策略，形成教学方案，试行并评价教学方案，修改和完善教学方案等。简言之，教学设计所要解决的是“教什么”“为什么教”“怎么教”“教得怎样”等问题。

教学设计以现代学习理论、现代教学理论、教学技术学等为基础。现代学习理论，如奥苏伯尔的知识学习过程与有意义学习理论，信息加工学派的信息表征、储存和提取的过程与条件的理论，布鲁纳的认知策略理论，弗拉维尔的元认知理论等，为教学设计提供了认知心理学基础。由加涅所著，于 1985 年再版的《学习的条件和教学论》，更是对教学设计有直接的指导作用①：(1) 学习结果及其分类框架是教学目标设计的重要依据，教学目标就是预期的学习结果；(2) 每类学习有不同的内部和外部条件，教学设计只是为促进学习的发生预先安排必要的条件；(3) 单个学习经历注意、选择性知觉、复述、语义编码、提取、回应组织和反馈等阶段，为教学过程设计提供了明确的依据；(4) 以学习者的外显行为变化为依据判断学习结果是否出现，反映每一类学习结果的行为指标为学习的检测和评价提供了直接的依据。

此外，教育传播学、教育控制论、教育工艺学等其他学科也为教学设计提供了理论支持，使得教学设计成为一门实践性很强的交叉性学科。

教学设计的根本方法是系统的方法。教学系统是由教师、学生、教学目标、教学内容、教育媒体、教学方法等多种要素构成的一个复杂系统，教学设计正是基于现代学习理论对学生学习过程和条件的认识，运用系统论的观点和方法，对教学目标、教学内容、教学方法、教学媒体以及教学进程中的师生活动，进行细致的分析，做出预设，从而使教学活动达到最佳效果。

备课与教学设计是两个相近却并不相同的概念。备课指的是教师在实施教学之前所做的各种准备工作，包括学习课程标准或教学大纲，钻研教材，阅读参考资料，了解学生，研究有关的教学经验，确定教学内容，安排教学过程，选择教学方法，编写课时教案等。虽然备课涉及的内容与教学设计大致相同，但在实践中，备课的内容要广泛得多，如向老教师请教经验，研读课标等，听评课往往也被列为备课活动的重要内容，但这些不是教学设计的重要内容。另外，备课常常是以教师为中心的，是教师为了自己的教学需要，对教学活动，尤其是教的活动，做出的设想和规划，而对于学生的学，尤其是对于复杂的认知和情感活动，缺少深入、细致的思考，容易造成教与学的脱节。因此，在现代教学论的话语中，常使用教学设计，而不用备课。不过，一线教师仍然较多地使用“备课”这个词来指代教学设计，在很多情况下需要注意区分日常表述的“备课”的真实含义。

二、教学设计的基本过程

美国教学设计研究专家马杰指出，教学设计依次由三个基本问题组成：

(1)“我去哪里”——回答为什么教，即教学目标的制定；

(2)“我如何去那里”——回答教什么、怎么教，即对学习者起始状态的分析、对教学内容的分析与组织、对教学方法与教学媒介的选择等；

(3)“我怎么判断我已到达了那里”——回答教得怎么样，即教学评价。

因此，教学设计由教学目标设计，达成目标诸要素的分析与设计，教学效果的评价所构成。与之相对应，教学设计的过程就有三个必要环节：前期分析、教学方案设计和教学设计评价。前期分析主要是根据现代学习理论和教学理论，对学生及其学习需要、学习内

① 皮连生，王小明，吴红耕，等. 现代教学设计. 北京：首都师范大学出版社，2010：12-13.

容进行系统分析，指出为什么教、教什么和怎样教的依据和思路。教学方案设计是在前期分析的基础上，确定教学目标、组织教学内容、预设教学过程、选择教学方法、选择教学媒体、创设教学环境、开发教学资源，是规划教什么、学什么、怎么教的计划和开发过程。教学设计评价是对已经设计好的方案进行形成性评价和终结性评价，为优化教学系统、提高教学设计的水平提供依据。三个环节按先后顺序依次展开，并形成一个封闭的循环圈（见图 7－1）[①]：

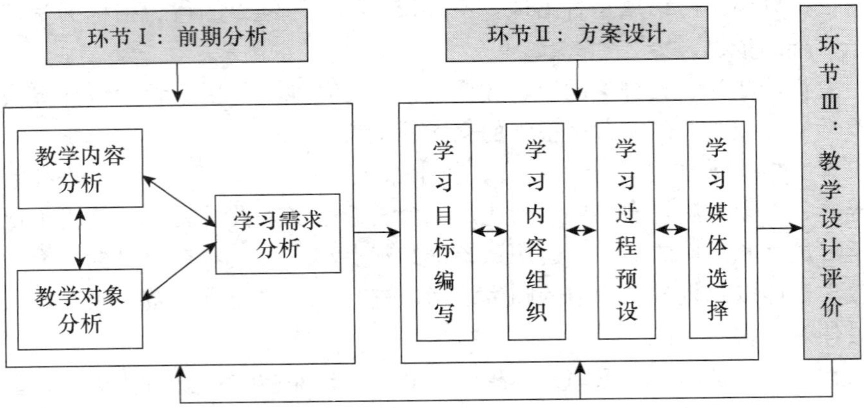

图 7－1　教学设计基本过程

前期分析也称为教学任务分析，主要工作包括：

（1）把学习结果归类，确定教学目标。学习结果有五类——言语信息、智慧技能、认知策略、动作技能和态度，不同的学习结果将形成与之对应的教学目标。

（2）判断学习结果的内在性质和外在行为表现，确定有效学习的条件，针对不同类型的学习结果，创设有效的学习过程。

（3）寻找有效学习的必要条件和支持性条件，确定学生的起点基础和能力。

教学方案设计的主要工作包括：

（1）综合考虑学习需要、学习内容、学生特点、课程目标、教学要求、教学条件等情况，整体考虑教学活动的过程和步骤；

（2）明确各教学步骤的学习结果、学习内容，确定各步骤的教学目标和整体教学目标；

（3）完善各步骤的教学内容，拟定教学展开的内容序列；

（4）选择教学方法和教学媒体，安排相应的师生活动，形成有机联系的活动序列；

（5）撰写教学方案（教案）。

教学设计评价的主要工作包括：

（1）对照教学目标检测学习结果和师生表现，对教学方案的科学性、逻辑性、可行性、适用性进行评价，判断教学目标能否实现；

（2）指出教学设计的优缺点，提出修改和改进的意见。

① 杨庆余．小学数学课程与教学．北京：中国人民大学出版社，2010：192.

教学设计评价可以在方案正式实施之前进行，即依据教师的教学经验，或是依据小范围试用的情况，进行评估；也可以是在实施之中进行，即教师根据教学活动的现实表现，对教学设计的内容、目标、方法、步骤等及时做出判断和调整；还可以在实施之后进行，即根据教学实际情况做出有针对性的、深入的分析和评价。

本章第二节和第三节将详细讨论前期分析和教学方案设计。关于教学设计评价可参见第八章。

三、教学设计的不同层次

根据教学内容和任务的范围大小，教学设计可以分为不同的层次。在小学数学教学设计中，常常考虑以下三个层次：

（1）学期教学设计。

它旨在从宏观整体上确定本学期的教学任务和教学过程。教师需要了解本学期的教学内容和教学任务，估计学生的学习基础和学习能力，参考数学课程标准和学校教学要求，从整体上规划本学期的目标、进度、内容、重点、时间分配、考试与评价等。

（2）单元教学设计。

这是学期教学设计的具体化，是在学期教学设计的基础上，对某一单元的教学任务做出的具体规划。一般包括单元知识点梳理、单元教学的目的与要求、重点与难点、课时分配、补充例题与习题、单元教学评价等。

（3）课堂教学设计。

这是单元教学设计的细化，是在单元教学设计的基础上，对某一知识点或某一节的内容进行的更加细致的教学设计，通常以一个课时为基本单位，并形成教案。通常包括：学习内容分析、学生分析、学习需求分析、教学任务与教学目标、教学指导思想与教学思路、教学步骤与基本教学事件、教学的重难点、教学方法与手段、预设的教学过程、预设的师生活动、板书设计、教学反思与评价等。

四、教学设计的特点

（1）教学设计以学生的学习为出发点。

学习是学生个体主动建构知识意义的过程。学生的认知规律、心理发展特点、认知基础、认知能力、情感特征都是影响知识建构的重要因素。教学设计从学生学习的具体特点出发，设计合理的学习目标和学习路径，选择合适的教学策略，创造良好的学习环境，促进学生发生有效的、有意义的学习。学生是教学的主体，忽视对学生的具体分析，重教轻学，是不可能产生好的教学效果的。

（2）教学设计以学与教的理论为基础。

好的教学活动必然遵循人类的学习规律和教学规律。教学设计之所以保证了教学活动的科学性，就是依据了学习和教学的科学理论。学生分析、学习内容分析、学习需求分析要依据学与教的理论，制定教学目标、设置教学过程、选择教学方法也要依据学与教的理论，形成性评价、总结性评价，尤其是提出的修改和优化意见，仍然要依据学与教的理论。忽视或弱化教学设计的理论指导，很容易导致教学设计的肤浅化、庸俗化，是不可取的。

(3) 教学设计是教学问题的解决过程。

教学设计是为了完成教学任务而进行的。为了更好地完成教学任务，就要解决教学过程中可能遇到的各种问题，例如怎么教的问题，就不仅仅关系到教学内容的组织和教学方法的选择，还关系到学生的起点问题、教师的引导作用问题、教学媒体和手段的适当性问题等等。教学设计的过程就是分析这些问题、研究解决办法的过程。以问题为导引，优化教学目标、教学内容、教学方法，完善教学过程、教学资源、师生活动，既保证了教学设计的针对性和有效性，又可以发挥教师的灵活性和创造性。

(4) 教学设计以系统的方法为基本方法。

教学是多种教学要素相互联系、相互作用的系统，系统的方法是分析和调控各种教学要素的基本方法。在教学设计中，既要考虑单个要素（如教学目标）的规定性和合理性，又要考虑与之相关的其他要素（如学生、教师、内容、媒体等）的制约性和特殊性，使各个要素在一定教学模式的指导下协调配合，共同完成教学的整体功能。

(5) 教学设计是指向教学实践的理论与技术。

教学设计与教学研究不同，教学研究关心的是“是什么”，主要考虑教学现象中的规律性认识，而教学设计关心的是“怎么学”“怎么教”，更多地考虑教学实施的操作性问题，是指向教学实践的规定性理论与操作技术。教学设计的规定性不仅表现为它的理论基础、基本模式、基本方法，还表现为它的理论性思维，例如根据学习需要的理论，回答为什么教学的问题；根据任务分析理论，回答教什么的问题；根据学习理论和教学理论，回答怎么教的问题；根据媒体理论和传播理论，回答教学方法和媒体的选择问题。教学设计的技术性具体表现为各种各样的教学技术，如组织技术、信息技术、控制技术、语言技术、多媒体技术、评价技术等。教师运用这些技术就可以展开教学行为。

可见，教学设计不仅是一门科学，还是一门技术，更是一门艺术。作为一门科学，它必须遵循学与教的规律；作为一门技术，它离不开各类技术工具的支撑；作为一门艺术，它需要结合教师的教学经验，根据教学内容和学生的特点，灵活地运用各种设计方法和技巧，对教学理论、教学技术进行再创造。可以说，教学设计是融系统性、针对性、探究性、灵活性、创新性于一体的兼具理论与技术的实践艺术①。

第二节　小学数学教学设计的前期分析

小学数学教学设计的前期分析，主要包括教学内容分析、教学对象分析、学习需求分析，相当于通常所讲的备教材、备学生、备教法。前期分析的结果是形成课堂教学的基本思路与步骤。

① 杨庆余．小学数学课程与教学．北京：中国人民大学出版社，2010：195.

一、教学内容分析

教学内容分析的主要目标是：数学知识的结构与逻辑关系，课堂学习的广度与深度，知识发生的顺序与学习路径，相关知识与技能的相互关系，知识背后的思维与能力要求，知识学习的类型与教学目标，课堂教学的重点和难度，以及知识学习中的情感因素等。通常，内容分析从理解课程标准、分析教材内容、借鉴参考资料这个三方面着手。

1. 理解课程标准

《课程标准（2011 年版）》规定了义务教育阶段数学课程的基本理念、课程目标、内容标准、教学建议与评价建议，是小学数学教学的纲领性文件，对小学数学教学设计有很强的指导意义。该标准不仅指导教师熟悉数学学习的内容，确定知识的广度和深度，还指导教师如何分析数学知识学习过程中所要求的数学思维、数学能力、数学思想方法等。

2. 分析教材内容

教材，或称教科书，是数学学习内容的重要载体，为学生提供数学学习的知识内容和基本线索，是教学设计的重要依据。教师应该深入钻研教材，深刻理解教材知识的内容和结构，弄清各知识点在整体中的地位和作用，理解教材编写的意图，弄清知识发生、发展的逻辑过程和心理过程，了解数学知识与现实生活、学生经验之间的关系，挖掘其中的数学思想方法和人文因素，把握章节知识所体现的课程理念和教学要求，以便设置恰当的学习路径和认知要求，确定合理的能力目标和情感目标，形成过程清晰、重点突出的教学思路。

3. 借鉴参考资料

小学数学教材配有相应的教学参考书或教师用书，对数学知识、教师教学进行更加细致深入的说明和指导。教学参考书是教学设计的指导用书，在前期任务分析中，阅读教学参考书，深入理解教材的编写意图和编写特色，可以获得许多有益的启发和帮助。平时所说的“备教材”，就包括对教学参考书的阅读和借鉴。

除了配套的教学参考书，教师还可以借鉴其他的参考资料，如教材出版社的网站、中小学教师教育网站等，这些网站上有不少教学资源，包括有关课题的介绍、解读、案例、视频、教学研究等，在前期分析中尽可能多借鉴它们，也会获得更多的数学认识和教学认识。

二、教学对象分析

在数学教学中，教学对象分析就是对学生的分析。学生既是学习活动的主体，又是教学活动的主体，具有独特性、差异性和发展性。教学设计只有客观分析学生的群体特征和个体特征，正确把握学生的发展水平和潜在能力，才能设计出可行的、高效的教学方案。

教学对象分析主要包括：对学生的发展水平、数学学习规律、数学学习特点等一般特征的分析，对学生课堂学习的知识基础、经验基础、起点位置、能力水平等认知特征的分析，对学生课堂学习的动机、态度、学习方式等情感特征的分析。

1. 一般特征分析

小学生的思维发展水平处于具体运算阶段，他们能遵循逻辑规则进行推理，但又需要借助具体形象才能理解，他们的思维往往局限于具体的情境或熟悉的经验，其典型表现是：

(1) 数学思维以直接经验为依据。只有在现实经验的支撑下，才能将实际问题抽象为数学模型，进而应用模型进行推理和计算。数小棒、摆物体、做游戏是小学生获得有关经验的常见活动。

(2) 数学思维是具体形象思维和抽象逻辑思维的结合。小学生处于具体形象思维向抽象逻辑思维的过渡阶段，小学生到了中高年级，具体形象思维的比重逐渐减少，抽象逻辑思维的比重逐渐增多，但他们的思维过程仍然不能缺少具体表象的支持。

(3) 在概念和规则学习中，小学生主要依靠归纳推理，演绎能力还很弱。这个阶段，他们往往是通过对一些典型实例的观察、比较、分析、综合，从中归纳出一般性结论的，即使到了小学高年级，学生也很难完成纯粹抽象概念和数学符号的演绎推理。

因此，对小学生来说，依靠直接经验的学习就容易，依靠间接经验的学习就难；偏向形象思维的就容易，偏向抽象思维的就难；凭借归纳推理的就容易，凭借演绎推理的就难。所以，小学生的数学学习应遵循从直观到抽象、从特殊到一般、由近及远的认识规律。

现代学习心理学还认为，有效的学习至少要具有以下三个条件①：1）注意力。有注意力，可以产生学习；没有注意力，学习不能发生。2）原有相关知识。有相关的原有知识，学习可能是有意义的，可以产生理解；缺乏相关的原有知识，学习只能是机械的，无法有效理解。3）形成内部联系和外部联系。有两个联系，学习是理解的，可以长期保持的，同时也意味着学习的主动性和积极性。对大部分数学知识（除了一些最初的符号和名称）来说，数学学习都应该是有意义的。因此，小学生的学习过程要重视注意的唤起和引导，重视已有相关知识的回忆和引入，重视对新知识的理解和新旧知识的联系。例如，可以通过放大某些对象的特征来引起小学生的注意和知觉，可以通过增强学生的直接体验来促进小学生的理解和记忆，可以通过做、看、写、算、想、说等多种活动和刺激来激发小学生的积极性和主动性。

另外，对小学生的自我监控能力不能估计太高。有研究发现，小学生数学自我监控能力有三个发展阶段：第一阶段为小学二、三年级，是了解和认识监控技能阶段，虽然对许多监控技能有初步认识，但还不能真正掌握和运用这些监控技能；第二阶段为三、四年级，是实践和掌握初步监控技能阶段，开始对许多监控技能进行反复实践，并逐步掌握。第三阶段为四、五年级，是熟练掌握监控技能阶段，某些监控行为不再依赖老师的监督、指导，或者依赖自己的意志维持，开始形成监控的习惯。不过小学生的自我监控能力差异较大，高年级的学优生具有的元认知策略显著多于学困生。所以，教师在进行教学设计时必须要考虑小学生的监控能力和差异特点，在反省性思维和元认知策略上区别对待不同的学生②。

2. 认知特征分析

认知特征分析主要是针对学生学习的内容，客观地分析学生已有的知识基础、经验储

① 皮连生，王小明，吴红耕，等. 现代教学设计. 北京：首都师范大学出版社，2010：46.

② 庞维国. 数学学习与教学设计. 上海：上海教育出版社，2005：52.

备、能力水平等认知特征。只有了解学习者已经知道了什么，才能真正明白学习者将要学习什么以及如何学，正如奥苏贝尔所说："影响学习的唯一最重要的因素，就是学习者已经知道了什么，要探明这一点，并应据此进行教学。"

可以采用逆推法确定学生原有的知识基础和能力水平，即从目标开始提问：要达到目标，学生必须具备哪些先决知识和能力。这样一直追溯到学生已经较好掌握的基础知识、基本技能、基本活动经验以及基本的思维与能力为止，并进一步辨析这些认知基础的特点，判断它们对新知识的学习将会起促进作用还是干扰作用，以便在教学引导中采取适当策略趋利避害。

这样的逆推不仅可以用在新旧知识点的分析上，也可以用在新知识点之间，即当新学习的知识点较多、较复杂时，运用逆推方法找出学习每一个新知识点所必需的知识经验基础和思维能力要求，从而使得所有的新知识学习都是有意义的。

分析学生认知特征的方法还有很多，如作业分析法、测验法、课堂提问法、问卷调查法等。教师可以根据前期分析的要求和教学条件，有选择地使用。

3. 情感特征分析

学生的学习动机、态度、习惯、情感、学习风格等因素会直接影响学生的数学学习，也会影响教师对教学方法的选择和教学活动的安排，是教学设计前期分析不能忽视的内容。

小学生学习动机中，最活跃的成分是学习兴趣。教师要善于分析小学生的兴趣点，知道他们喜欢什么样的学习内容，喜欢什么样的活动方式，喜爱什么样的教学媒体等。对学生不感兴趣的学习内容，在教学设计时应考虑如何增强他们的兴趣，对学生不喜欢的学习方式，应考虑采取必要措施提高学生的动机水平。

小学生的数学学习兴趣具有明显的年龄特征。通常在一、二年级，小学生喜欢趣味性的、新奇的、好玩的学习材料，喜欢在游戏、操作中学习数学，教师可以通过组织学生拼摆教具、扮演角色等活动增强学习的兴趣。在三、四年级，小学生开始感悟到数学的用途，逐渐关注数学与生活的联系、数学在生活中的应用，对有用的、必要的数学知识更加感兴趣。因此，教师应注意加强数学与生活、与身边科技信息的联系，用实用的、现实的材料去引导他们的兴趣。到了五、六年级，随着自我意识的增强，小学生开始关注自己在数学学习中的自我表现，更加愿意参与、探索有挑战性的问题，以此显示自己的能力，所以在教学设计中，教师要考虑问题的挑战性、竞争性，利用学生的自我满足感增强其学习的动机。

三、学习需求分析

需求是事物的目前状态与期望状态之间的差距。学习需求指的是学习者的目前水平与期望水平之间的差距。

通常情况下，对学习者的期望由以下因素构成：（1）学习者生活的社会及其变化与发展赋予学习者的历史使命和任务（包括长远的、近期的能力素质要求）；（2）学习者未来的职业和现在从事的职业的新发展对人才的要求；（3）学习者未来的工作岗位或所在岗位的技术变化对人才的希望；（4）学习者自身对知识、技能、态度的培养和发展方面的个人需求。前三个因素基本上已经包含在数学课程标准之中，教师只需研读课程标准，把握数学课程的理念和要求，把这些理念和要求贯彻到数学教学之中；而第四个因素，就需要教师根据学生的现实情况来恰当界定了①。

所以，学习需求分析主要是指在教学内容分析和教学对象分析的基础上，对数学课程需要、学生生活与社会需要、学生学习需要以及数学学习可依赖的学习条件等因素进行系统剖析，找出学生与期望水平的差距，分析原因，探讨解决途径及其可行性，为教学方案设计提供直接的依据。

学习需求分析包括外部需求分析和内部需求分析。

外部需求分析是指从数学课程标准、数学教材和学生生活需要出发，明确特定知识与先行知识、后继知识之间的关系，使课堂学习从整体上形成一个逻辑严谨、先后有序、环环相扣的知识链。如果教师已经对教学内容做了很好的分析，那么外部需求分析就比较简单了，可以按照教材知识点梳理的结果，按照知识发生的先后顺序理顺知识点，形成一个合理的知识生长和发展的线索。

例如，对“乘法的初步认识（一）”这个教学内容来说，课堂教学的知识线索是：加法—相同加数的加法—乘法算式—乘法的基本概念：乘法、乘号、乘数、积—乘法的应用—乘法算式与加法算式的转换。其中，从加法到乘法算式是乘法意义的建立，属于概念学习；乘法的基本概念是对数学符号、数学名称的识记，属于符号学习；乘法的应用及乘法算式与加法算式的转换是对乘法的意义、算式的掌握和应用，属于规则学习。学生学完这节课的内容，应该能够：（1）理解乘法的意义，会列乘法算式；（2）掌握乘法的基本概念，在书写和交流中正确运用有关的概念；（3）理解乘法与加法的关系，在加法算式和乘法算式之间顺利转换。

内部需求分析是指从学生学习的一般特征、认知特征和情感特征出发，将学生的现状与学习目标进行比较，找出两者之间的差距，明确学生学习的必要内容和支持条件。这就要求把教学内容分析的结果、外部需求分析的结果、学生分析的结果结合起来，客观地确定每一个知识点的学习起点、认知差距、造成差距的原因、学习的条件、可能的解决办法等。

例如，乘法是对一类特殊加法的抽象，对乘法的意义建构需要以加法为基础。因此，学生首先应能熟练地列出加法算式，熟悉加数、和等概念，正确计算加法算式的结果（求和），这些都是学习乘法必需的知识和技能，是学习乘法的起点，教师在教学开始阶段应引导学生回忆有关的加法知识。其次，从加法到乘法的建构过程有两个重要的中间环节。一个是对相同加数的加法的辨别，分析这种算式的特点，形成一类特殊的加法算式的认识。这个环节属于同化学习，从知识学习的角度看并不难，但要让学生自觉地关注这类加法、迅速获得算式的特点还是有困难的。这就需要教师的积极引导，通过一定的情境和对话，把学生的注意、观察、辨别等认知活动引导到这类特殊的算式上来，并且正确获得这类算式的特点。另一个中间环节是对加法的简化，形成新的表达方式。这个环节超越了学

① 杨九民，梁林梅．教学系统设计理论与实践（第2版）．北京：北京大学出版社，2014：46．

生已有的认知结构，属于顺应学习。顺应学习一般来说是困难的，需要教师更多的教学引导，包括产生简化的需要、探索简化的方式、形成合理的简化表述、明确简化的意义，而且还要持续地调动学生的积极性，保证学习逐步深入、顺利地进行下去。这个环节是学生有意义学习的必要过程，也是教师必须付出更多引导和帮助的难点。最后，乘法概念的建立是对简化表述的抽象，也属于顺应学习。这个顺应过程主要是接受乘法算式、乘法概念以及乘号、乘数、积等名称，记忆的内容较多，容易造成识记上的困难，或者与加法中的相关概念混淆。所以，教师要通过让学生多读、多写、多说来强化新概念，通过与加法算式进行对比来区别相关的概念。

经过上述分析能够得出，有意义的乘法学习的起点是加法，中间环节是认识相同加数的加法、简化相同加数的加法，认知困难可能存在于：对加法概念和技能的回忆，对相同加数算式特点的认识，对相同加数加法算式的简化，对乘法算式和相关概念的识记。意义建构的前面环节属于同化学习，困难较少，但需要引导学生注意和辨别；后面环节属于顺应学习，困难较多，需要多方面的教学引导和帮助。据此，可以拟定这样的教学思路：（1）创设学生乐于融入的课堂情境，让学生在对话、竞争、奖励的积极气氛下参与情境活动，列加法算式，回忆加数、加号、和等概念；（2）告诉学生观察目标，让学生辨析相同加数算式的特征，产生简化的需要，探索简化的方法，逐步形成“几个几”的表达方式；（3）告诉学生乘法算式，告诉学生乘法、乘数、乘号、积等概念，让学生在列、读乘法算式中强化乘法的意义和相关概念。

在加涅看来，学习是一种内部过程，但又受到外部刺激的影响。教是为了帮助学生学，教学设计就在于按照学习的内部过程来设计一套外在于学生的、用于支持学生内部过程的教学事件。加涅提出的教学事件有九个：（1）引起学习注意。（2）交代学习目标。（3）回忆相关旧知识。（4）呈现教学内容。（5）提供学习指导。（6）引发行为表现。（7）给予信息反馈。（8）评估行为表现。（9）强化保持与迁移。这九个教学事件以线性方式展开，构成一个完整的教学过程，按照这九个教学事件的顺序实施的教学最合乎逻辑、最有可能成功。这九个教学事件作为一个模式，并不是一成不变的，而只是提供了一个参考和反思的依据，在具体教学中教师需要灵活应用。

第三节　小学数学教学方案的设计

教学方案的设计包括教学目标的设计、教学内容的设计、教学策略的设计、教学媒体的设计等。所谓教学方案就是将这些内容以完整图文形式呈现出来的文本，也常被称为教案。

一、小学数学教学目标的设计

1. 教学目标的概念

教学目标是教学活动预期达到的学习结果和标准，具有可操作、可观察和可测量的特性。所谓教学目标设计，就是指教师对学生学习数学后所期望达到的结果与水平的设想和规划。

教学目标是一切教学活动的出发点和归宿，确定地回答了“到哪里去”的问题，并直接影响“如何到那里去”和“是否到达了那里”，也就是说，教学目标决定着教学内容设计、教学过程设计、教学评价设计的方向，具有重要的导向功能。教学目标设计越具体、越明晰，就越能有效地指导教学活动，提高教学效益，反之，则会造成教学的低效或无效。

根据不同的分类标准，小学数学教学目标可分成不同的类型。

按照教学对象的指向范畴不同，可分为学段目标、学年目标、学期目标、单元目标和课堂目标。通常，学段目标、学年目标、学期目标由学校和教学主管部门统一设计，单元目标和课堂目标由任课教师自行设计。

按照教学目标的内隐程度不同，可分为显性目标和隐性目标。显性目标是指那些被明确提出来的有关知识与技能的结果性目标，具有直接性、可观测性的特点。隐性目标是指那些内隐于教学过程之中的，尤其是有关非智力因素的过程性和情感性的目标，具有间接性、不易测量等特点。

按照教学目标变化程度的不同，可分为预设目标和生成目标。预设目标是教师在教学前预先设计好的教学目标，是有计划、有目的的。生成目标是在教学过程中随机产生或偶然出现的教学目标，它是动态的、非预设的。预设目标决定了教学的预期和基本走向，制约着目标的动态形成，但是预设的目标过多、过强则会减少教学的灵活性和创造性。生成目标体现了教学的变通性和灵活性，能丰富预设目标，但生成过多也会影响目标任务的落实和计划的完成。好的教学设计应实现预设目标和生成目标的有机统一。

2. 课堂教学目标设计的基本步骤

课堂教学的目标设计通常经历四个基本环节。

(1) 目标分解，确定单元目标。

先将学段目标或学期目标依据模块知识进行纵向分解，确定一个学期的目标由哪些知识单元组成，不同知识单元之间按怎样的次序排列，确定各单元的主要内容和目标类型，再将单元内容细分为各项学习任务，使之或相对独立，或相互平行，或形成前后关系，或形成递进关系。然后根据不同的学习任务，说明学生学习本单元后应该掌握的知识、技能，应该增强的数学思考能力和问题解决能力，应该培养的数学思想、数学信念、数学情感。最后，把单元目标分门别类地陈述出来。

(2) 任务分析，拟定课堂目标。

从单元目标出发进一步进行任务分析，初步确定一节课的课堂目标，即根据学习需求分析的结果和拟定的教学思路，确定本节课的知识结构、教学起点、学习的深度与广度、学习的路径、需要掌握的知识与技能以及要培养的知识学习过程中的思维能力和情感体验，并依据教学目标的类别，分别从知识与技能、数学思考、问题解决、情感态度四个方面初步确定课堂目标。

《课程标准（2011 年版）》把数学课程的目标分为四个方面，即知识技能、数学思考、问题解决、情感态度，这四个方面也是课堂教学的目标。总的来说，知识技能目标是教学目标整体实现的前提，知识技能的掌握是问题解决的基础，数学思考、情感态度则是在知识技能学习和问题解决中锻炼养成的，四个目标之间相互渗透、融合，共同构成一个密切联系、相互兼顾、相辅相成的有机整体。

（3）综合考虑，优化课堂目标。

综合考虑并细心审查可能影响课堂教学的各种教学要素，进一步优化课堂教学目标。如学校的特色、班级的特性、教师的个性、教学方法、教学设备与教具、课堂教学的指导思想等。通过综合考量，对初步确定的教学目标进行过滤，看看有没有含混、遗漏或者不合理的地方，进一步修正和完善课堂目标。还要考虑课堂上可能出现的偶发情况，做好应对突发事件和生成目标的准备。优化课堂目标往往需要多次的修改，并非一次就能完成。

（4）合理陈述，表达课堂目标。

在明确课堂目标的类型、水平的基础上，选用规范的行为动词准确表达课堂目标，即用可以观察、可以测量的行为词语，指明学生经历教学活动后所发生的行为变化及其程度。陈述目标应做到行为动词用词准确、条件范围合适、程度要求适度、评价内容具体。

课堂目标的陈述可以借鉴美国行为主义心理学家马杰给出的行为目标 ABCD 表示法①，这种方法一般包含主体、行为、条件、标准四个要素：

主体（audience）：目标行为的主体指的是学生而不是教师，如“学生能……”“学生会……”，而不是“使学生……”“让学生……”。

行为（behaviour）：用学生的行为说明学生在教学活动结束后应达到的要求，如“画出直角三角形、锐角三角形”。

条件（conditions）：学生完成行为时的情境，要说明学生是在什么条件下和什么范围内产生行为的，如“使用三角尺画出直角三角形”中的“使用三角尺”，就是“画出”这一行为的条件。

标准（degree）：行为完成质量应达到的基本要求，要说明学生学习预期结果的程度或水平，具体的描述使教学目标具有可测性。如“基本认识直角三角形，在 10 次中有 8 次能正确画出直角三角形”，其中“10 次中有 8 次能正确画出”就是“基本认识”的可测性标准。

严格地说，一个完整而明确的教学目标应包含上述四个要素。但在实际编写中，除了行为要素必不可少外，主体、条件和标准有时是可以省略的。主体省略是特指普遍意义上的“学生”，条件省略一般是指在常规班级授课情况下进行的教学，标准省略意味着学生达到课程目标的基本要求。

根据《课程标准（2011 年版）》，描述行为的行为动词分为两类：一类是描述结果目标的行为动词，包括“了解、理解、掌握、运用”等四个水平；另一类是描述过程目标的行为动词，包括“经历、体验、探索”等三个水平。

了解：从具体实例中知道或举例说明对象的有关特征；根据对象的特征，从具体情境中辨认或者举例说明对象。同类词：知道，初步认识。

理解：描述对象的特征和由来，阐述此对象与相关对象之间的区别和联系。同类

① 杨庆余. 小学数学课程与教学. 北京：中国人民大学出版社，2010：221.

词：认识，会。

掌握：在理解的基础上，把对象用于新的情境。同类词：能。

运用：综合使用已掌握的对象，选择或创造适当的方法解决问题。同类词：证明。

经历：在特定的数学活动中，获得一些感性认识。同类词：感受，尝试。

体验：参与特定的数学活动，主动认识或验证对象的特征，获得一些经验。同类词：体会。

探索：独立或与他人合作参与特定的数学活动，理解或提出问题，寻求解决问题的思路，发现对象的特征及其与相关对象的区别和联系，获得一定的理性认识。

例如，“乘法的初步认识”第一课时的课堂教学目标可以陈述为：

知识技能目标：(1) 在生活情景中列出加法算式，能说出相同加数的加法算式中的“几个几”；(2) 经历把相同加数的加法算式表示成乘法算式的过程，理解乘法的意义，理解乘号、乘数、积，会读、列乘法算式；(3) 在列乘法算式、加法算式与乘法算式的转化中，体会乘法和加法的联系和区别。

数学思考与问题解决目标：体验从简单情景中抽象出“几个几”的数学过程，在列算式以及算式转化的过程中提高有条理的思考能力和解决问题的能力，提高数学表达和数学交流的能力。

情感态度目标：在形成乘法概念的过程中体会数学的简洁性和创造性，在小组交流和讨论中提高学习数学的兴趣，培养合作的意识。

二、小学数学教学内容的设计

教学内容的设计主要包括两项工作：

一是划分课时，分配各课的教学任务，即根据教学设计的前期分析，将一个单元、一节或一段教材的知识内容（包括例题、习题）适当地分解与组合，安排到各节课中，并考虑哪些课是新授课，哪些课是练习课、复习课。

二是根据单元或章节教学目标和不同的课型，对教学内容进行调整、补充、完善，使内容的展开能够转化为一系列目标明确的师生活动。

课型指的是课堂的类型，通常有新授课、练习课、复习课、讲评课、考查课、综合实践课等不同的类型。下面简要介绍新授课、练习课和复习课。

1. 新授课

新授课是数学教学中最常见的课型。这类课型同时完成新知识的学习、新知识的巩固、技能和思维的训练等教学任务，其一般结构是：

(1) 检查复习。使学生进入学习状态，复习与新授内容有关的知识与技能，或展示先行组织者。

(2) 导入新课。揭示课题，明确学习的内容和目标，或者由学生生成新课题。

(3) 新授知识。教师运用各种方法展现需要处理的内容，使学生获得新知识，或者在学生的探究活动中完成对新知识的意义建构。

（4）巩固练习。在教师指导下，学生进行独立的或半独立的课堂练习，巩固新知识，形成新的知识结构。练习可根据知识的系统程度和难易程度分成模仿性练习、变式练习、探究性练习等多个层次。

（5）布置作业。教师布置一定数量的作业供学生在课上或课下完成，进一步巩固新知识，或者进一步发展新的数学能力和数学认识。

（6）课堂总结。回顾、梳理本课的知识点以及需要强调、引申的知识内容，提示思维与能力的要求，引导数学思想、数学情感、数学观的形成等。

以“乘法的初步认识（一）”新授课的教学过程为例（见表 7-1）。

表 7-1　“乘法的初步认识（一）”新授课的教学过程

教学环节	教学内容
复习加法	在游乐场情境中，列、读出加法算式，说出加数、加号、积，注意相同加数的算式
体验烦琐	联系生活情境，体验相同加数的加法算式的特点（烦琐），形成简化的需要
探究简化	学生交流自己的简化方法，尝试简化的表示方法，比较不同的简化方法，说出“几个几”，理解“几个几”的意义
引入乘法	教师讲授乘法算式、乘号、乘数、积，学生通过改写加法算式，理解并熟悉乘数的意义，读写乘法算式
巩固乘法	运用教材提供的情境，通过练习巩固列乘法算式、读乘法算式；通过教材提供的情境，熟练加法算式与乘法算式的转化
课堂总结	强化乘法的意义，强化乘法算式及有关概念，强调加法与乘法的关系

2. 练习课

练习课也称为习题课，主要任务是在讲授一个单元或一个小节之后，帮助学生巩固、加深对新知识的理解，灵活掌握相应的技能和技巧，其一般结构是：

（1）复习：复习与新知识有关的基础知识和基本技能。

（2）宣布练习内容与要求：使学生明确练习的目的与内容。

（3）练习前的指导：简要分析练习中的重要内容，解析容易出错的问题。

（4）课堂练习：学生练习，教师巡视并了解学生练习的情况，进行必要的个别辅导。

（5）练习评讲：对练习中出现的普遍性问题进行讲评。

（6）布置作业：根据教学需要，布置适量的课后作业。

练习课的设计关键在于练习设计，教师可根据实际需要，安排不同层次的分组练习，如单一练习、基本练习、对比性练习、发展性练习、变式练习、综合性练习、探究性练习等。

3. 复习课

复习课一般在开学初、单元后、期中、期末和毕业前进行，主要任务是对学习的知识进行归类整理，突出知识间的内在联系，梳理知识脉络，使学生形成清晰完整的认知结构，其一般结构是：

（1）宣布复习的范围和要求。

（2）复习：回顾并梳理重要的数学知识与技能，强调学生的知识缺陷和容易出现的错误。

（3）练习：学生综合运用所学知识解决一些体现知识系统性、综合性的练习，适当地突出教学内容的重点、难点、关键点、联系点、易错点。

（4）练习评讲：分析学生的练习情况，加深学生对知识的理解，指导学生的学习。

尽管复习课离不开练习，但是复习课并不是练习课，复习课的主要任务是加深学生对知识的理解和记忆，并使知识系统化，增强学生综合运用知识解决问题的能力。教师不仅要精心设计教学内容，善于对已学知识进行系统梳理，突出重点和难点，还要注意引导学生的兴趣，调动学生的学习积极性，避免枯燥乏味的题海战术，而且还要针对学生平时出现的错误和问题，帮助学生查明原因，提高学生数学思考和问题解决的能力。

三、小学数学教学策略的设计

教学策略是为完成特定目标而采用的教学活动程序、教学方法、教学组织形式等因素的总体考虑，主要解决教师“如何教”、学生“如何学”的问题。教学策略是为学生的学习服务的，教学策略的设计要以学生学习的规律和任务为依据。在数学教学过程中，学生是学习的主体，教师应根据具体的教学内容，从学生实际出发，遵循小学生的发展特点，关注学生之间的个体差异，创设有助于学生主动观察、思考、探索、交流的教学过程，使数学教学的过程、方法真正促进每个学生的发展。

在小学数学教学中，经常使用的策略有生活化策略和组织者策略。

1. 生活化策略

生活化是小学数学的重要特征，也是小学数学教学常用的教学策略，具体有以下两种形式：

（1）让学生回归生活。

小学数学的内容与现实生活紧密联系，小学生的数学学习也应该借助熟悉的生活情境，通过生活化的数学活动，让学生感知数学事实，提高数学的认识。在教学中，教师可以从学生的生活经验出发，把数学问题生活化，把生活经验和情境问题数学化，在生活与数学的交互作用下认识数学结论，开展数学活动。让学生回归生活有很多具体的做法，如：改造教材内容，增强数学内容的现实性；关注学生的生活经验，创设开放的情境问题；关注学生新经验的生成，设计数学化的学习过程；等等。

例如，在学习“轴对称图形”时，教师通过以下问题情境的创设进行概念的导入：先演示蝴蝶、面具、脸谱等图形，让孩子观察这些图形的特点；然后让学生开展小组活动，在纸上剪出自己设计的这类图案（雪松、房屋、衣服等），并在全班展示；最后，引导学生猜想并明确这类图形的对称特征。

（2）让学生自主探索。

自主学习、探究学习是小学数学学习的重要方式，教师引导学生的质疑、调查、探究等活动，带动学生在实践中学习，能很好地调动学生的内在需求，使学生自主地确定学习目标、规划学习进度，进行个性化的思考，并从中获得积极的情感体验。让学生自主探究可以按照这样的步骤进行：1）创设核心的、值得探究的问题，让学生明确问题的指向性；2）引导学生提出猜想、建立假设，并对产生的假设进行比较；3）引导学生动手实验、独立探究，对各种假设进行反复验证，形成一般的数学结论；4）组织学生交流各自的探究成果，反思探究过程和探究成果，强化数学结论，发展思维能力和数学情感。

2. 组织者策略

奥苏贝尔认为，组织者策略是能促进有意义学习发生和保持的最有效策略。所谓组织者策略是指利用适当的引导性材料对当前所学新内容加以定向与引导，其中的引导性材料称为“组织者”，即与学习材料相关的包摄性较广的清晰、稳定的引导性材料。组织者根据呈现的时机分为三种：在学习内容呈现之前出现的先行组织者，在学习内容呈现之后出现的后行组织者，和学习内容交叉呈现的并行组织者。这里只介绍先行组织者及其策略。

先行组织者在三个方面有助于促进学习：首先，可以使学生注意到自己认知结构中已有的那些可起固定作用的概念，并把新知识建立在已有概念之上；其次，通过把有关方面的知识包括进来，并说明统括各种知识的基本的原理，为新知识提供一种“脚手架”；最后，这种稳定的和清晰的组织者，使学生不必采用机械学习的方式，促进学生对新知识的意义建构①。

设计先行组织者策略，首先要确定先行组织者。由于先行组织者是学生认知结构中的已有材料，所以这项工作在学生分析中已经完成了，只需把学生分析中的已有知识经验分解出来，用适当的方式表述出来，之后再按照包容性和抽象程度递减的次序逐渐细化教学内容，使之越来越具体。

为了便于逐渐细化的操作，教学设计专家瑞奇鲁斯和梅瑞尔提出一套细化理论，可以概括为“一二四”方法：一个目标、两个过程、四个环节②。

一个目标是按照渐进分化策略实现对教学内容最合理有效的组织。

两个过程是指主要通过概要设计和一系列细化等级设计这两个设计过程来实现上述目标。

四个环节是指为保证细化过程的一致性和系统性，必须注意细化设计中的“选择”、“定序”、“综合”和“总结”四个环节。“选择”是指从学科内容中选出为了达到总的学习目标所要求的各种概念和知识点，为概要设计做好准备。“定序”是将教学内容按照从一般到特殊的次序组织和安排，这既是概要设计和细化系列设计的指导思想，又是设计的基本内容，贯穿在两个设计过程的始终。“综合”是要维护知识体系的结构性、系统性，通过综合使学习者看到各个概念之间的关联，以及概念在更大的知识结构中的地位。“总结”是指对于学习的保持和迁移都很重要的课后总结和单元总结。

按照先行组织者的包容性和抽象程度与学习内容之间的关系，先行组织者策略可以细分为三种。

（1）上位组织者策略。

当先行组织者的包容性和抽象程度高于学习内容时，先行组织者为上位组织者。提供上位组织者的目的在于用先前学过的材料去解释、整合和联系当前的学习内容，帮助学生

---

① 杨九民，梁林梅. 教学系统设计理论与实践（第2版）. 北京：北京大学出版社，2014：119.

② 同①120-121.

理解新的数学内容，区分新旧知识的差异并了解其意义。

（2）下位组织者策略。

当先行组织者的包容性和抽象程度低于学习内容时，先行组织者为下位组织者。下位组织者可以采用“逐级归纳”的策略，即先讲授包容性最小、抽象概括程度最低的知识，然后根据包容性和抽象程度递增的次序逐级将教学内容一步步归纳。“逐级归纳”和“渐进分化”正好是互逆过程，符合从特殊到一般的规律。

（3）并行组织者策略。

当先行组织者在包容性和抽象程度既不高于也不低于学习内容，二者之间具有相关的共同属性时，先行组织者为并行组织者。并行组织者的介入，使得本来与已有知识不存在上下位关系 、缺乏同化固着点的新知识，能够从原认知结构中找到同化的固着点，把顺应学习转换为同化学习，促进了有意义学习的发生与保持。

并行组织者可以采用“整合协调”策略，即通过分析、比较组织者与教学内容的异同，促进学生对认知结构中的有关要素进行重新整合协调，把当前所学的新概念纳入认知结构的某一层次之中，并类属于包容范围更广、抽象概括程度更高的概念系统之下。

四、小学数学教学媒体的设计

教学媒体是承载和传递教学信息的载体或工具，是师生交流互动的媒介。教学媒体与“物”相联系，具有使用材料的特征，不仅教科书、黑板、粉笔、模型、实物、投影、录音录像、教育软件属于教学媒体，而且师生之间的言语、表情、手势也因为在教学活动中承载教学信息而属于教学媒体。教学是教师、学生、教材与环境等教学要素持续相互作用的过程，不管什么类型的作用模式，都需要教学媒体提供支持。

1. 教学媒体的类型

按照不同的标准，小学数学教学媒体有以下不同的类型①：

（1）按来源分。

直接选自大自然的媒体：如石块、木棒、果实等。

师生自制的媒体：如自制的钟面、拼装的模型、自制挂图等。

工厂生产的媒体：如几何拼板、学具袋、算盘、计算器等。

（2）按感官分。

视觉媒体：如黑板、教科书、模型、实物、挂图、投影等。

听觉媒体：如教师的言语、歌曲等。

视听媒体：如电影、录像、多媒体系统等。

（3）按应用方式分。

教师使用的媒体：如各种教具、幻灯片等。

学生使用的媒体：如小棒、数字卡片、几何拼板等。

师生共用的媒体：如教科书、教学模型等。

---

① 马云鹏. 小学数学教学论（第 2 版）. 北京：人民教育出版社，2006：232-234.

（4）按媒体功能分。

常规教学媒体：如教科书、教具、学具、黑板等。

发展性教学媒体：如几何拼板、彩棒、百块板等。

现代化教学媒体：如幻灯、投影、计算机、教学软件等。

2. 教学媒体的作用

（1）帮助学生更好地理解知识。

好的教学媒体能清晰地揭示或呈现数学知识的本质，帮助学生更好地理解并建构这些知识。例如，在开始理解 20 以内的进位加法时，教师可以提供一个小盒，其中有 10 个格子，其中 8 个格子已经放入小球，外面还有 3 个小球，教师让学生通过摆格子的方式计算 8＋3，于是学生形象地获得“1 个 10，1 个 1”，于是可以得出结果“11”，很好地理解了“满十进一”的位值制原则。

（2）支持学生探索新知识。

有的教学媒体就是学生数学活动的材料，学生通过操作、探究这类材料而获得数学认识。例如，小学生认识“三角形内角和”时，就是通过对三角形纸片的剪、拼、折等自主操作而获得的。

（3）加强师生交流互动。

教学媒体能揭示数学内容的本质，有效地启发学生的数学观察和思考，激发学生学习数学的兴趣，促进师生之间深度的交流和本质的对话，更好地发挥教师的主导作用和学生的主体地位。

（4）促进数学教学的改革。

在现代教育环境下，黑板加粉笔往往已经不能满足小学课堂的需要，多媒体的运用更容易给教学增添活力，创造出生动活泼、富有个性的教学效果。优化课堂教学、促进教学改革，需要教师根据教学实际情况，合理运用现代信息技术，把现代信息技术作为学生学习数学和解决问题的有力工具，改善学习内容的呈现方式和师生间的交互方式，使小学生乐于投入探索性的数学活动中去。

3. 教学媒体的选择

（1）选择教学媒体的依据。

教学媒体是教学系统中的一个重要因素，教学媒体的选择不仅要考虑媒体自身的作用和特点，还要综合考虑其他的教学要素，系统地思考媒体在教学过程中的必要性和可行性，力求做到教学媒体与教学目标、教学内容、学生现实、客观条件协调一致，充分适应学生的认知水平和教学任务的要求。

对于教学目标，如果是概念理解，可以选择直观形象的、具有操作性的教学媒体，以便学生形成鲜明的感性认识；如果是技能巩固，可以选择练习卡、小黑板、投影仪等手段，增加训练密度，节约板书时间。

对于教学内容，如果是几何知识，可以选择相应的几何图形、模型、实物等，让学生通过观察、触摸、操作，发现有关的几何性质；如果是问题解决，可以选择实物、图片、模型、动画、情景视频等，通过演示帮助学生表征问题、理解题意。

对于学生现实，因为不同发展水平和不同知识储备的学生，对直观材料的依赖程度、对抽象知识的接受程度是不同的，所以低年级多用能让学生直接接触的、操作的、实物化的媒体，高年级则多用能给学生带来直观感受的、形象演示的、引导抽象的媒体。

对于客观条件，要考量学校拥有的教学设备和物质条件，以及教室的环境条件，甚至教师自己对媒体的熟悉程度，选用那些能有效改变教学方式、提高课堂效率的媒体，并根据教改需要和实际需求，探索现代信息技术的应用，积极开发各种教学资源。

(2) 选择教学媒体的方法。

在综合考虑各种教学要素的基础上，教师可以针对预设的教学过程，对每个教学环节及其教学内容分别提出教学媒体的需求问题，在回答“是”与“否”之后，最终确定选用的教学媒体及其使用方式。

例如，对“乘法初步认识（一）”的复习环节提问：是否与具体的、可观察的事物相联系？——如果回答“否”，则不需要使用视觉媒体；如果回答“是”，则进一步提问：是否需要多媒体演示？——如果回答“否”，则只需常规媒体，选择黑板、教科书、言语等媒体就可以了；如果回答“是”，则进一步提问：是否需要三维呈现？——如果回答“否”，则选择静态的投影、幻灯片等视觉媒体；如果回答“是”，则考虑选用模型，或者计算机三维模拟等。最终，一位教师形成了如表 7－2 所示的媒体使用表。

表 7－2　“乘法初步认识（一）”的媒体使用表

教学环节	教学内容	教学媒体
复习加法	在游乐场情境中，列、读出加法算式，说出加数、加号、积，注意相同加数的算式	投影，板书，言语
体验烦琐	联系生活情境，体验相同加数的加法算式的特点（烦琐），形成简化的需要	言语，板书
探究简化	学生交流自己的简化方法，尝试简化的表示方法，比较不同的简化方法，说出“几个几”，理解“几个几”的意义	草稿本，言语，板书
引入乘法	教师讲授乘法算式、乘号、乘数、积，学生通过改写加法算式，理解并熟悉乘数的意义，读写乘法算式	板书，言语，草稿本
巩固乘法	运用教材提供的情境，通过练习巩固列乘法算式、读乘法算式；通过教材提供的情境，熟练加法算式与乘法算式的转化	教科书，言语，投影，板书
课堂总结	强化乘法的意义，强化乘法算式及有关概念，强调加法与乘法的关系	板书、言语、投影

4. 板书设计

板书是板和书的结合。板，有多种类型。粉笔板最常见，可以随用随擦，十分简便。磁性板具有磁性吸力，可以使用磁片或铁片把卡片、图画附在上面。屏幕板是用于演示幻灯片、投影的屏幕。书，也有多种类型。文字、字母、数字、公式等，以精练的形式展示教学内容，起到提纲挈领的作用。点、线等符号，用于文字下面，起提示、着重标记、联结的作用。图、表能生动、直观地表意，很好调动学生的注意力，完善学生的数学知识结构。漂亮的板书，不仅能清晰地显示教学内容，帮助学生理解、记忆数学知识，还能唤起对美的欣赏，给人精神的鼓舞。板书的常见形式有以下几种：

（1）题意演绎型。

把审题、解题的思考过程作为板书的基本内容和基本结构，再配以其他有关内容，设计出完整的题意演绎过程，如图 7－3 所示。

例：5 台抽水机 7 小时浇地 105 亩。按这种方式，3 台抽水机 9 小时浇地多少亩?

5 台——7 小时——105 亩
5 台——1 小时——？亩
1 台——1 小时——？亩
1 台——9 小时——？亩
3 台——9 小时——？亩

图 7－3 题意演绎型板书

（2）结构梳理型。

当需要揭示数学知识之间的总分关系或层级关系时，可分析出知识构成的各个要素，以及各个要素之间的关系，设计成结构型的、线索型的板书，如图 7－4 所示。

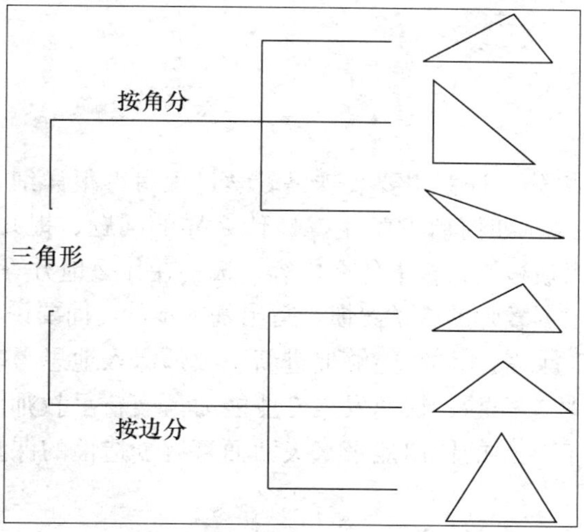

图 7－4 结构梳理型板书

（3）要素揭示型。

如果板书的内容以揭示重点要素为目的，可以将有关要素分别列出来，设计成表格等形式，或者在适当的地方标示重点要素的名称、符号等，如图 7－5 所示。

<table>
<tr><th colspan="3">笔 算 乘 法</th></tr>
<tr><td></td><td>相同点</td><td>不同点</td></tr>
<tr><td>乘数是两位数</td><td rowspan="2">从低位到高位相同数位对齐</td><td>两次所得和相加</td></tr>
<tr><td>乘数是三位数</td><td>三次所得和相加</td></tr>
</table>

图 7－5 要素揭示型板书

五、小学数学教学方案的撰写

教案是教学设计文本的一种形式，通常以一个课时为单位。教案通常没有统一的格式和标准，但不管是什么样的教案，教学目标和教学过程总是教案的核心内容。

一般地，小学数学教案包含以下几部分：

（1）课题：说明课名、第几课时等。

（2）教材分析：主要是对教学内容和课程要求的分析。

（3）教学思路：说明本课教学的指导思想、教学目的、主要环节、教学组织与特色等。

（4）课型。

（5）教学目标。

（6）教学重点：说明本课重点解决的重要内容和关键性问题。

（7）教学难点：说明本课学习容易产生困难和障碍的地方以及化解难点的策略。

（8）教学方法：说明本课运用的主要方法。

（9）教学媒体。

（10）教学过程。

（11）板书设计。

（12）教学反思。

教案有详案和简案之分。详案主要表现是教学过程写得很详细，复习什么内容、怎么复习、新授内容如何引入、如何启发学生、提什么样的问题、提几个问题、提哪个学生、大约用多长时间、谁上黑板板演、板书什么内容、板书在什么地方等等，非常具体详尽。简案则要简单得多，往往根据教师的教学习惯，写出基本步骤，简要说明教学内容和方法。

对于新手教师，宜写详案。详案能够促进新手教师深入地思考教学问题，细致地做好课前准备，有助于积累教学经验、快速发展专业能力。当新手教师成熟起来以后，就可以把教案写得简单一些，有经验的留白能带来灵活而富有创造性的课堂效果。

思考题

1. 单元教学设计和课堂教学设计是教师的经常性工作，请结合某一教学内容，谈谈两者的区别和联系。

2. 结合教学设计的基本过程，谈一谈你认为教师通常在教学设计中哪些环节做得好、哪些环节做得不好。

3. 选择小学数学的某一节内容，分析并讨论这一节的教学内容。

4. 选择小学数学的某一节内容，分析并讨论这一节的学习需求。

5. 收集几份小学数学课堂教案，比较并讨论这些教案的目标陈述方式。

6. 收集同课题的教案，比较并讨论不同教师的目标设计、内容设计、策略设计、媒体设计等。

7. 选择小学数学的某一节内容，撰写一份教案。

参考文献

[1] 皮连生，王小明，吴红耕，等. 现代教学设计. 北京：首都师范大学出版社，2010.

[2] 乔伊斯，等. 教学模式（第 8 版）. 北京：中国人民大学出版社，2014.

[3] 杨庆余. 小学数学课程与教学. 北京：中国人民大学出版社，2010.

[4] 庞维国. 数学学习与教学设计. 上海：上海教育出版社，2005.

[5] 杨九民，梁林梅. 教学系统设计理论与实践（第 2 版）. 北京：北京大学出版社，2014.

[6] 吴建芳. 利用“同化”学习，提升学习品质——小数乘除法计算方法教学尝试. 中小学数学·小学版，2009（12）.

[7] 马云鹏. 小学数学教学论（第 2 版）. 北京：人民教育出版社，2006.

第八章

小学数学教学评价

内容提要

数学教学是实现数学课程目标、促进儿童数学发展的主要手段。教学效果如何？预设的目标是否实现？要回答这些问题，就需要对数学教学过程、学生学习结果做出评价。评价是数学教学的组成部分，做好评价工作，既有利于促进学生的数学发展，又有利于促进教师的教学发展。本章主要论述小学数学教学评价、课堂教学评价、学习评价的含义，讨论教学评价的功能、步骤和类型，阐述课堂教学评价的要素、实施，以及学习评价的常用方法。

第一节　小学数学教学评价概述

小学数学教学评价是教育评价的子系统，主要根据教育评价的理论和方法，对小学数学教与学的过程与结果做出价值判断。教育评价是一个不断发展的概念，有关教学评价的理论、对象、方法也有多种多样的描述，下面简要介绍一些经典的和常用的评价理论。

一、教学评价的概念

评价，是指主体在一定的价值信念和价值目标的引导下，在事实的基础上，对某一事物和行为的价值做出判断的过程。美国学者格朗兰德指出：评价＝测量（量的记述）或非测量（质的记述）＋价值的判断。这一表述简明地表达了评价的两项重要工作：一是获得事实，即通过测量、调查、访谈、反省等手段获得评价对象的量的数据或质的描述，这是评价的基础和依据；二是根据教育教学的目标和价值信念对获得的事实做出价值判断，即结果实现到什么程度，这样的结果说明什么、有什么价值。

小学数学教学评价，就是依据义务教育阶段的数学课程标准和数学教学的具体任务、具体目标，对小学数学教学中的教学过程、教学效果、学习质量、学生发展水平等多方面做出事实的记录和价值的判断，为调整、优化小学数学教学的实践活动提供直接的、科学的依据的过程。

为了更好地反映小学数学的教学效果，促进小学数学教学的发展，小学数学教学评价也应遵循时代发展的要求，既要重视过程性评价，又要重视发展性评价，还要根据教学评价的目的和内容，合理确定多元的评价主体、评价内容、评价标准、评价方式，多角度、全方位地了解和激励教师和学生，努力使每一个教师、每一个学生都能在评价中获得有效的发展。

二、教学评价的功能

1. 导向功能

教学评价的价值取向和标准就像指挥棒一样，对教学活动产生不同的导向作用，为被评价者指明努力的方向。如果把评价的重心放在教师是否将知识点讲清晰上，就会引导教师更多地关注自己的讲授，如果把评价的重心放在学生的理解是否准确上，就会引导教师更多地关注学生的认知活动和外在反应。

教学评价的导向功能集中体现在评价标准上，如果标准制定得科学、合理，那就能促进教与学的改善，进一步提高教学质量。为了更好地发挥小学数学教学评价的导向功能，评价者应当深入理解数学课程的基本理念和学段目标，确立科学的评价标准。《课程标准(2011 年版)》指出："评价的主要目的是全面了解学生数学学习的过程和结果，激励学生学习和改进教师教学。评价应以课程目标和内容标准为依据，体现数学课程的基本理念，全面评价学生在知识技能、数学思考、问题解决和情感态度等方面的表现。评价不仅要关注学生的学习结果，更要关注学生在学习过程中的发展和变化。应采用多样化的评价方式，恰当呈现并合理利用评价结果，发挥评价的激励作用，保护学生的自尊心和自信心。通过评价得到的信息，可以了解学生数学学习达到的水平和存在的问题，帮助教师进行总结与反思，调整和改进教学内容和教学过程。"这些内容既是指导小学数学教学评价的基本理念，也是制定评价标准的直接依据。

2. 诊断功能

诊断本是指医生对病人的病情进行检查、分析并得出结论的过程。教学评价借用这个词来说明评价对教学活动成败的分析与归因，指明解决教学问题的办法。评价不仅是对数学教学的过程与结果做出判断，更重要的是提出改进措施，后者是教学评价的真正目的。发挥诊断功能，一方面要审查教师的教，另一方面要审查学生的学，既要重视过程又要重视结果，既要重视认知与能力又要重视情感与态度，有针对性地改进教与学的效果。

3. 激励功能

教学评价能激发师生的成就动机，使他们产生强烈的自我效能感、积极的学习动机、进取的精神意志，从而更好地开展数学教与学。激励功能主要是这样实现的，即让教师和学生看到努力后的发展状况，让教师体验到成功教学的快乐，让学生体验到成功学习的喜悦，看到自己的闪光点，激发教师和学生内在的、持久的教与学的动机。对小学生来说，表扬、赏识、鼓励、奖励是主要的激励方式。

4. 调控功能

教学评价对教学活动提供信息反馈，能够调节和控制教学活动的内容、进度、方式，使教学活动朝着预定的目标前进。调控可以是即时的，在教学活动之中师生随时评价，根据反馈的信息对正在进行的教学活动做出一定的调整；调控也可以是延时的，即这一次教学的评价成为后继教学活动的起点或基础，对后继的教学设计、努力方向、基本要求等进行调节、控制、改进。

5. 鉴定功能

鉴定是指通过比较、区分和评定等级等方式对学生学习的结果或者教师的教学效果进行判断，为学生升级、分层、选拔提供依据，为教师录用、续聘、升职、奖惩提供依据。

6. 管理功能

教学评价也有教学质量管理的作用。例如，对学生学习的评价有助于找到数学教学中的薄弱环节，检查教师的教学效果，反映学生的学习态度，为教学管理提供决策依据，提高数学教学的管理水平。

三、教学评价的基本步骤

小学数学教学评价通常按照下列步骤实施：

1. 明确评价目标，建立评价指标体系

评价目标反映教学评价的价值取向，评价指标是对评价目标的具体化、操作化，更加清晰地表达教学评价需要考察的内容和标准。评价指标一般是逐级展开的，分为一级指标、二级指标、三级指标等，最后一级的指标需要给出可观测、可操作的行为描述、等级标准、权重系数等。全部指标及其操作性描述、等级标准、权重分配构成评价的指标体系，指标体系是事实记录的依据，也是价值判断的尺度。

2. 选择评价方法，收集相关信息

评价方法有问卷调查、课堂观察、访谈、作业、考试等，每个方法都有优势和弱势，要综合考虑评价的对象、目标、指标的具体情况进行合理选择。收集到的评价信息必须真实、可靠，无论是量的信息，还是质的信息，都应该充分支持做出的评价结论。

3. 处理评价信息，做出评价结论

在充分掌握评价信息的基础上，对评价信息进行整理、分析，对评价对象做出定性的或定量的评价结论，并根据评价工作的要求撰写评价报告。

4. 反馈评价结果，发挥评价功能

根据评价目的和要求，将评价结果反馈给教师、学生、领导或其他评价主体，发挥教学评价的导向、激励、管理等作用。

四、小学数学教学评价的类型

1. 按评价的取向分类

目标取向的评价：将评价视为教学结果与预期目标相比较的过程。这种评价的特点是，预期目标成为评价的唯一标准，容易忽略被评价者的主体性，忽略评价过程本身的价值。

过程取向的评价：将教师与学生在教学过程中的所有状况都纳入评价的范围。强调评价者与被评价者的交互作用，强调评价者与评价情境的交互作用，不仅关注教学的结果，还关注教学的过程。

主体取向的评价：将评价视为评价者与被评价者共同的意义建构过程。教师和学生都是评价的主体，每一个主体的反思意识与能力都得到重视，评价的价值更加强调多元性，评价方法更注重多样性。

2. 按评价的方法分类

量化的评价：从数量分析出发，以量的方式做出价值判断。这种评价一般通过测量、统计等数理方法，对收集到的数据进行定量分析与处理，给出综合性的定量评述与判断。学期期末考试属于这类评价。

质性的评价：从质性材料出发，以对现象的描述、解析的方式呈现价值判断的结论。这种评价一般通过观察、访谈、作业表现等方式收集信息，对材料进行定性分析，找出本质特征，做出价值判断。复习课的作业评定、学生的档案袋评价都属于这类评价。

3. 按评价的参照标准分类

标准参照评价：也称绝对评价，即在被评价对象之外确定一个客观评价标准，将被评价对象与客观的标准进行比较，而不考虑被评价对象彼此之间的关系。例如，常说的“60分及格”就是绝对评价结果。

常模参照评价：也称相对评价，即在被评价对象中确定一个评价标准，这个标准称为常模，然后将每一个被评价者与常模做比较，从而确定其相对位置和状态。这种评价具有较强的操作性，主要用于选拔和甄别人才，中考、高考属于这类评价。

个性特征参照评价：这是一种相对评价，评价参照的标准是某个个体已有的基础，反映的是个体在原来的基础上是否取得了进步或取得了多大的进步。这类评价的特点是只反映个体内部特征的个性化评估，不关心评价对象群体的总体特征，也不关心个体在群体中的位置。学生的自我评价很大程度上属于这类评价。

4. 按评价的功能分类

诊断性评价：是为了使教学设计更合理、教学活动更有效，在进行教学之前，对教师和学生的知识基础、认知水平、情感态度、个体差异等方面进行的评价。诊断性评价往往在一个学习单元内容前实施，通过“诊断”式的测试或访谈，了解师生的水平和状态，为教学设计和教学实施提供依据。

形成性评价：为了使教学活动的效果更好，在教学过程中对教与学所进行的评价。这类评价能及时发现教学中存在的问题，及时获得反馈信息，有效地改进教学进程。形成性评价是一种过程性评价，通常采用提问、练习、作业、小测验等方式进行。

终结性评价：在某项教学活动告一段落时，以预先设定的目标对整个教学活动以及最终的教学效果做出的评价。终结性评价是一种结果性评价，通常在一个单元、一个学期或一个学年结束后实施。

第二节　小学数学课堂教学评价

小学数学课堂教学评价是专门针对小学数学的课堂教学所进行的评价活动。客观、科学的课堂评价能充分发挥评价的导向、诊断、激励、调控功能，对探索小学数学课堂教学规律、提高课堂教学的质量、改善教师的教与学生的学都有重要作用。

一、小学数学课堂教学评价的要素

小学数学课堂教学是由教学目标、教学内容、教学过程、教学方法、教学效果等诸多要素构成的复杂系统，如果细致地区分，还包括教师的语言、教师的板书、教师的教学风格等要素。由于要素众多，评价中不可能面面俱到，下面简要介绍几个常见的评价指标。

1. 教学目标

教学目标既是教学的出发点，也是教学的归宿，对整个课堂具有重要的导向作用，直接决定课堂活动的发展方向和价值取向。评价教学目标需要考察：教学目标是否明确、具体、规范，是否与数学内容相适应，是否与学生的特点相适应，是否具有可行性，结果性知识与技能的目标是否合理，过程性体验和情感体验是否合适等。

2. 教学内容

教学内容既包括教师教的内容，也包括学生学的内容，还包括教学活动中师生生成的内容，既包括显性的内容，也包括隐性的内容。评价教学内容需要考察：数学内容的设置是否适应教学目标，教师是否合理使用了教材，内容的呈现是否有利于调动学生的学习积极性、是否有利于学生的数学探究，数学知识发生的情境或背景是否适应学生的认知水平，教师的讲解是不是科学、无误的，深度、广度是不是合适的，是否突出了重点、分散了难点，等等。

3. 教学过程

教学过程是师生积极互动、共同发展的活动过程，是学生获取数学知识、发展数学能力、塑造数学品格的主渠道。评价教学过程需要考察：教学思路是否清晰，各环节的安排是否恰当，时间分配是否合理，教师角色是否合适，环节过渡是否顺畅，学生是否有良好的参与水平和主体地位，教学预设与教学生成是否有良好的关系，师生之间、生生之间是否能进行有效的互动等。

4. 教学方法

教学方法是为了完成某项教学任务所采取的师生活动方式。评价教学方法需要考察：教学方法的选取是否合适，是否有利于激发学生的数学学习动机，师生交互是否注重启发性，是否注意了多种教学方法的优化组合，是否与教学媒体相互配合，教学方法的运用效果如何，等等。

5. 教学效果

教学效果是课堂教学活动结果的综合体现。评价教学效果需要考察：是否完成了本课的教学任务，是否全面落实了课程目标，学生获得了哪些过程性知识，是否获得了积极的情感体验，是否促进学生数学素养的提高，是否全部学生都有收获和进步等。

另外，为了反映教师的教学能力，教学基本功常常也被列为教学评价的内容。教学基本功，是指对教师教学能力的基本要求，也是一个教师在教学实践中应该具备的数学知识、学生知识、课程知识、教学知识、语言能力、板书能力、组织能力、合作能力等基本的知识能力水平。教学基本功通常不认为是教学过程的独立要素，目前也没有统一的内涵和标准，其评价内容大多包括以下内容：数学教学的基本理念，使用教材的能力，编写教案的能力，与学生交流、互动的技能，组织、调控课堂活动的技能，板书、普通话等表达能力，以及适宜的教态和仪容仪表。

有效的教学是多种教学要素相互配合、良性互动的整体效果。课堂教学是否有效，除了对各个要素做单独考察外，还要综合地、整体地考察整体效果。一般地，有效教学应遵循以下基本原则：有效的教学旨在使学生形成对知识的真正理解，应引导学生积极、主动地参与学习，使教师与学生、学生与学生之间保持有效的互动，为学生的主动建构提供学习材料、时间以及空间上的保障，关注学生对自己以及他人学习的反思，使学生获得数学学习的积极体验与情感①。

二、小学数学课堂教学评价的实施

“数学课堂评价表”是实施课堂评价的常用工具。这样的评价表没有统一的内容和形式，不同的地区、不同的学校往往从各自的教学要求出发制作自己的评价表。以表 8－1 为例，该评价表由 5 个一级指标和 20 个二级指标组成，评价等级为 4 级，可按 90、75、60、45 分别赋值。总分是二级指标评价等级的加权之和，总分 85～100 为 A 级（优秀），70～85 为 B 级（良好），60～70 为 C 级（合格），60 以下为 D 级（差）。这是一个以定量评价为主、定性评价为辅的评价指标体系。

表 8－1　　数学课堂评价表

<table>
<tr><td colspan="2">任课教师：____</td><td>课题名称：________</td><td colspan="3">学校：____</td><td colspan="3">年级：____</td></tr>
<tr><td rowspan="2">一级指标</td><td rowspan="2">一级权重</td><td rowspan="2">二级指标</td><td rowspan="2">二级权重</td><td colspan="4">评价等级</td><td rowspan="2">得分</td></tr>
<tr><td>A</td><td>B</td><td>C</td><td>D</td></tr>
<tr><td rowspan="4">教学目标</td><td rowspan="4">0.15</td><td>1. 目标体现数学学科内容的育人功能，关注学生的全面发展</td><td>0.20</td><td></td><td></td><td></td><td></td><td></td></tr>
<tr><td>2. 突出过程性目标，关注学生的学习过程</td><td>0.30</td><td></td><td></td><td></td><td></td><td></td></tr>
<tr><td>3. 目标定在学生的最近发展区，并且具有可操作性</td><td>0.35</td><td></td><td></td><td></td><td></td><td></td></tr>
<tr><td>4. 充分发挥目标的导向、激励、调控等功能</td><td>0.15</td><td></td><td></td><td></td><td></td><td></td></tr>
</table>

① 马云鹏．小学数学教学论（第 2 版）．北京：人民教育出版社，2006：293-300.

续前表

一级指标	一级权重	二级指标	二级权重	评价等级				得分
				A	B	C	D	
教学内容	0.15	1. 保证教学内容的科学性，并充分挖掘其育人功能	0.35					
		2. 内容紧密联系学生的生活实际，重视学生的已有知识和经验	0.35					
		3. 教学内容生动有趣，呈现形式有利于学生的学习	0.30					
教学过程	0.25	1. 教学过程各构成因素之间的关系和谐，能充分发挥各自的功能	0.20					
		2. 课堂教学结构安排恰当，时间分配合理	0.20					
		3. 教学过程体现学生对数学知识的主动建构和能力的发展	0.35					
		4. 课内信息流畅，教师根据学生的反馈信息及时有效地调控教学过程	0.25					
教学方法	0.25	1. 根据教学目标、教学内容与学生的年龄特征选用教学方法	0.15					
		2. 创设合适的教学情景，激发学生的学习兴趣	0.25					
		3. 注重学习方式的转变，促进学生自主学习、合作学习、探究学习	0.25					
		4. 注重启发与点拨，给学生留有探索的余地	0.20					
		5. 搞好多种教学方法、教学手段的优化组合，现代教育技术使用得当	0.15					
教学效果	0.20	1. 全面实现预定的教学目标	0.30					
		2. 学生学习积极性高，思维活跃	0.25					
		3. 课堂教学效率高，师生负担合理	0.25					
		4. 教学能促进师生的共同发展与提高	0.20					
评价人：______		总分：________________	等级：________________					

资料来源：涂荣豹，季素月. 数学课程与教学论新编. 南京：江苏教育出版社，2007：163.

课堂评价的实施一般按下列步骤进行：

1. 课前准备

听课前，评价者预先熟悉课程标准和教材内容，了解本单元的内容安排和教学要求，查阅任课教师的教学设计方案。

2. 听课

在听课过程中，评价者结合评价表的指标做好听课记录，尤其是课堂上出现的典型的学生活动、教师活动、突发事件以及特殊的现象和效果。

3. 填写评价表

评价者根据课堂教学的实际状况，对照评价表的各项指标逐项填写评价等级。对一些特殊的现象和问题，还可以单独提出来附在表上。

4. 计算总分

将各项指标的实际得分相加，得出总分。如果有多人参与评价，通常把平均分作为最终的总分，并填写最终的评价等级。

5. 填写评语

在条件允许的情况下，评价者可以把评价意见或其他建议写成评语，以便任课教师更深入地反思、改进课堂活动，或者其他使用者进一步做出更细致的分析和研究。如果有多人评价，也可以互相讨论，共同写出评语。

第三节 小学数学学习评价

学习评价是对学生的学习行为做出价值判断的过程，包含对学习过程的评价、对学习结果的评价两个方面，对学习结果的评价又称为学业成就评价。

学习评价有很多方法，常见的有学业水平测试、开放式问题、表现性任务、课堂观察、谈话以及成长记录袋等。这些评价方法各有特点，评价者可以根据评价的目的有选择地使用。例如，观察和谈话可以提供非正式的反馈，教师可以更好地洞察学生的思维过程，指导学生的日常学习；简短的测验可以考查学生对数学基础知识和基本技能的掌握程度，复杂的表现性任务可以考查学生的数学应用能力、问题解决能力，而反思性日记则有助于理解学生的内部动机和情感态度的变化。

学生学习评价的结果宜采用定性与定量相结合的呈现方式，通常第一学段以描述的方式为主，第二学段以描述和等级评定或者描述和百分制相结合的方式。

一、小学数学学习过程的评价

1. 学习过程评价的目的

对学生学习过程进行评价，其目的在于：(1) 发现学生数学思维、解题策略或学习习惯的不足，有效地改善教师的教和学生的学；(2) 改善学生对数学的情感态度，增强学习数学的自信心，提高学习数学的兴趣；(3) 了解学生的学习过程，促进学生在数学上获得更大的发展。

例如，下面的评语，就不仅仅反映学生的数学学习状况，更主要的是反映师生之间的情感交流，学生读到这样的评语，能够获得成功的体验，树立学习数学的自信心，同时也知道自己的不足和努力方向。

王小明同学，本学期我们学习了收集、整理和表达数据。你通过自己的努力，能收集、记录数据，知道如何求平均数，了解统计图的特点，制作的统计图很出色，在这方面表现突出，但你在使用语言解释统计结果方面还存在一定差距。继续努力，小明！评定等级：B。①

2. 学习过程评价的内容

小学数学学习过程的要素有很多，包括数学知识、数学技能、数学思考、数学思想方

① 中华人民共和国教育部. 义务教育数学课程标准（2011 年版）. 北京：北京师范大学出版社，2012：57-58.

法、问题解决、数学情感、数学信念、数学态度、数学学习方法、数学交流等，每一个要素都可以成为评价的内容。《课程标准（2011年版）》对小学生数学素养提出了四个方面的目标，即知识技能目标、数学思考目标、问题解决目标、情感态度目标，在具体评价中应围绕这四个方面展开，形成多维度的、系统的过程评价体系。

（1）知识技能的评价，包括对数与代数、空间与图形、统计与概率等几个领域的知识经验基础、学习类型与方式、认知过程与效率、知识网络的建构与水平等方面的评价。

（2）数学思考的评价，包括对数感、符号意识、空间观念、几何直观、数据分析观念、运算能力、推理能力、模型思想、应用意识和创新意识等多个方面的评价，尤其应重视合情推理与演绎推理的能力、数学化的能力、数学应用能力、数学思维水平、知识迁移能力等方面。

（3）问题解决的评价，包括对发现问题、提出问题的意识和能力、解决问题的策略和能力、实践创新能力、合作与交流的能力、解题反思的能力等方面的评价。

（4）情感态度的评价，包括参与学习的积极性、数学学习的习惯与态度、学习兴趣与动机、数学学习自信心、克服困难的意志、数学价值观等方面的评价。

评价的内容要深入、精细，能充分反映学习过程的重要环节、每个环节应达到的掌握程度以及整个学习过程所要实现的价值和重点。例如对数学概念的评价，就不能仅仅考查学生是否陈述出它的定义、符号、正反例，还应考查学生是否真正理解了这个概念，能否厘清相关知识之间的关系，能否联系生活实际，能否正确应用这个概念。例如，下面这个评价问题，就比让学生背诵百分数的概念更易使学生深入而充分地理解百分数：“小明说从10增加到40是增加300%，因此反过来，从40减少到10则是减少了300%。请解释小明错在哪里?”

3. 学习过程评价的常用方法

（1）课堂观察。

课堂观察是指评价者置身课堂活动之中，利用一些手段和技术，有目的地观察学生活动所发生的外在现象及其心理状况，获得学生学习的最直接、最真实的信息，进一步分析和解释这些信息的评价活动。

课堂观察有两种类型。结构型的课堂观察指的是程式化的观察活动，观察者预先设计好统一的观察内容和记录标准，对所有的观察对象都使用相同的观察内容和记录格式，获得量化的或标准化的观察数据。无结构型的课堂观察是一种开放的观察活动，观察者可以根据具体情境确定和调整自己的观察视角和观察内容，还可以运用描述的方式记录观察结果。表8-2是一个结构型的课堂观察表[①]。

表8-2　课堂观察表

一级指标	二级指标	评价等级			说明
知识、技能掌握情况	数与代数				1＝参与有关的活动 2＝初步理解 3＝真正理解并掌握
	图形与几何				
	统计与概率				
	综合与实践				

① 马云鹏. 小学数学教学论（第2版）. 北京：人民教育出版社，2006：276.

续前表

一级指标	二级指标	评价等级			说明
是否认真	听讲				1＝认真 2＝一般 3＝不积极
	作业				
是否积极	举手发言				1＝积极 2＝一般 3＝不积极
	提出问题并询问				
	讨论与交流				
	阅读课外读物				
是否自信	提出和别人不一样的问题				1＝经常 2＝一般 3＝很少
	大胆尝试并表达自己的想法				
是否善于与人合作	听别人的意见				1＝能 2＝一般 3＝很少
	积极表达自己的意见				
思维的条理性	能有条理表达自己的意见				1＝强 2＝一般 3＝不足
	解决问题的过程清楚				
	做事有计划				
思维的创造性	善于用不同的方法解决问题				1＝能 2＝一般 3＝很少
	独立思考				
总评					

（2）作业评阅。

作业是数学学习过程中的重要内容，批阅之后，学习的效果和问题就会显现出来，对教师和学生及时了解学习状况都有直接的帮助，具有即时性和集中性的特点，是形成性评价经常采用的方式。

作业评阅不能过分重视结果而忽视学生做作业的过程、方法和习惯，应该从促进学生学习发展的角度，尊重学生思维能力上的差异，全面考查学生的作业情况，以激励、帮助、引导为主，逐步提高学生的作业质量，提高数学学习的兴趣和积极性。

作业批阅在多数情况下是由教师完成的，但在适当情况下，不妨也让学生参与进来，以小组的形式相互批改、集体批改，并填写意见反馈表（见表 8－3）。这样既能减轻教师的负担，也能激发学生学习的热情，使学生充分发表意见，互教互学，深化对作业内容、作业错误、作业习惯的认识。

表 8－3　　小组作业典型问题记录表

小组：________	日期：________	记录人：________
题目		
小组完成情况		
典型问题与错误		
小组观点与意见		

（3）学习契约。

学习契约是学生与教师共同规划的学习活动书面协议。它确定学生的学习目标、规划学习资源和策略、达到目标的方法、学习活动的日程安排，完成活动的证据及确认这些证据的标准等。学习契约的样式可以是表格式或提纲式，一般包括学生和教师的基本信息、学习目标、各自的任务职责、学习保障的手段、评价方法、未能达标的惩罚条款、学习活动的起止日期等内容。表 8-4 是学习契约的一个例子①。

表 8-4　主题学习契约书

研究主题		
小组名称		
成员	姓名	分配任务
组长		分配工作、主持讨论、协助组员完成工作
组员		记录研究的结果
组员		记录研究的结果
报告主持人		报告研究结果

为了展示我们这组对主题的研究，我们想用__________方式进行探索和研究，研究活动自____月____日开始至____月____日结束，研究报告通过 PPT 展示，并附其他有关资料。这项工作由________老师指导。

立约人签名：

指导教师签名：

______年______月______日

学习契约评价通常要经历以下几个环节：首先，在学习活动开始前，由教师详细讲解契约学习的基本原理及使用方法。然后，学生和教师根据学生的学习兴趣和需求共同商讨，达成协议，签订学习契约书。接下来，学生根据学习契约的要求开展学习与合作，交流学习契约目标完成的进度和涉及的相关资料，教师和学生共同对学习过程进行检查和评价。在此过程中，教师对学生遇到的问题给予及时的指导和点拨。学习活动结束后，教师按照学习契约验收学生提交的学习报告，看学生是否完成了学习契约中所承诺的学习目标，并对学习效果进行评价。

在实际教学中，学习契约的使用灵活多样，下面的契约（借条）（见图 8-1）就十分有趣②：

借条

陈老师：

由于我第一次考试没考好，特向你借 6 分，第二次考试时一定归还，并保证及格。

借分人：王丹

**** 年 ** 月 ** 日

图 8-1　学习契约（借条）

---

① 杨九民，梁林梅. 教学系统设计理论与实践（第 2 版）. 北京：北京大学出版社，2014：200.

② 张晓霞，李建萍. 小学数学课程与教学论. 成都：四川教育出版社，2006：146.

这个有趣的借条背后，是这样一个故事：

王丹人挺机灵的，可就是学习不努力，每次考试都拖班上同学的后腿。这不，这学期第一次单元测验又不及格，54 分。我真是有些生气。

下课后，我极力调整自己的情绪。心里想：跟一个还不懂事的孩子生气是没有道理的，只有想个办法调动他的积极性才行。放学后，我把王丹叫到自己的身边。

"王丹，你还想不想及格?""想。"王丹低着头，声音很小。"那老师有个办法。""什么办法?"王丹的声音大了些，似乎还有一丝期待。"老师借你 6 分，让你及格，但你要保证下次考试还我后还能及格，行吗?"王丹瞪圆了眼睛望着我，一脸的疑惑。我冲他微微地笑了笑，"看，只差 6 分了，如果你再加把劲儿，完全可以及格的，是吗?"这时，我看到他脸上的一丝激动。我趁势说："那老师给你一次弥补的机会，你一定要珍惜这借来的 6 分，加倍努力，把成绩赶上去。如果你愿意的话，就写个借条给我，好吗?"王丹极其认真地写下了这张特殊的借条。

从这以后，我发现王丹变了，以前在数学课堂上，他不是和别人说话，就是玩东西。现在他不仅专心听讲，还积极回答问题。我不时表扬他，他学习也越来越自觉。

很快，第二单元测试了，王丹得了 78 分。当我在全班宣布这一分数时，同学们为他热烈鼓掌。我把欣慰的笑容、激励的目光投向他，他回了我一个甜甜的笑，有些得意，有些灿烂。

二、小学数学学习结果的评价

1. 学习结果评价的目的与内容

学习结果评价的目的主要是：(1) 为学生了解自己的数学学习结果提供反馈信息，以便学生明确自己的成就表现，反思自己的问题，调整学习方式，改善数学学习的效果；(2) 帮助教师了解学生学业表现的多样性和差异性，了解学生数学学习的态度和信念，反思自己的教学工作，提高数学教学水平；(3) 鉴定学生的数学学业水平，为更高一级的人才选拔与培训提供依据；(4) 帮助数学课程制定者和教材编写人员了解数学课程实施情况，为小学数学课程建设和资源开发提供依据。

学习结果评价是在学生经历一段时间的数学学习之后进行的，评价的内容往往覆盖面广，或者专门而深入，以便客观、准确地反映学生在知识技能、数学思考、问题解决和情感态度等方面的变化和达到的水平。

2. 学习结果评价的常用方法

(1) 测验。

测验是根据评价的目标和内容，拟定一些问题，让学生做出书面的、口头的或操作的回答，以此反映学生的知识掌握水平、能力发展水平。测验常采用量化的方式。

书面测验是学习结果评价的最常见形式。为书面测验而拟定的问题称为试题，试题以及答题说明构成试卷。试卷通常以纸质媒介形式出现，在现代信息技术条件下，也有电子版、网络版的试卷。

数学试题一般分为客观题和主观题两大类。客观题有是非题、选择题、匹配题、填空题等多种形式，特点是有客观的评判标准，便于量化和标准化。主观题有解答题、计算题、证明题、作图题等形式，特点是允许学生自主组织答案，能较好地反映学生的思维过程和数学能力，但评价标准主观性较强，阅卷工作需要投入较大的人力。

要想使测验公正、客观、合理地反映学生的数学学习结果，应该做到以下两点：一是编制高水平的试卷，保持各知识点之间的适当比例，使试题具有代表性、层次性，有较广泛的覆盖面，并注意突出考查的重点；二是试卷要有较好的可靠性、有效性，试卷的解答结果能进行科学的分析和总结①。

衡量试卷质量的指标有信度、效度、难度、区分度等。

信度是衡量测试结果稳定性的指标，也就是测试的结果与学生的真实水平的接近程度。测试中的偶然因素越少，测试的稳定性越好，信度就越高。计算信度的常用方法有重测法、等值法、分半法、α 系数法等。例如，当被试人数较多时，采用分半法，即将同一次测试的被试随机分为人数相同的两部分，计算两部分得分的相关系数，这个相关系数就是分半法的信度。信度的取值在－1 到 1 之间，大型考试通常要求信度在 0.9 以上。

效度是衡量测试结果有效性的指标，也就是测试结果是否测出了需要考查的内容。常模参照的测验常用效标效度、内容效度、结构效度等，标准参照的测验常用内容效度、分组均值检验效度等。例如，效标效度是指一次测试的结果与常模的相关程度，通常是计算相关系数，所以效标效度的取值在－1 到 1 之间，认知类型的考试通常要求 0.6 以上。内容效度是指测试的内容在多大程度上反映测试目标所规定的知识和能力水平，这是一种定性分析的指标，通常把要考查的内容与试题做比较，吻合部分越多，覆盖面越多，测试的内容效度就越高。正规的考试在编制试题前，先要编制教学内容与考核目标的双向细目表（例如表 8－5 所示的小学数学二年级上册双向细目表），用以反映测试的内容效度。

表 8－5　　小学数学二年级上册双向细目表

<table>
<tr><th rowspan="2">领域</th><th rowspan="2">单元</th><th rowspan="2">知识点</th><th colspan="5">题型与分值</th><th colspan="3">教学目标与分值</th><th rowspan="2">合计</th></tr>
<tr><th>选择</th><th>填空</th><th>计算</th><th>操作</th><th>解答</th><th>了解</th><th>理解</th><th>掌握</th></tr>
<tr><td rowspan="3">数与代数</td><td rowspan="3">长度单位</td><td>建立厘米、米的表象</td><td></td><td>2</td><td></td><td>2</td><td>2</td><td></td><td>2</td><td>4</td><td>6</td></tr>
<tr><td>体会统一长度单位的必要性</td><td></td><td>2</td><td></td><td></td><td></td><td></td><td></td><td>2</td><td>2</td></tr>
<tr><td>用尺子量物体的长度</td><td></td><td></td><td></td><td>2</td><td>2</td><td></td><td></td><td>4</td><td>4</td></tr>
<tr><td>数与代数</td><td>100 以内的加法</td><td></td><td></td><td></td><td></td><td></td><td></td><td></td><td></td><td></td><td></td></tr>
<tr><td>图形与几何</td><td>角的初步认识</td><td></td><td></td><td></td><td></td><td></td><td></td><td></td><td></td><td></td><td></td></tr>
<tr><td>数与代数</td><td>表内乘法（一）</td><td></td><td></td><td></td><td></td><td></td><td></td><td></td><td></td><td></td><td></td></tr>
<tr><td colspan="3">合计</td><td></td><td></td><td></td><td></td><td></td><td></td><td></td><td></td><td></td></tr>
</table>

① 涂荣豹，季素月．数学课程与教学论新编．南京：江苏教育出版社，2007：167.

难度是衡量试题难易程度的指标，常用实际得分与总分的比值来表示，称为难度系数。难度系数的取值在－1到1之间，难度系数越大，测验的难度越小，难度系数越小，测验的难度越大。

区分度是指试题对学生实际水平的区分程度。区分度高，学生得分比较分散，容易区分出不同水平的学生；区分度低，学生得分比较集中，不同水平的学生难以区分出来。很显然，用学生得分的方差来表示区分度是合适的，计算起来也比较简便，方差越大，区分程度越好，方差越小，区分程度越差。另外，计算区分度还经常使用相关系数法和分组法。相关系数法可以用于衡量某一个试题的区分度，用该题的得分与总分之间的相关系数来表示。分组法既可以衡量某一个试题的区分度，也可以衡量整个试卷的区分度，将学生按成绩高低排序，取前27％（客观题通常取25％）作为高分组，取后27％（或25％）作为低分组，分别计算高分组和低分组的平均得分率，用它们的差表示区分度。这两种方法计算出来的区分度在－1到1之间，且取值越大，区分程度越好，取值越小，区分程度越低。

任何测验都必须明确测验的目的或目标、考查的内容与要求、测验的形式，所以试卷命题往往围绕题型设计、难度设计和整体结构展开①。

题型设计指的是确定试卷中的试题类型及其比例。小学数学考试中常用的题型有选择题、填空题、解答题，而题型的比例常常决定于测验的目的和主导思想。在知识立意的思想指导下往往追求知识的覆盖率，选择题、填空题的比例会大一些；在能力立意的思想指导下，解答题、操作题、开放题的比例就会比较大。

难度设计是要明确各试题的难度及其分布，以及整个测验的总体难度。这需要精细地考虑测验的目标、学生的水平、每个试题的难度以及试卷的整体效果，综合各方面因素，给出一个恰当的难度定位。难度设计在双向细目表中也有反映，要求掌握的试题通常比要求了解、理解的试题难度大，掌握的试题多了，试卷的难度往往增大。

整体结构设计包括显性结构的设计和隐性结构的设计。显性结构包括题型结构和试卷框架，其中试卷框架由试卷名称、考试时间、考生标记、试卷使用说明、试题、答题纸（卡）以及参考答案、评分标准等附件组成。隐性结构包括试卷的知识结构、能力结构、难度结构、情感结构等。

试卷命题工作的一般程序是：明确测验目的—确定测验内容—制订命题计划—选题组卷—审查修改—试答试测—试题调整—制定评分标准—校对。其中，制定命题计划包括拟定试卷的题量、题型、考查的内容、分值分配、考试的时间、编写双向细目表等工作。

从试卷直接得到的分数叫作原始分数。一般情况下，不直接用原始分数来评价学生的学习结果。例如，在满分100分的测验中，某学生的原始分数是80，如果据此判定这个学生的数学水平一般，那就不一定准确。因为，如果这次测验的平均分是70，那么这个学生的水平至少是中上等，而如果平均分是90，那么这个学生的水平就比较低了。因此，为了更好地判定学生的学习结果，通常需要对原始分数进行加工、处理。

---

① 马云鹏，孔凡哲，张春莉．数学教育测量与评价．北京：北京师范大学出版社，2009：86．

在目标参照的测验中，可以对原始分数划出等级，确定学生达到教学目标的程度。例如，可以按优秀（90～100）、良好（80～89）、一般（70～79）、及格（60～69）、不及格（60以下）划分为5个等级，对照原始分数确定等级水平。

在常模参照的测验中，常使用平均分、标准分等统计指标来反映学生的水平。标准分 Z 是由原始分数 x 按下述公式计算得来的。标准分的平均值为0，标准差为1，这样便于在不同科目、不同年级的学生之间进行比较。

$$Z=\frac{x-\bar{x}}{s}$$ （其中 $\bar{x}$ 是本次测验的平均分，s 是本次测验的标准差）

（2）表现性评价。

表现性评价，又称为真实性评价、替代性评价，是通过学生完成实际任务来表现学习成就的评价方式。表现性评价最早出现在20世纪90年代，该评价方式受到广泛关注，是因为人们对选择式测验的不满，选择式测验只关注学生知道了什么，却不能反映学生能做什么。表现性评价将评价的内容和过程融为一体，通过向学生提供具有一定任务目标的具体的、现实的问题情境，在学生完成任务的过程中，考查学生各方面的表现，包括相关的知识与技能，对实际问题的理解，完成任务所采用的策略，完成任务过程中表现出来的态度、信心、责任心、合作精神，以及更加广泛的知识应用能力、问题解决能力等。

表现性评价的设计需要考虑以下几个问题：1）为什么要运用表现性评价？——表现性评价的目的；2）评价学生的哪些方面？——表现性评价的内容；3）如何进行表现性评价？——表现性评价的任务；4）如何判断学生的表现？——表现性评价的标准①。

表现性评价的任务设计是整个评价设计的核心。由于不同年龄、不同文化背景、不同经验的学生对真实问题的理解有很大的不同，设计者需要根据具体的目标和条件设计有意义的、可行的表现性任务。因此，好的表现性任务不是单纯的游戏或活动，而是很好地融合了数学学习的内容，有清楚明确的指导语，与有关的数学知识、数学能力紧密联系，能真实反映出学生的数学知识、数学思维、数学能力、数学情感的水平，具有真实性、趣味性、可操作性等特点。表现性任务通常有解释性任务、设计性任务、制作性任务、调查性任务、实验性任务、反思性任务等多种形式，常见的有数学开放性问题、数学调查与实验、数学日记、成长记录袋。

开放性问题就是解法不唯一、答案不唯一、较为复杂开放的问题情境，或者说从问题的理解到解题的方法，再到问题的答案都可能是开放的。开放性问题需要学生经历提出假设、情境解释、寻找解题方向、选择解题策略、创造新问题等过程。例如，某人计划用5天的时间外出旅游，所需费用大概是多少？

调查与实验是指学生通过对某一个问题的调查或实验，展现自己的知识技能和实践能力。例如，老师要求每一个同学在一周内至少要读21页的书，下面是某小组所有同学一周（7天）内读书的页数（见表8-6）。

---

① 马云鹏，孔凡哲，张春莉. 数学教育测量与评价. 北京：北京师范大学出版社，2009：86.

表 8-6　　调查与实验示例：小组一周内读书情况

	小明	小军	小镇	小关
第一天	2	3	3	1
第二天	3	3	0	2
第三天	3	3	3	2
第四天	4	4	4	3
第五天	4	3	4	3
第六天	5	4	5	3
第七天	7	3	2	7

任务一：利用上面已经给出的数据绘制一个条形统计图，并做到能形象地反映小组内每一个同学读书的情况（见图 8-2）。

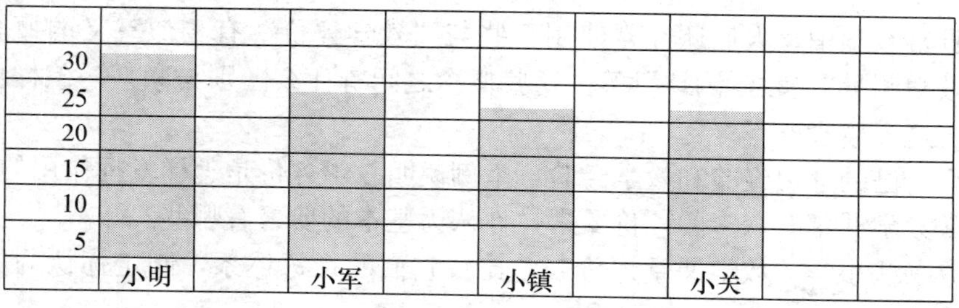

图 8-2　条形统计图

任务二：解释一下你这样绘制条形统计图的理由或依据。

任务三：选择上述数据的一部分或全部，尝试做一个解释性的评述（例如：从已经给出的数据看，小军平均每天的读书进度）。

数学日记可以用来总结所学的数学知识与技能，还可以用来记述学生的情感、态度、遇到的困难等事件，不仅能反映学生的知识技能情况，也能反映学生数学思维、数学情感的变化，而且还可以引导学生自我反思，评价自己的能力水平和数学修养。日记没有固定的格式，但对于小学生来说，最好由教师提供一个模板（见图 8-3）。

日期：__________　　　姓名：__________

今天我们学习的数学课题是：

学习后我已经理解的知识：

我认为自己学习或理解得最好的地方是：

我还不明白或需要进一步理解的地方是：

学习中同伴给我的启发和帮助是：

针对今天的学习，我还要：

图 8-3　数学日记示例

成长记录袋是保存学生学习重要资料的档案。成长记录袋里的资料是多样的，有学生满意的作业、有意义的探究成果、印象深刻的问题，也有解题的反思记录、读过的数学课外书、做过的数学小论文等。这种方法使学生资料归建成档，保存完整，因此可作为评价学生学习结果的重要材料。

表现性评价的标准既重要又不容易制定。因为表现性评价不具有明显的预设性，有些评价目标是伴随评价过程而生成的，尤其是那些潜在的、有着个性差异的表现往往具有重要的评价意义。因此表现性评价的标准需要考虑任务完成过程的所有重要方面。一个便捷的做法是先考虑一些优秀学生的表现，用质的方式描述刻画出来，然后从中筛选评价的要素和标准，并保留一定的开放性和灵活性，筛选的要素也不能太多，以4～6个为宜。

思考题

1. 在日常教学中，人们还经常使用一些与“教学评价”有相似意义的概念，如“教学评估”“教学测量”“教学测评”等。这些概念之间有什么区别与联系，怎样更好地理解“教学评价”这个概念？
2. 结合自己的学习经验和教学经验，举例说明教学评价是怎样发挥作用的。
3. 小学数学课堂有众多的评价要素，你认为基本的要素有哪些？
4. 收集一些小学的数学课堂评价表，比较它们的指标体系，制定你认为更加合理的评价表。
5. 观摩一节小学数学课，运用课堂观察表评价小学生的课堂学习过程。
6. 收集一个班级的数学测验试卷，分析这份试卷的信度、效度、难度、区分度。
7. 选择小学数学的某一内容，针对该内容设计一份表现性评价任务表。

参考文献

[1] 马云鹏. 小学数学教学论（第2版）. 北京：人民教育出版社，2006.

[2] 涂荣豹，季素月. 数学课程与教学论新编. 南京：江苏教育出版社，2007.

[3] 中华人民共和国教育部. 义务教育数学课程标准（2011年版）. 北京：北京师范大学出版社，2012.

[4] 杨九民，梁林梅. 教学系统设计理论与实践（第2版）. 北京：北京大学出版社，2014.

[5] 张晓霞，李建萍. 小学数学课程与教学论. 成都：四川教育出版社，2006.

[6] 马云鹏，孔凡哲，张春莉. 数学教育测量与评价. 北京：北京师范大学出版社，2009.

第九章

数与代数的教学*

内容提要

“数与代数”是义务教育数学课程的主要内容。本章分别从数与量的概念教学、数的运算的教学、式与方程的教学、实际应用问题的教学几方面对“数与代数”领域的基本概念进行了描述和解读，对个别核心概念结合具体实例提出了教学建议。每一节后呈现典型教学案例，并对其进行了分析和探讨。

第一节　数与代数的内容及意义

“数与代数”部分是义务教育阶段数学课程的重要内容。数的认识、数的运算和探索规律，贯穿第一、二学段；常见的量的学习则主要集中在第一学段。这部分的“数与代数”内容比较重视数的现实意义，强调紧密联系学生身边具体、有趣的事物，使学生体会数用来表示和交流的作用；注重使学生通过观察、操作、解决问题等丰富的活动初步建立数感；重视口算、估算与笔算的结合；重视结合现实的问题认识常见的量；强调初步学习在简单情境下探索数量方面的规律。

第二学段在第一学段的基础上，继续学习相关的内容，即在学习数的认识和运算的基础上，进一步学习式与方程（代数的初步）、正比例和反比例（函数的渗透）。随着年龄的增长，学生的思维水平和理解能力有所提高，学生处在由具体形象思维向抽象逻辑思维过渡阶段。由此在第一学段的基础上，第二学段扩大了数的认识和运算的范围，同时在较为抽象的水平上让学生初步认识代数知识，逐步向其渗透函数思想。

这两个学段的许多内容是螺旋上升并逐步加深的，如数的认识和数的运算。因此，整体把握第一、二学段的内容结构和特征，有利于在教学中突出重点、前后照应，使学生更好地理解和掌握这部分内容，进而实现整体课程目标。

* 本章“概念描述”与“概念解读”参考了吴正宪等人的《小学数学教学基本概念解读》和史宁中的《基本概念与运算法则》。

一、数与代数的基本内容

《课程标准（2011年版）》明确指出“数与代数”的主要内容有：数的认识、数的表示、数的大小、数的运算、数量的估计、字母表示数、代数式及其运算、方程、方程组、不等式、函数等。

“数与代数”的教学内容是逐渐扩充的，由自然数到分数、小数，由数的运算到简单的代数式及其运算，由算术运算到代数运算。从内容上看，它在小数数学教学各领域内容中所占比例最大；从作用上看，它直接关系到其他内容的学习，是整个数学学习的基础。

（1）数的认识。

第一、二学段数的认识内容主要包括整数、小数、分数、百分数和负数的认识，以及与数的理解和数特征有关的数整除性方面的内容。这部分内容理解和把握的重点在于：体会数的概念的形成过程的同时建立数感，并且做好对两个学段相关内容的整体把握、递进与衔接。

数的认识主要可以分为几个方面的内容：整数的认识，分数、小数和百分数的认识，负数的认识，数的整除性相关的内容，数的简单应用。

（2）数的运算。

数的运算内容贯穿第一、二学段，是这两个学段数学学习分量重、占用学习时间最多的内容。学习数的运算，首先要使学生理解为什么要运算，不同的目的决定了对不同运算方式的选择和对不同精度的要求。

首先应当让学生理解面对具体的数，是否需要计算；然后再确定需要什么样的计算方法，口算、笔算、计算器、计算机和估算都是供学生选择的方式，也一般都可以达到算出结果的目的。

应当重视学生对算理的理解和掌握，按照《课程标准（2011年版）》的要求把握对运算熟练程度的要求，重视公式的理解运用。要鼓励学生用自己的方法尝试运算，选择合适的方法进行运算，理解常见的数量关系，并运用常见的数量关系解决问题。

（3）常见的量。

常见的量基本在第一学段就会出现，《课程标准（2011年版）》对有关常见的量有明确规定。

其中与几何测量有关的单位都安排在“图形与几何”领域中，这里涉及的主要有货币单位、时间单位和质量单位。

（4）探索规律。

探索规律的内容重点在于探索的过程——是学生在具体情境中，通过观察、计算、操作、思考等方式，了解蕴含在问题情境中的规律，学会思考问题的方法。

（5）式与方程。

第二学段开始正式引入字母表示数和简易方程，这是学生数学学习的又一次抽象。

从数到代数是数学表征的一次飞跃，数对于它所代表的具体事物来说是抽象的，而用字母表示数是又一次抽象。对于小学生来说，初步建立数的思想具有一定的挑战性。要从具体的情境中使学生感知字母表示数的作用，初步建立符号意识。

（6）正比例、反比例。

正比例和反比例是一类常用的数量关系，这部分内容的学习是函数思想在小学的体现。

在现实中，有许多数量关系可以表示为成正比例的量和成反比例的量，其本质是两个量按一定的比例关系发生变化。如果一个量扩大（缩小），另一个量按一定比例扩大（缩小），则两个量是成正比例的量；如果一个量扩大（缩小），另一个量按一定比例缩小（扩大），则两个量是成反比例的量。

正比例和反比例的关系本质上是函数关系。小学阶段并不出现函数的概念，只是让学生具体感知两个量之间的关系。这样一是使学生对数量关系的认识和理解更丰富，二是为第三学段进一步学习正比例函数和反比例函数以及学习一般的函数知识做准备①。

小学数学“数与代数”部分具体内容结构如图 9－1 所示：

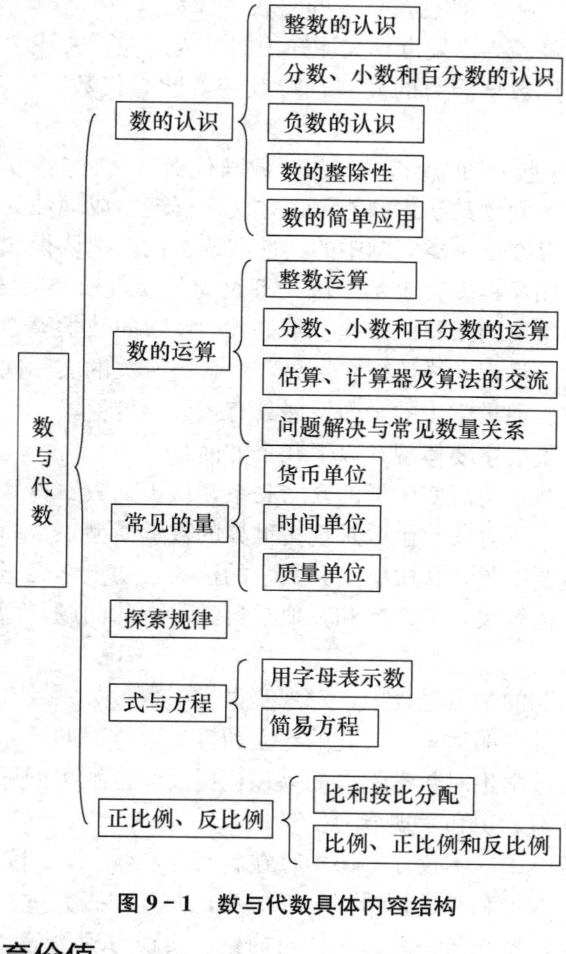

图 9－1　数与代数具体内容结构

二、数与代数的教育价值

数与代数的内容在义务教育阶段的数学课程中占有重要地位，有着重要的教育价值。

① 吴正宪，刘劲苓，刘克臣．小学数学教学基本概念解读．北京：教育科学出版社，2014：84.

与传统的中小学数学的有关部分相比，《课程标准（2011 年版）》对于数与代数这一学习领域，无论从目标还是内容、结构以及教学活动等方面都有了比较大的变化。理解义务教育数学课程中“数与代数”部分的教育价值、设计思路、内容和安排以及教学方法的特点等，对于有效地实施和贯彻《课程标准（2011 年版）》理念是非常重要的。

在《课程标准（2011 年版）》的研制过程中，对“数与代数”部分的改革做了认真的研究和思考，进一步明确了改革的方向，特别表现在：重视对数的意义的理解，培养学生的数感和符号感；淡化过分“形式化”和记忆的要求，重视在具体情境中去体验、理解有关知识；注重过程，提倡在学习过程中增加学生的自主活动，提高发现规律、探求模式的能力；注重应用，加强对学生数学应用意识和解决实际问题能力的培养；提倡使用计算器，降低对运算复杂性和速度的要求，注重估算等。

《课程标准（2011 年版）》理念指导下的“数与代数”，将呈现给学生大量丰富的现实背景，并以学生已有的经验为出发点，关注知识的形成过程、关注学生的学习兴趣和自信心、关注学生探究和运用数学能力的发展，将改变“数与代数”这部分内容烦琐乏味的状况。

《课程标准（2011 年版）》理念指导下的“数与代数”，将能够发展学生的数感、符号感、估算意识以及把现实问题数学化的能力，并使之逐渐形成理性的力量。字符表示的思想，深刻地揭示和指明存在于一类问题中的共性和普遍性，把认识和推理提到一个更高的水平。代数式、表格、图象等多种表示手段，不仅为数学表示和交流提供了有效的途径，而且为解决问题提供了重要的工具。方程、不等式中反映的数学模型的思想和方法，将帮助人们更准确、更清晰地认识和描述现实世界，并解决有关的实际问题。凡此种种，都将对培养学生良好的素质、促进学生的全面发展具有重要的价值。

这部分内容的教育价值主要体现在以下几个方面：

（1）使学生体会到数学与现实生活的紧密联系，认识到数、符号是刻画现实世界数量关系的重要语言，方程、不等式与函数是现实世界的数学模型，从而认识到数学是解决实际问题和进行交流的重要工具，从中感受到数学的价值，初步学会运用数学的思维方式去观察、分析现实社会，去解决日常生活和其他学科学习中的问题，增强应用意识，培养初步的应用能力。

（2）在“数与代数”的学习过程中，对现实世界中数量关系及其变化规律的探索，数的概念的建立、扩充以及数的运算，公式的建立和推导，方程的建立和求解，函数关系的探究等活动，有助于促进学生对数学学习的兴趣，提高学生解决问题的能力和自信心，有利于培养学生初步的创新意识和发现能力。

（3）在“数与代数”中，不仅在知识中存在着对立和统一，例如，正数与负数、加法与减法、乘方与开方、常量和变量、精确与近似等，而且在研究过程中也充满了对立与统一，例如，已知与未知、特殊与一般、具体与抽象、实践与理论等。同时，在变量和函数的研究中充满着运动、变化的思想，而且在“数与代数”的其他部分的研究中，从运动和变化的观点来考察，也能使认识更加深刻。因此，这部分的学习，必将有助于培养学生的辩证唯物主义观点，有利于学生用科学的观点认识现实世界。

第二节 数与量的概念教学

一、概念描述

数 数作为原始概念虽不能逻辑化地进行定义，但它却非常重要。在小学数学课程中，数的概念主要包括自然数、正小数、正分数。对于这三个概念的界定，教材中也只是用描述或举例说明的方式来定义。根据数系的形成过程可知，数这个概念的形成过程是一个多次扩张过程。数系扩张的主要途径是元素添加。

整数 整数是数系中最基本的一种数，即正整数、零、负整数的统称。自然数都是整数，但整数不一定都是自然数。

小学数学中整数的定义主要是通过直接给出名称的形式出现的。像“…，-3，-2，-1，0，1，2，3，…”这样的数统称整数。整数的个数是无限的。自然数是整数的一部分。“1”是自然数的单位。

自然数 人们虽然能够在日常生活中运用自然数，描述自然数，却不能严格地定义自然数。1889 年意大利数学家皮亚诺采用序数理论提出自然数的 5 条公理，这 5 条公理被称为皮亚诺公理。这 5 条公理用非形式化的方法叙述如下：

(1) 1 是自然数。

(2) 每一个确定的自然数 n 都有一个确定的后继数 n'。

(3) 如果 m、n 都是自然数，并且它们的后继数 $m'=n'$，那么 $m=n$。

(4) 1 不是任何自然数的后继数。

(5) 如果一个包含一些自然数的集合 S 具有性质：1) 1 在 S 中；2) 若 n 在 S 中，则 n'也在 S 中，那么 S = N（N 为全体自然数的集合，这条公理保证了数学归纳法的正确性，从而被称为归纳法原理）。若将 0 也视作自然数，则公理中的 1 要换成 0。在现在看来自然数中加上 0 是完全必要的。

自然数这个概念对于小学生而言过于抽象，因此，在小学阶段，教材知识列举了一些实例来描述自然数这个概念，即表示物体个数的 1，2，3，4，5，6，7，……都是自然数。一个物体也没有，用 0 表示，所以 0 也是自然数。

0 既是一个基本的概念，又是一个独立的数。0 是一个整数，而且是一个偶数。在集合论中，把 0 纳入自然数列，即 0 是自然数。0 不是正数，也不是负数，而是唯一的中性数：0 比任何正数小，比任何负数大，是正数、负数的界限。0 作为一个独立的数，不仅可以表示没有，而且还可以表示非常确定的内容。比如，“0℃”不能理解成没有温度，而是实际温度的计量结果；0 还可以做刻度的起点、坐标原点等。

小学数学教材中没有给出 0 的定义。一般教材在一年级上册“0 的认识”中，要求学生了解“0 表示没有”的含义，随着年级的升高，逐步了解 0 的其他含义，如起点、分界、占位等。到六年级，学生能够说出关于 0 的几种含义。

基数 用以表示事物数量多少的自然数就是基数，是自然数的定义方式之一。每一个有限集合中的元素个数都对应着一个自然数。在同一类有限集合中，它们具有一个共同的特征，就是所含元素的个数相同。例如，3 个人、3 支笔、3 个苹果等是同一类对等集合，它们的共同特征是 3，数量 3 就是它们的基数。

在小学数学中，自然数有两方面的含义，用来表示事物的多少时，称为基数；用来表示事物的次序时，称为序数。基数含义从认识数 1～5 时就开始了，它是结合认数进行的，而序数含义是在了解了 1～5 的基数含义的基础上学习的。

序数 序数是在数数过程中产生的。数数，就是在被数事物的集合与自然数集合（标准集合）之间建立一一对应的关系。如果被数事物是有限集合，就是与自然数集的前面片段（子集合）建立一一对应关系。如果被数事物是无限集合，就是与全体自然数建立一一对应关系。被数事物的位置顺序若为：第 0 个，第 1 个，第 2 个，第 3 个，……，第 n 个，则 0，1，2，3，…，n 就称为序数。

二、基本概念解读

数概念是数学中最基本的概念之一。它是由人类生活和生产的实际需要逐步形成和发展起来的，也是人类文化的伟大创造之一。人类在蒙昧时代就已具有识别事物多寡的能力，从这种原始的“数觉”到抽象的“数”概念的形成过程，是一个缓慢的、渐进的过程。

小学阶段对数概念的认识本质上应从数的扩充角度来理解。

分数的扩充一般有两种需要：一是分东西的过程中，需要对一个物体进行切割与分配时，整体中的“部分”无法用自然数来表示，就需要有刻画“部分”的方式方法；二是计算过程中，对如“2÷3”这样无法用自然数表示计算结果的，就需要有刻画这类除法运算结果的方式方法。

小数的产生有两个前提：一是十进制计数法的使用，二是分数概念的完善。小数的产生有两个原因：一是十进制计数法从整数扩展到了分数，使分数与整数在形式上获得了统一。现在小数的定义就是根据这种形式变换过程来定义的，将十进制分数改写成不带分母形式的数，这种数就叫作小数。

负数的产生。“负数”是一个与“正数”的意义相反的数学概念，它的形成源于对生活中完全相反的事物数量的刻画，如上与下、进与退等。

我们把正整数、0 和负整数统称为整数。因此，以 0 为界限，整数分为三大类：

正整数。人们把不为 0 的自然数称为正整数，即大于 0 的整数。它是人类计数的工具，从生活中抽象出正整数的过程是相当自然的。

0。它既不是正整数，也不是负整数，是介于正整数和负整数间的数；“0”不仅表示“没有”，也是表示空位的符号，还可以表示一种状态。

负整数。正整数对应的相反数称为负整数，即小于 0 的整数。

自然数亦称非负整数，是数系中最基本的一种数。它是在数数过程中产生的。作为数数的结果，自然数反映了被数事物的个数，回答了一个集合含“多少个元素”的问题，这是自然数作为基数的特点；作为数数的过程，自然数又反映了被数事物的先后顺序以及自然数的无限性，回答了“第几个”的问题，这是自然数作为序数的特点。二者彼此相通，共同反映了离散事物的记数特征。如果一个物体也没有，就形成了“0”的概念。0 比 1 还小，所以排在自然数列的最前面，而 1 是自然数的单位。从 0 开始，以后逐次加 1，这样无限地进行下去就可以得到全体自然数。所以，自然数集合是无限的。对于任何一个确定的自然数，总还存在比它更大的自然数。

0 在数学中有举足轻重的作用。单独来看，数量上，0 可以表示没有；尺子上，0 表示起点；计数中，0 表示空位，起占位作用……除此之外，0 还表示气温、海拔、水平面的分界等。

以前的小学教材中规定“0 不是自然数，最小的自然数是 1”，这个结论考试时还经常出现，其实，大部分国家规定 0 是自然数。1993 年，为了方便国际交流，《中华人民共和国国家标准》规定 0 为自然数；小学数学教材在 2000 年的修订中也进行了修改，规定 0 为自然数。

三、教学中如何培养学生的数感

《课程标准（2011 年版）》明确指出：“数感主要是指关于数与数量、数量关系、运算结果估计等方面的感悟。建立数感有助于学生理解现实生活中数的意义，理解或表述具体情境中的数量关系。”数感培养已成为数学教育的重要目标之一，应努力通过数学教学活动促进学生数感的形成与发展。在小学数学教学中，认识数是学生数学学习的重要内容，也是学生数感发展的重要载体。下面以数的认识教学为例，谈谈数感培养的策略。

（一）基于情境的数感培养

基于情境的数学学习是有效的。基于语感的学习情境称为“语境”，那么，基于数感的学习情境则称为“数境”。数感培养离不开“数境”的创设。在教学数的认识时，我们要注重借助具体情境理解数的意义，促进学生数感的形成。

1. 在具体情境中让学生获得对数的感性体验

例如，在教学数的认识时，通过提供学生熟悉的生活情境，让学生获得感性体验。

2. 在具体情境中让学生感悟数的相对大小

数的认识过程是从具体实物感知到抽象的大数的理解过程。在小数目数的认识中，教材往往通过具体的数数活动来获得数的大小关系，在具体情境中让学生感悟数量的多少，从而建立数感，例如，人教版《义务教育教科书·数学》一年级下册“100 以内数的认识”部分，呈现了百羊图，让学生感悟 100 比 20 大得多，要估计 100 有多少，可以通过 10 个一组来数，也可以通过不同的数法，进而感受数量的多少，获得数感。

3. 在具体情境中描述数的相对大小关系

数感的表现往往体现为对数的相对大小的感悟。为此，教材从一年级起就提供了如多一些、少一些、多得多、少得多的描述数的相对大小关系的语句，让学生建立对数的大小的理解。例如，人教版《义务教育教科书·数学》一年级下册“100 以内数的认识”例 6。

虽然一年级学生对这些表示大小关系的词语有所接触，但是对于它的含义的理解有一些困惑。为此，在二年级“万以内数的认识”的教学中，应继续安排描述数的相对大小的环节，进一步运用这些词语，加深学生对数感的理解。

(二) 基于活动的数感培养

数学教学是数学活动的教学，而数学活动又是学生经历数学化并自我建构数学知识过程的活动。教师应向学生提供充分从事数学活动的平台，让学生有自主探索、合作交流、积极思考和操作等活动的时间与空间，使学生在活动中获得对数的理解与感悟，从而促进数感的发展。

1. 在数数活动中获得对数的感悟

数是数出来的，数数活动是数感建立的最直接途径。在数数活动中能直接把握数的大小、顺序等相对关系。教材都有这样的数数要求，并通过数数活动获得对数的感悟。

2. 在猜数游戏中发展数感

猜数游戏是发展数感的重要活动方式，组织好猜数游戏活动是关键。例如，人教版《义务教育教科书·数学》一年级下册练习九“数字游戏”(见图 9－2)。

师：老师心中有一个数，谁知道是多少？
生$_1$：5。
师：少得多。
生$_2$：99。
师：多得多。
生$_3$：60。
师：多一些。
生$_4$：55。
师：少一些。
生$_5$：57。
师：正确。

图 9－2　数字游戏

如此猜数游戏，锻炼了学生结合具体情境，比较数的大小的本领，发展了学生的数感。

一方面，通过活动进一步理解“多一些”“少一些”“多得多”“少得多”的含义，从而在具体情境中把握数的相对大小关系。另一方面，渗透了用“区间套”逐步逼近的思想，这样的交流活动对于培养学生良好的数感具有十分重要的作用。学生在体会数的大小的同时，还能学到一种解决问题的有效策略。猜数的学生要提出有价值的问题，另一个学生要根据自己写的数，予以正确的回答，这样有利于发展学生的数感。

3. 在估数活动中形成数感

数感的形成和发展是基于一定策略的。数感水平的高低，在估数中得到了很好的体现，而估数活动又是发展数感的重要载体。例如，北师大版《义务教育课程标准实验教科书·数学》一年级下册“数豆子”部分就能体现数感培养的途径和策略。

教师先出示盛有一些豆子的杯子(内装 28 粒)。
师：你能估计这个杯子里有多少粒豆子吗？
生$_1$：我估计有 35 粒。

生$_2$：我估计有 20 粒。

生$_3$：我估计有 50 粒。

师：到底谁估计得比较准些呢？

教师带着学生一起数 10 粒豆子，放入另一个与前面一样的杯子中。

师：现在你能估计这个杯子中有多少粒豆子吗？

生$_1$：我估计比 20 粒多。

生$_2$：我估计大约是 30 粒。

师：能告诉老师你是怎样估计的吗？

生$_1$：我是这样想的，两个杯子比较一下，原来的杯子里的高度是 10 粒豆子杯子里高度的 2 倍还要多，所以我估计是比 20 粒多。

生$_2$：我是这样做的，我先抓了一把豆子，我的一把大约是 15 粒，我抓了两把，所以我估计大约是 30 粒。

师：到底有多少粒呢？我们来数一数吧。

两名学生走上讲台开始数豆子，其他学生也跟着数，最后数出来的结果是 28 粒。

本课例体现了数感培养的有效策略：

第一，教师引导学生先估一估杯子中有多少粒豆子，这实际上是体现了学生对数量的原有感知水平；在本节课中，可以看出学生原有数感发展水平是有差异的。

第二，教师让学生先数 10 粒豆子再放入杯子中，这样就建立一杯豆子与 10 粒豆子之间的联系，有助于学生进行估计。

第三，教师再组织数一数，这就是验证学生的估计，进一步在操作活动中建立起实际数量（杯子中的豆子数）与学生感知（学生估计的数量）的联系。

这样的教学活动体现了教师引导学生在活动中发展对数的感知，有助于发展学生的数感。

（三）基于推理的数感培养

在数感培养过程中借助推理，能促进学生数感水平的提升。一方面，数感推理可以通过以已知量为参照物，估计其他量；另一方面，根据部分与整体的关系，通过部分估计整体或者通过整体推测部分。

例如，估一估某篇文章大约多少字（60 字？600 字？6 000 字？）。

这道练习考查的是学生的数量直觉，在 60 字、600 字、6 000 字的选择中，反映了学生的数感水平。当然，我们可以以此为契机，培养学生的数感，可以通过“100 字大约是几行”这一已知量为参照物，估计其他量。

又如，下列练习形式都能很好地借助推理来培养学生的数感。

已知总量和部分量与总量的关系，推测部分量；已知部分量和其他量与部分量之间的关系，推测其他量。

这种基于已知来估测未知的方法是数感培养的一种重要策略，使学生在感受一定数量物体的多少中，运用推理的思想方法，更有效地体验数的相对大小关系。

（四）基于想象的数感培养

以往我们在培养学生的数感时，更多是采取数实物的方式。这种方式虽然在小数目数的认识中有一定的意义，但是对于以间接经验学习为主的大数目数的认识中，这种数实物的方式对于学生数感的培养价值就不大了。现在我们通过基于想象的数感发展，换一种思路建立数的相对大小关系，以数形结合为手段，创新学生数感培养方式。如借助线段、图形等，通过估一估、画一画来理解万以内数的相对大小关系，借助“形”培养学生的数感，在感受的同时重视估计方法的渗透和解决问题经验的积累。

例如，如果把这条线段长表示为6 000，那么画问号部分的这一小段大概是多少？(见图9-3)

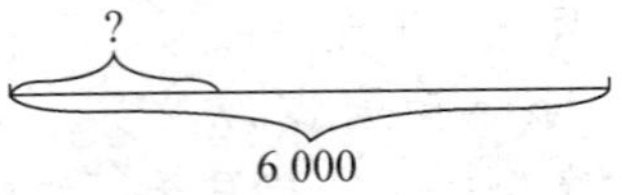

图9-3 线段长度推测示例一

学生通过想象与分析推理，估计大约是2 000。现在，我们把这一小段表示数的大小改为3 000，那同样的整条线段会发生怎样的变化呢？此时整条线段大约是多少呢？你是怎样想的？(见图9-4)

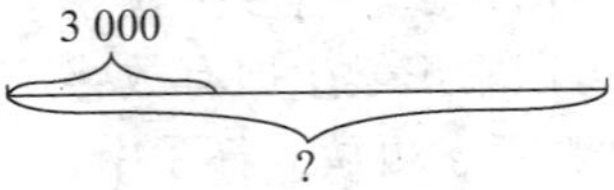

图9-4 线段长度推测示例二

学生在这样的数学活动情境中，感悟部分量和总量的关系，体验变化的相对性，从而通过想象这一思维方式来培养学生的数感。这种方式在大数的认识中能发挥有效的作用，促进学生数感的发展。

用这种基于推理的数形结合方式来表示数的相对大小关系是数感培养策略的一种新尝试。它不仅能让学生感悟数的相对大小关系，而且能实现学生的“数学化”理解，促使学生学会数学地思考，从而更有效地发展学生的数感。

数感是一种高级的智力活动，这种活动更多地需要内隐思维的参与。在教学中，我们要从学生的生活经验入手，充分挖掘生活中的数学素材，引导学生用数学的眼光去观察生活，培养学生用数来表达、交流信息的习惯与意识，让学生数学学习活动经历语言化过程、符号化过程、领悟过程和自我反思过程，使内隐和外显学习有机结合，从而促使学生加深对数的感知，丰富对数的认识，体会数学的价值，形成与发展数感。

第三节 数的运算的教学

一、概念描述

算式 简称式，是算术的基本概念之一，指把数或表示数的字母用运算符号或关系符号连起来的式子。算式分横式与竖式。小学数学中没有明确的算式定义，但是学生在学习加法、减法、乘法、除法时都要学习算式的写法、读法及算式的意义。

运算符号　是常用的数学符号之一，指按照运算法则进行加、减、乘、除、乘方、开方等运算时所使用的数学符号。算式中常用的运算符号有 6 个，即加号、减号、乘号、除号、乘方号和开方号（根号）。

关系符号　是常用的数学符号之一，指在算术中表示两个数、两个式子或数与式之间的数量关系的符号。算术中常用的关系符号有两类：一类是表示相等与不等关系的符号，如等号、不等号、近似等号等。另一类是表示大小关系的符号，如大于号、小于号、不大于号、不小于号等。

基本运算　加法、减法、乘法、除法是数学中的基本运算。小学数学教材中没有给出明确的定义，主要通过情境图，引导学生体验各种基本运算，初步理解运算的意义。

在定义自然数的同时也定义了加法运算。在加法运算的基础上，产生了减法、乘法和除法运算，统称为四则运算。其中，减法是加法的逆运算，除法是乘法的逆运算。自然数集合对于加法运算、乘法运算是封闭的。为了保证逆运算的封闭性，数的集合得到了扩充。

运算定律　指基本运算律，包括加法运算定律和乘法运算定律。加法运算定律指加法交换律和加法结合律。乘法运算定律指乘法交换律、乘法结合律、乘法分配律。这些俗称“五大定律”。

估算　是对计算过程及结果进行近似或粗略估计，即进行大致的推算。小学数学教材对此没有明确的定义，主要指的是能结合具体情境，选择适当的单位，对数据进行适当的放大或缩小，通过口算，得到和、差、积、商近似值的方法。

二、概念解读

1. 加法运算

四则运算都是源于加法。因为从加法运算可以产生减法运算、乘法运算和除法运算。因此，如果不想硬性地定义加法以外的其他运算，那么可以认为：四则运算源于加法。

有两种方法可以解释自然数的加法：一种是基于对应的方法，一种是基于定义的方法。因为定义的方法比较抽象，在小学阶段，特别是低学段的数学教学中，不建议采用定义的方法。

下面谈谈如何利用对应的方法来解释加法。

比如，3+1=4 的问题，可以采用这样的方法来进行教学。

首先，给出下面的两组方块：

□□□　　　　□□□□

问学生：哪边方块多？学生当然会回答：右边的方块多。因为这个时候学生已经通过对应的方法认识了 10 以内的自然数：左边的方块个数为 3，右边的方块个数为 4。可以通过这个图让学生再次感悟：4 个比 3 个多，进而 4 比 3 大。

然后，再拿出一个方块加到左边，形成下面的图：

□□□←□　　　　□□□□

问学生：现在哪边的方块多？学生当然会回答：一样多。于是，在这个直观的基础上，就可以向学生解释加法的算式：3+1=4。

数学研究的不是数学概念本身，而是数学概念之间的关系，因此，这样解释的加法就突出了两个量之间的相等关系：左边＝右边。进而，揭示了符号“＝”的本质含义：符号两边的量相等。

通过这样的教学，既可以让学生感悟到“量相等”的本质，又可以让学生感悟加法运算的本质特征：任何数加上一个自然数得到的结果一定比原来的数大。

2. 运算法则

混合运算的基本法则：有括号，先计算括号中的算式；没有括号，先乘除后加减。

比如，(3＋2)×4＝5×4＝20；

3＋2×4＝3＋8＝11。

显然，这两个基本法则是一种规定。为什么要有这样的规定？这样的规定合理吗？

为了说明它的合理性，须回到现实世界。小学阶段数学的一切概念和法则都是从现实世界中抽象出来的。

思考下面的具有实际背景的问题：

> 操场上有4排同学，每排有3名女同学2名男同学，问操场上有多少名同学？

对于这个问题，如果分步计算，显然应当先计算每排有多少同学，然后再计算4排一共有多少同学。因此，计算的道理是：

同学总数＝每行同学数×行数

＝(3＋2) ×4

> 这是一种从头开始的教学方法，可以让学生逐渐感悟：思考问题需要一个合理的起点。也就是说，让学生感悟：应当从什么地方开始思考问题。必须再次强调的是，思维方法的养成不是教师“教”出来的，而是学生自己“悟”出来的，因此，只有在教学活动中设计合理的教学背景，不断地引发学生思考，才能帮助学生养成良好的思维习惯。

可以看到，上面括号中表达的是一个故事：每行的同学数。这个故事是整体算式中的一个独立部分，因此，先算括号中的算式是有道理的。可是，这个例子是具体的，因而是特殊的，这个特例所蕴含的运算次序的一般道理是什么呢？我们接下来分析第二个算式，然后归纳出一般道理。

如果把乘法理解为加法的简便运算，3＋2×4可以表示为3＋4＋4＝3＋8＝11。用这样的方法来解释先乘除后加减是可以的，但是，这样的解释仅仅关注了计算方法，因此，这样的解释与上面的例子就没有共同点，就无法抽象出共性。为了把问题分析清楚，我们还是思考一个具有实际背景的问题：

> 操场上原来有3名同学，又来了一队同学，这队同学每排有2名同学，共有4排，问现在操场上有多少名同学？

显然，这个问题中包含了两个故事：一是原来的同学数，二是后来的同学数。类似第一个算式，可以写出计算这个问题的过程：

同学总数＝原来的同学数＋后来的同学数

＝3＋2×4

因此，先计算乘法是为了完成一个故事：后来的同学数。现在问题已经很清楚了：所有混合运算都是在讲述两个或两个以上的故事。在混合运算中，可能是大故事包含小故事，也可能是几个故事并列。在原本的意义上，这些故事应当分别计算，即先计算每一个具体的故事，然后再计算整体的故事。统观数学史，早期的数学都是这样计算的。如果希望用一个式子表达这样的计算，就形成了混合运算：用括号表示大故事所包含的小故事，用加号表示并列的故事。这样，为了保证混合运算的计算结果与分别计算的结果保持一致，就必须建立起前面提到的那两个基本法则。

3. 估算

在日常生活和生产实践中，人们遇到的大量计算都是估算，因此应当让学生知道估算。此外，精算在本质上是对于数的运算，估算在本质上是对于数量的运算，因此，学习估算对于培养学生的数感是有好处的。法国脑科学家研究了人们在进行精算和估算时大脑的反射部位，研究结果表明，精算主要激活脑左额叶下部，与大脑的语言区有明显重叠；估算主要激活脑双侧顶叶下部，与大脑运动知觉区联系密切。因此，就教育价值而言，根据脑科学家的研究成果，很可能会有这样的区分——精算有利于培养学生的抽象能力，估算有利于培养学生的直观能力。显然，抽象能力与直观能力是人们日常生活和生产实践中必不可少的两种能力，这两种能力都是数学素养的根本，所以，小学数学的教学内容不仅要有精算也要有估算。同时，根据上面所说的道理还可以推断：估算不是近似计算，更不是精算以后的四舍五入。此外，估算也不是估计：估算也是需要算的。据此，我们可以得到一个基本结论：小学阶段的数学教育，估算问题要有合适的实际背景，否则就失去了估算的教育意义。

首先，估算往往要涉及在哪个数位上进行计算的问题，因此，需要在计算之前针对实际背景选择合理的量纲。选择量纲的过程可以让学生感悟估算是对现实问题的度量，进而感悟如何进行估算才是合理的。量纲就是数量单位，比如，我们考虑距离的度量：如果要度量北京到纽约的距离，那么用万公里比较合适；如果要度量长春到北京的距离，那么用百公里比较合适；如果要度量教室的大小，那么用米比较合适；如果要度量书桌的大小，那么用厘米比较合适。确定了量纲以后，在具体计算时，就可以在量纲的整数位上进行估算，至多以量纲为基准取小数点后一位进行计算，一个类似的例子可以参见《课程标准（2011 年版）》的例 6。

其次，对于已经给定的数量，许多估算问题是为了得到上界或者下界，为此，需要对给定的数量进行适当的放大或者缩小，然后凑整计算。我们用《课程标准（2011 年版）》的例 26 来解释这个道理，问题如下：

> 李阿姨去商店购物，带了 100 元，她买了两袋面，每袋 30.4 元，又买了一块牛肉，用了 19.4 元，她还想买一条鱼，大一些的每条 25.2 元，小一些的每条 15.8 元。请帮助李阿姨估算一下，她带的钱够不够买小鱼？能不能买大鱼？

这个例子提出了两个问题，这两个问题的核心都是估计 100 元购物后的剩余金额，但两种估计方法有所不同。

第一个问题“够不够买小鱼”是估计剩余金额的下界（至少剩余多少钱）：如果下界

超过 15.8 元，那么肯定可以买小鱼。对于估计下界的问题，购物金额的数量要适当放大：两袋面粉不超过 62 元，一块牛肉不超过 20 元，因此，剩余金额钱至少有 100－62－20＝18（元），够买小鱼。

第二个问题“能不能买大鱼”是估计剩余金额的上界（至多剩余多少钱）：如果上界不到 25.2 元，那么肯定不能买大鱼。对于估计上界的问题，购物金额的数量要适当缩小：两袋面粉至少要 60 元，一块牛肉不少于 19 元，因此，剩余金额至多有 100－60－19＝21（元），不够买大鱼。

通过上面的例子可以看到，把这样的估算方法应用于日常生活是非常有趣的。这种先思维判断后具体计算的过程，不仅能引发学生的学习兴趣，提高学生的计算能力，还能够培养学生日常生活中对事物的直观判断能力，培养学生生活的自信心①。

三、如何指导学生明白算理

在计算教学中，技能熟练与算理理解两者不可偏颇。知道“怎样算”、理解“为什么这样算”应该成为计算教学的两个重要目标，兼顾算理和算法，让学生“知其然，并知其所以然”。那么，在平时教学中如何帮助学生“循理入法，以理取法”呢？

（一）依托直观，感悟算理算法

皮亚杰说过：“儿童的思维是从动作开始的，切断动作与思维的联系，思维就得不到发展。”在计算教学中，合理地运用学具、教具、课件等进行直观操作演示，是算理探究过程中教师常用的策略。

例如，在教学北师大版一年级下册“两位数减一位数的退位减法”这节课时，可以引导学生从以下三步入手：（1）动手操作——学生通过摆小棒和拨计数器的方法探究计算过程和结果。（2）竖式计算——直观操作和竖式计算有机结合。（3）促成内化——语言表达，形成算法。从算理直观到算法抽象，有效促进“动作思维—形象思维—抽象思维”的不断提升。

在计算教学中，让学生通过摆一摆、拨一拨、说一说等直观演示或操作来感悟算理，以求为运算方法建构建立明确的表象，这样能很好地帮助学生积累经验。

（二）借助情景，体验算理算法

运算方法的建构以具体情景为背景时，往往可以化抽象为直观，帮助学生理解算理，建构算法。如“乘（除）加（减）混合运算”，如果脱离具体的生活情景，老师很难解释为什么要先算乘除，后算加减，也就很难得到正确的计算结果。除非教师在课堂上硬性告诉学生“先乘除，后加减”，如果这样，学生也只是在教师规定下机械掌握此类混合运算的计算方法，而对算理却不知晓。

例如，在教授北师大版三年级上册教材中“乘加（减）混合运算”这节课时，应用教材情景中的问题：“小熊要买 1 个蛋糕和 4 个面包，一个蛋糕 6 元，一个面包 3 元，要付多少钱？”让学生画图和分步计算，学生自然想到应该先算出 4 个面包的价

① 史宁中. 基本概念与运算法则. 北京：高等教育出版社，2013：32.

钱（先乘），再加上 1 个蛋糕的价钱，才是应该付的价钱，再让学生列出综合算式 3×4＋6 或 6＋3×4，根据情景说说先算什么再算什么。

计算教学引导学生经历如此的实际的应用体验，混合运算就有可能实现从算理的意义建构到算法的自然生成，学生也才会体验到混合运算的算法是基于其算理得以自然生成的。

（三）凭借迁移，理解算理算法

苏霍姆林斯基说过："教学生借助已有的知识去获取知识，这是最高的教学技巧。"在小学数学中，有许多计算方法都是建立在学生原有的知识经验基础上的，这就为实现从旧知到新知的迁移提供了前提条件。

例如，在教授北师大版四年级下册教材中"小数加、减法"这节课时，关键是引导学生理解"为什么小数点要对齐"，除了利用教材上"涂方格"的直观模型外，也可以运用旧知识迁移到新知识，教师可以设问："我们学过整数加、减法，用竖式计算时要注意什么？""用竖式计算小数加、减法你认为应该怎么办？""为什么小数点要对齐，你能说说它的道理吗？"学生理解了这一点，接下来便顺理成章地把整数加、减计算相关知识迁移到小数加、减计算中来。

（四）数形结合，支持算理算法

数形结合就是通过数和形之间的对应关系和相互转化来解决问题的方法。在计算教学中应用数轴、平面图形或立体图形，使数的大小以形的组合来表达，使算理更为直观。

例如，在学习北师大版五年级下册教材中"异分母分数加、减法"这节课时，借助对长方形和圆的分、涂，学生很容易理解异分母分数加、减法的关键是"单位要统一"。借助几何图形来阐明算理不仅可以使抽象的数学算理直观化，而且有利于学生抽象思维和形象思维的协调发展。

（五）引导比较，明辨算理算法

乌申斯基认为："比较是一切理解和一切思维的基础，我们正是通过比较来了解世界上的一切的。"在平时教学中，我们不但要常用比较，而且要善用比较。

例如，在教学"除数是小数的除法"这节课时，探究计算 8.54÷0.7，就可以运用比较的方法引导学生对算理算法进行探究。

第一步：引导学生思考，这道小数除法与前面学过的整数除法有什么不同？

第二步：学生通过自主探究、小组讨论后交流展示：

方法 1：8.54 元＝854 分，0.7 元＝70 分，854÷70＝12.2。

方法 2：8.54 元＝85.4 角，0.7 元＝7 角，85.4÷7＝12.2。

方法 3：8.54×100＝854，0.7×100＝70，854÷70＝12.2。

方法 4：8.54×10＝85.4，0.7×10＝7，85.4÷7＝12.2。

在此基础上，引导学生比较四种方法有什么异同点？哪种更好？为什么？

第三步：引导学生进一步比较方法 3 和方法 4，虽然转化的根据相同，但转化的具体做法和效果又有怎样的不同？

有比较才有鉴别。正是通过上述比较，学生有效明辨了除数是小数的除法的算理算法，认识由模糊变为清晰，从肤浅走向深刻，真切体会采用“先把除数变成整数”这一方法的必要性和合理性。

（六）选择练习，深化算理算法

要实现对算理算法的巩固、应用和转化，离不开一定量的计算练习。但不是所有的练习都能够促进算理的理解，过多繁杂、低效的计算练习反而会引起学生的反感，教师可以选择一些练习来帮助学生理解、巩固算理。

1. 基本练习

在学生初学运算方法时，设计突出算理理解的基本练习，对学生进一步理解算理是不可或缺的。如设计以下的习题：

如下图，在 34×12 的竖式中，箭头所指这一步表示的是（　　）。

$$\begin{array}{r} 3\ 4 \\ \times\ 1\ 2 \\ \hline 6\ 8 \\ \boxed{3\ 4\ 0} \leftarrow \\ \hline 4\ 0\ 8 \end{array}$$

（A）10 个 34 的和　　（B）12 个 34 的和

（C）1 个 34 的和　　（D）2 个 34 的和

在人教版三年级上册“多位数乘一位数”这个单元中，课本上曾用下图的方法来计算某道乘法题。这道乘法题是□□×□。

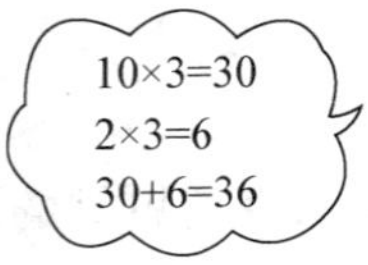

2. 对比练习。

在计算教学时，还可以设计对比练习，运用对比思维来思考数与数、算式与算式之间的关系，促进对算理的深度认知。如设计以下的习题：

（1）算一算、比一比，你有什么发现？

25×4=　　16×5=　　14×5=

4×5=　　15×6=　　15×4=

（2）先计算，再比较大小。

53×4=（　）+（　）=（　）

54×3=（　）+（　）=（　）

56×8=（　）+（　）=（　）

86×5=（　）+（　）=（　）

引导反馈：比较说说上面每组算式，哪部分积是相等的？想一想两个算式的积的大小取决于哪两个数相乘的结果？

以上各题以“积的大小”为主线，着重考查学生对多位数乘一位数的算理的理解，能力核心是运用对比思维来思考数与数、算式与算式之间的关系。引导学生分析、比较，使学生的思维更加丰富、更加精细，有利于学生对算理的深度认知。

在计算教学中，教师除了让学生记住数学计算公式、计算法则，并能准确地运用公式和法则进行计算外，还应该让学生明白计算的道理，即算理。因为数学特别是小学数学，离生活很近，生活的“理”自然也在数学之中，学生理解了“算理”，自然也会明白许多人生道理①。

第四节　式与方程的教学

一、概念描述

方程　亦称方程式，是数学的一个重要概念和研究对象。它一般指含未知数或变数的等式，不仅指代数方程。

2005 年北京版教材第 9 册的第 122 页指出：像 $2x=100$、$2x+50=100+50$、$x-7=9$、$4x+3=15$ 这样的含有未知数的等式都叫作方程。2006 年人教版教材五年级上册的第 54 页指出：像 $100+x=250$ 这样的含有未知数的等式，称为方程。

比　亦称单比，算术术语。比较两个同类量之间的一种倍数关系，称为这两个同类量的比。在单位相同时，两个量的比可以用表示这两个量的数的比来代替。两个数相比，也可以说成两个数相除。比的概念是从比较两个同类量之间的倍数关系而产生的，后来推广到两个不同类量。但无论是同类量的比还是不同类量的比，都可以归结为两个数的比。

比例　算术术语，指四个数（或四个量）之间的一种关系式。如果两个数（或量）的比，等于另外两个数（或量）的比，则称这四个数（或量）成比例。

小学数学教材中一般认为，两个数相除，又叫作这两个数的比。

二、概念解读

在初等代数中，只论代数方程，含有未知数的代数式的等式称为方程。按方程的解的状况，常把方程分为三类：

（1）条件等式方程，例如，$2x+5=3x$ 就是满足 $x=5$ 这个条件的等式。普通所说的方程，常指的就是这类；（2）矛盾方程，如 $(x-2)^2=x^2-4x+1$，无论 x 取什么数值，都不能使这个等式成立；（3）恒等方程，例如 $(x-2)^2=x^2-4x+4$ 中的未知数 x，可取一切数值，等式恒成立。

在解析几何中，在平面或空间建立某种坐标系后，几何图形（例如曲线和曲面）常可

① 孙衣云．计算教学如何帮助学生明白算理．小学数学教育，2016（5）：14-15.

用点的坐标所应满足的一个或几个方程来表示。例如，在空间直角坐标系中，平面由一个三元一次方程表示，直线由两个三元一次方程表示。

小学数学里，“比”是专有名词，意为倍数之比。

建立比的严格理论的是欧多克索斯（Eudoxus）。他引入了一个变量的概念，它不是整数。欧多克索斯认为整数是跳动的个体（离散的），而量是指线段、角、面积、时间等可以连续变动的东西。他用量这个概念建立了比和比例的理论，这样就把有公度比和无公度比（比值为无理数）都包括进去了。欧几里得所著《几何原本》中的第五卷——《比理论》，被认为是根据欧多克索斯的成果而编写的，也是欧几里得几何的成就之一。

比号是一种数学符号，它是由17世纪著名数学家莱布尼茨首先提出的。他认为两个量的比包含有除的意思，但又不能用“÷”表示。于是，他把除号中间的小短线去掉，用“：”表示比号。1760年，克莱罗出版的书中使用了这种符号，这种符号一直使用至今。

我国最早在《九章算术》中就有关于比例问题的记载，称为“今有术”。它的方法是利用已知的所有数、所有率和所求率求出所求数。它们之间的关系是所求数＝（所有数×所求率）÷所有率。印度在7世纪时也有类似的关系式，并称为“三率法”。传入欧洲后，称为“三数法则”，或称“黄金法则”。在中国，“今有术”一词一直沿用到清代。《白芙堂算学丛书》（1887）中是这样阐述“今有术”的：“所有率，所求率者，举以为例之两数也……唯此两率者，为例已定，故今所设之数可以照以求，所以亦名比例式也。”①

三、教学建议

1．*认识方程，学习用字母表示数是首要环节*

学习用字母表示数，是代数学习的首要环节；理解用字母表示数的意义，是学习代数的关键，也是在后续学习中运用代数式、方程、不等式、函数进行交流的前提条件。字母表示数的思想，深刻地揭示和指明了存在于一类问题中的共性和普遍性，把认识和推理提到一个更高的水平。学生对用字母表示数的理解，要在经历大量运用字母表示具体情境下数量关系的活动中实现。

英国一项关于儿童数学概念发展水平的研究表明，学生对字母表示数的理解方式可以概括为由低到高的六个水平：

（1）看到字母，就直接赋予它一个数值；

（2）对题中的字母视而不见，不理睬，或者承认其存在，但不赋予它任何意义；

（3）把代数式中的字母看作具体物体的记号，或直接看作物体；

（4）把字母看作特定的未知量，这时字母在儿童心中是某个（具体的）未知数的记号，可以直接参与运算；

（5）把字母看作广义的数，这时，在儿童心中字母是数，而且可以取多个值；

（6）把字母看作变量，即儿童把字母看作可在一定范围内变的数，字母与这种变的数之间有一种系统的关系。

---

① 吴正宪，刘劲苓，刘克臣．小学数学教学基本概念解读．北京：教育科学出版社，2014：220-225.

研究还表明，只有少部分学生把字母看作广义的数，把字母看作变量的就更少了。大多数学生把字母当作具体的对象。由此，我们要建立这样的认识：学生从用数字表示数到用字母表示数是一个漫长的过程，需要经历大量的活动，积累丰富的经验，要让学生在具体情境中反复体会用字母表示数的意义。在小学，学生对代数知识的认识非常肤浅。例如，许多学生认为 $2x=7$ 与 $2y=7$ 的意义不同。我们要注意纠正学生在学习中形成的不恰当概念。在教学时，从学生熟悉的生活中选择一些典型的数量关系，引导学生用字母表示数。具体说来，教师要抓住三个环节：如何引入用字母表示数；怎样引导学生理解含有字母的式子不仅表示数，还表示数量关系；注意让学生体会用字母表示数的好处。

2. 认识方程，让学生经历建立方程模型的过程

方程思想的首要方面是“能根据具体问题中的数量关系列出方程，体会方程是刻画现实世界的一个有效的数学模型”。因此，教学应通过设计丰富的情境，让学生经历建立方程模型的过程。在教学认识方程时，教师就要有“建模”意识。

小学生由于认识的局限性，往往把运算中的等号看作“做什么”的标志。如在算式“3＋2”的后面写上等号，往往被理解为执行运算的标志。他们通常把等号解释为“答案是……”；而实际上，他们应把等号看作相等和平衡的符号，逐步认识到：这个符号表示一种关系，即等号两边的数量是相等的，也就是在 3＋2 与 5 之间建立了相等的关系。由此可见，在以往的教学中，我们要注意纠正如下“错误”，如学习两步计算的实际问题时，有学生列出这样的算式：3×5＝15＋2＝17（本）。而正确的写法应当是：3×5＝15（本），15＋2＝17（本），或 3×5＋2＝17（本）。在认识方程以及后续方程的学习中，等式是学生需要重点理解的重要代数概念。

“天平”为处理方程提供了一个强有力的智力图像。方程类似于一组天平，方程中的等号表示处于平衡状态——用天平平衡的道理，可以形象直观地帮助学生深化对“相等关系”的理解。利用等式性质解方程，重要的是帮助学生建立如下规则：在等式的两边进行相同的运算，那么平衡就得到了维持。解方程的过程，不能演绎为操作、训练解方程技巧的过程，而应当成为深刻理解上述规则的过程。

还要指出的是：在教学解方程的过程中，教师还要注意教给学生检验的方法，并在练习中经常提醒学生对解方程过程中的每一步进行检验。

3. 关注数学与生活的联系，追问数学本质

数学来源于生活，但数学学习不能止于生活。当我们将一个个学生熟悉的生活素材带进课堂时，我们要思考每一个事件蕴含的数学意义和学习价值，只有在它贴切地、精准地指向概念的本质、提示概念的内涵、促进儿童的数学理解时，它才是有“意义”的。比的本质是什么？仅仅是表示“相除关系”吗？王永教授认为：“比源于度量，度量解决了物体可度量的属性（长度、面积、体积、质量）的可比性，比却能够解决物体不可度量的属性（颜色、形状、质地等）的可比性。这就是比的本质。”也就是说，比更多是为了表征隐含于数量之中的、不可度量的事物属性。许卫兵老师在教授“比的认识”一课时，通过请学生配制蜂蜜茶的活动，用“蜂蜜”和“水”的比来比较几种不同配法的“甜度”。这和不少课堂只就一组数据（比如一个长方形的长和宽）直截了当地研究“相除”所产生的印象相比可要深刻得多。

4. 处理好除法、分数和比之间的关系，明晰比与比例的区别

除法是一种运算，而运算必须有结果：商。因此，除法涉及被除数、除数、商三者，缺一不可。

“比”是两个数量之间的一种倍数状态，“比值”则是一个数，是比的前项除以比的后项的商。“比”可以脱离“比值”而单独存在。例如，某班男、女生的比是 2∶3，它可以计算比值——2÷3，也可以不计算。所以，“比”和“除法”在概念上是不同的。

但是，如果计算 $a:b$ 的“比值”的话，那么比值就是 $a\div b$ 所得的商，其大小就是分数 $\frac{a}{b}$。因此，商、比值、分数三位一体。除法的结果和比值的计算，都是用分数表示的。

从意义上看，比由两个数组成，表示两个数相除，反映前项、后项与比值间的关系；连比表示各部分数量与总数量之间的关系。比例由两个比用等号连成，是一个等式，四个数成比例表示四个数之间的一种关系。

5. 在正、反比例教学中适时渗透函数思想

正、反比例这部分教学内容肩负着帮助学生完成一次认识上飞跃的重要任务。学生将从大量对“常量”的认识经验中逐步过渡到认识“变量”，这是函数思想渗透的重要契机。函数有三种数学表示方法——表格、关系式和图象，这就是人们通常所说的函数的多重表示。多重表示的方法不仅可以加强概念的理解，也是解决问题的重要策略。图象对于理解变量之间的关系具有十分重要的意义，它是“看见”两种量之间的关系和变化情况的途径之一。在学习的过程中，重在让学生认识图象，感受图象的作用、价值和美。

正比例教学是从常量数学到变量数学学习的启蒙阶段；图象教学能够直观呈现两个变量之间的相依关系，使学生加深对正比例意义的理解。教学时，教师可以在学生根据表格、算式等熟悉的方式表示出正比例关系后，适时引出“图象”，把它作为新朋友介绍给大家。让学生通过初步的猜想和分析，对图象有初步的感知，为后面深入而细致的探究奠定基础。可见，多维教学目标的达成离不开教师对数学核心概念清晰的认识和准确的把握，这就需要教师对教学中每个内容有深入的分析，挖掘其背后的价值，为学生的长远发展打牢基础。

第五节 （列方程解）实际应用问题的教学

一、概念描述

在《课程标准（2011 年版）》中还提到一个核心概念，就是模型思想。什么是模型？许多数学教育工作者认为，一个数学表达就是模型，比如，方程就是模型，甚至一个代数式就是模型。广义上说，这样理解模型是可以的，但更确切地，单纯的数学表达是模式而不是模型。《课程标准（2011 年版）》中所说的模型，是用数学的语言讲述现实世界中的故事，强调模型的现实性；强调在建立模型的过程中，让学生感悟如何用数学的语言和方法描述一类现实生活中的问题。在《课程标准（2011 年版）》中，是这样解释模型思

想的：

> 模型思想是学生体会和理解数学与外部世界联系的基本途径。建立和求解模型的过程包括：从现实生活或具体情境中抽象出数学问题，用数学符号建立方程、不等式、函数等表示数学问题中的数量关系和变化规律，求出结果并讨论结果的意义。

由这个解释可以看到，模型有别于一般的数学算式，模型也有别于通常的数学应用，模型是能够用来解决一类具有实际背景问题的数学方法。必须强调的是，模型的重要性往往不是取决于数学表达是否完美，而是取决于对现实世界的解释如何。在小学阶段的数学教学中，至少需要考虑两个模型：一个是总量模型，一个是路程模型。

总量模型。这种模型讲述的是总量与部分量之间的关系，其中部分量之间的地位是平等的，部分量之间是并列的关系，因此在这种模型中，部分量之间的运算要用加法。如果单纯从数学计算的角度考虑，还可以称这个模型为加法模型。这种模型具体表示为：

总量＝部分量＋部分量

显然，模型中的部分量不局限于两个。可以用这个模型来解决现实生活中一类涉及总量的问题，这样的问题在小学低年级的数学教学中是屡见不鲜的。比如，计算图书室中各类图书的总和是多少，计算在商店中买几种商品的总花费是多少，计算在年级中各个班同学的总人数是多少。还可以针对现实生活中具体问题背景的不同，引导学生灵活地使用这种模型，比如，可以在“部分量”那里讲一段故事，也可以在总量那里讲一段故事，把加法运算变为减法运算：部分量＝总量－部分量。

路程模型。这种模型讲述的是距离、速度、时间之间的关系，如果假设速度是均匀的（或者平均速度），可以得到模型的形式：

距离＝速度×时间

虽然所说的是路程问题，但这个模型可以适用于一类现实中的问题，比如，解决“总价＝单价×数量”的问题，解决“总数＝行数×列数”的问题等。但就描述自然界的规律而言，上面所表述的距离模型是本质的。

因为这种模型强调的是乘法，因此单纯从数学计算的角度考虑，还可以称这种模型为乘法模型。显然，在具体使用这类模型的时候，可以用时间讲一些故事，比如，甲比乙晚出发多长时间；还可以用速度讲一些故事，比如，某人在行程途中改变速度等；也可以用距离讲一些故事，把乘法变为除法：时间＝距离/速度。

针对具体问题的不同，还可以把总量模型和路程模型结合使用，在结合的过程中，方程就成为有力的数学工具。通过对模型的构建和理解，可以逐渐认识到：数学不仅是对现实世界中数量关系和图形关系的抽象，数学也不仅是逻辑推理的典范，数学所形成的概念、方法和命题还是描述现实世界的强有力的工具。

在小学阶段，虽然《课程标准（2011 年版）》没有明确提出要求，但还有两类模型是可以考虑的：一类是植树模型，一类是工程模型。

植树模型。这类模型的问题背景是：在直线上或者平面上有规律地挖一些洞（也可以假设有一些洞），在洞中植树。在一般情况下，植树的数量小于洞的数量，这样就可以提出两类问题：一类问题是按一定规律在一部分洞中植树，问可以植树多少棵；一类问题是先确定植树的棵数，然后探索植树的规律。可以想象，在现实生活中这类问题是层出不穷的，也是非常有趣、非常有意义的。比如，要在一条道路沿线设立若干个加油站，就可以把道路的里程看成洞，把加油站看成树；再比如，在一个区域要设立若干个商业点，就可以把居民住宅区看成洞，把商业点看成树。特别是在现代社会，这个模型被广泛应用于资源调查或者环境调查，因为可以设想调查点就是树，为了更加经济科学地进行调查，就需要合理地设计可以被用来植树的洞。

显然，在平面上设计这类问题要比在直线上困难很多。因此在小学阶段的数学教学中，问题的背景应当主要是针对直线而不是平面。

工程模型。这类模型的问题背景是：有一项工程，甲工程队和乙工程队单独完成分别需要 A 天和 B 天，考虑两个工程队合作完成这个工程所需要的时间。解决这样的问题，一个简便的方法是假设工程为 1，因为有了这个假设就可以确定甲工程队和乙工程队一天分别能完成工程的 1/A 和 1/B。正因为如此，人们又称这样的问题为归一问题。当然，在具体使用这个模型的时候，可以假设两个工程队合作会提高效率或者降低效率；也可以假设甲工程队先工作几天之后，乙工程队再参加；还可以假设有三个或者更多的工程队来完成这个工程。这种模型还可以包括传统的注水问题：有几个水管向一个池子中注水，还可以考虑一边注水一边放水的情况等。

可以看到使用模型的过程可以充分发挥人的想象力。这个想象力主要表现在构建现实背景，想象背景中事物中的各种数量，想象各种数量关系之间的各种可能组合。因此，在这样的教学过程中，不仅要培养学生分析问题和解决问题的能力，还要培养学生发现问题和提出问题的能力。《课程标准（2011 年版）》中的例 54 提供了一个范例。这个例子是针对路程模型的，用图形描述了小明的父亲和母亲各自散步的路程与时间的关系，要求学生判断哪一个图形是父亲的、哪一个图形是母亲的。事实上，还可以先给出图形，然后让学生根据图形中所标注的数量关系（如路程与时间的关系，路程与速度的关系），自己构建路程模型的故事。

总之，引导学生探索模型的过程是帮助学生积累数学活动经验的过程，这样的教学所需要的时间可能要多一些，因此在《课程标准（2011 年版）》中专门设定了“综合与实践”的教学内容，希望通过这样的教学内容能够培养学生的应用意识和创新意识①。

二、案例分析

教学内容：植树问题——人教版教材五年级上册“数学广角”。

【教前思考】

“植树问题”的教学应向学生渗透建模、数形结合、一一对应等数学思想方法。教师在教学中，往往要通过现实生活中一些常见的实际问题，让学生从中发现规律，掌握植树问题的数学模型，然后再用发现的规律来解决生活中的一些简单实际问题。

① 史宁中．基本概念与运算法则．北京：高等教育出版社，2013：41.

很多一线教师对这节课进行了有效的实践，基本流程如下：

第一环节：出示题目——“同学们在全长100米的小路一边植树，每隔5米栽一棵。一共要栽多少棵树苗?”画线段图来表示题意，发现100米太长，很难表示出来。怎么办呢?把“100米”改成“20米”，这样为研究问题提供了方便，也体现“化繁为简”的思想。

第二环节：突出线段图的教学，运用教具帮助学生直观理解植树问题的数学模型。展示学生不同的图示，在理解了“间隔”的意义后，让学生说说需要栽几棵树。请学生在黑板上用学具树摆一摆，理解“与棵数一一对应的间隔数”，讨论得出棵数与间隔数之间的关系。再让学生在“100米”上加以验证，从而建立起一条线段两端都种这类植树问题的基本数学模型：距离÷间距＝棵数，棵数＝间隔数＋1。对于一端种、一端不种和两端都不种两种情况，继续通过画线段图的方法帮助学生分析、理解，运用教具，抓住棵数和间隔数之间一一对应的关系，找出一般规律来解决问题，即一端种，一端不种：棵数＝间隔数；两端都不种：棵数＝间隔数－1。

第三环节：以“植树问题”为背景帮助学生认识电线杆问题、路灯问题、锯木问题等，这些问题都与“植树问题”有着相同的数学结构，通过这类问题的认识让学生建构相应的数学模型。

思考：上面的教学过程按照“生活原型—找到规律—应用”的思路展开，重视规律的生成和运用。在解决“植树问题”时，教师往往要求学生熟背公式，然后变化问题情境训练解题技能。学生的理解和记忆的任务很重，在教学过程中，学生要理解四个概念，即距离（20米）、间距（5米）、间隔数（4个）、棵数（5棵），要掌握“距离、间距与间隔数”和“间隔数与棵数”之间的关系，要能处理三种情况，即两端都种，一端种、一端不种，以及两端都不种。在解决问题时，学生最困难的还是识别“植树问题”的类型，要把几种情况与数量关系一一对应起来。

基于以上认识，我们能不能从数学的源头来思考“植树问题”的教学呢?“植树问题”是与除法有关的，而除法又是从平均分而来的。那么，我们是否可以从除法的意义入手，从点和线段之间的关系来研究植树问题?在著名特级教师俞正强老师的引领下，笔者在“俞正强名师网络工作室”研修活动中，就此进行了实践。

【课堂实录】

一、准备练习

20米长的线段，每5米分一段，可以分成几段?

师：你会算吗?

生：20÷5＝4（段）。

师：为什么用除法?

生：总量是20，每份是5，要求20里面有几个5，用除法解决。

生：平均每5米一段。

师：平均分的事情，所以用除法。（板书：平均分）

师：你能把这道题用线段图表示出来吗?

学生汇报，师示范并提问：分成了几段?

（评析：把“植树问题”作为用除法解决问题的一种特殊情况，从除法的意义入手展开教学，找到学生知识的最近发展区，由易到难，激活学生学习的经验和基础。让“植树问题”这一复杂的问题回到知识的“发生地”，即除法的意义的理解，特别是包含除意义的理解。）

二、例题教学

出示例题：在全长20米的小路一边植树，每隔5米栽一棵，一共要栽多少棵树苗？

1. 学生独立思考。（出现4棵或者5棵的答案）

生：20÷5=4（棵）。

生：20÷5=4，4+1=5（棵）。

师：你觉得怎么分析能让同学们听得更明白？（引导学生画线段图）

2. 用线段图分析题意。

生：每隔5米栽一棵，平均分成4段。20除以5等于4，4表示4段，不是4棵。应该是4加上1等于5棵。

师：为什么要加上1？

请学生上讲台来指：从线段图上看出，平均分成4段，有5棵树可以种。

师：从线段图上看，树是种在哪里的？

生：点上，5个点就是5棵树。（用学具树摆一摆）

师：树是种在点上的。20米路，平均分成4段，有5个点，可以种5棵树。

师用学具树示范：把树种在点上，体会点数与段数一一对应的思想。

3. 研究段数和点数的关系。

师：4段有5个点，1段有几个点？2段有几个点？3段有几个点……

师：点数和段数有怎样的关系？[点数（棵数）：段数+1]

4. 应用：把“全长20米的小路”改成“30米”“35米”“40米”“100米”……一共要栽多少棵？

（评析：将“两端都种”作为“植树问题”的基本模型，归纳出点数与段数的关系，渗透数形结合、一一对应的数学思想。“你觉得怎样分析能让同学们听得更明白”，突出线段图的教学，通过几何直观帮助学生来理解“植树问题”。让学生自己画一画、说一说、摆一摆，感受“树是种在线段图的点上”，棵数即点数。）

三、比较异同

比较这两题有什么相同点和不同点。

1. 20米长的线段，每5米分一段，可以分成几段？

2. 在全长20米的小路一边植树，每隔5米栽一棵．一共要栽多少棵树苗？

生：都要用到除法，20÷5=4（段）。

生：两道题目画的线段图是一样的。

生：都是平均分的。

师：不同点呢？

生：第1题求几段，第2题求几棵？

师：段数和棵数有什么不同？

（评析：通过比较两道题的相同点：都是20米，每5米一段，可以分成4段，进一步沟通植树问题与除法的意义之间的联系。在强调平均分的同时，让学生明白树要种在点上. 教师追问“段数和棵数有什么不同”，抓住点和段的区别来巩固段数和点数即棵数的关系。）

四、应用模型

教师引导学生看线段图思考：除了树可以种在点上，生活中还有什么事情是把什么放在点上的？

生：电工在路边装路灯时，路灯就相当于放在“点”上。

教师屏幕出示：在一条全长 20 米的街道一旁装路灯，每隔 5 米装一盏，一共要装多少盏路灯？

生：工人叔叔架设电线杆，电线杆就相当于放在“点”上。

教师适时出示：工人们正在架设电线杆，相邻两根间的距离是 200 米。在总长 4 000 米的笔直路上，一共要架设多少根电线杆？

师：我还准备了一道同学们没讲到的植树问题。

出示：5 路公共汽车行驶路线全长 18 千米，相邻两站之间的路程都是 1 千米，一共设多少个车站？

提问：在这里谁相当于树，被是放在“点”上的？

出示情境：在全长 20 米的小路一边植树，每隔 5 米栽一棵，结果路的一端有一幢房子，一共要栽多少棵树苗？

比较：跟两端都栽有什么不同？

生：少了一棵，只要种 4 棵。5 减去 1 等于 4 棵。

板书：一端栽，一端不栽。

点数（棵数）＝两端都栽的棵数－1。

出示情境：在全长 20 米的小路一边植树，每隔 5 米栽一棵，结果路的两端都有房子，一共要栽多少棵树苗？

引导学生与两端都栽的棵数进行比较，得出：5 减去 2 等于 3 棵。

板书：两端都不栽。

点数（棵数）＝两端都栽的棵数－2。

（评析：通过举例“生活中还有什么事情是把什么放在点上的”，不遗余力和学生一起寻找类似植树问题的实例，借助类比联想让学生自主建构模型，清晰对植树问题的认识。在“两端都种”模型的基础上，引出两个具体情境：一端栽、一端不栽和两端都不栽，分别用“5－1”和“5－2”的方法得出结果。）

五、巩固练习

练习一：学校里有一条长 60 米的走廊，计划在走廊一旁摆花，每隔 3 米摆一盆。

（1）如果两端都各摆一盆花，那么共需多少盆花？

（2）如果只有一端摆，那么共需多少盆花？

（3）如果两端都不摆，那么共需多少盆花？

练习二：一根木头长 15 米，每 5 米锯一段，需要锯几次？

【思考】

“植树问题”本质上是除法的问题，它只是除法的意义在生活中的延伸。学生借助现实中的生活情境，建立“植树问题”的表象，通过画图，直观地理解段数和点数的关系，从而将“植树问题”纳入已有的认知结构中。俞正强老师认为：平均分有两种，一种是完全平均分（如10÷2），带来段的应用和点的应用，像行程问题、工程问题（关于份数和每份数的）都是段的应用。而植树问题、装路灯、锯木头等都是点的问题。另一种是不完全平均分（如9÷2），即有余数的除法，用来解决如租船等有余数的除法。

这种按“理解平均分的意义——意义应用”展开的教学，彰显了学生学的价值，再不用像传统教法那样承载那么重的记忆负担。其一，“植树问题”在小学数学知识体系里不是孤立存在的，把“20米长的线段，每5米分一段，可以分成几段?”和“在全长20米的小路一边植树，每隔5米栽一棵，一共要栽多少棵树苗?”联系在一起进行教学，正是为了唤起学生已有的知识经验，以完善对平均分的认识。我们可以这样理解，例题是对准备题的生活应用。其二，抓住“两端都种”(研究点比段多1)，以它为模型，顺势带出另外两种“植树问题”的解决方法，一端种、一端不种就是在两端都种的基础上减1，两端都不种就是在两端都种的基础上减2。

我们把“植树问题”扎根于学生的学习基础和生活经验，通过猜想、验证、举例、判断等活动，逐步建构模型。换一个角度看待问题，让学生理解重点，自己解决问题、建构知识。①

第六节 探索规律的教学

“探索规律”是小学数学中一个比较特殊的学习内容，是指在一定的情境下，对一个或一组数学现象进行观察分析，从“变化”的现象中发现“不变”规律的一种数学学习内容。在教材中它有两种存在形式：一是以单元形式存在的，如人教版中的“数学广角”“运算定律”等；二是渗透在各个单元中的专题，如积的变化规律、商的变化规律等。不论是哪一种形式，就教学过程而言，其目的不仅在于通过探究获得“结论”，更重要的是在探究过程中学习探究的经验与探究的策略。因此，探究课的教学，要为学生提供合理的素材，引导学生在独立思考、自主探究的基础上，通过小组交流、集体反馈的形式总结规律。

下面通过案例来具体分析。

案例

“数与形”教学实录与评析

教学内容： 人教版《义务教育教科书·数学》六年级上册第107页例1。

教学目标：

1. 经历观察、操作、归纳等活动，直观感受“形”与“数”之间的关系，体会有时

① 杨凯明．唤醒已有经验　凸显意义建构——对“植树问题”的再思考．教学月刊小学版（数学），2016（4）：50-52.

“形”与“数”能互相解释，并能借助“形”解决一些与“数”有关的问题。

2. 通过数与形结合来分析思考问题，从而感悟数形结合思想，提高解决问题的能力。

3. 经历解决问题的过程，体验迁移类推的学习方法。

4. 感受数学在解决实际问题中的作用，培养热爱数学、乐学数学的情感，体验数学知识的应用价值。

教学重点：理解图形和数字的对应关系，并结合图形的变化规律，发现相应的数字变化规律。

教学难点：探索规律并验证规律。

教学准备：课件。

教学过程：

1. 导入新课

师：同学们，现在我们先来做一个拍手的小游戏。老师先来拍手，同学们数一数老师拍了几下。（拍 1 下）

生：1！

师：再来！（拍 3 下）

生：3！

师：再来！（拍 5 下）

生：5！

师：同学们，猜猜下一个会拍几下呢？

生：7！

师：猜对了！（拍 7 下）

师：那么猜猜这次又要拍几下呢？

生：9！

师：太棒了！这次请同学们一起来拍，要拍得整齐又响亮！

学生激情地拍 9 下。

师：同学们的掌声真是振奋人心！现在老师问你们，我们刚才一共拍手多少下？

此时学生愣住了，一时间无法算出答案。

师：不太好算对吗？那我们先把算式列出来。（板书：1＋3＋5＋7＋9＝）

师：现在算出来了吗？

$生_1$：25。

师：你是怎么算的？

$生_1$：我是依次用前面的数加后面的数算出来的。

师：哪位同学有更快的方法？

$生_2$：我先用 1 加 9 得 10，然后 3 加 7 也得 10，最后 10 加 10 再加中间的 5，等于 25。

师：这个方法更快了！其实这样的算式还可以用一种更快更奇妙的方法来算出结果，那就是借助图形来解决！这节课我们就来学习数与形。（板书：数与形）

2. 教学新课

师：（指着刚才的算式）数在这儿，形在哪儿呢？形在这儿！（出示 1 个红色正方形）

老师先摆出一个正方形代表1。

师：现在问题交给你们了，1＋3，你们怎么摆？请自己摆一摆。

学生小组合作摆小正方形。

师：（观察学生）老师发现大家摆的有好几种形状，我选其中的两个小组上黑板来摆一摆。

$生_3$把红色小正方形摆在前面，后面依次摆了3个黄色小正方形，摆成一个大的长方形。

$生_4$在红色小正方形的外围摆上3个黄色的小正方形，摆成了一个更大的正方形。

师：（让两名学生先站在黑板一旁）我们看两组同学摆出的图形。（指着其中的大正方形）其中有一组同学摆的这个图形，同学们观察一下，有什么特点？

生：它也是一个正方形。

师：真不错，你们的观察能力很强！

师：更有挑战性的问题来了，我们再加一个数，1＋3＋5，你们又怎么摆？站在黑板旁边的两名同学，请你们接着自己刚刚摆好的图形继续往下摆。

$生_3$在上面的4个小正方形下面再横排摆了5个小正方形。

$生_4$在正方形外围摆了5个小正方形，组成了一个更大的正方形。

师：现在我来采访一下，你们摆的这个图形和我的算式1＋3＋5有什么关系呢？

$生_3$：我把小正方形依次横着摆。第一行摆了4个，第二行摆了5个。

$生_4$：我摆出了1个红色小正方形代表1，在它的外围摆3个黄色小正方形代表3，接着再在外围摆5个小正方形代表5，这时我摆出了一个更大的正方形。

师：同学们，请观察；哪一种摆法能一眼就看出小正方形的总个数呢？

生：摆成正方形！

师：那么它里面的小正方形个数怎么算呢？

$生_3$：在这个大正方形中，每行有3个小正方形，一共有3行，所以$3+3+3=9$，一共是9个小正方形。

$生_4$：还有一种更简单的方法，小正方形的个数可以算作$3\times3=9$。

师：我们以前学过，3×3也可以说成是3的什么？

生：也就是3的平方。（师板书：$1+3+5=3^2$）

师：那我们再回过头来看看，1＋3的大正方形里小正方形的个数怎么算？

生：$1+3=2^2$。

师：那么只有1的时候呢？

生：$1=1^2$。

师：同学们太棒了，现在大家闭上眼睛想象一下，如果现在我还想拼成一个更大的正方形，还要在外围加几个小正方形？

生：7个。

师：好的，咱们来验证一下，（课件演示）老师在刚才的基础上又摆好了一个更大的正方形，我们来数一数，最外面一圈的绿色小正方形是7个吗？

生：是的。

师：哪个同学能说一说这个图形对应的算式怎么写？

生$_5$：$1+3+5+7=4^2$。(师板书)

师：你为什么要这样算，说说你的想法。

生$_5$：在刚才的大正方形外围再摆上7个小正方形，这时拼成了一个更大的正方形，这个正方形每行有4个小正方形，一共有4行，所以小正方形的总数等于4×4，也就是4^2。

师：思路清晰，表达清楚。(课件：演示在刚才的大正方形外围再摆上9个小正方形)同学们，数数最外面一圈有多少个小正方形。

生$_5$：9个。

师：请同学们说出算式。

生$_5$：$1+3+5+7+9=5^2$。(师板书)

师：现在我写出一个算式$1+3+5+7+9+11$，同学们，请你们思考一下这个算式对应的是什么样的一个图形呢？应该等于几？

生$_5$：在刚才的大正方形外围再摆上11个小正方形，这时将会摆成一个每行每列都有6个小正方形的大正方形。结果等于6^2。

本环节板书：

$1=1^2$

$1+3=2^2$

$1+3+5=3^2$

$1+3+5+7=4^2$

$1+3+5+7+9=5^2$

$1+3+5+7+9+11=6^2$

【评析】这个环节借助图形沟通关系，体验数形结合的好处。如果仅仅通过算式本身去发现规律，对学生来说是困难的，而图形就像是给学生搭建了一座桥梁，通过图形的直观表征，让学生观察，很快得出算式结果，为后面总结规律做好铺垫。

师：聪明的同学们，写了这么多个算式，现在你们仔细观察一下，能发现这些算式有什么特点吗？

生$_1$：我发现算式的左边都是奇数。

师：等一等，让我把你的发现记下来。(板书：奇数)

生$_2$：我发现左边有几个奇数相加，右边就是几的平方。

师：刚才这位同学说左边有几个奇数相加，右边就是几的平方，是这样吗？比如$3+5=2^2$，对吗？请同学们讨论一下，说说你的想法。

生$_1$：算式还需要满足一个条件，左边的加数都是连续的奇数。

生$_2$：这些算式的加数都是从“1”开始的。

师：你们的观察力太让我惊喜了！同学们提到了左边的加数是从“1”开始的连续奇数，能不能结合图形说一说为什么加数一定要满足这个条件呢？

生：因为我们在第1个红色正方形的基础上，每次加上一个“□”形图形，就能拼成一个更大的正方形，如果不是从“1”开始，也就是说没有第1个红色小正方形的话，就会缺一个角，就不能拼成一个更大的正方形了，所以加数必须从“1”开始。而每一个

“□”形图形中包含的小正方形数都比前一个“□”形图形中包含的小正方形数多2，这样就形成了连续的奇数，因此左边的加数必须是从“1”开始的连续奇数。

师：说得非常好！你完全可以当一个小老师了！（板书：从“1”开始的几个连续奇数相加的和＝奇数个数的平方）

师：一起来把我们伟大的发现读一读吧！

师：学习了这个规律，你们能说出几个类似的算式吗？

生$_1$：$1+3+5+7+9+11+13=7^2$。

生$_2$：$1+3+5+7+9+11+13+15=8^2$。

师：说得非常好，如果我们从1开始有n个奇数相加，那结果是多少？

生：n^2。

师板书：$\underbrace{1+3+5+7+9+11\cdots\cdots=n^2}_{n个}$

【评析】让学生观察图形和列出的算式发现规律并总结规律是本节课的难点。学生难以一下子发现全部规律，这时大家互相分享和交流自己的成果，是非常好的一个合作学习的过程。而教师在这一过程中充当了记录者和引导者的角色，把每一个学生的发现及时地记录下来，组成完整的规律，在学生得出的结论不完整时，适当地举反例，帮助学生更快、更准确地理解并找到规律，也是师生共同学习、共同探究的一个过程。

3. 练习巩固

(1) 基础题型，巩固所学。

师：我们发现，只要是同类型的式子，我们都可以很快地算出来了。现在出题考考你们，看你们算得够不够快。

课件出示：$1+3+5+7+9+11+13+15=$（　）。

生$_1$：应该等于8^2，因为左边有8个加数。

师：很好，我们再来接受挑战。

课件：出示：　　$=9^2$。

生$_1$：$1+3+5+7+11+13+15+17=9^2$。

师：你同意他的答案吗？

生$_2$：我不同意，他刚才说漏了一个9，应该是$1+3+5+7+9+11+13+15+17=9^2$，因为左边必须是从“1”开始的连续奇数相加。

(2) 变式题型，发散思维。

师：接下来这道题目有点难了。

课件出示：$1+3+5+7+\cdots\cdots+19=$（　）

生：10^2，因为从1到19一共有10个奇数相加。

课件出示：$1+3+5+7+\cdots\cdots+99=$（　）

师：现在你们能很快给我答案吗？

生：答案应该是50^2，因为从1到99一共有50个奇数。

师：看来这道题没有难倒大家，那么下面这两道题，就是考验大家智慧的时候了。请同学们翻到教科书第108页，现在思考一下“做一做”的第2题：$1+3+5+7+9+11+$

13＋11＋9＋7＋5＋3＋1＝（　）。请同学们小组讨论一下，相互协作完成这道题。

学生觉得困难。

师：想一想，今天我们学的是数与形，那么这道题结合图形来解决会不会比较容易呢？能不能把算式分成两部分分别转换成我们刚才学过的图形呢？

学生受到启发讨论。

生$_1$：我把这道题分成两部分“1＋3＋5＋7＋9＋11＋13”和“11＋9＋7＋5＋3＋1”，前面组成一个每行每列都有7个小正方形的大正方形，小正方形的个数等于7×7，也就是7^2，后面部分是从外到内拼成一个每行每列都有6个小正方形的大正方形，正方形的个数等于6×6，也就是6^2，所以小正方形的总数是$7^2+6^2=13^2$。

师：你们认为他说的怎么样？

生$_2$：他的思路是对的，可是7^2+6^2不等于13^2，因为$7^2=49$，$6^2=36$，49＋36＝85，而$13^2=169$。

师：你的思维非常缜密！

【评析】在这个环节中，学生遇到的习题由浅入深，难度越来越大，所以需要给学生搭建脚手架，帮助学生循序渐进地理解题目并解决问题。在做习题“1＋3＋5＋7＋9＋11＋13＋11＋9＋7＋5＋3＋1＝（　　）”时，因为之前学生只是学习了从1开始的连续奇数相加的直接计算，而这里要把式子分成两段来理解，对学生而言是个很大的考验，所以这里教师通过演示图形来帮助学生更好地理解题目，更好地渗透了以形助数的数学思想。

师：同学们，我国伟大的数学家华罗庚曾经说过这样一段话，咱们一起来读一读吧！

课件出示：数缺形时少直观，形少数时难入微。数形结合百般好，隔离分家万事休。

师：这段话的意思是数与形结合起来能更好地解决数学问题。数形结合是数学里一种非常重要的思想，在我们的生活和学习中，它总能巧妙地帮助我们解决各种问题！现在，就让我们看看它的神奇妙用吧！

4. 拓展延伸

（1）出示“长桌宴”例子，激发学生兴趣。

师：让我们先来看一个视频。

课件出示苗寨的长桌宴视频。

（2）启发学生思考解决“长桌宴”中的数形结合问题。

师：刚才大家看到的是我国的几个少数民族，例如苗族和侗族很隆重的一种庆祝礼俗——长桌宴！看，过几天，我们有一个苗族的族长要召集村民们一起来办一个长桌宴，共同庆祝他们今年的大丰收了！现在族长想请同学们帮他解决一个问题。族长的村子里有这种小小的木方桌子，桌子每边只能坐1个人，像下图一样，可以依次地增加桌子和椅子，摆成一个长桌宴。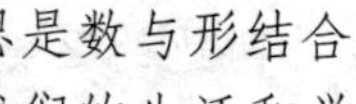

师：现在族长需要同学们帮他算一算，村里一共有106个村民，需要多少张桌子才够呢？请同学们思考一下。

学生讨论。

师：让老师给你们一点提示吧，可以先从简单的图形开始研究！

师：请说出这四个图每个图中桌子和椅子的数量。

生$_1$：第一幅图有1张桌子，4把椅子；第二幅图有2张桌子，6把椅子；第三幅图有3张桌子，8把椅子；第四幅图有4张桌子，10把椅子。

师：观察这几幅图，你发现了什么？

生$_2$：每增加1张桌子，就增加2把椅子。

师：为什么呢？

生$_2$：因为左右两边的椅子数是不变的，每增加1张桌子，需要上下2把椅子把它包围起来。

师：那么同学们能算出第六幅图分别有多少张桌子和多少把椅子吗？第八幅图呢？

生$_3$：第六幅图有6张桌子和14把椅子，第八幅图有8张桌子和18把椅子。

师：你是怎么算的？

生$_3$：我在第四幅图的基础上，每加1张桌子，就多加2把椅子，然后推算出第六幅图和第八幅图的桌子数和椅子数。

师：你算得很快。可是第30幅图有多少张桌子和多少把椅子呢？我们还要一个个画下去或者推算下去吗？能不能用更简单的方式算出来呢？

生$_3$：第30幅图有30张桌子，62把椅子！

师：真厉害！你怎么算得这么快？

生$_3$：因为左右两边有2把椅子不变，增加1张桌子，就增加2把椅子，所以中间椅子数是桌子的2倍，再加上左右的2把椅子，椅子数量：桌子数量×2+2。

师：你真是太聪明了！（课件出示：椅子数量：桌子数量×2+2）现在又回到一开始的问题，同学们能算出106位客人需要多少张桌子才够吗？

生$_3$：106位村民需要坐106把椅子，我先减去左右两边的2把椅子，再用得数除以2，就能算出中间的桌子数了，所以桌子数＝（106－2）÷2＝52（张）。

【评析】结合生活实际改编的习题，出示直观图引导学生从“形”的角度来分析题意、解决问题，培养学生运用数形结合思想解决问题的意识和能力。

（3）回忆过去所学的数形结合知识，帮助学生建立数形结合概念。

师：同学们，你们知道吗？数形结合是一种非常重要的数学思想，它一直默默地伴随着我们的学习。例如，一年级学习进位加法时，借助小棒帮助理解满10进1的计算原理。

师：还有学习倍的认识时，借助图形来帮助我们直观地看出两个数的倍数关系。

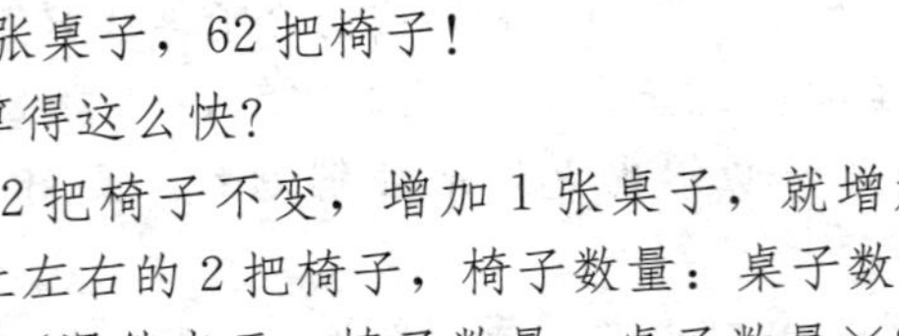

苹果的个数是桃子的5倍

师：到后来学习平行四边形的面积，也是借助图形来理解和学习。

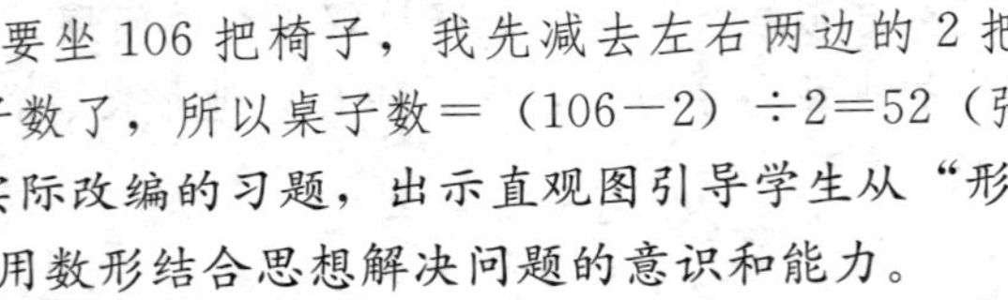

用割补的方法，把平行四边形转化成了长方形，从而推导出了平行四边形的面积计算公式。

师：想一想，我们曾经还学过什么样的知识也是数与形相联系的呢？

生$_1$：以前学过线段图，就是用画图的方法来解决问题。

生$_2$：学习分数的时候，也是借助图形来学习的。

师：能具体说一说吗？

生$_3$：是用一个圆代表单位“1”，然后把这个圆平均分成几份，其中的一份就是它的几分之一。

【评析】在这节课的最后，教师带领学生回顾小学六年的学习中与数形结合思想相关联的知识，让学生感受到“数与形”并不陌生，一直以来学习“数”都有“形”相伴，加深对数与形之间联系的理解，为学生今后更好地运用这一思想解决问题打下基础。

师：同学们说得非常好，（课件出示图片）像线段图、统计图等都是我们曾经学过的数与形相结合的例子，而在以后的学习中，数形结合思想也将和你们朝夕相伴，它将帮助你们更好地理解一些公式和定理，以及方便你们做各种数学计算。这些知识还需要同学们在以后的学习中不断地探索和应用，相信它一定会成为你们学习的好伙伴！同学们今天的表现非常好，下课！

【总评】

数形结合是一种重要的数学思想，把数与形结合起来解决问题，可以使复杂的问题变得简单，使抽象的问题变得直观。在小学数学中，学习数学一直与“形”相伴，数形结合一直默默渗透在学生的六年学习中，学生是不陌生的，本册教材将数与形作为一个新增的教学内容呈现，是把这一重要的数学思想挑明而已。这节课的教学有以下特点：

1. 精心设计教学环节，引导学生主动探究，体验“数”与“形”结合的好处

开课的拍手游戏，引出一道特殊的加法算式，学生难以马上算出得数，此时教师帮助学生借助“形”来直观感受“数”之间的关系，探究图形中隐含着的“数”的规律。首先教师摆 1，让学生接着用小正方形自己摆出 $1+3$，有的摆成正方形，也有的摆成长方形等其他图形，但接着再加 5，学生就发现摆成正方形最好，能很快得出小正方形个数等于 $1+3+5$ 等于 3^2。然后由教师逐步演示，教师接着追问：“按照这样的规律继续加下去，会怎样？”引导学生通过观察演示，直观地看到这个奇数列之和与直观模型之间的联系，让善于观察思考的学生慢慢悟出规律的形成原因，体验到用“形”解决比较抽象的数学问题的直观性和便捷性。

2. 放手让学生归纳推理自己的观察发现，总结出规律

在教学例 1 的环节之后，教师引导学生再回顾学习过程，启发学生把自己的观察思考说出来，尽管学生的表达不那么完整，但从中能够看出很多学生已经有了重要发现，并且逐步梳理出“连续奇数相加的和＝奇数个数的平方”，这时教师举了个反例：“$3+5=2^2$，对吗？”使学生的思维发生碰撞，再观察、思考发现“要从 1 开始的连续奇数相加”，很自然地总结出规律。

3. 挖掘生活素材，进一步展现数形结合的魅力

本节课的课堂练习，教师设计了一道颇具地方色彩和民族特色的实际数学问题“长桌宴”，其实它是教材“做一做”的第 2 题的变式，也是例题的巩固和应用。教师利用直观

的图形，让学生观察得出：每增加 1 张桌子，就增加 2 把椅子，而左右两边的椅子数不变，很快列出算式解答问题。可见，数形结合具有解释规律、理清算法的优越性，可以解决生活中的许多问题。最后，教师和学生一起回顾了曾经学过的有关数与形结合的知识，进一步体会数与形之间的联系，培养学生利用这一数学思想分析、解决问题的能力。①

思考题

1. 什么是数感、符号感？如何培养学生的数感和符号感？

2. 结合具体实例谈谈如何引导学生理解算理？

3. 什么是模型？什么是模型思想？举例说明小学数学中有哪些数学模型。如何培养学生的数学模型思想？

4. 选择该领域一课时内容进行教学设计。

参考文献

[1] 吴正宪，刘劲苓，刘克臣. 小学数学教学基本概念解读. 北京：教育科学出版社，2014.

[2] 史宁中. 基本概念与运算法则. 北京：高等教育出版社，2013.

[3] 王昌胜，刘玉华. 知识内在逻辑应向学生认知适当妥协——“用字母表示数”案例研究. 小学数学教与学，2016 (7).

[4] 李丹音，陈亚明. 数的认识教学中培养学生数感. 小学数学教育，2016 (5).

[5] 孙衣云. 计算教学如何帮助学生明白算理. 小学数学教育，2016 (5).

[6] 杨凯明. 唤醒已有经验　凸显意义建构——对“植树问题”的再思考. 教学月刊小学版（数学），2016 (4).

[7] 倪芳，吴正宪. “11～20 各数的认识”教学实录与评析. 小学数学教育，2016 (1/2).

[8] 郭春艳，陈洪鹃. “数与形”教学实录与评析. 小学数学教育，2016 (1/2).

① 郭春艳，陈洪鹃. “数与形”教学实录与评析. 小学数学教育，2016 (1/2)：104-107.

第十章

图形与几何的教学

内容提要

"图形与几何"是义务教育数学课程的主要内容。本章主要分析了义务教育第一、二学段"图形与几何"领域的主要内容，详细阐述了"图形与几何"的基本内容及教育价值。在此基础上，分别从图形认识的教学、几何（度量）的教学、图形与变换的教学、图形与位置的教学四个方面对"图形与几何"领域的基本概念进行了具体描述和解读，并分别结合相关具体实例提出了教学建议。在每一节最后部分均以实录形式给出较为完整的教学案例或教学片段，并联系相应基本概念的描述和解读，对案例或片段进行了评析。

第一节　图形与几何的内容及价值

义务教育第一、二学段"图形与几何"的课程内容，围绕发展学生的空间观念、几何直观和推理能力展开，主要包括：基本的平面图形和立体图形的认识，长度、面积和体积的度量，形状不变、大小不变的合同运动和形状不变、大小变化的相似运动，图形相对位置和绝对位置的刻画描绘。

一、图形与几何的基本内容

对于"图形与几何"的内容设置，《课程标准（2011 年版）》在不同学段既有综合考量又有所侧重（见表 10－1）。

表 10-1　　“图形与几何”内容小学学段设置情况

内容概述	主要内容		结构形式	
“图形与几何”内容主要涉及现实世界中的物体、几何体和平面图形的形状、大小、位置关系及其变换，是人们更好地认识和描述生活空间并进行交流的重要工具。	第一学段	第二学段	第一学段	第二学段
	简单几何体和平面图形	平面图形的基本特征	图形的认识	图形的认识
	简单的测量活动	测量面积和体积	测量	测量
	平移、旋转和对称	图形的平移与旋转	图形的运动	图形的运动
	相对位置	确定物体位置	图形与位置	图形与位置

对于第一、二学段所涉四个部分的具体内容而言，“图形的认识”包括线和角、图形的特征、观察物体三个方面；“几何度量”包括线段和角的度量，平面图形周长和面积的度量，立体图形表面积、侧面积、底面积和体积的度量，以及对某些不规则图形的研究；“图形的变换”包括平移、旋转、轴对称和图形的放大、缩小等；“图形的位置”包括方向、位置、路线图等。

几何的认识是由实物观察逐渐抽象成画在纸面上的平面图形和立体图形的过程，在此过程中，涉及对图形总体特征、具体特征和图形之间相互关系的探索，如大小、位置、形状等。进一步的，需要将外部活动操作过程内化为内部智力操作过程，如从不同方向看、展开与折叠等，需要在头脑中完成这些过程，建立图形不同状态之间的对应联系。

几何度量涉及一维的长度、二维的面积和三维的体积。度量的方法可以多种多样，但度量结果的表达必须统一单位，在度量过程中体会单位的实际意义，力求将度量活动一般化，以此为合作交流的前提。

图形的变换有两类基本形式：形状与大小不变而位置变化的合同运动、形状不变而大小变化的相似运动。图形运动过程中体现着对变化过程中不变要素的规律性探究，有利于学生提高研究图形性质的兴趣，发展几何直观能力和空间观念。

图形位置的刻画涉及定性与定量表述两个方面，分别在第一、二学段予以重点呈现。定性刻画又分为用“上、下，左、右，前、后”描述物体的相对位置和用“东、西、南、北”描述物体的绝对位置两类具体情形。定量刻画主要是用数对表示物体的位置，为解析几何的学习积累经验，打下基础。

二、图形与几何的教育价值

随着我国数学教学大纲、数学课程标准、数学教材的变革，小学数学教学内容中的“几何初步知识”历经数次修改与调整。从以往的“几何初步知识”拓展为“空间与图形”后，又进一步更新为“图形与几何”。与传统意义的几何内容相比，《课程标准（2011 年版）》在继承的基础上有所发展，突出了“图形与几何”知识的现实背景，充分考虑了几何模型与现实之间的关系；突出了几何体与平面的关系，增加了直观和非形式化的内容；

突出了与“空间”有关的内容，强调对“空间观念”的阐释；注重“图形与几何”部分与数学课程其他分支领域的整合；注重让学生经历观察、操作、推理、想象等过程以积累基本活动经验；积极倡导自主探索、合作交流与实践创新。这些方面的变革，充分体现了“图形与几何”的教育价值。

1. *帮助学生更好地认识、理解和把握人类赖以生活、生存的现实空间*

小学生生活在三维世界里，首先感知的也是三维世界，是空间中的各种图形。这个空间也是小学生生活和运动于其中的空间。了解、探索和把握三维空间，能够使小学生更好地生活和成长。“图形与几何”的学习与学生的生活体验有密切关系，是学生更好地适应人类生活空间的必经之路。

在认识周围世界事物的过程中，常常需要选择恰当的方式表达事物之间的关系，这就对恰当准确地描述事物的形状、大小提出了要求。直观图形、几何模型以及几何图形的性质是准确描述现实世界空间关系，解决学习、生活和工作中各种问题的必备工具。因而“图形与几何”教育价值的首要表现就是使学生更好地认识、理解和把握生存的现实空间。需要注重联系现实生活，充分利用小学生对于“图形与几何”的天然兴趣和搭积木、折纸、画图、照镜子等方面的操作经验，将“图形与几何”的学习活动置于有实际意义的现实情境中。

由于现实情境的多样性与复杂性，对于图形的理解不必过分拘泥于要求学生画出规范化的图形，关键看是否有利于学生的思考与理解。如果部分小学生能够想象出图形的模样并辅助于分析和解决问题，也可以予以引导和鼓励。

2. *帮助学生获得必需的知识和必要的几何技能，初步发展学生的空间观念并使其适度感受推理的作用*

作为发展学生空间观念的重要载体，“图形与几何”在继承和发扬传统几何课程优势的基础上，在各个学段都组织了图形与变换、图形与位置、测量、操作与探索的内容，并提出了明确具体、可操作性强的学习目标，这为学生适应社会生活和继续学习打下必要基础。“图形与几何”教学的内容、情境、方式等对于学生形成空间观念、提升几何直观能力都具有重要价值。

“图形与几何”部分主要研究现实世界中的物体、几何体和平面图形的形状、大小、位置关系及其变换。相关内容的学习理解，有助于小学生获得必需的知识和必要的几何技能，初步发展空间观念。《课程标准（2011年版）》从四个方面对空间观念进行了具体的刻画描述：根据物体特征抽象出几何图形，根据几何图形想象出所描述的实际物体；想象出物体的方位和相互之间的位置关系；描述图形的运动和变化；依据语言的描述画出图形。在抽象、描述、想象的过程中，使小学生初步感受几何推理的力量，养成有根据地进行抽象、描述、想象的习惯，善于讲道理而非凭空想象和描述。

从数学教师的角度来看，还需从教学角度对课程标准的要求做更为细致的解读并在教学过程中予以充分反映，使“图形与几何”的教育价值在数学教学实践中得以体现，如怎样让学生充分经历观察、操作、探索和设计的过程，帮助他们获得图形运动的初步认识，积累基本的活动经验？怎样充分利用学生的生活经验和各种教学资源，引导他们脑、手、口并用，在发展空间观念的同时，增强动手操作能力，提高用数学语言描述图形的运动和变化的能力？怎样将图形与变换、图形与位置、测量、操作与探索等方面的内容有机贯通，融为一体？

3. 有助于小学生创新意识的养成和实践能力的提升

“创新意识的培养是现代数学教育的基本任务，应体现在数学教与学的过程之中”，空间观念是创新意识养成所需的基本要素，缺乏空间观念，对于发明创造而言是致命的。与数学其他分支相比，几何图形的直观、形象为学生进行自主探索、直观表达、动手操作和大胆创新活动提供了更为便利的条件。在直观的基础上，小学生可以进行相应的分析与思考，形成对数学定义的直观概念意象，依托“看到的”，思考“想象到的”、“推导出的”和“相关依据”，初步感受和尝试如何从直观中探索规律、把握本质。

作为一种直观、形象的数学模型，它在诱发学生的直觉思维，增强学生的好奇心，发展学生的创造想象能力等方面具有不可替代的作用。无论是对周围环境、实物和模型的观察、测量，还是有关图形的观察、操作、猜想与设计，都需要学生亲身参与、动手实践，其实践能力和创新意识都将在自主探索和实践的过程中得到提高和发展。

“图形与几何”内容本身包含着众多培养学生创新意识的良好素材，需要教师在教学中注意利用和挖掘。如运用 4 个同样大小的正方形，设计一个轴对称图形。小学生通常想到的方法可能是摆成一个长方形或者大的正方形。显然，这种方式司空见惯，体现不出太多的创新元素。教师若止步于此，则丧失了培养学生创新意识的良好契机。这种时候，可以进一步要求学生设计更多不一样的图形，有条件的情况下可以利用几何画板进行设计，这样可能会得到更多、更丰富的轴对称图形。

“综合与实践”活动是培养创新意识的重要载体，在活动的展开过程中，小学生的实践能力也会得到有效提升。“图形与几何”部分为“综合与实践”活动提供了大量素材，如测量一片树叶的面积就需要小学生在独立思考的基础上分工合作，灵活应用已学知识。直接测量的方法即学生接触过的数方格的方法，这属于对已有方法的创新性运用。也可以鼓励小学生从方法的角度予以创新，如将面积测量转化为质量称量的间接测量方法，在方法运用的过程中针对可能出现的问题寻求新的方法创新性地加以解决。

4. 有助于促进学生全面、持续、和谐地发展

义务教育阶段的数学课程，其基本出发点是促进学生全面、持续、和谐地发展。需要从学生已有的生活经验出发，让学生亲身经历将实际问题抽象为数学模型并进行解释和应用的过程，使学生在获得数学理解的同时，在思维能力、情感态度与价值观等方面也得到进步和发展。“图形与几何”在联系现实世界、构建直观模型方面，具有其他部分的内容或其他学科不可比拟的优势。

“图形与几何”不仅包括度量和相关计算等内容，也包括直观感知、操作实践以及由此发展起来的几何直观、空间想象和推理等。“图形与几何”将所学知识与现实生活联系起来，便于学生体验图形与现实世界的联系，有助于增强学生学习数学的兴趣和学好数学的信心。“图形与几何”的教学，不仅能有效地发展学生的观察、操作、想象和分析推理能力，而且能让学生积累多角度认识图形和刻画现实世界的经验，体验数学学习的乐趣，领悟数学的思想方法，感受数学推理的力量，发展空间观念。

下面几节将从四个方面的教学分别加以阐述。

第二节　图形认识的教学

一、概念描述

图形的认识主要涉及对图形基本构成要素如点、线、角等的认识和对基本的规则平面图形、立体图形的认识等。在认识图形的过程中，不可回避的是对图形衍生概念和附属概念对象的认识，如平行、垂直、对顶角、圆中的半径、直径、圆周率、扇形等。

（一）点、线、角等基本概念

1. 点

欧几里得在《几何原本》中对点已经给出了“不可再分割”的初步定义。随着现代数学的发展，对于点的公理化定义在不断完善：在几何学、拓扑学及相关数学分支中，一个空间中的点用于描述给定空间中一种特别的对象，在空间中有长度、面积、体积或其他高维类似物。一个点是一个零维度对象。点作为最简单的几何概念，通常是几何、物理、矢量图形和其他领域的最基本的组成部分，也可以视为二维上无限小的面积，三维上无限小的体积等。平面上的点可以用一个有序数对（x，y）来表示，空间上的点可以用一个有序实数组（x_1，x_2，…，x_n）来表示。

小学教材中没有明确给出点的定义，只是在认识平面图形、立体图形时用到点、提到点。如三角形有三个顶点，通过圆心且两个端点都在圆上的线段称为直径，过直线上或直线外一点等。

2. 线

直线是点在空间内沿着相同或相反方向运动的轨迹，是曲率最小的曲线，是以无限长为半径的圆弧。

射线是直线上任一点一旁的部分。这一点称为射线的端点。或者说，射线是从某一个确定的点出发，沿固定方向运动的点的轨迹。

线段是位于两点间的直线部分，这两点称为线段的端点①。

小学阶段没有对直线、射线、线段给出明确的抽象定义，而是在更高一级的图形概念中提及或借助生活实例直观呈现。如平行四边形的高是“从一条边上的任意一点向对边引垂线……”“汽车灯射出来的光线，可以近似地看成射线”等。

对于“线”的概念，小学阶段还出现了平行线、垂线。平行线有几种表述方式②：一般定义为，在同一平面内不相交的两条直线称为平行线，或称两直线互相平行；希尔伯特的定义为，同在一平面上，且没有公共点的两直线称为平行线，或称两直线互相平行；《几何原本》的早期定义为，平行的直线是同在一个平面上，且尽量向两侧延长，也绝不会相交的直线。平行用符号“$/\!/$”表示，直线 AB 和直线 CD 是平行线，记为 $AB/\!/CD$（或 $CD/\!/AB$），读作 AB 平行于 CD（或 CD 平行于 AB）。小学教材中“平行线”的定义

① 裘光明．数学辞海：第1卷．太原：山西教育出版社，2002：119.

② 同①125.

方式与第一种一致，如苏教版四年级上册教材第 39 页的表述：同一平面内，不相交的两条直线互相平行，其中一条直线是另一条直线的平行线。

若两条直线相交所构成的四个角中有一个是直角，则称这两条直线互相垂直，这时四个交角都是直角。交点称为垂足或垂趾。垂直用符号“⊥”表示，读作“垂直于”。若 AB 和 CD 相交于点 O，$\angle AOC=90°$，则 AB 和 CD 互相垂直，记为 $AB \perp CD$，读作 AB 垂直于 CD，交点是垂足。若两条直线互相垂直，则其中一条为另一条的垂线①。

3. 角

一般理解：在平面几何中，角被理解为从一点引出的两条射线所组成的几何图形。

角的静态定义：角是指具有公共端点的，以两条射线为界的平面部分。

角的动态定义：角是一条射线在平面内绕其端点的旋转量。射线的初始位置称为角的始边，终止位置称为角的终边，射线的端点称为角的顶点。

角一般用符号“∠”表示，顶点为 O 的角记为 $\angle O$，两边为射线 h、k 的角可记为 $\angle(h, k)$。当在两边上分别取一点 A 和 B 时，也可以用 A、B 和顶点 O 来共同表示角，记为 $\angle AOB$。

对于角的概念，小学阶段主要强调静态定义，对于动态定义没有直接关注，仅是在教材动态展现锐角、直角、钝角、平角、周角的形成过程中，在对各种角之间关系的认识过程中，侧面体现角的动态呈现。

对于 0°～360°之间的角，按照度数分为直角、锐角、钝角、平角、周角。

平角指两边组成一条直线的角；此时，角的内部和外部都是以这条直线为边界的半平面②。或者说一条直线绕其端点按逆时针方向旋转，转到和原来的位置成为一条直线，此时所成的角叫平角。

周角指两边重合且角的内部（包括边）是整个平面的角③。一条射线绕其端点按逆时针方向旋转，转到这条射线回到它原来的位置时，所成的角叫作周角。1 个周角＝2 个平角＝4 个直角。

直角是一种更为常用的角，是平角的一半，在角的顶点处用符号“¬”表示直角。1 直角＝1/4 周角＝1/2 平角。小于直角的角称为锐角，大于直角而小于平角的角称为钝角。

小学教材会指出 90°的角叫作直角，小于 90°的角叫作锐角，大于 90°小于 180°的角叫作钝角。但对于平角和周角没有给出明确定义，一般通过折叠扇或团扇等静态实物图抽象出平角或周角的直观图，并引导学生想象还见过哪些相同的角；也有教材通过活动角的一边动态展现锐角、直角、钝角、平角、周角的逐个形成过程，在认识各种角的同时，明晰它们的大小关系。

对顶角是两角间的一种位置关系，即若一个角的两边分别是另一个角的两边的反向延长线，则这两个角互为对顶角。小学教材中出现了对顶角的实际图形，但没有给出明确定义，只是通过度量，发现“这样的角，度数相等”，也就是“对顶角相等”。

---

① 裘光明．数学辞海：第 1 卷．太原：山西教育出版社，2002：122.

②③ 同①121.

（二）平面图形

1. 三角形

三角形是由三条线段首尾顺次连接所组成的封闭图形①，或是指平面上不共线的三点及其每两点连接的线段所组成的封闭图形②。小学教材中的界定与第一种说法类似，如2005年人教版四年级下册教材第80页：由三条线段围成的图形，其中每相邻两条线段的端点相连，叫作三角形。

2. 长方形

长方形亦称矩形，是特殊的平行四边形之一，即有一个角是直角的平行四边形称为长方形③。

3. 正方形

正方形是特殊的平行四边形之一，即有一组邻边相等，且有一个角是直角的平行四边形称为正方形④。

小学教材没有给出长方形和正方形的明确定义。一般通过两个阶段引导学生对它们进行认识：一是一年级上半学年，在认识长方体、正方体的基础上，感受面在体上，将其中某个面画下来，形成长方形或正方形，进行直观认知；二是三年级上半学年，通过量、折、比等外部操作活动发现长方形、正方形的边和角的特点，使小学生能够根据特点做判断。

4. 平行四边形

在同一平面内有两组对边分别平行的四边形叫作平行四边形⑤。为了降低思维的难度，避免对概念进行的不符合年龄特征的过分辨析，小学教材中的界定回避了“在同一平面内”，仅指出“两组对边分别平行的四边形叫作平行四边形”。

5. 梯形

一组对边平行而另一组对边不平行的凸四边形称为梯形，它是特殊的四边形之一⑥。与对平行四边形的界定类似，小学教材回避了“凸四边形”的概念，直接定义“只有一组对边平行的四边形叫作梯形”。

6. 圆、扇形

圆的定义有动态定义和静态定义两类，具体有如下几种⑦：（1）给定一条线段，使其绕着它的一个固定端点在平面内旋转一周，其另一个端点所经过的封闭曲线称为圆。线段的固定端点称为圆心，线段长称为圆的半径。（2）到定点的距离等于定长的动点的轨迹称为圆。定点称为圆心，定长称为圆的半径。（3）平面上到定点 O 的距离等于定长 r 的全体点组成的一条曲线称为以点 O 为圆心、以 r 为半径的圆周，简称圆 O，记为 $\odot O$ 或 $\odot O$（r）。

---

① 黄惟明．中国小学教学百科全书：数学卷．沈阳：沈阳出版社，1993：45-46.

② 裘光明．数学辞海：第1卷．太原：山西教育出版社，2002：126.

③ 同②135.

④ 同①136.

⑤ 同②134.

⑥ 同②136-137.

⑦ 同②143.

小学教材普遍没有直接界定圆的概念，而是通过举出生活中的常见物体，如钟表面、硬币、车轮等说明圆。

扇形是圆上的一种特殊图形，指由一条圆弧和过这条弧的端点的两条半径所组成的图形。两条半径所夹的角称为扇形角。劣弧与过其端点的半径所组成的扇形称为劣扇形（小于半圆），优弧与过其端点的半径所组成的扇形称为优扇形（大于半圆），扇形角为直角的扇形称为直角扇形（圆）。

在小学教材中没有单独给出扇形，只是在“统计与概率”部分的统计图中出现了扇形统计图。有教材因此安排了“初步认识扇形”，也有教材（人教版六年级上册 第 72 页）在“你知道吗”阅读材料部分给出了弧、扇形及其圆心角等概念。这与《课程标准（2011年版）》“知道扇形”的了解性要求是相符的。

圆的概念带来了若干附属概念，如前面提到的圆心、半径等，还有相关的概念，如弦、直径、圆周率等也需要加以认识。

弦是圆周上的一种特殊线段，指连接圆周上任意两点的线段。过圆心的弦称为直径，直径是最长的弦，是半径的二倍①。由定义可知，直径的两个端点均在圆上，且经过圆心；半径的一个端点必然是圆心，另一个端点在圆上。

圆周率是数学的重要常数之一，是一个重要的无理数，即圆的周长与直径之比，记作“π”，常用值取为 3.1416②，在数学、天文、物理、工程等学科中有着广泛应用。由于圆面积的计算必然涉及圆周率，小学教材对圆周率给出了明确界定，均体现出了圆周率是周长除以直径所得的定值。

对于平面图形而言，主要沿着长方形—正方形—平行四边形—三角形—梯形—圆的流程进行呈现③。有所区别的是，对于三角形、平行四边形和梯形，教材中分别给出了“由三条线段围成的图形（相邻两条线段端点相连）”“两组对边分别平行的四边形”“只有一组对边平行的四边形”的定义；长方形、正方形和圆则没有给出明确定义。

（三）立体图形

1. 长方体

上、下底面为矩形的直平行六面体称为长方体或矩体④。平行六面体是底面为平行四边形的棱柱，侧棱与底面垂直的平行六面体称为直平行六面体。长方体是特殊的平行六面体。

2. 正方体

正方体是棱长相等的长方体，亦称立方体或正六面体⑤。

对于长方体、正方体而言，教材同样没有给出明确定义，而是从“面”“棱”“顶点”三个方面的特征去分析式地把握长方体。由于没有给出长方体的定义，教材中所言的“长、宽、高都相等的长方体叫作正方体”同样难以称为完全明确的定义。

---

① 裘光明. 数学辞海：第 1 卷. 太原：山西教育出版社，2002：144.

② 同①155.

③ 吴正宪，刘劲苓，刘克臣. 小学数学教学基本概念解读. 北京：教育科学出版社，2014：269.

④ 同①243.

⑤ 同①239.

3. 圆柱

一个矩形绕其一边旋转一周而成的几何体称为直圆柱或正圆柱，简称圆柱。中心连线称为圆柱的旋转轴，矩形中垂直于轴的两条边旋转而成的圆面称为圆柱的底面，两个底面间的距离是圆柱的高，矩形中平行于轴的边 AA_1 旋转而成的圆柱面称为圆柱的侧面，侧面上平行于 AA_1 的线段叫作圆柱的母线①。

4. 圆锥

使直角三角形的一个直角边保持固定，将这个三角形旋转一周并回到其初始运动的位置，如此描绘出的形状即为圆锥体②。

小学阶段对于圆柱和圆锥均没有给出明确定义，主要通过实物抽象出几何图形建立起相应表象，通过外部操作活动认识图形特征。

二、概念解读

小学生在"认识图形"前，在日常生活中和学前教育阶段必然接触过各式各样立体形状的物体，生活中也遍布立体形状的物体，小学生头脑中存在大量立体形状物体的直观印象。但他们对这些立体形状物体一般特征的了解是表面化、碎片化的，对它们的本质属性的认识还可能是有偏误的、泛化的。

小学生的思维活动离不开具体事物的直观支撑，不能脱离直观图形的把握。在图形认识的教学过程中，如何依托小学生头脑中的大量现实图形、物体，从中抽象出直观化的立体或平面图形，建立表象，帮助小学生形成初步的空间观念是一个基本任务，其实现实并非想象中那么简单。小学生"认识图形"的思维过程需要经历从直接经验到概括直观图形、抽象特征的递变。

（一）点、线、角等基本概念

1. 点

点的概念在现实世界中具有相对性，如地球是一个巨大的椭圆球体，但在浩瀚的宇宙中，又可以视之为一个微小的点。点的突出作用是表示位置，没有长度、宽度等大小意义，一般用大写字母如 A、B、C 等表示。解决问题时，点往往作为一种几何意义的模型加以构建。

2. 线

直线涉及无限的概念，缺少现实中的实物原型，尤其是小学生身边的实物原型，需要借助于直觉、想象逐步加深认识，抽象出直线的模型。射线与线段是在直线的基础上进行定义的，借助现实生活中存在的实物原型，如手电筒射出的光、两个公交站之间的道路等，小学生认识起来要相对容易。所不同的是，射线涉及无限的概念，线段是有限的、可测量的。

直线的形态是"直"地向两方无限延伸，没有粗细之分，可以用单个小写字母如 l（见图 10－1）或 AB（A、B 是直线上的两点，见图 10－2）表示。

---

① 裘光明．数学辞海：第1卷．太原：山西教育出版社，2002：247．

② 斯科特．数学史．桂林：广西师范大学出版社，2008：31．

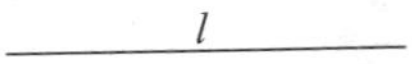

图 10-1

图 10-2

射线只有一个端点，向一个方向无限延伸，不可度量。记录射线可用射线上的端点和射线上任一点来表示，如射线 l 或射线 OA（见图 10-3）；但要注意点的顺序，如射线 OA 和射线 AO 不是指的同一条射线。同一条射线要求端点相同，同时延伸方向也相同，如射线 OA 与射线 OB 表示同一条射线（见图 10-4）。

图 10-3

图 10-4

在所有连接两点的线中，线段最短，即两点之间，线段最短。线段可以用表示其两个端点的字母或单个小写字母表示，有时这些形式也表示线段长度。如线段 AB 或 BA（表示同一条线段，见图 10-5），线段 a（见图 10-6）。

图 10-5

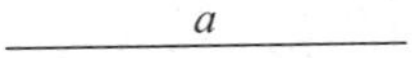

图 10-6

平行线所指的是同一平面内两条直线的位置关系，尽管小学教材中没有突出“同一平面内”，但教学中需要渗透这个前提条件。“平行”是与同一平面内两条直线的另一种位置关系——“相交”相对应的。“平行”意味着“不相交”，即两条直线的公共点个数为零。平行线是学习平面几何的基础，其判定和性质都将在初中阶段系统学习。符号“//”是平行线特征的直观表征，是缩小了的两条平行直线。

垂线研究的是平面几何中两条直线间的又一种重要位置关系，“在同一平面内”仍是研究垂线的前提条件。两条直线相交后，必然会产生交角，当交角中有一个是直角时，两条直线就相互垂直，其中一条直线称为另一条直线的垂线。两条直线垂直是两条直线相交的特殊情况，垂线也是相交线的一种特殊情况。符号“⊥”是垂直特征的直观表征，是缩小了的垂线图形。

垂线的性质是：通过已知直线外或直线上一点只能作出已知直线的一条垂线。当给出一条直线和直线上或直线外的一点时，经过这个点能作出这条直线的垂线且只能作出一条。当这个点是直线外一点时，这个点与垂足之间的线段叫作垂线段，其长度称为这个点到这条直线的距离。直线外一点与直线上各点连接的所有线段中，垂线段最短。

3. 角

角是平面几何中的又一基本概念。对于角的认识，需要兼顾静态结果和动态过程两个方面，注意动静结合。由于对角的图形抽象过程的理解不足，小学生可能认为“角的两边不一样长”，导致在初中阶段，仍认为“角不是轴对称图形”。这种抽象水平的认知需要逐渐在教学过程中渗透、丰富、完善。

对于平角、周角而言，需要明确的是，任何“角”都是由两条有公共端点的射线形成的图形。据此，平角不是一条直线，而是一条直线上的两条射线所形成的角。周角不是一条射线，而是重合在一起的两条射线所形成的角。一条射线绕其端点旋转，当始边和终边在同一条直线上，且方向相反时，构成的角称为平角；当始边和终边完全重合时，构成的角称为周角。这与高中阶段学习“任意角的三角函数”时强调的角的四要素——顶点、始边、终边、旋转方向形成了对应。

对顶角是具有特殊位置关系的两个角，对顶角相等反映的是两个角之间的大小关系。两条直线相交有一个公共点，没有公共边，这两条直线相交就形成了两对对顶角。古希腊数学家泰勒斯曾论证“对顶角相等”的严格性并在实践中广泛应用；“对顶角相等”在《几何原本》里也被列入命题15，借助公理3（等量减等量，其差相等）进行了证明。

（二）平面图形

1. 三角形

三角形是平面几何中最为基本和重要的图形之一。三角形ABC有三个顶点、三条边、三个内角和“四心”。

“四心”指：垂心、重心、内心、外心。

垂心：从三角形的一个顶点向对边引的垂线段，叫作三角形的高。一个三角形有三条高，它们的交点称为三角形的垂心。

重心：连接三角形一个顶点和它对边中点的线段称为三角形的中线。一个三角形有三条中线，它们的交点称为三角形的重心。

内心：三角形每个内角的平分线叫作三角形的角平分线。一个三角形有三条角平分线，它们相交于一点，这一点称为三角形的内心。它是三角形内切圆的圆心，到三角形三边的距离相等。

外心：三角形三条边的垂直平分线的交点称为三角形的外心。外心到三角形三个顶点的距离相等。

三角形按边分可分为不等边三角形（三边两两不等）或称一般三角形、等腰三角形、等边三角形，按角分可分为锐角三角形、直角三角形和钝角三角形。

2. 长方形

长方形作为特殊的平行四边形，除具有平行四边形的性质，还具有以下性质：(1) 四个角相等，都是直角；(2) 两条对角线相等；(3) 每条对角线分割长方形为两个全等的直角三角形；(4) 作为轴对称图形，有两条对称轴，均过长方形的对称中心且与长方形相邻两边分别平行；(5) 有一个外接圆，两条对角线均为外接圆的直径。

有若干可独立判定四边形是否为长方形的充分条件：(1) 有一个角是直角的平行四边形；(2) 两条对角线相等的平行四边形；(3) 邻角相等的平行四边形；(4) 有三个角是直角的平行四边形；(5) 对角线互相平分且相等的平行四边形；(6) 四个角相等的四边形。

3. 正方形

正方形的特征和判定的充分条件，读者可类比长方形进行列举。

4. 平行四边形

《几何原本》第一卷就出现了“斜方形”的说法，即对角相等且对边相等、边不全相等且角不是直角的四边形，这就是较为一般的平行四边形。

平行四边形的性质主要有：(1) 两组对边分别相等；(2) 两组对角分别相等；(3) 两条对角线互相平分；(4) 相邻两角互补；(5) 一条对角线可将其分割为两个全等的三角形；(6) 中心对称图形，对称中心是两对角线的交点。

独立判定平行四边形的充分条件有：(1) 两组对边分别平行的四边形是平行四边形；

(2) 一组对边平行且相等的四边形是平行四边形；(3) 两组对边分别相等的四边形是平行四边形；(4) 两条对角线互相平分的四边形是平行四边形。

对平行四边形的认识，需要承前启后，既认识到特殊的平行四边形有长方形、正方形，又认识到由平行四边形可以切割出三角形、梯形等，通过边、角的变化体会图形之间的联系和区别，在计算图形面积的过程中，不断经历图形之间的转化过程，初步感受化归的数学思想。

5. 梯形

梯形中平行的一组对边称为上底、下底，不平行的两边称为梯形的腰。上、下底之间的距离称为梯形的高。两腰中点的连线称为梯形的中位线，它与上、下底平行，通过两条对角线的交点，等于上、下底之和的一半。梯形的本质特征是只有一组对边平行，可分为一般梯形和特殊梯形。特殊梯形包括等腰梯形和直角梯形。等腰梯形的两腰相等，直角梯形有一个角是直角。

6. 圆、扇形

圆的形状在日常生活中司空见惯，如车轮、井盖等都是圆形的；圆也经常运用于图案设计和建筑造型中。圆的定义可以概括为描述性的和集合论两种，即看成线段绕固定端点旋转一周形成的封闭曲线或看成到定点的距离等于定长的点集。集合论的观点在《墨子》一书中就有所体现——“圆，一中同长也”，并强调了“一一对应”性，即圆上的每一个点到圆心的距离都等于半径（到圆心的距离等于半径的每一个点都在圆上）。

扇形是圆的一部分，扇形面积与圆心角、圆半径有关，扇形面积与圆面积存在比例对应关系。由圆的轴对称性、中心对称性和旋转不变的对称性可以得出：360 度的圆心角对应 360 份弧长，1 度的圆心角对应 1 度的扇形面积，n 度的圆心角对应的扇形面积为$\frac{n}{360}\times\pi R^2$（$R$ 为半径）。

(三) 立体图形

1. 长方体

长方体的学习，需要明确长方体的面、棱、顶点、表面积、体积、容积等相关概念。围成封闭几何体的平面多边形称为多面体的面，多面体上两个面的公共边称为多面体的棱①。长方体共有 6 个面，每个面都是长方形，也可能有相对的两个面是正方形，相对的面形状相同、面积相等；有 12 条棱，3 组相对的棱，每组各有 4 条，每组相对的棱互相平行且长度相等；有 8 个顶点，相交于同一个顶点的 3 条棱即长方体的长、宽、高。表面积和体积、容积等内容在本章第三节将会进行解读。

2. 正方体

作为特殊的长方体，正方体具备长方体的所有属性，并且有自身的特殊性：6 个面是正方形且全等，12 条棱长度相等，对角线的长度是棱长的$\sqrt{3}$倍，对角线交于正方体的中心且互相平分。正多面体指各面是全等的正多边形且每一顶点所接的面数都是一样的凸多面体，正方体是特殊的正多面体，即正四面体。

① 裘光明．数学辞海：第 1 卷．太原：山西教育出版社，2002.

3. 圆柱

圆柱的主要特征有：(1) 两个底面是等圆且所在平面平行；(2) 母线互相平行且等于圆柱的高，垂直于圆柱的两个底面；(3) 圆柱的轴经过两底面的圆心，且垂直于两底面，长度等于圆柱的高；(4) 圆柱的轴截面是矩形，它的一组对边是两条母线，另一组对边是底面圆的直径；(5) 平行于底面的截面是圆且与底面相等；(6) 圆柱的侧面可以展开在一个平面内。

4. 圆锥

圆锥的主要特征有：(1) 轴截面是等腰三角形，两腰是圆锥的两条母线，底边是圆锥底面圆的直径。(2) 母线都相等且与轴的夹角相等。(3) 平行于圆锥的底面但不过顶点的截面是一个圆，截面面积与底面面积的比等于从顶点到截面和从顶点到底面距离的平方的比。所截得的小圆锥和原圆锥的体积之比等于对应高的立方之比。(4) 圆锥的顶点、底面圆的中心、内切球心与外接球心共线。

小学生需要通过操作切割、截取、展开、旋转、粘贴等活动认识圆柱、圆锥的特征，通过作出的几何图形建立表象，并为后续测量和计算圆锥的高、体积等打好基础。

平面图形和立体图形的基本特征、基本性质及其判定这些知识的大部分内容将在初中阶段学习，少部分将在高中阶段学习，小学阶段主要是进行一些直观感知，为后续学习和严格推理积累直观认知经验。

三、教学建议

在明确《课程标准（2011 年版）》对图形认识要求的基础上，教师需要引导小学生主动探究，通过观察、动手操作、互动讨论等方式，丰富和厘清其感性认识，初步感知基本图形的特征，为后续学习打下良好基础。

第一学段的要求主要有：能根据具体事物、照片或直观图辨认从不同角度观察到的简单物体，能通过实物和模型辨认长方体、正方体、圆柱和球等几何体，能辨认长方形、正方形、三角形、平行四边形、圆等简单图形。

第二学段的要求有所扩充，要求学生认识的一维图形增加了线段、射线和直线等，二维图形增加了梯形、扇形，三维图形增加了圆锥等；对角的认识扩大到了平角和周角，对三角形的认识从一般三角形扩展到直角三角形、锐角三角形、钝角三角形的分类及等腰三角形、等边三角形等特殊三角形。

从第一学段到第二学段学习要求的变化明显体现出了从小学生的生活到几何定义图形的抽象性逐渐加强，从对单独几何图形的认识到对图形之间关系的认识，从整体性的辨认到细节化的认识，对一维、二维、三维图形的认识螺旋上升等特征。

1. 总体把握认识图形的过程与方式

图形是人类通过对客观物体的观察逐渐抽象出来的，是一个漫长的过程。抽象的基本和主要方式是将物体的外部形象运用点和线等基本元素描绘在平面上，需要经历观察大量实物、概括共同形状、抽象几何图形的大体过程，如引导小学生观察书桌、黑板、书本、门窗等，列举发现的各种特征，进行“从多到一”的归纳，从中概括出共同特征并进行简化，用准确的数学语言进行描述，形成“长方形”的概念。

在观察和归纳过程中，可能对某一实物进行主要研究，如对课桌的观察，宽度、高度、质地等方面的特征都可能被小学生提出，从其中的相关成分引出形状的概念，抽象成几何图形。进而引导小学生进行精细化的、需要投入较多思考的观察，得出如“课桌桌面的四个角相等、相对的边一样长、相邻的边不一样长”等较简单的本质属性。后续再对这些本质属性进行推广迁移，在黑板、书本、门窗等物体上加以验证，加深对本质属性的理解，也为第三学段对对角线相等、长方形的对称性等较复杂本质属性的探究打下知识和方法的基础。由此，小学生对“长方形”的部分本质属性有了了解认识，也可以积累一定的观察、归纳、概括、推广等数学研究的一般活动经验。

在反复经历类似活动的过程中，教师需要引导小学生逐步实现从代表水平的有意义学习到概念水平的有意义学习的转变①，这需要一个较为漫长的过程。如学习“长方形”之初，小学生只要与自己头脑中的“桌面”“黑板”“书本”“门窗”等实际指代物联系起来，理解就会简单得多。伴随对“长方形”概念的反复接触、认知，学生需要逐渐脱离各具体的、有长方形形状的实物，舍弃材料、颜色、大小等非本质属性，在概念学习的水平上实现对“长方形”的理解。

2. 对实物进行观察与操作，帮助小学生建立丰富表象并渗透数学思想

前述列举的《课程标准（2011 年版）》中第一、二学段对图形认识的要求均突出强调了通过观察与操作认识图形。这符合小学生认识事物的规律，也符合数学课程的目标要求。这个过程有助于小学生建立丰富的表象，有助于帮助小学生积累活动经验，初步体会数学思想方法，发展学习数学的积极情感、态度与体验。

> 如对人教版一年级上册的“认识图形”一课的教学，即可以出示给学生尽可能多的实物图片或相关图形的视频，要求学生对图片或视频中的实物进行分类，这就对学生提出了观察、思考的要求。学生需要在明确分类标准与目标的前提下进行探索，在分类的过程中必然会涉及对图形相同或差异性特征的考虑。在独立思考的基础上组织学生展开讨论，说明自己分类的理由，相互比较分类的不同。在积累丰富表象的过程中认识长方体、正方体、圆柱及球的特征。

图形的分类是认识图形的核心内容。对长方体、正方体、圆柱及球的认识依靠分类的活动，蕴含着分类的思想，符合“能对简单几何体和图形进行分类”的要求，也实现了借助对图形的认识使学生体会和感悟分类思想的更高目标。

3. 实现看到的图形和想象的图形之间的顺利转换，发展空间观念

某些情形下的图形认识要求学生具备一定的想象能力，如理解两条直线平行的位置关系。展示两根铁轨可以说明不相交和其间的距离处处相等的结果，但毕竟呈现不出笔直无限延伸的铁轨，这就需要想象的力量实现从实物到几何图形的抽象。

《课程标准（2011 年版）》也提出了如下要求：能根据具体事物、照片或直观图辨认从不同角度观察到的简单物体，能辨认从不同方向（前面、侧面、上面）看到的物体的形

① 涂荣豹. 数学教学认识论. 南京：南京师范大学出版社，2003：178.

状图，认识长方体、正方体和圆柱的展开图。这就需要在教学中引导小学生对平面中不能直接观察到的部分、对二维图形和三维图形之间的转换进行合理想象与推测。在图形转换的过程中观察、抽象、想象，发展空间观念。学习之初，需要依靠学生自己动手进行展开与折叠之类的操作，进而扩展到通过想象实现图形之间的转换。学习过程中，需要避免出现学生靠死记硬背展开图的数量或类型的机械记忆方式。

4. 整合相关信息，建构空间观念

信息的整合有利于知识的建构，特别是在几何知识的教学中。为了让学生建构空间观念，在教学中应注意有意识地将各种相关信息整合在一起，让学生建构起深刻的空间观念。恰当运用板书，与课件密切结合可以很好地实现这一目标。如在板书中将直观图片、名称、抽象图形有序排列，以过程性的方式呈现给学生。在符合学生认识规律的前提下，使其明晰抽象图形是这些直观图形的本质体现。在认识各种图形的过程中，可以将实物图片、名称、抽象图形、描述语言等整合在一张幻灯片中，让学生形成系统的认知结构，再次建构相应的空间观念。

在整合的过程中，学生可以及时将学到的知识系统化，形成规整的知识仓库，并学习研究问题的基本方法。在后续运用时，能够迅速提取相关内容，用于模仿或改造相应方法，实现新情境下的问题解决。在积累了一定数量的知识、方法、活动经验后，可以引导学生自行绘制思维导图，从图中发现薄弱之处，及时弥补。

在整合的过程中，学生是知识建构的积极参与者，是学习活动的主体，他们将积极主动地实现教学目标，完成教学任务。现代信息技术的使用既能够满足小学生好奇的心理，又能使其体验成功的喜悦。可以实现知识的获取、学习主体作用的发挥、创新意识的提升等多方面的教学目标。

第三节　几何（度量）的教学

一、概念描述

几何（度量）主要涉及角的度量，封闭图形周长的度量，平面图形面积的度量，立体图形表面积、侧面积、底面积的度量，几何体体积的度量等。

（一）角的度量

角的度量是平面三角的基本概念之一，指测度或比较角的大小的过程。此过程主要包括两个方面：测量的方式、方法（包括测量单位、进位制），测量的结果（量数）①。在不同的历史时期和不同地域，出现过的常见角的度量制主要有角度制、弧度制、百分制和密位制。

（二）周长的度量

某一图形的周长即一个平面图形周围长度的和②。更为科学的说法是，平面区域边界

① 裘光明．数学辞海：第1卷．太原：山西教育出版社，2002：122.

② 小学教师实用数学辞典编写组．小学教师实用数学辞典．北京：北京科学技术出版社，1989：387.

的全长即长曲线所围平面区域的周长①。2003 年人教版三年级上册教材曾给出类似界定：封闭图形一周的长度是它的周长。其他版本的教材则为结合实例的具体描述，如 2005 年苏教版三年级上册教材给出的说明：游泳池池口黑色边线的长就是池口的周长。

（三）面积的度量

面积则是指用以度量平面或曲面上某一区域大小的一个正数②。小学数学教材一般的界定是：物体的表面或封闭图形的大小就是它的面积。

1. 表面积

在一些数学辞书中，立体图形的表面积多以全面积的说法③呈现，可以理解为全部表面的面积。如棱柱、棱锥、棱台的全面积，圆柱的全面积等。全面积的计算方法即为立体图形的侧面积与底面积之和，如直圆柱的底面半径为 r，高为 h，其全面积为 $S_{圆柱全}=2\pi r(h+r)$；斜圆柱的母线长为 l，直截面圆周长为 C，底面为椭圆，长短半轴分别为 a、b，斜圆柱全面积为 $S_{圆柱斜}=Cl+2\pi ab$。

某一立体图形所有能够触摸到的面的面积之和，称为此图形的表面积。小学阶段主要研究长方体、正方体的表面积，即指求长方体或正方体 6 个面的面积之和；圆柱的表面积，即为其侧面积和两个底面积之和；圆锥的表面积不要求掌握。

2. 侧面积和底面积

对于侧面积和底面积，首先需要明确侧面和底面的概念。侧面即两底之间的柱面部分④。底面即棱柱中互相平行的两个面⑤，故有上底面与下底面之说。

侧面积是立体图形的侧面展开图的面积或物体侧表面或围成的图形表面的大小。涉及侧面积的几何图形包括直柱体和棱柱。直柱体指上、下两端面平行且柱体竖线与端面垂直的图形。棱柱是两个面互相平行，其余每相邻的两个面的交线互相平行的图形，可分为直棱柱和斜棱柱；亦可按照底面是三角形、四边形直至 n 边形，将棱柱分别称为三棱柱、四棱柱直至 n 棱柱。直柱体和直棱柱侧面积的计算公式为底面周长乘以高，即$S=C_{底面}h$。对于侧棱与底面不垂直的斜棱柱而言，需要将公式中的底面周长换为直截面周长，将高换为侧棱长。

小学阶段涉及的侧面积知识一般见于长方形、正方形和圆柱。对于长方形和正方形的侧面积，需要根据图形的具体摆放方式而定，即放定后，前、后、左、右四个面的总面积称为它们的侧面积。圆柱的侧面积是去掉上、下底面，将余下的圆筒展开得到的图形面积。直圆柱侧面展开的图形是一个长方形，长、宽分别为圆柱的底面周长和高。

（四）体积的度量

几何体的体积⑥是几何空间的测度，可以用单位正方体进行度量。度量结果是一个正实数，具备运动不变性和可加性。不变性指全等的两个几何体体积相等；可加性指将几何

---

① 数学百科全书编译委员会. 数学百科全书：第四卷. 北京：科学出版社，1999：123.
② 谷超豪. 数学词典. 上海：上海辞书出版社，1992：139.
③ 裘光明. 数学辞海：第 1 卷. 太原：山西教育出版社，2002：266.
④ 同③242.
⑤ 叶其孝，沈永欢. 数学实用手册. 北京：科学出版社，2006：26.
⑥ 同③266.

体分成若干部分，各部分体积之和等于几何体的体积。

小学数学教材中对体积的表述是解释性的——物体所占空间的大小叫作物体的体积。

二、概念解读

（一）角的度量

小学数学教材采用“角度制”，即六十进制的度、分、秒制度量角的大小。把圆周的$\frac{1}{360}$的弧称为含有1度的弧。1度的弧所对的圆心角称为1度的角，记作1°；1°的$\frac{1}{60}$称为1分，记作1'；1' 的$\frac{1}{60}$称为1秒，记作1"。

由于角的度量一般使用半圆形量角器，有教材对于角的度量单位的引入做如下表述：把半圆平均分成180份，每一份所对的角的大小是1度，记作1°。

（二）周长的度量

立体图形的某个面、规则或不规则的封闭平面图形都具有周长，而非封闭图形没有周长。研究周长在生活中有着广泛应用，如度量足球场的周长有助于对看台栏杆长度的估算，度量教室的周长有助于测算能够放置多少桌椅、需要安装多少日光灯，研究房间的周长可以帮助选择摆放多大的床、多长的衣柜等。

在小学阶段，需要根据图形的不同特征推理得出长方形、正方形和圆的周长公式。如长方形的对边相等，可以得出：长方形的周长＝（长＋宽）×2，即$c=2(a+b)$（c为周长，a为长，b为宽）；根据正方形的四条边都相等可以得出：正方形的周长＝边长×4，即$c=4a$（c为周长，a为边长）；根据圆的周长与直径的关系可以得出：圆的周长＝直径×圆周率，即$c=\pi d=2\pi r$（c为周长，d为直径，r为半径）。

（三）面积的度量

1. 面积

面积起源于古埃及尼罗河流域洪水上涨退却后需要进行的土地重新测量与分配需求，并相应产生了一整套在实践中行之有效的土地面积测量方法以及面积计算公式，由此获知：人们是从长和宽两个维度来认识面积的，是从长方形面积开始推导其他图形面积计算方法的①。

度量一个图形或物体表面的面积，需要确定以单位长度（1厘米、1分米、1米等）为边长的单位正方形作为面积单位，以面积单位去度量，得到的结果即为此图形或物体表面的面积。度量需要以度量的基本性质为基础，这些性质包括：运动不变性、叠合性、有限可加性。如通过将图形分割、拼补推导长方形、平行四边形、梯形等多边形的面积公式时，就需要以运动不变性和可加性为基础。

2. 表面积

小学阶段涉及的长方体、正方体、圆柱的表面积均为底面积和侧面积之和；当沿着高将长方体、正方体、圆柱进行侧面展开时，都会得到一个长方形。小学阶段也有一些对表

① 裘光明．数学辞海：第1卷．太原：山西教育出版社，2002：182.

面积的拓展运用，如将几个立体图形拼合在一起，求露出的所有面的面积之和；将一个立体图形进行切割，求增加的面的面积之和；将一个或几个立体图形堆放在墙角等处，求所能看到的面的面积之和；火柴盒、肥皂盒的包装问题；做一个长、宽、高已知的有盖或无盖纸箱至少需要多少纸板的问题；等等。

3. 侧面积

小学阶段涉及的长方形、正方形、平行四边形、三角形、梯形和圆六种平面图形的面积是学习研究侧面积的前提。如长方体、正方体的侧面积是四个平面图形的面积之和，圆柱的侧面积是长方形的面积，圆锥的侧面积是扇形的面积等。

4. 底面积

小学阶段主要包括长方体、正方体、圆柱、圆锥四类立体图形。在长方体中，相对的两个面互相平行，一个长方体中共有三组相互平行的面，底面的形状是长方形或正方形。底面的大小有三种可能的情况，即长乘宽、长乘高、宽乘高。需要明确的是，长方体的底面和侧面是相对而言的，由于摆放情况的不同，底面和侧面也会产生变化。

圆柱的两个底面是圆形，当一个底面缩小为一个点时，圆柱就转化为了圆锥。

常见棱柱的底面有长方形、正方形、三角形、梯形、圆形和正 n 边形。会计算这些平面图形的面积，就能够计算底面积。

从已发现的数学史料来看，用长乘宽计算长方形面积的方法记载在许多文明古国的资料中。其他多边形的面积求法均由长方形面积的计算推导而来，如古埃及人用公式 $S=\frac{a+c}{2}\cdot\frac{b+d}{2}$ 近似计算边长依次为 a、b、c、d 的四边形的面积，令其中一边为 0，近似得出三角形的面积公式：$S=\frac{c}{2}\cdot\frac{a+b}{2}$。1 世纪，海伦以几何形式推导出求三角形面积的海伦公式：$S=\sqrt{s(s-a)(s-b)(s-c)}$（$S$ 为三角形的面积，a、b、c 是三角形的边长，s 是三角形周长的一半）。6 世纪左右，婆罗摩笈多给出了圆内接四边形面积公式：$A=\sqrt{(s-a)(s-b)(s-c)(s-d)}$（$A$ 为四边形的面积，s 是四边形周长的一半，a、b、c、d 是四边形的边长）。秦九韶发现了海伦公式的等价形式——三斜求积公式：$S=\sqrt{\frac{1}{4}\left[a^2c^2-\left(\frac{a^2+c^2-b^2}{2}\right)^2\right]}$（$S$ 为三角形的面积，a、b、c 是大斜、中斜、小斜，$a>b>c>0$）。

（四）体积的度量

幼儿并不了解体积的严格定义，但他们凭直觉可以判断出水果、玩具等物体的大小。以此为基础，教师应注意通过体积教学，使得学生明晰：物体运动后体积保持不变，不重叠的两个物体合并后的体积是原来的两物体体积之和，物体 A 包含物体 B 说明 A 的体积大于 B 等特性。

物体的体积需要用体积单位进行表示。一般以单位正方体（边长为 1 厘米、1 分米、1 米）的体积为体积单位，故常用的体积单位有 1 立方厘米、1 立方分米、1 立方米，换算关系为 1 立方米=1 000 立方分米，1 立方分米=1 000 立方厘米。

对于边长为 a 的正方体，可按照基本单位长度将长、宽、高分别分割为 a 个基本单位，整个正方体由此分割为 $a\cdot a\cdot a$ 个单位正方体。于是可以得出：正方体的体积＝棱长×棱长×棱长，即 $V=a\cdot a\cdot a=a^3$。进而可以类比得到长方体的体积公式：$V=abh$；直棱柱的体积公式：$V=Sh$；圆柱的体积公式：$V=\pi r^2 h$；圆锥的体积公式：$V=\frac{1}{3}\pi r^2 h$。

三、教学建议

度量在日常生活和学习中扮演着重要角色，它是“图形与几何”学习的重要内容之一。在义务教育第一、二学段，关于几何度量的内容可以分为三个部分，一是对度量单位及其统一性意义的理解，二是关于长度和面积的测量问题，三是对于估测的感受和简单应用。

1. 使小学生经历、体会建立统一度量单位的意义所在

度量单位是测量的核心，度量单位的统一是使测量活动从个别化、特殊化的行为上升为一般化、普遍性的活动的要素。在几何度量的教学过程中，教师要为学生提供必要的机会，鼓励学生，选择不同的方法进行测量，并在相互交流的过程中，发现不同方法、不同选择对度量结果将会产生何种影响，进而体会建立统一度量单位的意义所在。

如对“长度单位的认识”进行教学时，可以先让学生采用不同的方法测量同一物体的长度。有的学生可能用手测量，结果是三拃长；有的学生可能用自己的铅笔测量，结果是五根铅笔长；还有的学生可能用自己桌上的橡皮去测量，结果是 25 块橡皮的长度。此处创设的度量情境是，采用不同的测量工具，得到的数字结果显然不同。因此，如果要求度量结果统一，就必须有公认的单位或统一的工具。由此让学生体会到度量活动需要建立标准的度量单位，否则会给生活带来诸多不便，也不便于相互交流，这就是让学生在实践中体会到建立统一度量单位的重要性。

在实践活动中让学生体会并认识千米、米、分米、厘米和毫米等长度单位，能进行简单的单位换算，能恰当地选择长度单位。因此，教师需要结合小学生身边的实际物体介绍度量单位，如生活中哪些物体的长度大约是一米？一厘米有多长？一平方米有多大？一平方厘米有多大？用这样的方法，使学生理解与把握度量单位的实际意义。

教师还需要让学生通过实际的操作活动进一步理解单位的意义，如让学生测量教室的长有多少米、课桌桌面的面积是多少等，在这个过程中，学生可以熟悉测量单位，同时也在运用过程中巩固了自己熟悉的测量方法。学生只有在亲身实践中才能积累选择度量单位、测量工具和具体方法的经验。

再结合具体的实际例子让学生去体会度量单位的大小，如“北京到南京的铁路长约 1 000（　　）”，引导学生学会选择合适的度量单位填写；用“1 米约相当于（　　）根铅笔长”等强化学生对度量单位的感知。还要采取恰当方式关注不同维度度量单位之间的联系，如理解 1 平方分米＝100 平方厘米，可借助图形（如 10×10 的方格，每个方格为 1 平方厘米）或等式（1 平方分米＝1 分米×1 分米＝10 厘米×10 厘米＝100 平方厘米），如此可以避免学生机械记忆单位之间的换算关系。

在上述操作实践活动中，加深学生对度量单位的实际意义、度量结果量的大小、度量结果之间的关系等方面的感悟和理解。

2. 对长度、面积、体积等的度量

长度在小学数学教学中常与路程联系，路程可以抽象为某一条线段的长度，这较容易为小学生所理解。但在实际的测量活动中，学生时常需要面对物体或图形的周长或其面积、体积的度量。对于周长的度量，小学生较难感知和深入理解。原因在于，周长作为长度的一种，属于一维空间的测量，但周长的应用在二维图形上，如平面、曲面。也就是说，作为一维量的周长，应用在二维的面里。所以周长与面积从不同侧面对二维图形进行刻画，它们之间存在着一定的联系，但也有着明显的区别。

这部分的教学要求教师引导学生感悟和认识：面积指的是封闭图形围成的面的大小，属于二维空间的度量，它有长和宽两个表示的量；而周长是一维空间度量的量，它只有长度，它是长度单位的累加。要注意的是，因为面积和周长都同属在一个平面之内，学生总是把周长和面积相混淆。

为帮助学生清晰地建立起对周长的认识，可借助三角形的学具，如把三角形从边线的一点断开，把它的边线取下来，那么这条线段的长度，是不是就是这个三角形一周的长度？若是，那么这条线段的长度就叫三角形的周长。这非常直观地让学生感受到，图形的周长指的就是一维的线段。把这个周长从三角形平面中剥离出来，学生就能直观地看到，周长说的是线，是线的长短。这样学生就不会跟三角形面的大小，即三角形面积相混淆了。因此，教师教学中一定要抓住概念的本质，让学生深刻感受到概念的内涵是什么，要结合实例认识周长、认识面积，并能测量简单的图形的周长和面积。

除了探索规则图形的周长、面积和体积公式并会应用外，教学中还要注意引导学生测量一些不规则图形（如月亮、桃心、树叶）的周长等。这类问题的应对方法是转化化归，将其分解为构成元素即其中的基本图形，转化为基本图形后再进行测量。直接的方法则是拿线沿着图形边线围一周，然后把线拉直，测量这条线所围出的边线的长度。这不但使学生在测量中继续感悟概念的本质，也使学生体会到由曲变直的过程，这也就渗透了转化化归的数学思想和方法，更有助于学生对各种图形所测量的量的含义的理解和把握。

第二学段涉及的度量问题有：角的度量；一些常见立体图形的体积的探索；了解圆的周长与直径的比为定值，掌握圆的周长公式；探索并掌握圆的面积公式，并能解决简单的实际问题；等等。教师可以通过生活中的实际问题，使学生对测量图形或物体获得清晰的表象和感悟，实现对测量图形或物体量的本质认识。要让学生清晰地建立一维图形测量的大小是长度、二维图形测量的大小是面积、三维图形测量的大小是体积的认知，并让学生明晰其不同，逐步建立起三维的空间观念。

3. 重视培养小学生的估测意识

估测（估计）是《课程标准（2011 年版）》突出强调的一个学习内容。第一、二学段在长度、面积和体积三个度量维度上都提出了估测的要求，如第一学段要求“能估测一些物体的长度，并进行测量”，“会估计给定简单图形的面积”；第二学段要求“体验某些实物（如土豆等）体积的测量方法”。

在教学中需要帮助学生提升对图形和实物进行估测的能力。

如在方格内求一个曲边图形的面积，一般在教学当中，习惯让学生先数整格，然后再数半格，最后把它们累加在一起，即常用数方格的方法估测曲边图形的面积。而在估测某一图形面积时，具体操作是先确定合适的单位，一般是以一个方格为一个单位，然后寻找区间，即确定图形面积的最大范围和最小范围，以确定一个大致的取值范围。在此基础上，鼓励学生进行估测，通过比较来进行探究以确定大致面积数值。这之后，教师还可以继续追问，还有什么样的方法，能够使这个估测的结果更接近实际面积。如求曲边图形的面积，如果把网格不断缩小，所得图形的面积就将不断逼近这个曲边图形的面积。学生在体验逐步逼近曲边图形面积的过程中，可以初步感悟、体验极限思想。再如，“测量一个土豆的体积”，也可以转化为与土豆等体积的规则物体来测量。

4. 在图形的测量中感悟数学思想

前面已提到，恰当引导学生估测曲边图形的面积可以使其感悟极限的数学思想。因为圆是第一、二学段内容包含的平面图形中唯一的规则曲线图形，它的周长及面积的探索和公式的推导对于小学生而言，具有一定的挑战性。学生需要经历分析圆的半径与周长关系的过程，并通过对特殊情况的归纳得出圆的面积公式。这个过程有助于提高学生分析问题、解决问题的能力，使学生获得基本的数学活动经验。更重要的是，在此过程中，能让学生体会到转化、极限和函数的思想。

如对圆周长的测量，可以用圆片在直尺上滚动，测量它的长度；还可以用线绕圆片一周，把线拉直，再测量线的长度。这样学生不但积累了测量的经验，又再次体会到了化曲为直的转化思想。

再如，在圆的周长的教学中，可以向学生介绍割圆术。让学生经历从正多边形到圆的动态形成过程，即引导学生观察随着圆内正多边形的边数越来越多，正多边形也就越来越逼近圆的形态。几何画板等现代教育工具的运用使得这个过程能够直观化、动态化，能够被学生真正看到甚至学生可以自己动手操作，亲历这个过程。通过有限去思考无限，能够使学生感受极限的思想。

5. 在图形的度量过程中培养学生的推理能力

培养学生的推理能力，是第二学段的明确要求，即在掌握有关周长、面积、体积公式的基础上培养学生的推理能力，解决简单的实际问题。解决问题既是学习过程的重要环节，也是学习数学的主要目的，而解决图形测量问题的核心是学生推理能力的培养。

如平行四边形面积的教学可以进行如下设计：

第一个环节，引导学生大胆地尝试猜想，平行四边形的面积和谁有关。学生猜想的结果，可能有如下几种：认为和平行四边形的底边与邻边有关，即求面积用底边乘以邻边；认为平行四边形的面积与底边和高有关，即求面积可以用底边乘以高。

第二个环节，让学生借助学具检验猜想，在得到猜想结果后，让学生利用手中的网格图，测量一下平行四边形的面积。通过测量学生可以发现测量结果，和猜想中的底乘以高求出的平行四边形的面积相同，从而检验或否定了自己猜想的结论。

第三个环节，就是引导学生自主探究验证结论，引导学生将平行四边形转化为已会求面积的长方形：将平行四边形沿高剪开，转化成学过的长方形，利用长方形的面积公式，推导出平行四边形的面积公式。

这几个环节将推理能力的培养贯穿在整个学习过程中，让学生经历了观察、实验、猜想和证明的过程。这有利于帮助学生理清思路，发现问题、分析问题和解决问题，更有价值的是将合情推理和演绎推理有机结合，使学生的思维能力得到全面发展。

第四节　图形与变换的教学

一、概念描述

一般而言，变换是指某个集合中符合一定要求的一种对应规律。就图形变换来讲，因为几何图形都是点的集合，所以图形变换可以通过点的变换实现。几何变换中最为重要的是全等变换与相似变换①，小学数学教材涉及的图形变换即为这两种形式，如平移变换、旋转变换和轴对称变换等全等变换，图形的放大和缩小等相似变换。义务教育第一、二学段对于平移、旋转、轴对称等变换并没有给出明确的定义，主要是通过对具体实例的研讨，通过在方格纸等载体上作图积累图形运动的活动经验，来直观地认识这几种变换现象。

（一）全等变换

几何图形是点的集合，图形变换可以化归为点的变换。如果一个平面图形中的每一个点都能在同一平面内某新图形上找到对应的点，且新图形中的每一个点均只对应原图形的一个点，这样的对应叫作图形变换。形状、大小均保持不变的图形变换即为全等变换。

1. 平移

较为常见的对平移的界定有：在平面内，将一个图形沿某个方向移动一定的距离，这样的图形运动称为平移；在欧氏平面或欧氏空间，将每一个点 P 按照已知向量 $\overrightarrow{AA_1}$ 的方向移到 P_1，使得 $\overrightarrow{PP_1}=\overrightarrow{AA_1}$，如此产生的变换称为平面上或空间中沿着向量 $\overrightarrow{AA_1}$ 的平移变换，简称平移②；一种图案或图形在向任意方向滑动时，如果其大小和方向没有变化，称之为平移③。

2. 旋转

在欧氏平面或欧氏空间，使得每一点 P 绕某一固定点或固定直线旋转一个定角，变成另一点 P_1，如此产生的变换称之为平面或空间的旋转变换。其中，固定点为旋转中心，固定直线为旋转轴，定角为旋转角④。

3. 对称

对称是指图形或物体对某一点、某一条直线或某一个平面的反射运动，互相对称图形在形状、大小、长短和排列等方面都相等和相当，具有一一对应的关系⑤。

---

① 张丹. 小学数学教学策略. 北京：北京师范大学出版社，2002：170.

② 裘光明. 数学辞海：第1卷. 太原：山西教育出版社，2002：463.

③ 马丁. 教与学的新方法：数学（上册）. 北京：北京师范大学出版社，2002：181.

④ 同②557.

⑤ 张奠宙，等. 小学数学研究. 北京：高等教育出版社，2009：189.

4. 衍生概念

轴对称：亦称轴反射变换或轴反射，即在欧氏平面或欧氏空间，将任一点 A 映成关于给定直线 S 对称的点 A_1 的变换称为关于直线 S 的轴反射变换，直线 S 称为反射轴①。

对称轴：如果两个图形上的点全部关于同一条直线对称，则称这两个图形关于这条直线对称。这种关于直线的对称称为轴对称，这条直线称为互相对称图形的对称轴②。

中心对称：亦称中心反射变换，即在欧氏平面或欧氏空间，将任一点 A 映成关于给定点 S 对称的点 A_1 的变换称为关于点 S 的中心反射变换，点 S 称为反射中心或对称中心③。

考虑到小学生所处阶段的思维特性，对于平移、旋转、对称等学习全等变换所需的主要概念，小学数学教材并没有给出明确的定义，主要是通过具体实例直观认识相应现象，并在学习过程中按照教师要求通过外部操作活动画出已知图形经过相应变换后的图形，感受体验变换的本质属性。

（二）相似变换

形状不变但大小变化的图形变换称为相似变换。

在第一、二学段，相似变换的学习内容主要是学习比例尺后接触的图形的放大或缩小。

二、概念解读

平面图形在变换过程中，需要建立起原图形和新图形之间每个点的对应，并且这种对应具有“存在且唯一”的特征。对于两类变换而言，全等变换的前后图形形状和大小不变，仅仅是位置发生变化，且有原图形任何两点之间距离等于新图形两对应点距离的特性，即保距变换。而相似变换则是形状不变但大小发生变化，并且变化前后图形所有角的大小保持不变，即保角变换。

具体而言，全等变换具有三种基本方式，即平移变换、旋转变换和轴对称变换。

平移是图形运动的一种形式，判断依据主要有两个——平移的方向和平移的距离。图形在平移前后，位置发生了明显变化，但变中蕴含着三方面的不变：形状和大小不变；平移前后对应点连成的线段平行且相等，对应角相等；原图中的点或图形进行的平移相同。

对于旋转，小学生可能在日常生活中接触过如风扇、齿轮、旋转门、秋千、跷跷板、旋转木马等实际例子，但生活中的旋转现象不完全等同于数学中所讲的旋转。教学中需要引导学生切入旋转的本质属性：旋转前后图形的大小、形状有无变化，对应点到旋转中心的距离是什么关系，对应点与旋转中心所连线段的夹角是否与旋转角相等。

主要需要明确旋转中心、旋转方向和旋转角度。三个要素只要有一个发生变化，图形就会不同，产生不同的直观效果。不同的旋转方式，可以用来设计出丰富多样的美丽图案；不同的旋转方式也可以被整合起来进行图案设计。其中，旋转中心是唯一定点，图形

① 张奠宙，等. 小学数学研究. 北京：高等教育出版社，2009：464.

② 同①130.

③ 同①.

上的每一点都将绕此定点逆时针或顺时针旋转某一固定角度。因此，可以看到旋转的本质属性：对应点到旋转中心的距离相等；旋转前后图形的形状和大小不变；对应点与旋转中心连线所成的角都与旋转角相等。

对称可以理解为，图形或物体对某一点、某直线或某平面而言（基础教育阶段主要接触的是相对某一点或某直线），在大小、形状或排列上具有一一对应的关系。对称图形包含中心对称图形、轴对称图形和旋转对称图形等不同类别。如长方形、正方形、圆、菱形等既是轴对称图形又是中心对称图形，等腰三角形、等腰梯形等是轴对称而非中心对称图形，平行四边形是中心对称图形但不是轴对称图形。

在第一、二学段主要是通过“放大或缩小”的学习使学生直观感知放大或缩小后的图形与原图形形状相同、大小不同，为第三学段研究相似变换奠定基础，如在比例尺的学习过程中感受生活中存在的诸多放大与缩小的现象，并借助直尺、方格纸等探究放大或缩小后的图形与原图形的关系。

三、教学建议

“图形与变换”是《课程标准（2011 年版）》“空间与图形”领域中有较多变化的一部分内容。从小学生的年龄特征与认知特点来看，该内容通过感知和初步学习图形的变换，引导学生从运动变化的角度去认识事物，了解图形之间的联系，发展空间观念和几何直观。由于该内容相比《课程标准（实验稿）》有了较大变化和较多突破，在教学实践中对该内容的目标定位、对教学重难点的理解和把握存在着诸多困难，致使或仅停留于生活表层，局限于欣赏阶段，或过分追求数学化的提升，忽视了小学生的认知特征和生活经验，进而造成教学目标定位过低或过高。对于“图形与变换”的教学如何把握？教学难点到底体现在哪里？需要结合《课程标准（2011 年版）》的具体要求和“图形与变换”的实质特征、小学生的认知特点等予以明晰。

1. 理解“图形与变换”各种方式的本质特征

小学生已有生活经验中的“平移”、“旋转”及“轴对称”是直观形象的。在生活实践中，当小学生碰到一些“平移”或“旋转”现象时，比如风景区游客乘坐的缆车移动，城市娱乐场所摩天轮的转动等。小学生最直接的感觉便是物体的整体运动。当教师问“看到了什么”时，学生会回答“缆车在移动”或“摩天轮在转动”等。这显然是由小学生的认知特点所决定的。

对小学生来说，对“轴对称”、“平移”或“旋转”的认识，上升到对“点”运动规律的认识存在着较大难度，而“点”的运动规律体现着“轴对称”、“平移”或“旋转”等图形变换方式的本质特征，也是学生后续学习图形的全等变换及更复杂的图形运动变换的基础。也就是说，小学生对“图形与变换”各种方式本质特征的理解有较大困难。

这种理解的困难随着小学生认知能力的不断发展可以逐渐得到部分解决。当对具体事物进行深入分析时，第二学段的小学生往往可以借助部分推断到整体的认识过程，实现对已有生活经验范围的突破。如五年级的小学生已经有了一定的借助数学推理来进行分析的意识和能力。当然，这种认识还没有真正上升到“图形与变换”本质特征的高度。

在涉及“图形与变换”的本质内涵时，学生就会碰到困难了。如解释“风车旋转”时，学生只能借助线段的旋转来解释；解释“等腰梯形的对称性”时，学生也只能通过两对特殊点的对称性来推断整个图形的对称性。这远远没有达到相应图形变换即从点的运动的角度来理解图形变换的本质的理解层次。

这就要求在教学中，教师不能盲目拔高要求，或者直接告知学生“点动成线”等本质规律。这容易造成小学生的机械记忆，不利于进入第三学段后学习的深入。教师要尽可能多地呈现动态实物的运动、动态图形的运动等，抽象出图形中关键点的运动，让学生经历大量的观察，积累直接经验，为准确理解“图形与变换”的本质打下良好基础。

2. 充分考量学生图形操作能力的差异特征

“图形与变换”中一个重要的目标要求，便是通过画出变换后的图形来深入理解认识各种图形变换方式的内涵，在第一、二学段的教学中主要体现为一种外部操作技能。如在“轴对称”的认识中，借助“连接变换后的新图形与原图形中每一组对应点的线段都和这条直线垂直且被该直线平分”这一本质，来画出变换后的新图形，才算是真正理解了轴对称变换的本质特征，但在教学实践中，这样的认识对小学生来说存在着相当大的困难。多数小学生只能大致画出图形，只有极少数小学生能够通过找对称点的方法画图。

经验表明，解决问题的关键是通过线段的某一端点画出对称轴的垂直线段，这在大多数小学生的已有经验中是个空白。多数小学生只能凭借直观感受大致画出线段两个端点的对应点。尽管“垂直”“平分”作为理解对应点连线与对称轴关系的核心要素，在小学阶段已有涉及，但由于小学生缺乏“垂直平分线”的知识储备，要应用“每一组对应点所连的线段被对称轴垂直平分的性质”来画出轴对称图形的另一半，要求显然过高，学生的学习自然难以达到理想效果。

这就要求在教学中注意挖掘小学生已有经验的有益成分，将图形的变换化整为零，借助方格纸的背景，使能够大致画出图形的大多数学生对于图形的描绘更加精细化。从知识技能的掌握、学习方法的引导、数学思想方法的渗透认识等不同层面不断加深学生对“图形与变换”操作中蕴含的本质的认识，使学生通过螺旋上升实现认识的递进。

3. 清晰把握第一、二学段“图形与变换”的认识水平要求

小学阶段“图形与变换”的教学内容主要有轴对称、平移和旋转，以及从变换的角度（指图形对称、平移与旋转三种基本变换）欣赏图形、设计图形。

按照学段划分，第一学段的主要要求有：结合实例，感知身边的平移、旋转和对称现象；通过观察、操作活动，认识轴对称图形，并能在方格纸上画出简单图形的对称轴；能在方格纸上画出一个简单图形沿水平方向、垂直方向平移后的图形；在图案的设计与欣赏的过程中，体会平移、旋转和轴对称等图形变化在设计图案中的作用，培养对图形的知觉能力和审美情趣。

第二学段的主要要求有：通过在方格纸上的操作活动，说出图形的旋转或平移、对称等变化过程，并能在方格纸上画出一个简单图形绕图形上的某个顶点旋转后的图形；通过实例观察，了解简单图形经过平移、旋转或对称成为复杂图形的过程，并能设计简单的图案；通过观察、操作、想象，经历简单图形经过平移、旋转或对称成为复杂图形的过程，

能有条理地表达图形的变化过程，发展空间观念；经历应用平移、旋转或对称进行图案设计的过程，能灵活应用平移、旋转和对称知识在方格纸上设计图案；在图案的欣赏和设计活动中感受图形世界的神奇与精彩。

第一学段的要求主要体现在观察、简单操作、感悟、体会、简单平移等较初步的认识活动上；第二学段则提出了对图形变换的描述、简单图案设计、复杂图形制作过程经历等较高认识水平的要求。在教学中需要明确其前后贯通性，整体规划《课程标准（2011 年版）》的相应要求，做到稳步推进，逐渐提高。

这些认识水平的达成需要依靠教师在教学中引导学生通过观察、操作、分类等一系列活动，实现整体感受变换现象、初步感知变换特征、刻画表征变换特征的递进认识过程。

4. 注意通过与信息技术的整合促进学生对“图形与变换”的理解

现代信息技术正在对几何课程产生越来越丰富深刻的影响，它不仅可以有效提高几何教学的效率，深化对几何的猜想、讨论、证明，而且可以为学生学习几何概念和结构构建环境、提供工具。让学生在计算机环境中探索生活中美妙的变换，更有利于学生形成自己的猜想、验证猜想，并在验证时“看到”自己的猜想，建立起“所想的”与“所见的”之间的联系。如“几何画板”等软件可以在“图形与变换”的学习过程中作为探索工具，以生活实践中美妙的变换为背景，尝试让学生在信息技术环境中探索和创作自己喜欢的变换，使学生更为直观地理解什么是平移、轴对称和旋转以及这些变换对现实生活的意义。

如将蜻蜓的翅膀、窗花、脸谱、国旗等作为探索变换的素材引起小学生的注意，激发小学生的兴趣，使他们自觉地参与到各种探究活动中，拓展学生对数学概念的理解。如以世界各国的国旗为背景，引导学生讨论各国国旗中不同颜色排列所成的图案、识别各种几何形状、比较几何形状的大小、探究其中的各种变换，激发学生创作设计旗帜的兴趣以及利用几何画板验证个人创意的欲望。同时，通过讨论各国国旗的共同点和不同点、本国国旗元素的表达方式，也可以使学生建立起数学与社会学科之间的联系。实现从多学科视角加深对“图形与变换”的理解。

5. 实现由实物到图形的抽象过程，引导学生感悟数学意义

学生通过折纸、玩纸风车、照镜子等活动，较早地积累了平移、旋转、对称等生活经验。生活中的许多现象，如开门、开窗户、电风扇转动、植物的叶子、动物的身体、建筑物的造型等为学生认识平移、旋转与对称提供了丰富素材。由于现实生活中图形变换的现象随处可见，“图形与变换”的教学需要充分依托这些生活现象，把握小学生头脑中的合理因子，逐步实现由实物到图形的抽象过程，实现具体实物与抽象图形之间的“互译”。

对图形平移、旋转和对称三种现象的数学解读，有助于学生了解二维空间里图形变换现象的基本特征。从变换的角度欣赏图形、设计图案，体验变换在现实生活中的广泛应用，对学生形成初步的空间观念、了解图形之间的联系以及感受图案之美等方面，都具有非常重要的作用。

第五节　图形与位置的教学

一、概念描述

平面直角坐标是一种常用坐标，即在平面上过一点 O 作两条相互垂直的轴 x 和 y，在每条轴上取相同的长度单位，这样就在平面上建立了一个直角坐标系，记为 xOy。点 O 称为坐标系的原点。水平的轴 x 称为横轴或 x 轴，垂直的轴 y 称为纵轴或 y 轴，合称坐标轴。平面上任一点 M 的位置可以用有序实数对（x，y）来确定①。

限于学生的认知水平，第一、二学段的教材中没有直接呈现平面直角坐标系的概念，而是通过正比例图像的观察、认识理解统计图、运用数对表示物体位置等学习活动初步感悟了解平面直角坐标系的组成、识别方法和运用。

二、概念解读

日常生活中经常需要确定物体的位置，“图形与位置”的有效教学，可以使学生更好地把握生活的空间。通过学习确定图形位置的方法，运用不同的方法确定物体的位置，可以发展学生的空间观念和推理能力。小学数学教学中“在电影院里找位置”“看书找第几行第几个字”等内容，目的是使学生能够在具体情境中根据列、行来确定物体的位置，这是为进一步学习“在具体情境中，能用数对来表示位置”做铺垫，为第三学段进一步学习平面直角坐标系做准备。平面直角坐标系是贯穿代数和几何的桥梁，它使得几何对象可以用代数形式表示。笛卡儿在创立平面直角坐标系的基础上，创造了用代数方法研究几何图形的数学分支——解析几何。通过几何图形的动点轨迹化，就可以将几何图形视为具有某种共同特征的点集。

第一学段中确定物体位置的方式涉及两种，需要学生熟练掌握：“上、下，左、右，前、后”和“东、南、西、北”。两种方式各有侧重，前者是与观察者和参照物有关的相对位置的确定；后者是只与参照物有关的绝对位置的确定，与观察者无关。实际生活中两种确定位置的方式都可能得到应用，不同场合的便利程度可能不同。

第二学段则要求在方位的基础上，进一步定量刻画物体的位置，如比例、有序数对等表示方法；同时要求学生能够在具体问题中通过“描述简单的路线图”检验对方位的理解和认识，从而使学生增强学习兴趣、发展空间观念。

三、教学建议

对于“图形与位置”的教学，要在理解不同学段要求的基础之上，通过具体情境适度

① 裘光明．数学辞海：第 1 卷．太原：山西教育出版社，2002：292.

表达，合理呈现，精准达成教学目标。

1. 精准把握“图形与位置”的教学目标

在《课程标准（2011年版）》中，“图形与位置”的教学目标可以概括为两个方面：确定物体的相对位置（包括物体相对于观察者的位置、物体与物体的相互位置以及物体在某一参照系下的位置），辨认方向和使用路线图（包括比例尺的应用）。

具体而言，第一学段要求的重点是依托具体生活情境或虚拟情境观察和描述物体的相对位置，运用方位词语描述方向。第一学段要求用数对表示位置或在方格纸上用两个数构成的有序数对确定位置；第二学段则要求用方向和距离两个要素描述或确定物体的位置，进而运用方向和距离画出路线图，并根据比例尺和图上距离求出实际距离，或者根据比例尺和实际距离求出图上距离。

前述要求大多为新增内容，对于小学生而言难度并不算大，但教师可能感觉缺少相关的具体教学经验，容易出现教学实践中随意增加需要理解的知识内容或进行不必要的思辨等拔高要求的情况，进而超出多数小学生的认知水平，造成他们对问题理解和解决的困惑。

如对于“左、右”的认识，可能有教师要求学生必须分清是以题目中人物为标准的“左、右”还是以观察者为标准的“左、右”，认为这是更为全面完整的理解，但如此深入思考问题情境的多种情形并非理解“左、右”概念所必需，还可能加重小学生的思维负担。

2. 精细处理“图形与位置”的教学内容

小学生认识三维空间的起点是用“上、下，左、右，前、后”描述物体的相对位置。有研究表明，学生最早分辨出的是垂直轴上面的方向，对垂直轴下面的方向的区分和对水平面方向即前、后与左、右的区分要相对晚一些，尤其是对于左、右的区分更为困难。一般儿童对空间方位的表征存在三种递进发展的形式：一是“自我中心的表征”，即用主体自身与目标物之间的位置关系来标明目标物的具体位置，如学生背靠着物体，说物体在他的后面；二是“自然标志的表征”，即用环境中的其他物体与目标物之间的关系来标明目标物的具体位置，如茶几在沙发的前面；三是“去自我中心的表征”，即利用一些抽象的形式来描述目标物的位置，如用有序数对来描述目标物的位置。

教材的编排往往按照这种发展次序逐渐呈现相应教学内容，教学实践中对于相关内容的把握与提升也应当有所依据。如在第一学段，可以引导或要求小学生运用如“我是第4组的第5个”等描述位置，不宜直接运用“(4，5)”这样的形式描述。在具备一定程度描述经验的基础上，第二学段再抽象出运用数对描述物体在二维平面中的位置，并学习在方格纸上用数对寻找、确定位置。如此，为第三学段建立平面直角坐标系、初步感受抽象的立体空间建立稳固基础。

对于方向和路线图的教学要基于学生在生活中逐步积累的感性生活经验和关于上下、前后、左右的学习两方面的认识基础引导学生辨认方向。可以利用小学生生活中经常经历的问路情境，根据已给出的某一方向去辨认其余方向，并绘制路线图，将辨认方向的技能与观察、绘制简单路线图的操作有机整合。在进一步引入方向和距离确定物体位置后，运用方位角的方式直观确定方向的角度，如“南偏东”等。

3. 充分展现“图形与位置”的教学价值

小学科学教材中也设置了“位置与方向”的内容，这与数学教材中的相应内容有何区别？如何体现其数学上的教学价值？数学课中学习这个内容与科学课最大的不同是：用数学的眼光去观察、用数学的语言去表达、用数学的思维去研究、用数学的方法去解决问题。在数学课上，学习这方面的知识更系统、更广泛、更深刻，更有利于培养学生的空间观念与思维能力，为学生的后续数学学习服务，使学生获得科学的态度、严谨的思维以及解决问题的方法。

首先，让学生学会用数学的语言叙述生活中的方位。教学中要注重帮助学生运用数学语言，对于主要体现思维特征的数学学习活动而言，需要以数学语言为建立沟通和发展理解的载体及工具。对数学语言的掌握是顺利而富有成效地参与数学学习活动的重要前提。应当把培养学生掌握数学语言贯穿数学知识学习的始终，做到密切结合，将其视为数学学习的必要成分，以更好地锻炼学生思维的逻辑性、准确性和全面性。

以“东、南、西、北”的教学为例，在教学中，除了让学生认识“东、南、西、北”四个方向，并能够在给定某一方向的前提下，分辨其余三个方向，还必须学会用规范的语言描述物体所在的方向，让学生明确具体情境下以谁为基准，甲在乙的什么方向。在引导学生运用方位词描述物体所在位置时，要让学生指明对应的参照物是谁，并用规范的数学语言表述出来，为后续学习打下良好基础。

其次，要让学生经历和体验学习的全过程，感悟数学学习的价值。教师通过设计富有挑战性的问题，激起学生思考的热情和兴趣，使学生感悟数学的思想方法，这可能比掌握数学知识更加重要。在这个过程中，学生全身心投入知识的发现和探究过程，可以充分体验数学知识的发生和发展过程，感受数学与外部现实世界的联系，体验数学思维的方式及数学方法的价值。

如运用方向和距离两个条件确定物体位置的问题，教师要让学生充分体验为什么从方向和距离两个方面才能确定物体位置而非只是了解作为静态结果的知识。学生需要体会：在某一参照物同一方向可能有多个物体，距离参照物所形成的角度不同，要找到其位置，必须要用角度。同一角度仍可能有多个物体，还必须用到距离。两个条件都确定的前提下，才能准确找到物体的位置。

4. 灵活选择“图形与位置”的教学资源

教学资源是学生获得数学知识、解决数学问题、提高数学能力的基本载体。教学资源主要包括：以教材为主的文本资源、信息技术资源、课外教育资源、环境工具资源和生成性资源等。教学资源的选择和组合会导致学生所经历的学习过程不同，这将会直接影响学生数学知识的理解和数学能力的形成。必须结合教学的现实情况，进行恰当处理。

如在学习用数对表示物体位置时，教材本身就体现了丰富的生活化资源。在六年级的教学中，联系国际象棋的棋盘，让学生确定棋子的位置；通过呈现地图册中的某一页，让学生了解如何在平面中确定一个地点所在的位置。利用方位图形等帮助学生初步建立一个数对对应一个点的观念。但在实践中，利用国际象棋棋盘、方格图等资源教学时，学生可能会误以为一个方格对应一个点，这种不恰当观念在教学过程中要努力避免。

思考题

1. “图形与几何”领域的教育价值是什么？请结合教学实例说明如何实现相应的教育价值。

2. 如何引导小学生感知基本图形的特征？

3. 如何促使小学生建立感知基本图形特征和建构空间观念之间的良好联系？

4. 培养小学生估测意识的意义是什么？如何提升学生的估测意识？

5. 请结合《课程标准（2011 年版）》中的基本数学思想的相关论述，选择其中的一种或若干种数学思想，以教学实例和评析的形式说明在图形测量的教学过程中如何引导小学生感悟数学思想。

6. 小学数学要求的基本图形变换形式有哪些？如何结合具体实例对小学生阐明这些变换，使其基本认识这些变换的本质？

7. 如何准确把握小学数学“图形与位置”部分所要求的“度”，并使其能够为学生在初中深入学习平面直角坐标系打下良好基础？

8. 请以具体教学实例形式说明在“图形与几何”领域的教学中如何实现与信息技术的有效整合。

参考文献

[1] 吴正宪，刘劲苓，刘克臣. 小学数学教学基本概念解读. 北京：教育科学出版社，2014.

[2] 叶其孝，沈永欢. 数学实用手册. 北京：科学出版社，2006.

[3] 谷超豪. 数学词典. 上海：上海辞书出版社，1992.

[4] 小学教师实用数学辞典编写组. 小学教师实用数学辞典. 北京：北京科学技术出版社，1989.

[5] 涂荣豹. 数学教学认识论. 南京：南京师范大学出版社，2003.

[6] 张丹. 小学数学教学策略. 北京：北京师范大学出版社，2002.

[7] 裘光明. 数学辞海：第 1 卷. 太原：山西教育出版社，2002.

[8] 刘震，陆泽贵，姚慧明. “用数对确定位置”教学实录与评析. 小学数学教育，2015 (11).

[9] 宣国成. “观察物体”教学实录与反思. 课程教材教学研究（小教研究），2013 (24).

[10] 张艳明，郭德书. “平移和旋转”教学实录与评析. 小学数学教育，2011 (3).

第十一章

统计与概率的教学

内容提要

"统计与概率"是义务教育数学课程的重要内容。随着科学技术的发展和人们生活的高度社会化，大量的信息数据需要处理，出现许多决策问题需要人们去分析、评价。因此，在信息社会中，收集、整理、描述、展示和解释数据，并根据情况做出决定和预测，已成为公民日益重要的技能。本章主要分析了"统计与概率"领域的主要内容，详细解读了该领域的重要概念，并提出相应的教学建议。本章的各部分都呈现了相应的优秀教学案例，以供学习和参考。

第一节　统计与概率的内容及意义

"统计与概率"的内容在新课标中受到了较大重视，成为和"数与代数""图形与几何""综合与实践"并列的四部分内容之一，其核心目标是发展学生的统计观念和随机观念，其中，统计是这一部分内容的重点。

一、统计与概率的基本内容

"统计与概率"部分是义务教育阶段数学课程的重要内容，在新课标中受到了较高的重视。《课程标准（2011 年版）》明确指出其主要内容有：收集、整理和描述数据，包括简单抽样，整理调查数据，绘制统计图表等；处理数据，包括计算平均数、中位数、众数、极差、方差等；从数据中提取信息并进行简单的推断；简单随机事件及其发生的概率。统计是这一部分的重点，发展学生的数据分析观念是这部分内容的核心。在《课程标准（2011 年版）》中，将数据分析观念解释为：了解在现实生活中有许多问题应当先做调查研究，收集数据，通过分析做出判断，体会数据中蕴含着信息；了解对于同样的数据可以有多种分析方法，需要根据问题的背景选择合适的方法；通过数据分析体验随机性，一方面同样的事情每次收集到的数据可能是不同的，另一方面只要有足够的数据就可能从中发现规律。

（一）统计的基本内容

1. 数据分析过程

使学生树立数据分析的观念，最有效的方法是让他们投入数据分析的全过程中去。在此过程中，学生不仅仅学习一些必要的知识和方法，同时还将体会数据中蕴含的信息，提高自己运用数据分析问题、解决问题的能力。《课程标准（2011 年版）》提出了具体的要求。在第一学段中，提出“经历简单的数据收集和整理过程”；在第二学段中，提出“经历简单的收集、整理、描述和分析数据的过程（可使用计算器）”。从这些要求中不难看出：第一，数据分析的过程可以概括为：收集数据、整理数据、描述数据和分析数据。第二，学段的要求逐步深入。随着年龄的增长，学生将逐步经历更加完整的数据分析过程。第三，从第二学段开始使用计算器来处理数据。

在《课程标准（2011 年版）》中举了对全班同学的身高进行分析的例子，并鼓励学生把每年测量身高的数据都保留下来，根据不同学段的特点对数据进行整理、描述和分析，提取信息，从而经历数据分析的过程。

第一学段：对全班同学的身高进行调查分析①。

学校一般每年都要测量学生的身高，这为学习统计提供了很好的数据资源，因此这个问题可以贯穿第一学段和第二学段，根据不同学段的学生特点，要求可以有所不同。希望学生把每年测量身高的数据都保留下来，养成保存资料的习惯。在第一学段，主要让学生感悟可以从数据中得到一些信息。教学中可以做如下设计：

（1）指导学生将全班同学的身高进行汇总。

（2）从汇总后的数据中发现信息。比如最高（最大值）、最矮（最小值）、相差多少（极差）、大部分同学的身高是多少（众数）等。在讨论过程中，括号中的有些名词并不需要出现，但是希望学生体会数据所代表的意义。

（3）在整理中，可以让学生尝试创造灵活的方法。例如，寻找最高，可以直接比较寻找，当学生人数比较多时，也可以分组寻找组内最高，然后在每组的最高中寻找最高；在考虑顺序问题时，可以参见例 2。

第二学段：对全班同学的身高的数据进行整理和分析②。

在例 19 中，已经引导学生对全班同学的身高的数据进行初步分析。在这个学段中，要求学生结合以前积累的身高数据（参见例 19 的说明），进行进一步的整理，然后进行分析。整理的目的是为了便于分析，例如，条形统计图有利于直观了解不同学段的学生数及其差异；扇形统计图有利于直观了解不同高度段的学生占全班学生的比例及其差异；折线统计图有利于直观了解几年来学生身高变化的情况，预测未来身高变化趋势。学生还可以讨论用什么数据来代表全班同学的身高，自己的身高在全班的什么位置。

在教学设计时，可以关注如下要点：

（1）组织学生讨论并明确作统计图的基本标准。如果学生意见不一致，可以根据意见

①② 中华人民共和国教育部．义务教育数学课程标准（2011 年版）．北京：北京师范大学出版社，2012：82.

的不同把学生分组，各自画出统计图后进行比较。

（2）可以根据几年来全班同学平均身高的数据画出折线统计图，让学生与自己身高数据的折线图进行分析比较。还可以对男女生的身高数据进行分析和比较。

（3）组织学生讨论用什么数据来代表全班同学的身高，自己的身高在全班的什么位置。学生可以用平均身高作为参照，用自己的身高与平均身高进行比较；可以用出现人数最多的高度段作为代表（“众数”的意义），用自己的身高与其相比；学生也可能用班级中等水平学生的身高作为参照（“中位数”的意义），用自己的身高与其相比。学生只要能说出自己的理由就可以，但不需要出现“众数”“中位数”这两个名词。

（4）虽然数据整理和分析的方法可以不同，但分析的结论要清晰，能够很好地反映实际。

上面两个例子说明了不同学段有不同要求，如上面第二学段，学生在学了统计图后又学了平均数，在选择代表班级学生身高的时候，就会想到用平均身高来刻画，当然也不排除有的学生会选众数、中位数来表示，虽然这两个知识放到了第三学段，但不排除有的学生会感悟到哪个身高出现的人数是最多的，或者谁是在班级中间的位置，或者发现两个班学生的平均身高是一样的，但是身高差别比较大，就可能会出现方差等新的知识，教师此时也要恰当引导。

2. *数据分析方法*

（1）收集数据的方法。

根据不同情境，所收集的数据可能是全体的数据（总体数据），也可能是通过抽样获得的数据（抽样数据）。《课程标准（2011 年版）》指出，在小学第一、二学段，学生收集的数据基本上是总体数据，到了第三学段，学生才开始学习抽样数据，体会抽样数据的必要性，并将通过实例了解简单的随机抽样。其中数据有两种，一种是现成的数据，另一种是需要自己收集的数据。在义务教育阶段两种数据都应让学生有所体验，特别是学生自己收集的数据。常用的数据收集方法包括调查、试验、测量、查阅资料等。在小学，学生对收集数据的方法初步有一些体验。为此，《课程标准（2011 年版）》在第一学段提出“了解、调查、测量等是收集数据的简单方法”，如让学生去做调查或测量获得一些数据；在第二学段提出“会根据实际问题设计简单的调查表，能选择适当的方法（如调查、试验、测量）收集数据”，“能从报纸、杂志、电视等媒体中，有意识地获得一些数据信息”，学生可以用自己喜欢的方法收集数据。在教学中教师应当引导学生用比较科学合理的方法收集有效的数据，在收集、整理数据的过程中，逐步使学生了解数据的重要性。

（2）整理、描述、分析数据的方法。

在学生收集了一些数据以后，这些数据往往看起来有些杂乱，这时就需要整理数据。在不损失信息的前提下，对看起来杂乱的数据要进行必要的归纳和整理，然后把整理后的数据用统计图表等直观地表示出来，并加以适当的分析，为人们做出决策和推断提供依据。

1）整理数据。教师在教学中，对看起来有些杂乱的数据首先要进行必要的归纳，然后鼓励学生运用所学习的方法，尽可能多地提取有用的数据进行分类。分类是对数据进行整理的重要手段，也是整理数据的首要步骤，在此基础上，再用自己的方式（文字、图画、表格等）呈现整理数据的结果。

2）描述数据。呈现整理数据的结果是为了描述数据。这里需要指出的是，并不是要求学生在第一学段学一些条形统计图和平均数，即不学习正式的统计图表或统计量。《课程标准（2011 年版）》中提出，学生在第一学段不用过早地去学习这些描述的方法，而是用自己的方式来把这些数据统计表示出来，这并不代表对统计过程的要求有所降低，而是鼓励学生先自己想办法，去呈现自己整理数据的结果，这有助于学生建立进一步学习的经验和兴趣，并在此基础上，“通过对数据的简单分析，体会运用数据进行表达与交流的作用，感受数据蕴涵的信息”。

3）数据分析。在学习了整理、描述数据的基础上，第二学段中，学生将对数据进行简单的分析，即学习条形统计图、扇形统计图、折线统计图等常见的统计图，并能用它们直观、有效地表示数据。如《课程标准（2011 年版）》例 38 的说明中指出，条形统计图有利于直观了解不同身高的学生数及其差异；扇形统计图有利于直观了解不同身高的学生占全班学生的比例及其差异；折线统计图有利于直观了解几年来学生身高变化的情况，预测未来身高变化趋势。因此，需要根据问题的背景选择合适的统计图对数据进行分析。

3．数据的随机性

《课程标准（2011 年版）》将数据随机性作为数据分析观念的内涵之一，提出数据的随机性主要有两层含义：一是对于同样的事情每次收集到的数据可能是不同的，二是只要有足够的数据就可能从中发现规律。如《课程标准（2011 年版）》中的例子（案例 40）：袋中装有若干个红球和白球，一方面，每次摸出的球的颜色可能是不一样的，事先无法确定；另一方面，有放回重复摸多次（摸完后将球放回袋中，摇晃均匀后再摸），从摸到的球的颜色所形成的一系列数据中就能发现一些规律，如红球多还是白球多，红球和白球的比例等，从而让学生感悟虽然数据是随机的，但也具有某种稳定性，我们可以从中得到很多信息。

也许教师会有困惑：概率也是研究随机现象的，那么，为什么又提出数据的随机性呢？实际上，统计与概率都是研究随机现象的学科。不论怎么说，机遇（或说偶然性）无所不在，机遇伴随着人的一生（当然因人而异），这是一个无法回避的现实。统计与概率正是从不同的角度研究如何刻画随机现象，统计侧重于用数据来刻画随机，概率侧重于建立理论模型来刻画随机。鼓励学生运用数据来体会随机，更能使学生体会随机的特点。课程标准修订组组长史宁中教授等对此是这样阐述的①：

> 我听了一些课，老师们经常这样处理：比如掷一枚均匀的硬币，先得到出现正面或反面的概率各是 1/2，然后让学生通过反复掷硬币去验证这个结果（1/2）。这里有两个问题：第一，一个硬币，先假定它出现正面和反面的可能性（或者称为概率）是 1/2。这个 1/2 是通过概率的定义得到的，不是依靠掷硬币验证出来的。实际上，学生做了很多次试验也得不到 1/2 这个概率结果，就会更加糊涂了。第二，运用定义的方式教学随机性，也不能很好地培养学生的随机观念。需要指出的是，我赞成做实

① 史宁中，张丹，赵迪．“数据分析观念”的内涵及教学建议．课程·教材·教法，2008（6）．

验，赞成运用统计的思想来做实验。但是，统计是通过数据来获取一些信息的，是来帮助人们做出一些判断的。同样是掷硬币的问题，在统计上就会这样设计实验：先让学生多次掷硬币，计算出现正面的比例（频率），然后用频率来估计一下出现正面的可能性是多大。如果这个可能性接近 1/2 的话，就推断这个硬币大概是均匀的，这就是统计的思想。

教师往往比较习惯先给出定义，而对于"逆过来"通过数据来进行推断，则比较陌生。为了帮助教师理解，还是用摸球的例子来解释。同样是一个袋子里有 5 个球，4 个白球、1 个红球，如果让学生通过摸来验证出现白球的可能性是 4/5，出现红球的可能性是 1/5，这不是统计。统计是这样的，告诉学生们袋子里有很多球，有白颜色的和红颜色的。然后让学生们去摸，摸到一定程度的时候，学生发现摸出白球的次数比红球的次数多，由此推断袋子里白球可能比红球多。进一步的话，能推断出白球和红球的比例大概是多少。再告诉球的总数的时候，能够估计出来几个白球和几个红球，这个就是统计的过程。

我们并不是反对前一种教法，而是说这种教法蕴涵的随机思想并不强，学生也不感兴趣，学生会觉得都知道了概率为什么还要做实验。而后一种教法，学生体会到每一次摸的结果事先并不知道，但是，摸多了能够帮助学生做一些判断。这样一来，学生既体会了随机性，又感受到了数据中蕴涵着信息，同时，这种类似于"猜谜"的活动学生学起来也会很有兴趣。实际上这种"猜谜"绝不是"瞎猜"，在《课程标准（2011 年版）》案例 40 的说明中，给出了这种推断背后的科学依据，也就是虽然不能保证估计得完全一致，但能保证在一定实验次数下，估计值与实际情况相差不大的可能性是很大的。

需要教师注意的是，《课程标准（2011 年版）》对小学和初中教学随机性的要求是不同的。如对上面提到的摸球游戏，第二学段要求"通过摸球，学生发现每次摸出的球的颜色不确定，初步感受数据的随机性。进一步通过统计摸出红球和白球的数量，可以估计袋中是白球多还是红球多。在不确定的基础上，体会规律性"。而第三学段要求"在第二学段的基础上，学生可以估计袋中白球数量和红球数量的比，进一步体会规律性。教师可以进一步鼓励学生思考：给出了袋中两种颜色球的总数，如何估计白球和红球各自的数量？"因此，教师要注意把握随机性的教学要求。

（二）概率的基本内容

关于随机现象及简单随机事件发生的概率，也就是随机现象发生的可能性，在小学已经降低了要求，但是这并不代表对随机现象的理解降低了。《课程标准（2011 年版）》已经把数据随机性作为数据分析观念的一个很重要的方面，只不过是对随机现象体会的角度发生了变化而已，所以对这一部分内容只要掌握随机现象的特点和能对随机事件的实验进行合理设计就可以了。

概率是研究随机现象的科学。如前所述，在义务教育阶段，所涉及的随机现象都基于简单的随机事件：所有可能发生的结果都是有限的，每个结果发生的可能性也是相同的。因此，在这次课程标准修订中，学生在第一学段中将不再学习概率，主要理由是在基础教育阶段统计的重要性是大于概率的，发展学生的数据分析观念是这部分内容的核心。即使对于随机的学习，《课程标准（2011年版）》中也提出运用数据分析来体会随机性。而从第二学段开始才安排了随机现象发生的可能性的学习，要求学生“在具体情境中，感受简单随机现象的实例”，感受在相同的条件下重复同样的实验，实验结果不确定，以至于在实验之前无法预料哪一个结果会出现。在此基础上“能列出简单的随机现象中所有可能发生的结果”，“能对一些简单的随机现象发生的可能性大概做出定性描述”。这里所涉及的随机现象显然具有如下特点：一是问题情境比较简单，如《课程标准（2011年版）》案例40；二是学生能够直接列出所有可能发生的结果，并且感受到每个结果发生的可能性是一样大的；三是能对一些简单现象发生的可能性大小做出定性描述，并能进行交流。

课标中案例40：袋中装有5个球，4个红球和1个白球。只告诉学生袋中球的颜色为红色和白色，不告诉他们红球数目与白球数目，让学生通过多次有放回（摸完后将球放回袋中，摇晃均匀后再摸）地摸球，统计摸出红球和白球的数量及各自所占比例，由此估计袋中红球和白球数目的情况。

[说明] 借助学生感兴趣的摸球游戏，使学生体会到数据的随机性。一方面，每次摸出的球的颜色可能是不一样的，事先无法确定；另一方面，有放回重复摸多次，就能发现一些规律。根据学生的不同学段，可以设计如下层次：

(1) 适合于第二学段。通过摸球，学生发现每次摸出的球的颜色不确定，初步感受数据的随机性。进一步通过统计摸出红球和白球的数量，可以估计袋中是白球多还是红球多。在不确定的基础上，体会规律性。

(2) 适合于第三学段。在（1）的基础上，学生可以估计袋中白球数量和红球数量的比，进一步体会规律性。教师可以进一步鼓励学生思考：给出了袋中两种颜色球的总数，如何估计白球和红球各自的数量。

教学时，教师可以先鼓励学生思考，在不打开袋子的前提下，如何估计袋中红球和白球数量的情况，启发学生想到可以通过摸球得到数据，由数据进行估计。然后，教师组织大家做摸球活动，在摸球的过程中提醒摸球的规则：有放回，尽可能摇匀，并指导学生记录下每次摸到的颜色。为了保证实验次数，全班可以分小组进行实验，然后将所有小组的实验数据汇总。通过统计和比较摸到的红球和白球的数量，对袋中球的情况进行估计。

实际上，如果袋中装有4个红球和1个白球，可以知道摸到红球的概率为4/5（也就是8/10）。通过摸球的实验，可以用红球出现的频率来估计概率，显然，摸球的次数越多，估计的精度越高。一般情况下，摸球的次数与估计的精度之间的关系是什么呢？通过计算可以得到：保证有80%以上的可能使得“摸到红球的频率在7/10到9/10之间”，需要摸27次以上；保证有95%以上的可能使得“摸到红球的频率在7/10到9/10之间”，需要摸60次以上。知道这个结论，可以使教师更好地理解运用数据进行估计的内涵并进行有效操作，知道通过摸球的数据进行推测并不是毫无道理的“瞎碰”，而是有数学理论保证的。

（三）统计与概率的联系

统计与概率之间存在一定的联系，它们都是研究随机现象的学科。统计侧重于从数据的角度来刻画随机，概率侧重于建立理论模型来刻画随机，同时概率为统计提供了理论基础，特别是统计在收集数据和运用数据做出推断等方面吸收了概率的成果和方法。基于以上分析，统计与概率部分可以建构如图 11－1 所示的框架。

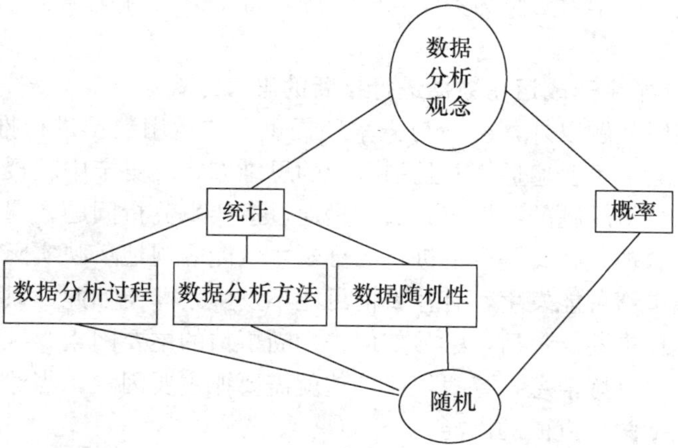

图 11－1　统计与概率框架图

二、统计与概率的教育价值

数据能够帮助我们认识世界，做出决策和预测，而统计正是与数据打交道的科学，它是在人们对现实生活中数据资料进行收集、整理、分析的过程中发展起来的。客观地提炼和表述现实世界中广泛存在的随机信息，准确地分析和把握随机信息中关键因素的规律性，科学地应用数据做出正确决策是统计与概率的主要任务，而这也构成了在义务教育阶段学习统计与概率的重要原因。具体来说，学习统计与概率将有助于学生适应现代社会的需要；有助于使学生形成运用数据进行推断的思考方式；有助于学生数学思考、解决问题、情感态度等多方面的发展。

（一）有助于学生适应现代社会的需要

义务教育的重要目标是培养适应现代生活的合格公民，而在以信息和技术为基础的现代社会里，充满着大量的数据和随机现象，各种信息量成倍地增长，需要人们做出合理的决策。事实上，每个人几乎每天都会遇到需要判断和推测的事情。在商店购物时，要对商店的信誉做出判断；出门时，要对未来的天气做出预测；上班时，要对上班路线及交通工具做出选择；对于商业部门管理人员来说，经营哪种商品需要估计风险、利润；许多公共政策的制定需要基于对数据的分析；至于抽样方法则在验货、检查产品质量时不可避免地要用到；各种保险、商品有奖销售、股票行情这些与数据、机会联系在一起的现象成为街头巷尾议论的热题。总之，生活已先于数学课程将统计与概率推到了学生的面前，统计与概率的思想已渗入人们日常生活和社会生活的方方面面。

众多的例子表明，随着计算机等信息技术的飞速发展，数据日益成为一种重要的信息，21 世纪的公民面临着更多的机遇和挑战，常常需要在不确定情境中，根据大量无组织的数据，做出合理的决策，这就需要人们能对纷繁复杂的信息做出恰当的选择与判断，具有一定的收集与处理信息，做出决策的能力，并且能够进行有效的表达与交流。而统计与概率正是通过数据的收集、整理和分析，来为人们更好地制定决策提供依据和建议的。因此，要使学生具有收集、处理数据，做出恰当的选择和判断的能力，以适应现代社会的发展，就必须将统计与概率的基本思想、方法和知识作为义务教育阶段数学课程的重要组成部分。统计与概率的学习必将为数学与学生的日常生活及与其他学科的联系提供一条自然的途径。

（二）有助于使学生形成运用数据进行推断的思考方式

除了能解决实际问题以外，统计与概率还提供了“运用数据进行推断”的思考方式，它已经成为现代社会一种普遍适用并且强有力的思维方式。史宁中教授认为，首先要使学生养成通过数据来分析问题的习惯。其实质是通过事实来分析问题，遇到问题时，应当去调查研究，去收集数据，在此基础上进行的推断才可能客观地反映实际背景。其次，建立随机的概念。有些事情可能发生，有些事情可能不发生，即便如此，只要我们掌握的信息多了，也能够合理地推断。最后，学习如何去判断事情的主要因素。统计学能够在一堆看似杂乱无章的数据中提炼信息，寻找规律，这就需要抓主要因素，当然核心价值是培养统计观念。它主要包括两个方面的内涵：

一方面，应用统计与概率方法由部分推断总体具有随机性，用统计与概率来解决的问题，其结论往往是以不确定现象和不完全的信息为依据的，这样的结论可能是错误的，这种方法与确定性思维存在着很大的差异。但统计与概率的基本思想又是一种重要的思维方式，它们和确定性思维一样成为人们不可缺少的思想武器，由样本数据进行推断同样也是有力而普遍的方法。因为，在自然界和人类事物中，随机现象大量存在，而统计与概率正是对随机变化的数学描述，它们能够帮助我们做出合理的决策，并能告诉我们犯错误的概率。统计不只是一套技术，它是处理数据的一种态度，尤其是它承认数据和数据收集中的不确定性和可变性。因此，统计与概率内容是义务教育阶段唯一培养学生从随机的角度来观察世界的数学内容，它能使人们在面对这种不确定性时做出决策。

另一方面，从科学思维方法上看，科学起源于经验的观测。经验性的观察积累了数据，然后依据数据做出某种判断。这种科学活动当然要依据各门学科自身的规律，但是统计方法正发挥着越来越大的作用。统计与概率发展到今天，它的理论和方法不仅越来越深入地渗透到物理、化学、生物、医学、地质、文学等几乎所有学科中，而且还越来越普遍地应用到工农业生产、气象与地震预报、经济管理、电子技术与计算机等各个部门。

为此，义务教育阶段应当使学生了解统计与概率的基本思想和方法，初步形成运用数据进行推断的思考方式，养成尊重事实、用数据说话的习惯，能明智地应付变化和不确定性，自信而理智地面对信息爆炸且在不断变化的世界。

（三）有助于学生数学思考、解决问题、情感态度等多方面的发展

在运用统计与概率的知识和方法解决实际问题的过程中，学生需要从日常生活中发现与数据有关的问题；从实际问题中收集最有用的信息；根据收集到的数据构建一个适当的数学模型；利用多种知识来求解数学模型；根据数学模型的解做出决策，以解决实际问题。在这一过程中，学生要综合应用所有领域的知识来解决问题，从而促进自身多方面的发展，包括对日常生活中蕴含的数学信息较敏感，具备一定的应用意识；具备观察、操作、推理、交流的能力；具备提出问题和综合运用所学知识和方法解决问题的能力；了解数学与客观世界的广泛联系以及数学内容的联系，获得对数学较为全面的认识；形成尊重事实、用数据说话的科学态度；逐步形成数学学习的兴趣和自信心，获得对数学学习的良好情感体验；等等。

第二节　统计的教学

一、统计概念描述

（一）数据

数据是随机变量（事物）的观测值，它用来描述客观事物观察测量结果的数值。当我们对某个随机变量（比如某班学生身高）进行测量时，事先不能预料会抽取到谁的身高，一旦某人被抽取到，就称该人的身高数值为这个随机变量（身高）的一个观测值，即数据。直接获取的观测值称为原始数据或观测数据。不同类型的数据使用的统计方法也不尽相同。

1. 点计数据和度量数据

统计数据按观测方法和来源可分为点计数据和度量数据。点计数据是计算个数的数据，它具有独立的分类单位。度量数据是指借助一定的测量工具或一定的测量标准所获得的数据。

2. 间断数据和连续数据

按数据是否具有连续性可分为间断数据和连续数据。间断数据也称为离散数据或不连续数据，这种数据与点计数据相当，单位独立，两个单位之间不能再细分为更小的单位。连续数据指取值个数无限（不可数），任意两个数据之间都可以细分出无限多个大小不同的数值。

3. 称名数据、等级数据、等距数据和等比数据

按数据反映的测量水平，可把数据分为称名数据、等级数据、等距数据和等比数据四类。称名数据只说明某一事物与其他事物在属性上的不同或类别上的差异，它具有独立的分类单位，其数值一般都取整数形式，只计算个数，并不说明事物之间的差异大小。等级数据也称为顺序数据，它是指既无相关单位又无绝对零的数据，能表示事物某种属性的名次或等级、多少或大小。等距数据具有相同单位，但没有绝对零点，可以进行加减运算，但不能进行乘除运算。等距数据不仅可以区分大小高低，而且可以比较大小。等比数据也称为比率数据，它既表明数据的大小，也有相同的单位，同时还具有绝对零点。等比数据不仅可以进行比较，还可以做加减乘除运算。

（二）统计图

远在数理统计的理论体系建立起来以前，人们就已广泛地使用统计表、统计图这些直观易行的方法来处理数据，从中提取有用的信息。统计图表是一对联系紧密、简洁明了、能直观描述数据分布形式和特点的描述统计方法。它们是小学统计学习的主要内容，贯穿

于整个小学阶段。在小学阶段，学生学习的统计图主要有条形统计图、扇形统计图和折线统计图。

1. 条形统计图

条形统计图简称条形图，也称直条图。它是用直条的长短表示统计事项数量的图形，主要用来比较性质相似的间断性（离散性）数据资料。条形图分为单式和复式两种，如人教版小学数学一年级下册第 94 页的“小学生喜欢颜色的人数”统计图就是单式条形图（见图 11－2），四年级上册第 103 页的“四年级学生喜欢玩具的人数”统计图则是复式条形统计图（见图 11－3）。

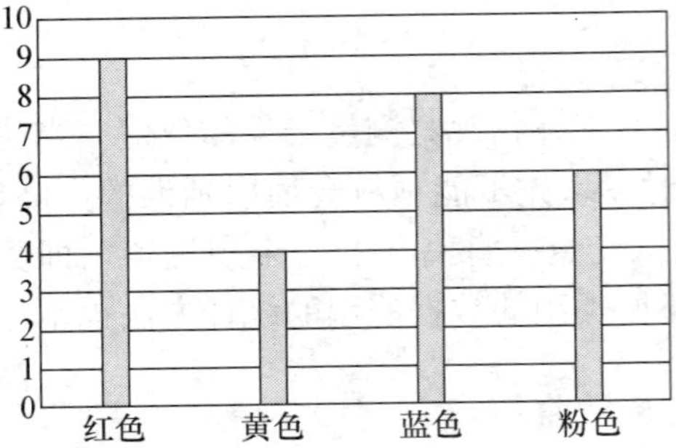

图 11－2　单式条形图示例

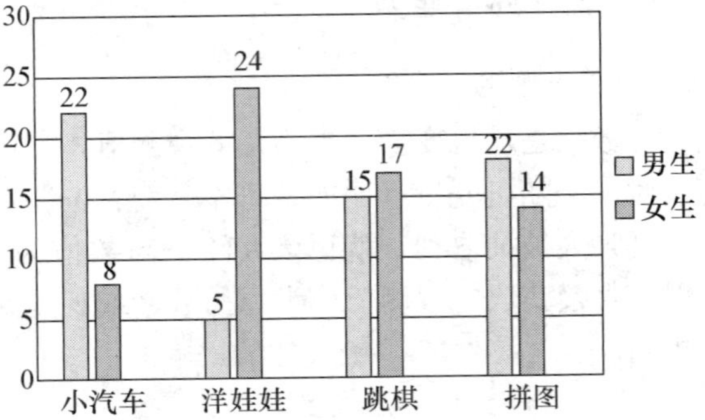

图 11－3　复式条形图示例

由于条形统计图主要用于间断性数据，因此制作条形图时，反映不同指标的直条之间应有一定间隙，各直条的条宽应一致。复式条形统计图的同一个指标上，被比较的几个直条之间的空隙可保留也可去掉，图 11－3 所示为保留空隙的情形。

在小学数学中条形统计图出现的次数最多，既与小学生所具有的数学知识、生活经验和年龄特点有关，也与条形统计图的功能和特点有关。人类最初认识世界是从简单的比较和分类开始的，这通常也是现代科学研究的第一步，而条形统计图就具有这样的作用。小学生通过这类统计图的学习和制作，感受客观事物某些属性的数量变化形式，获得简单的收集、整理和描述数据的方法，学会按一定的标准对事物进行比较、排列和分类，并表达这种比较、排列和分类的结果。例如，通过图 11－2 这样的单式条形图学习，可以使学生知道：颜色可分为很多种类；小学生最喜欢的颜色存在差异；在选定的这四种颜色中偏爱的程度是可以排序的。还可以进一步讨论和验证“这四种颜色偏爱程度的顺序”是否适用于其他小朋友，等等。

2. 扇形统计图

扇形统计图也称圆形图、饼图，主要用来表示间断性资料。扇形统计图是用整个圆表示总数（单位“1”），用圆内各个扇形的大小表示各部分量占总数量的百分之几，扇形统计图中各部分的百分比之和等于“1”。扇形统计图可以很清楚地表示出各部分数量同总数之间的关系，而不是反映变化趋势。例如，某班同学最喜欢的运动项目的扇形统计图（见图 11－4）。

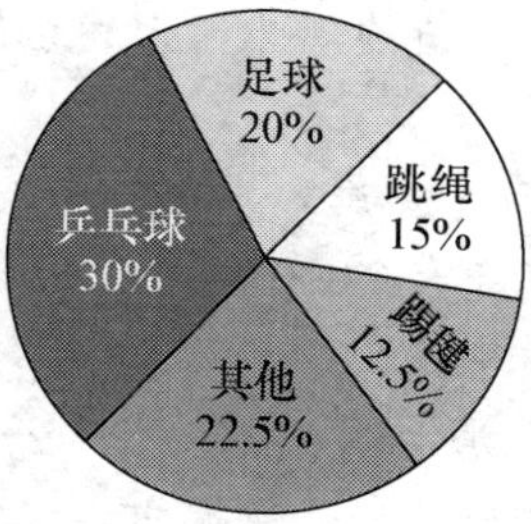

图 11-4　扇形统计图示例

在这个扇形统计图中，我们用整个圆表示全班学生的人数，也就是 100%；用 5 个扇形分别表示喜欢 5 类运动项目的人数占全班人数的百分之几。

3. 折线统计图

折线统计图常称为线形图，它主要用来表示连续性的资料。凡是表示两个变量之间的函数关系，或描述某种现象在时间上的发展趋势，或一种现象随另一种现象变化的情形，用折线图表示是比较好的方法。在折线图中画两条线或多条线，用于比较两组或多组数据资料。小学数学中的折线图主要是描述某种现象在时间上的发展趋势。

例如，人教版小学数学五年级下册第 129 页的"某地区 7～15 岁男生、女生平均身高"的统计图（见图 11-5）。

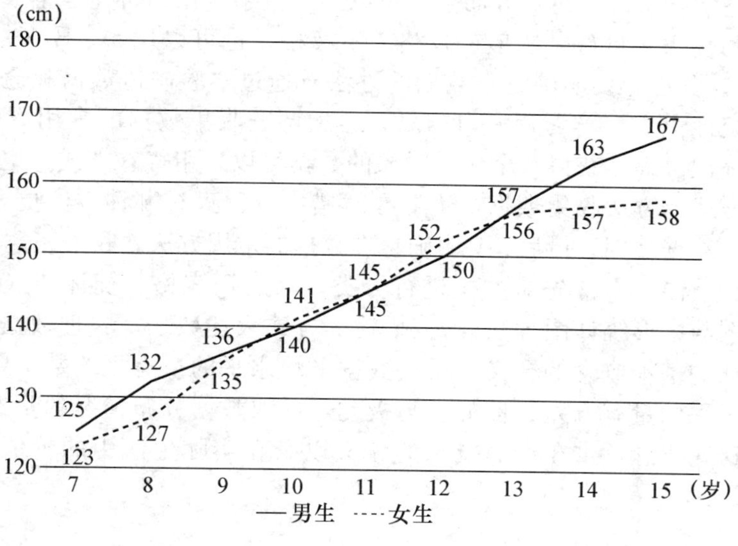

图 11-5　折线统计图示例

（三）平均数

随机变量是表示随机现象各种结果的变量

例如掷一颗骰子，它的所有可能结果是出现 1 点、2 点、3 点、4 点、5 点和 6 点。若定义 X 为掷一颗骰子时出现的点数，则 X 为一随机变量，即出现 1、2、3、4、5、6 点时 X 分别取值 1、2、3、4、5、6。要全面了解一个随机变量，不但要知道它取哪些值，而且要知道它取这些值的规律。上述这骰子的随机变量 X，出现1、2、3、4、5、6 的概率都是。

再如，假定某城市有 10 万个家庭，没有孩子的家庭有 1 000 个，有一个孩子的家庭有 9 万个，有两个孩子的家庭有 6 000 个，有 3 个孩子的家庭有 3 000 个。问这个城市每个家庭平均拥有多少个孩子呢？

这里，简单的平均数计算方法——（0＋1＋2＋3）/4＝1.5，显然不合适。因为没有考虑各种不同孩子的家庭的数目。该城市中任一家庭中孩子的数目是一个随机变量 X，它可取值 0，1，2，3。其中取 0 的概率为 0.01，取 1 的概率为 0.9，取 2 的概率为 0.06，取 3 的概率为 0.03。它的数学期望为 $0\times0.01+1\times0.9+2\times0.06+3\times0.03=1.11$，即该城市一个家庭平均有小孩 1.11 个。这个数字比较实际地刻画了该城市中一个家庭所拥有的孩子数目。

数学期望是随机变量最基本的数学特征之一，它反映随机变量平均取值的大小，又称期望或均值，它是简单算术平均的一种推广。

二、统计概念解读

小学数学教师首先要明确统计学的研究对象是数据，而不是数字。一方面数据应该有实际背景或是实际意义，另一方面数据可以不是数字，比如研究学生成绩等级分布情况，等级可以用优秀、良好、一般、及格、不及格，也可以用 A、B、C、D，还可以用“☆”等来表示。其次，要明确收集数据的方法有通过实验制造数据和通过调查收集数据等，中小学统计学主要学习后一种方法。通过调查收集数据的常用方法有直接观察法、报告法、登记法等。获得一个统计对象的数据可以采用普查方式，也可以采用抽样方式。用哪种方式、方法收集数据，不存在对错之分，只有哪种方法更合适、更节约、更能获得“好”数据之别。最后，要明确整理数据的常用方法。收集完数据，如何整理？它是基本的统计技能。通常先对数据进行分类，然后用表格、统计图（包含条形统计图、折线统计图与扇形统计图等）、语言描述等方式表述数据，整理数据。还要明确分析数据基本特征的基本概念的含义。反映数据平均水平的量有平均数、中数与中位数，反映数据波动水平的量有方差、标准差与极差，反映数据分布情况的量有频数、频率、概率等。对于这些概念，重在理解概念的含义以及在实际生活中的价值，而不仅仅是计算。

（一）数据

对于数据概念的理解要抓住根据数据选用不同的统计方法这一前提，在此基础上厘清各类数据的内涵和外延。

点计数据一般都取整数形式，如学校数、班级数、男女生人数等一类的数据属于点计数据。小学数学教材中用于统计图表的数据大多数属于点计数据。像身高、体重、考试分数、智力测验分数等需要借助工具得到的数据属于度量数据。

像三好学生人数、数学不及格人数、学生智力、语文成绩等按优劣程度分别排列的名次，用 1、2、3、4、5 五个等级计分的成绩等属于间断数据。像年龄、长度、重量、智商、完成作业所用的时间等属于连续数据。百分制的分数理论上讲是间断的，但由于这类数据较多、密度较大，实际处理时约定按连续数据处理。

像性别、颜色类别、商品数、对某一事物的态度（如赞成、不赞成）等属于称名数据。在称名数据中有一些比较特殊，它们看上去像数字，其实有名无实，没有数量上的意义。例如身份证号码、学号、房间号、电话号码、邮政编码以及各种代码。这些数据之间没有大小之分，拿学号来说，我是 1 号，你是 2 号，我是不是比你高明一点？不见得，高明与否不是用学号来表示的。学号代表一个学生，就像他的另一个名字，起的是名称的作用。可见，称名数据不能进行数学运算，从数学的角度看，它们是最“低级”的数字。

像学生的等级评定、喜爱程度、能力等级等属于等级数据。这类数据只能排出一个顺序，不能指出相互间的差别大小。例如，分别用 5、4、3、2、1 表示优、良、中、及格、不及格，是教育考试中常用的五分制。这里我们能说得 5 分的要比得 2 分的强，但不能说得 5 分的比得 2 分的多 3 分或强 2.5 倍。这就是说，等级数据只能比较大小，而不能进行加减运算，当然更不能进行乘除运算。等级数据不能进行简单的加减运算，从数学角度上讲，是因为缺少加减运算的前提——参加运算的数据须有相同的单位。

像温度、智商、各种能力分数都是等距数据。例如，在某一次能力测验中，学生 A 得了 90 分，学生 B 得了 80 分，学生 C 得了 70 分，我们可以说 A 分数高于 B 分数也高于 C 分数，而且还可以说 A 分数与 B 分数之差等于 B 分数与 C 分数之差。严格地说，百分制分数是等级数据。因为我们无法保证 100 分与 99 分的水平差异等于 99 分与 98 分之间的差异，也无法保证 65 分和 60 之间的水平差异等于 60 分与 55 分之间的差异。但是，如果测验设计（如命题）比较合理，每一分之间基本相等，也可以将百分制分数近似地当作等距数据。为了统计上的方便，很多情况下将几十分的得分制分数也当作等距数据处理。

像身高、体重、学习时间等属于等比数据。等比数据不仅可以进行比较，还可以做加减乘除运算。例如，我们可以说父亲 68 千克的体重比母亲的体重 55 千克重（做比较）13 千克（做减法），父亲的体重是 11 岁女儿的体重（34 千克）的 2 倍（做除法），还可以说这三家之口的体重总和是 157 千克。

这四类数据在小学数学学习中都有涉及，其中在统计图表中使用的数据多是称名数据和等级数据。教学时，尽管不必提出它们的名词，但应适当渗透它们之间的差异（见表 11－1）。

表 11－1 　　　　**四类数据的比较**

名称		区分	次序	距离	比率	示例
定性	称名	√				赞成：26；不赞成：13；没有意见：10
	等级	√	√			甲：第 2；乙：第 1；丙：第 3
量化	等距	√	√	√		子：90 分；丑：90 分；寅：100 分
	等比	√	√	√	√	A：160cm；B：170cm；C：190cm

（二）统计图

统计图是描述数据的重要手段，可以直观地表示数据。学生在第二学段将学习常见的条形统计图、扇形统计图和折线统计图，并且能够用它们直观有效地来表示出数据，即用图形表示数据的统计方法，这与《课程标准（实验稿）》相比，在知识上没有什么大的变化，仍然是这三个常见的统计图，但把这些统计图的制作放到了第三学段。这一个简单的变化，可能会使教师出现这样的困惑：好像从一年级开始就教授这些内容，四、五、六年级还要让学生学习，好像教学的层次水平也拉不开。如何解决这个困惑？教师在教学中不要急于引入对正规统计图的学习，第一学段教师要鼓励学生用自己的方式来描述数据，并在描述数据的过程中，让学生不断体会自己所用统计图的特点，初步达到能根据实际问题选择合适的统计图来描述数据。第二学段才让学生学习常见的条形统计图、扇形统计图和折线统计图，并且用它们直观有效地来表示出数据。1987 年，柯西奥把学生对数据的“读取”能力分为三个水平：（1）数据本身的读取（reading the data），即直接能够从统计图中获取有关信息，包括用能够得到的信息来回答具体的问题。如读一个条形统计图，直接就能看到喜欢红色的有多少人，喜欢蓝色的有多少人。（2）数据之间的读取（reading between the data），即不仅要关注一个一个的数据，还要关注数据之间的关系。如做比较（如最多、最少，比较好、最好、最高、最小等）和对数据进行操作（如加、减、乘、除）。（3）超越数据本身的读取（reading beyond the data），包括通过数据来进行推断、预测、推理，并回答具体的问题。因此，在实际教学中，教师要重点培养学生达到第一种水平，第二种水平也要努力达到，而第三种水平较高，教师可以鼓励学生尽力达到，但这不是教学重点，这在教学中要引起注意。

北京大学附属实验小学的李宁教师在教学时，一开始给学生们呈现了一个女生从出生到 12 岁的身高统计图（见图 11－6），让学生去预测这个女生 15 岁时的身高。

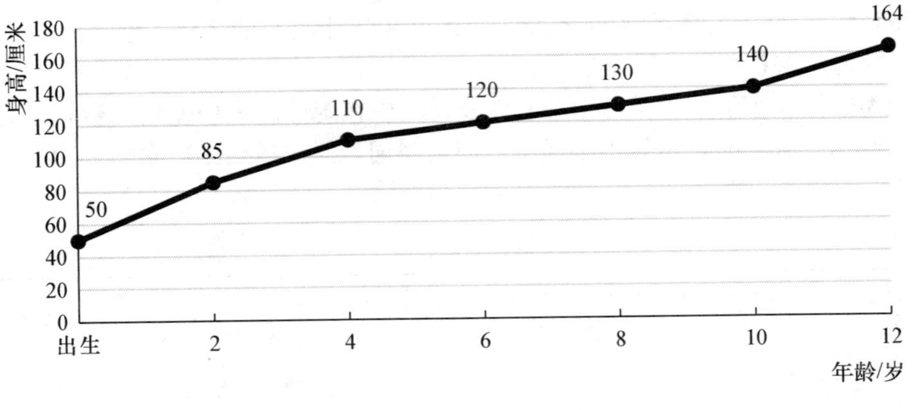

图 11－6　该女生 0～12 岁身高

学生开始进行预测，答案从 170 厘米到 190 厘米都有，而且都说出道理，如有的学生预测 170 厘米左右，他说："到 12 岁以后就不怎么长了，我估计她到 15 岁差不多 170 厘米。"有的学生（虽然是很少数）脱离了实际去进行"预测"："我觉得她应该能长到 190 厘米，因为 8 岁到 10 岁由 130 厘米长到 140 厘米，长了 10 厘米，由 10 岁到 12 岁估计能长 24 厘米，照这个趋势 12 岁到 15 岁再长 30 厘米，就到了 2 米了。"……答案五花八门，教师开始引导："你们的想法都有道理，但是要比较合理地预测，还需要掌握更多的信息，比如，是否收集曾经和她差不多情况的人 15 岁的身高来帮助预测，或者把她与当地女生平均身高进行对比，看她 12 岁时的身高与当地女生 15 岁时平均身高的对比情况，由此预测她 15 岁时的身高与当地女生 15 岁时平均身高的对比情况。"

当然，无论哪种预测都不能说是错的，但也不能完全肯定是正确的，但总会比单纯依靠这个学生以前的情况进行预测要合理。于是这位教师又做了如下的设计：

给出了这名女生到 15 岁的身高统计图，让学生思考："实际上，该女生今年已经 15 岁了，她的身高是 168 厘米"，于是再鼓励学生预测该女生 18 岁时的身高。学生会发现 12～15 岁增长的幅度不大，由此推断 15～18 岁增长的幅度也不会太大。又有的学生提出可以找一些和该女生情况差不多的女孩，看看她们 18 岁时的身高。根据学生的想法，教师呈现了如下三个女生的身高统计图（见图 11－7、图 11－8、图 11－9），鼓励学生进行第二次预测。

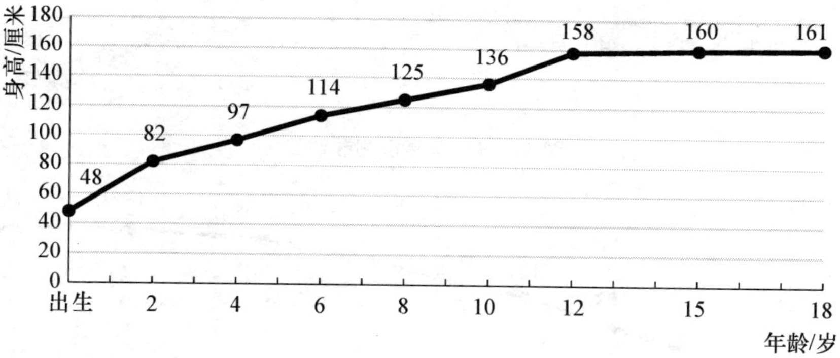

图 11－7　身高预测参照一

学生发现虽然她们的身高具体数值不同，但 15～18 岁变化趋势却比较一致，增长的幅度都不大，由此可以预测该女生到 18 岁时很可能只比 15 岁时增长 2 厘米左右，即她 18 岁时的身高在 170 厘米左右。还有的同学发现该女生的身高值与"参照三"中的女生的统计图比较接近，并且比这个女生略矮一些，由此根据"参照三"女生 18 岁时身高是 171 厘米，预测该女生 18 岁时身高是 170 厘米。还有的学生提出只有这三个女生的数据太少，不能说明一般情况，还可以收集更多的数据。于是，教师又给出了北京城市女生平均身高统计图（见图 11－10），鼓励学生进行第三次预测。

学生发现这组数据也有这个趋势：15～18 岁的身高增长得不多，由此预测该女

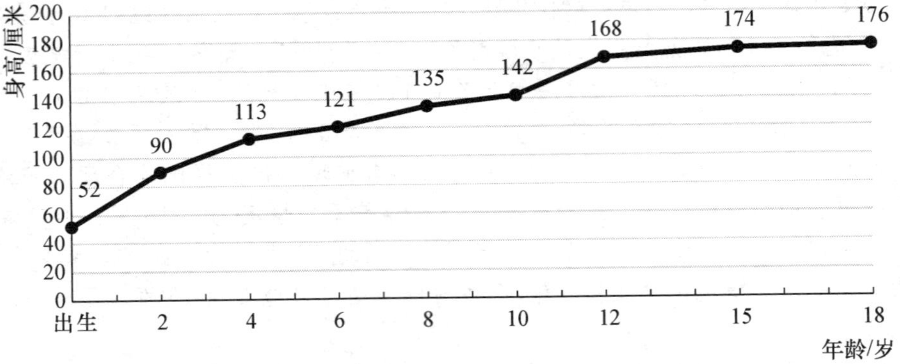

图 11-8　身高预测参照二

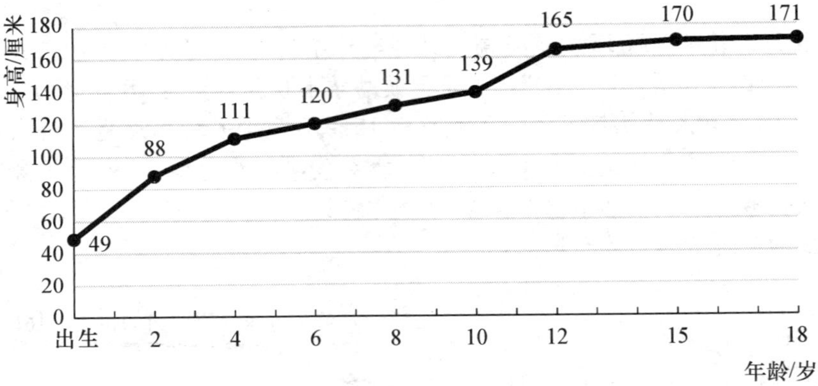

图 11-9　身高预测参照三

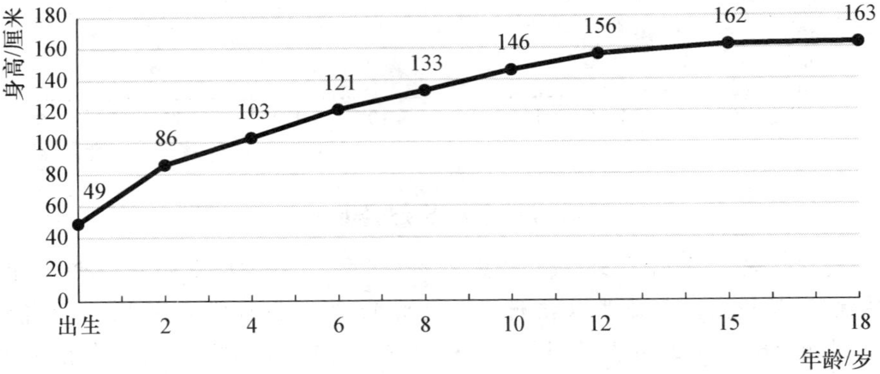

图 11-10　北京城市女生平均身高统计图

生的身高是 170 厘米左右。有的学生则根据 15 岁时该女生的身高比平均身高多 6 厘米，估计该女生 18 岁时也要比平均身高多 6 厘米，所以是 169 厘米左右。当然，这些预测都不能保证一定正确。

这个例子告诉我们，读统计图需要注意三点。一是预测需要基于数据。对于脱离数据进行"预测"的学生，要引导他们用数据说话，虽然脱离数据的预测也有可能发生，但可能性不会很大。二是有时候为了更合理地预测，需要收集更多的数据，获取更多的信息。三是即使我们有了很多信息，也不一定预测就是正确的，如在这个例子中，虽然有数据和信息支持，也不是说预测 170 厘米就一定是对的，190 厘米就一定不对，也只能说，在这种情况下，预测该女生 18 岁时高 170 厘米更加合理一些，190 厘米的可能性会小一些。

（三）平均数

培养学生数据分析的意识，体会数据中的信息，绝不能仅仅依靠课堂教学，而且课堂教学由于时间和空间的限制，往往也很难完整地展示数据分析全过程，所以，在教学中要适当地设计一些现实实践活动案例，将课程内外结合起来。以平均数教学为例，有人做过调查，学生学习了平均数会进行计算，但遇到真正的数据需要分析时，他们却很少想到用平均数。所以说，平均数教学关键之一是培养学生的数据分析观念，使他们想到用平均数，愿意用平均数来刻画数据。下面是一个体会平均数的意义和价值的案例，北京大学附属实验小学的王杰教师在学生学习了平均数后，师生共同讨论了以下三条信息：

1. 利用节约用水信息深入理解平均数的意义。

师：我这里也有条信息，我们一起看看。

(1) 出示：节约用水图。

师：为什么要节约用水？（根据学生回答评价学生的节能意识）那我们来看看我们国家的淡水情况。

(2) 出示：我国淡水资源总量为 28 000 亿立方米，仅次于巴西、俄罗斯和加拿大，居世界第 4 位。

师：找一名同学读一读。看到这条信息你有什么感觉？

（学生可能产生疑问：水并不少，世界 100 多个国家，我们排第 4 名。）

(3) 我们再来看看下面这条信息。

出示：我国人均水资源只有 2 300 立方米，在世界上名列第 121 位，是全球人均水资源最贫乏的国家之一。

师：请大家静静地读一读这条信息，你又发现了什么？

（这里让学生通过名次下降再次提出对平均数的理解。"贫乏"这个词是什么意思？有那么多水，怎么用"贫乏"来形容我们国家呢？）

总结：言之有理，看来同学们对平均数的理解越来越深刻了，光比总量是不行的，还要看我们的人均水资源。好，那对于我们国家来说，就更应该去节约用水了。

2. 出示：儿童乘车免票线"长个"了的标题。

师：你知道什么叫"儿童乘车免票线"吗？

师：没错，就是这条线，我们来看看（图略）。市发改委与相关部门研究决定，将北京市六岁以下儿童 1.1 米乘车免票线提高到了 1.2 米。

师：为什么要提高？

（学生自然会想到：孩子们都长高了。）

师：怎么去确定这个标准的呢？

（学生可能会回答：可以调查一下。）

师：调查谁？如果数据来了，有高的、有矮的，如何处理？

（这里要明确调查六岁儿童的身高，渗透抽样调查的想法。学生结合平均数的理解，回答调查完了可以计算平均数。）

师：总结：你们真了不起，既能准确理解平均数的意义，又能想到可操作的办法。那我们一起看看实际是怎样做的。据统计，目前我市六岁男童身高的平均值为 119.3 厘米，女童身高平均值为 118.7 厘米。和你们想的一样，市发改委就是参照了我市六岁儿童的平均身高，才确定了免票线的高度。看来，这平均数的作用真是不小，连确定免票线的高度都可以参照它。

3. 那你们能利用平均数帮我判断一件事情吗？

出示：据统计，周一至周五晚高峰时，平均每小时需要通过 1 号桥的车辆为 1 756 辆，需要通过 2 号桥的车辆为 965 辆（两个桥的宽度等条件差不多）。王老师回家这两条路都可以，并且驾车路程差不多。你们觉得我走哪条好？我走你们选的这条路一定快吗？为什么？

（学生建议教师走 2 号桥，但认为偶尔也不一定快。）

总结：同学们理解得很好，平均数可以作为参考，但是它反映的只是一般情况，并不能反映出某种特殊情况。

由于理解平均数有三个角度：算法理解、概念理解、数据理解。因此，对于数据分析教学，概念理解和数据理解是非常重要的。在上面的案例中，第一个信息，首先提出我国为什么要节约用水，引发学生思考，然后出示我国的淡水资源情况，使学生体会我国的淡水总量很多，最后出示我国人均水资源的情况，使学生体会到在水资源这个问题上，我们光看总量不能说明问题，还要看人均水资源，从而体会平均数的价值。第二个信息，儿童乘车免票线问题。不但使学生能再次体会平均数的价值，而且还渗透了抽样的思想。第三个信息，走哪条路，学生根据平均需要通过的车辆，帮助老师选择路线并且进行分析。在这一过程中，学生可以体会到，一方面平均数可以作为重要依据，另一方面它反映的只是一般情况并不排除某种特殊情况，从而既体会平均数的意义，又体会了数据的随机性。这三个案例不仅可以说明平均数的使用价值，也可以说明只有在现实生活中才能有效培养学生数据分析的意识。

三、关于统计的教学建议

（一）第一学段的教学建议

1. 在操作活动中培养学生的统计思想

人的发展有其规律性，第一学段的学生主要以直观形象思维为主，所以教师应该在尊重学生的身心发展规律基础上组织教学，而且统计内容本身就具有实践性的特点，所以教师应鼓励学生积极参与到统计活动中，在活动中培养学生的统计思想。

辽宁师范大学研究生院杜丽娜教师特意在实习学校做了一次实验，对象是小学一年级的几名学生。她把一堆黄色包装和红色包装的糖果放在学生面前，问他们哪种颜色的糖多。开始的时候，学生采用先数出一种颜色的糖的块数，然后再数出另一种颜色糖的块数，最后做出比较。但是当教师增加了两种糖的数量的时候，慢慢地，学生想到了先把两种颜色的糖分开，然后再分别去数。后来教师问学生能不能不用数就可以得出结果，学生想了会儿，有几个孩子想到了可以将这些糖果分类对应排列起来，此时，基本的统计思想就在学生头脑中产生了。

2. 让学生体会统计对决策的作用

在日常生活中，利用统计知识可以解决很多实际问题。要培养学生学习统计与概率知识的积极性，最重要的途径就是在课程和教学中着力展示统计的广泛应用，使学生在亲身经历解决实际问题的过程中体会统计对决策的作用。在教学中应通过各种实例引导学生体会统计对决策的影响。

例如，班级要举行一次游艺活动，为了使活动受到同学们的欢迎，就要调查一下同学们最喜欢的活动有哪些，学生就要去收集、分类、整理数据，用统计图呈现出来，然后做出决策。教师安排的统计教学的内容只有贴近学生的生活实际，符合他们的认知规律，才有可能收到实效。

3. 引导学生初步分析统计图中的信息

第一学段涉及的统计图包括象形统计图和条形统计图。学生在了解了两种统计图的特点基础上，还要学会对统计图做简单的分析。由于象形统计图和条形统计图都具有直观形象性，所以，从图表中很容易得到一些数学信息。学生要学会描述，而且还要做简单的分析。

例如，某年级所有学生一星期内吃苹果的个数和吃梨的个数的统计图，学生可以根据统计图说出其中的数据信息，而且经过分析可以知道某小学学生可能偏爱哪种水果的结论。通过这种活动，学生一方面可以深刻地体会象形统计图和条形统计图的直观性，一方面也让学生开动脑筋去分析数据。

4. 注重让学生理解平均数的意义

第一学段涉及的统计量只有平均数。由于第一学段学生的身心发展的特点，他们还不能对抽象的概念进行理解。所以平均数的教学重点是让学生理解平均数的意义。现在教师都比较注重平均数的引入过程，但是如何让学生理解其意义和价值是一个值得思考的问题。

（二）第二学段的教学建议

1. 引导学生深入分析数据，从中获取数学信息

随着年龄的增长、知识的丰富、词汇的增加以及概括能力的发展，学生所掌握的知

识中具有抽象、本质特征的成分逐渐增多，学生能够对事物的本质特征、内部联系进行抽象概括。所以这一学段，学生对收集到的数据或是统计图表中的信息，不能只做表面思考，教师应该引导学生对数据进行更深层次的分析，发掘数学信息。以统计图为例，除了让学生看到图中的单个数据、数据的比较、数据的整体变化等等，更应该鼓励学生看一看极端数值，去思考这个极端数据意味着什么？它是怎么造成的？要让学生不但会看统计图，更会解释它的作用，通过对统计图数据的分析进行预测，思考能否解决其他问题，等等。

2. 引导学生理解并区分中位数和众数

第二学段涉及的统计量有中位数、众数和平均数。将一堆复杂的数据经过排序，找出中位数、众数，求出平均数，这是基本的统计技能。其实让学生掌握这些技能并不难，重要的是让学生体会为什么要研究、学习这些概念，它们在现实生活中有什么价值。教师在教学中应避免让学生单纯地掌握统计量的计算方法，而是应该将重点放在统计量的实际价值的理解上，使学生能够掌握二者之间的区别，并可以根据不同的背景选择合适的统计量。要使学生更好地区别这些统计量，教师需要借助一些实例。

例如，要表示某班学生最喜欢的书应选择的统计量是众数，因为众数的实际意义是出现频数最多的。通过实例，学生就可以理解中位数和众数的实际意义。众数是指一组数据中出现次数最多的那个数据。

在现实生活中，如鞋的生产商、经销商都很重视根据调查的数据或经验，先判断普通人群中穿哪种尺码鞋的人比较多，然后安排生产与进货。这个生活中比较多的尺码就是数学中众数的原型。计算平均数时，所有数据都参加运算，它能充分地利用数据信息，全面地反映一组数据的平均水平。但它易受极端数据的影响，在有些情况下，不能很好地反映数据的总体情况，这就是在许多比赛评分中，防止个别评委的不公正，要去掉最高分、最低分再计算平均成绩的理由。

又如某公司员工的月工资（见表 11 - 2）。

表 11 - 2　　某公司员工月工资情况

员工	经理	副经理	职员 A	职员 B	职员 C	职员 D	职员 E	职员 F	职员 G
工资	6 000	4 000	1 700	1 300	1 200	1 100	1 100	1 100	500

如果用月平均工资 2 000 元来说明普通职员的工资，显然就不恰当了。而中位数只需排序找出中间位置的那个数，很简单，也不受极端数据的影响，其缺点是不能充分利用更多数据的信息。中位数和众数与平均数相比，最明显的区别在于它们不易受极端数据的影响。中位数的特点是某组数据的变动对中位数影响不大。当一组数据中个别数据变动较大时，可以用它来描述集中趋势。众数是表示统计分布上具有明显集中趋势的数值，代表数据的一般水平。

3. 培养学生根据不同的问题，选择合适的统计图的能力

第二学段要求学生掌握的统计图有折线统计图、扇形统计图、复式条形统计图和复式折线统计图。每种统计图都有自己的特点，教师在教学过程中应注重让学生掌握各种统计图的特点，培养学生根据不同的问题选择合适的统计图的能力。

例如，在北师大版小学数学第十册中“奥运会”一课，书中用条形统计图、扇形统计图和折线统计图三种形式呈现了中国在奥运会的获奖情况。通过对三种统计图的观察，学生们进行讨论交流，并总结出各种统计图的特点。条形统计图的特点是可以看出数量的多少；扇形统计图的特点是可以知道各部分数量与总数之间的关系；折线统计图的特点是不但可以表示数量的多少，还可以清楚地看出数量的增减变化情况。学生掌握了统计图的特点，就会根据问题选择合适的统计图。

4. 引导学生运用统计知识解决实际问题

由于第二学段学生的抽象思维得到了逐步发展，对知识的迁移能力也不断提高，所以他们更关注用统计知识解决实际问题。教师在教学过程中，应该注重引导学生多将知识运用到实际问题的解决中，这样可以激发学生学习的兴趣，有利于学生统计思维的发展。

例如，让学生统计一下学校中患有近视的学生的人数。通过统计可以发现现在学校中患有近视的学生人数很多，学生们通过分析得出：之所以有这种现象是因为学生不注重用眼卫生。此统计活动也提醒了学生要注意保护眼睛。

第三节 概率的教学

一、概念描述

（一）随机现象

随机现象是概率论的基本概念之一，是指在一次实验或观测中，其结果有多种可能，事先无法精确判定究竟发生哪一种结果的现象。随机现象的本质特点是通过大量的实验和多次的观测以后，就其整体来看，将出现严格的非偶然的规律性。概率论的目的就是从数量方面去研究这些规律性。例如，观测某城市近郊公路上汽车的流量，在不同日期的相同单位时间内，通过的汽车数量是预先不能确定的，这种现象就是随机现象。但经过多次的观测，该城市近郊公路上在单位时间内汽车的流量总是在某一个常数附近摆动的。随机现象可有数量的表现（如学生的身高、体重），也可有非数量的表现（如学生的智力及思想品德情况）。后者必须经过量化（如智力用智商表示，思想品德可按某些标准评分）才适用概率统计的方法去研究。

小学数学教材中并没有明确给出随机现象的定义，而是一方面通过一些具体情境，让

学生感受简单的随机现象，并列出简单的随机现象中所有可能发生的结果；另一方面通过实验、游戏等活动，让学生感受随机现象结果发生的可能性大小，并对一些简单的随机现象发生的可能性大小用数据做出定性描述。

（二）频率

设随机事件 A 在 n 次实验中发生了 n_A 次，则称 n_A 是 A 在 n 次实验中发生的频数，称比值 $\frac{n_A}{n}$ 为 A 在这 n 次实验中发生的频率，记作 $f(A)=\frac{n_A}{n}$。当重复实验的次数 n 逐渐增大时，频率呈现出稳定性，逐渐稳定于某个常数，这个常数就是事件 A 发生的概率。

小学教材中没有出现频率的概念，但是在可能性的学习中通过一些实例让学生感受数据的随机性并初步感受当实验次数趋于无穷大时，频率将趋于一个稳定的值，这个稳定的值就是概率。

（三）概率

概率，亦称或然率，是概率论的基本概念之一。随机事件发生可能性的大小的数字度量，称为随机事件的概率。小学数学教材中没有出现概率的定义，而是用可能性来学习概率的知识。

二、概念解读

如同统计学本体知识缺失一样，对于多数小学数学教师来说，概率论本体知识缺失也同样存在。概率论是对随机现象统计规律演绎的研究，随机现象的普遍存在使得概率论与统计学有着广泛的应用。

（一）随机现象

随机现象最早起源于赌博。在 16 世纪时，欧洲许多国家贵族之间盛行赌博之风。掷骰子是他们常用的一种赌博方式。骰子的形状为小立方体，当它被掷到桌面上时，1～6 点中任何一个点朝上的可能性都有，事先无法判定会出现哪种结果。这种随机现象引发了很多数学家对赌博问题的研究，从而产生了概率论。随着科学的发展，人们注意到很多社会现象都与赌博这种机会游戏相似，因此概率论被应用到多个领域中，同时也大大推动了概率论本身的发展。

随机现象是概率论的一个基本概念，即人们常说的偶然现象——在一定条件下，并不总是出现相同结果的现象。因此，随机现象的结果至少有 2 个；至于哪一个出现，事先并不知道。例如，投掷一个硬币，可能正面朝上，也可能反面朝上；从含有 5 件次品的一批产品中任意抽出 3 件，取到次品的件数可能是 0、1、2 或 3。

但是，随机现象从数据方面去研究有其规律性。人们通常通过随机实验来研究随机现象。实验可以在相同条件下重复进行。对于相同事情每次收集到的数据可能是不同的，但只要有足够的数据就可能从中发现规律。如一名学生记录了自己一周内每天上学途中所用的时间，精确到分后，发现每天所用的时间是不一样的，从而体会到了数据的随机性。同时，这名学生感悟到虽然数据是随机的，但所需的时间具有稳定性。

在小学阶段仅仅学习概率论的最基本知识，渗透随机观念是学习概率论的核心目标。学生对随机观念的认识表现为两个方面：对随机现象本体的认识；应用随机观念解释自然、社会现象，解决实际问题的应用意识。后者是数学应用意识的一个组成部分，需要通过课堂中大量实例的示范和学生的亲身实践逐步形成，这对我们的课堂教学提出新的要求。

（二）频率

频率和概率之间有着密切的联系，但又是不完全相同的两个概念，通过大量重复实验可以用频率估计概率。在小学关于概率的学习主要是通过可能性的知识展开，并且从定性和定量两个角度刻画概率。虽然课程标准和教材没有将频率作为必须学习的内容，然而却有一些实践性的操作活动渗透着频率的知识。

例如，课堂上老师经常让学生做掷硬币的实验。很多数学家也做过投掷硬币用频率检测概率的实验，表 11－3 是一些数据：

表 11－3　　**投掷硬币实验数据**

数学家	投掷次数	正面出现次数	概率
摩根	2 049	1 061	0.519 1
浦丰	4 040	2 049	0.506 9
皮尔逊（第一轮）	12 000	6 019	0.501 6
皮尔逊（第二轮）	24 000	12 012	0.500 5

从实验可以看出，当投掷硬币的次数逐渐增大时，频率确实总在 0.5 附近摆动，并且逐渐稳定于 0.5。这些实验表明，利用频率刻画概率是合适的。

（三）概率

小学数学中的概率有两种定义方式：一种是理论概率，另一种是实验概率。

1. 理论概率

许多随机现象，可以从理论上进行分析，对相应的事件指定一个合理的概率，表示其发生的可能性的大小。

（1）古典概率。

古典概率，是人们最早讨论的随机事件的概率，它建筑在“等可能性”的基础上。

例如，丢一个硬币，可以讨论国徽面向上或向下的随机现象。由于硬币的制造比较规整，两种情形发生的可能性理论上可以认为是相同的，于是确定它们发生的概率各为$\frac{1}{2}$。掷一颗正六面体的骰子，出现各个面的可能性是相等的，于是规定它们发生的概率都是$\frac{1}{6}$。

这是我们从理论上分析之后的规定，所以称为理论概率。一般地，如果一个实验满足以下两条则可称为古典实验：

1）实验只有有限个基本结果；

2）实验的每个基本结果出现的可能性是一样的。

古典实验中的事件 A，它的概率定义为：$P(\mathrm{A})=\frac{m}{n}$。其中，$n$ 表示该实验中所有可能出现的基本结果的总数目，m 表示事件 A 包含的实验基本结果数。

这是 19 世纪法国数学家拉普拉斯首先给出的概率定义，现在称之为概率的古典定义。等可能现象在日常生活中非常普遍。如下的问题就是可以用古典概率加以分析的随机现象：

足球比赛开始时，挑选进攻的方向，就用丢硬币的方法挑选。裁判丢硬币，对甲乙双方都一样，公平机会都是二分之一。

某种彩票设置了一个特等奖号码。每个买彩票的人都有一个号码，中特等奖的可能性是一样的。假设有一百万张不同的彩票，那么每张彩票中奖的概率都是一百万分之一。

求解等可能性随机现象的古典概率问题非常复杂而困难，成为数学家研究的对象之一。中学数学中的等可能性概率计算，要用到排列组合知识。至于小学数学中的概率，则只能直接用定义计算，即先把所有可能发生的基本事件总数 n 计算出来，然后再把研究的特定随机事件所涉及的基本事件一一列举出来，统计出数目 m，那么这一事件的概率就是 $\frac{m}{n}$。以下是小学数学教材里有关等可能性计算的问题。

例如，如图 11－11 所示有 10 张卡片，分别写有 0 至 9 十个数字，将它们背面朝上，将卡片洗匀后，任意抽取一张。

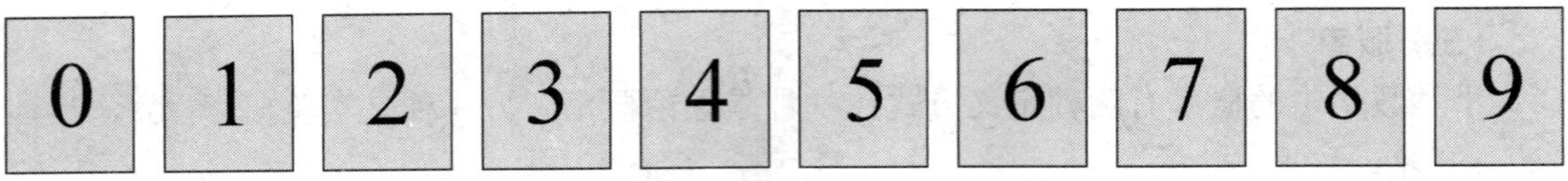

图 11－11　10 张卡片

1）P（抽到数字 9）＝________；

2）P（抽到两位数）＝________，P（抽到一位数）＝________；

3）P（抽到的数大于 6）＝________，P（抽到的数小于 6）＝________；

4）P（抽到奇数）＝________，P（抽到偶数）＝________；

（2）几何概率。

在概率论发展的早期，人们就注意到古典概率仅考虑等可能性是不够的。比如，一个圆形转盘分成若干个扇形，转动指针，指针可以随机地落在某个扇形区域内。那么，指针落在某区域内的概率是多少？

如果将圆形平均分成 n 个扇形，那么落在某一个扇形内的可能性都一样，是等可能问题。但是，如果划分的这些扇形的面积大小不同，那么落在各个扇形内的概率就和该扇形在整个圆内所占的面积比例有关了，这就产生了几何概率。

几何概率的基本思想是把事件与几何区域对应，利用几何区域的度量来计算事件发生的概率。假设区域 S 以及其中任何可能出现的小区域 A 都是可以度量的，其度量的大小分别用 m（S）和 m（A）表示。如一维空间的长度、二维空间的面积、三维空间的体积等。事件 A 发生的概率定义为：

$$P(\mathrm{A})=\frac{m(\mathrm{A})}{m(\mathrm{S})}$$

这样计算的概率称为几何概率。

在中小学数学中，几何概率的大小取决于面积大小，即事件发生的概率等于此事件所有可能结果所组成的图形的面积除以所有可能结果所组成的图形的面积。

2. 实验概率：概率的统计定义

等可能性的随机现象，人们比较容易理解。但是，古典概率和几何概率，无法解释许多随机现象。

例如，初生婴儿的性别是随机的，凭经验来讲，一般是男女各半，但究竟男女性别发生的概率是不是$\frac{1}{2}$，还得靠统计数据来得出定论。至于通常所说的“明天降水的概率是 90%”，我们是根据过去的气象数据推断出来的，并不是等可能性问题。我们说，本校小学生戴眼镜的概率是$\frac{1}{7}$，那也是根据调查得来的数据所得出的结论，也和等可能性的理论分析无关。

随着经验的积累，人们逐渐认识到，在做大量重复实验时，随着实验次数的增加，一个事件出现的频率总在一个固定数的附近摆动，显示出一定的稳定性。于是，我们就有了概率的统计定义：在一定条件下，重复做 n 次实验，n_{A} 为 n 次实验中事件 A 发生的次数，如果随着 n 逐渐增大，频率$\frac{n_{\mathrm{A}}}{n}$逐渐稳定在某一数值 p 附近，则数值 p 称为事件 A 在该条件下发生的概率，记作 P（A）$=p$。

从概率的统计定义可以看到，数值 p 就是在该条件下刻画事件 A 发生可能性大小的一个数量指标。

那么，等可能性现象的古典概率定义能否用概率的统计定义来解释呢？运用大数定律是可以将两者统一起来的。这就是说，通过很大数量的实验，会显示出事件发生的频率越来越接近一个客观的数字：该事件的概率。以掷硬币为例，我们已经从理论上认定国徽向上或者向下的概率各为$\frac{1}{2}$。那么我们用概率的统计定义进行实验，就会看到，实验次数越多，国徽向上的频率就越接近$\frac{1}{2}$。

三、教学建议

学生对随机现象本体知识的认识，可分为五个层次：(1) 理解确定事件和不确定事件的基本概念，能够辨别一个事件是不是确定事件；(2) 粗略地感知不确定事件发生的可能性是有大小的；(3) 不确定事件发生的可能性大小可以用数量刻画，这个数量可以通过实验的方式或计算的方式得到；(4) 理解不确定事件发生的实验频率与理论概率存在偏差，而且偏差的存在是正常的、经常的；(5) 理解模拟实验或随机抽样结果的随机性可以用来解决实际问题。这五个层次是逐层提高的，低层次是高层次的基础，在教学中不宜逾越。在小学阶段主要侧重于第1～3层次。如新世纪版小学数学教材关于“摸球游戏”在不同年龄段的教学要求分别如下：二年级（上），通过体验确定事件与不确定事件，会用“一定、不可能、可能”描述事件发生的可能性，为第1层次。三年级（上），通过实验知道不确定事件发生的可能性有大小，会用“一定、可能、很少、偶尔、经常、可能性大、可能性很大、不可能”等词描述事件发生的可能性，为第2层次。三年级（下），能列出简单实验所有可能发生的结果，五年级（上），用0、1和真分数表示事件发生的可能性大小，为第3层次。

第一学段中概率内容的教学要求是：初步感受事件发生的不确定性和可能性。在教学中，教师应注重借助日常生活中的例子，让学生对不确定性和可能性有直观感受。对第二学段概率内容的教学要求是：进一步体会事件发生可能性的含义，并能计算一些简单事件发生的可能性。在教学中，教师应对两个学段概率内容有不同的要求，因此，教学策略也应该有所不同。

（一）第一学段的教学建议

1. 引导学生亲自体验事件发生的随机性

在现实生活中存在着大量的确定现象和不确定现象，学生们在成长过程中已经有了朦胧的随机直觉，但是要想引导学生把头脑中原有的、朦胧的随机直觉转变为科学的随机思想，就需要教师引导学生亲临原始的随机环境，让学生亲自体验事件发生的随机性。在教学中，教师可以让学生说一说哪些事情一定能发生，哪些事情有可能发生，哪些事情绝对不可能发生。或者教师举例子让学生做出判断，如教师说“在夏天有可能下雪”，让学生判断正误，使学生体会事件的随机性。

2. 注重在活动中体会可能性大小及等可能性

在学生已经知道事件发生具有随机性的基础上，进而让学生体会可能性大小及等可能性时，教师需要组织学生开展一系列的活动，让学生在具体的活动中去体会，由于第一学段的学生都具有好动的特点，此时，在活动中进行教学可以很好地激发学生的兴趣。在此之前，学生对可能性大小的认识大多是凭借经验的模糊印象给出的预测，但是由于学生的经验有限，所以对可能性以及等可能性的认识也不是很清晰。此时，教师应该让学生在具体的操作活动中去体会可能性的大小以及等可能性。例如，对等可能性的认识，可以通过抛硬币游戏来进行教学。可以让学生多次重复抛硬币，并记录正面朝上和反面朝上的次数，多次实验后发现，正面朝上的次数和反面朝上的次数接近，因而，可以体验到这两者发生的可能性是一样的。

（二）第二学段的教学建议

1. 鼓励学生设计公平的游戏规则

游戏对于每一个学生来说都很有吸引力，将游戏引入课堂无疑会增添很多乐趣，同时，也会激发学生的好奇心和求知欲。所以，在第二学段的概率知识的教学中，教师可以在课堂上组织很多游戏，但是需要学生利用所学知识设计游戏方案和规则。通过对“游戏公平”一课的学习，学生可以知道只有做到每种事件发生的可能性相等才能保证游戏公平，所以学生可以自己设计公平的游戏规则来开展游戏。这样不但可以巩固学生课上所学知识，还可以激发学生学习概率的兴趣。

2. 让学生亲身经历实验

小学生学习概率知识，要让学生充分感受体验以下几点：充分感受不确定事件发生的可能性是有大小的；充分体验不确定事件发生的可能性大小可以用数量来刻画；充分体验某一事件发生的可能性与该事件及所有事件的多少有关，用实验来验证时，随着实验次数的增多，其发生的可能性大小会稳定在某一个数的附近。如果离开学生亲身经历过的实验，上述感受就不会充分。我们知道，对于古典概型中等可能性事件发生的概率是可以通过计算的方法求得的，也可以通过反复实验得到的百分比（或称频率）来刻画。学生通过实验，可以验证等可能性事件的概率，也加深了对概率的理解。对于非等可能性事件，用计算的方法求概率就会很困难，我们可用实验的方式。如图钉按某一种方式扔出，钉尖朝上的可能性大小，就只能用实验的方法来确定。实验还能为中学阶段学习用实验的方法解决实际问题打下良好的基础。

3. 注重培养学生运用知识解决实际问题的能力

第二学段概率知识的教学重点是让学生通过各种事件发生的可能性大小来判断事情的公平性。由于概率知识源于生活，也必将运用于生活，所以在教学中，教师应该鼓励学生将所学知识运用到社会问题的解决上。例如，当今社会上流行各种抽奖活动，老师可以以摸奖盘为例，由于每种情况发生的可能性不同，所以，此游戏是不公平的。由摸奖盘可以推知社会中流行的抽奖活动多是不公平的。

思考题

1. 在“统计与概率”的教学中，应如何帮助学生逐渐树立起数据分析观念？
2. 在小学阶段主要学习哪些统计图？
3. 举例说明如何理解概率的统计定义。
4. 简述统计与概率之间的联系。

参考文献

[1] 吴正宪，刘劲苓，刘克臣．小学数学教学基本概念解读．北京：教育科学出版社，2014.

[2] 史宁中．义务教育数学课程标准（2011 年版）解读．北京：北京师范大学出版

社，2012.

［3］中华人民共和国教育部. 义务教育数学课程标准（2011年版）. 北京：北京师范大学出版社，2012.

［4］张奠宙，孔凡哲，黄建弘，等. 小学数学研究. 北京：高等教育出版社，2009.

［5］胡赵云. 关于《统计与概率》的教学价值与实践思考. 教学月刊（小学版），2008（5）.

［6］杨井华. 小学统计与概率课程的教育价值. 吉林教育·综合，2013（11）.

［7］巩子坤，宋乃庆.“统计与概率”的教学：反思与建议. 人民教育，2006（21）.

［8］史宁中，张丹，赵迪. “数据分析观念”的内涵及教学建议. 课程·教材·教法，2008（6）.

［9］周伟声，刘燕.“复式折线统计图”教学实录与评析. 小学数学教育，2015（10）.

［10］许贻亮，卓和平，许长华. “可能性的大小”教学实录与评析. 小学数学教育，2012（1）.

第十二章

综合与实践的教学

内容提要

综合与实践是小学数学课程的重要内容。这部分内容不是属于某个知识领域，而是属于数学实践的范畴，要求学生综合运用“数与代数”“图形与几何”“统计与概率”的有关知识去解决实际问题，在自主参与的学习活动中积累数学活动经验，培养应用意识和创新意识。综合与实践给学生提供了学习数学、理解数学、应用数学的机会，帮助学生认识数学与生活、数学与其他学科的关系，学会数学地思考问题。本章讨论综合与实践的教育价值、学习特点、培养策略、教学原则并结合具体的案例阐述综合与实践的教学活动。

第一节　综合与实践的教育价值

综合与实践这一课程内容，是在吸收与借鉴主体教育理论、建构主义理论，总结国内外数学课程与教学改革的经验基础上设置的，反映了国际数学教育改革的趋势，体现了我国数学课程与教学改革的要求。

一、走进数学课程的综合与实践

1909 年，杜威在美国科学进步联合会的发言中第一次提出探究学习方法①，认为科学教育不仅仅是要让学生学习大量的知识，更重要的是要让学生学习科学研究的过程与方法。所谓探究，就是指学生要进行多层面的活动，包括观察，提出问题，查阅书籍与资料，制订研究计划，评价已有的结论，收集分析数据，解释预测结果等。20 世纪 50 年代以后，探究学习方法越来越被人们所接受，在许多国家和地区引起了教学方式的革命。到

① 马云鹏. 小学数学教学论（第 2 版）. 北京：人民教育出版社，2006：454-455.

20世纪80年代，问题解决成为中小学数学教育的核心口号，数学教学中广泛开展了以问题解决为核心的数学实践活动并一直延续到今天。

2010年美国颁布的《美国州共同核心数学标准》强调，所有学生都必须发展数学实践能力，如问题解决、关联建立、数学表征、数学建模等。2011年澳大利亚颁布了全国统一的数学课程标准，其中也强调数学理解、数学应用的内容，希望学生在问题解决中应用数学策略做出明智的决定，能够应对相似的或陌生的环境中的数学问题。日本2011年开始实施的《中小学数学学习指导要领》增设了贯穿各年级的数学活动领域，让学生感受数学的含义，提高判断力、思考力、表现力，将数学学习内容与日常生活、其他学科相联系，理解数学方法，学习运用数学思维，体会数学的有用性，感受数学活动的意义和乐趣，培训学生的创造性和应用能力。可见，问题解决与综合应用已成为发达国家数学教育的共识，培养学生的综合应用与实践能力已成为数学课程的重要目标和基本要求。

我国的数学教育经过二十多年的改革与发展，与国际数学教育进行了广泛的合作与交流，数学教育的观念和内容已经发生了深刻的变化。2000年颁布的《数学教学大纲》对实践活动做出了具体要求：结合学生的年龄特征和所学的知识，每学期至少安排一次实践活动；低年级结合学生的生活实际，高年级结合学生的生活实际和简单的社会问题进行安排，使他们有更多的机会从周围熟悉的事物中学习数学和理解数学。该大纲首次明确了小学数学实践活动的意义、目的、特点、内容和方法。

2001年制定的《课程标准（实验稿）》将实践活动扩展为实践与综合应用，并列为四个学习领域之一。实验稿标准指出，有效的数学学习活动不能单纯地依赖模仿与记忆，动手实践、自助探索与合作交流是学生学习数学的重要方式。实践与综合应用在各学段有不同的表述，第一学段（1～3年级）称之为实践活动，第二学段（4～6年级）称之为综合应用，第三学段（7～9年级）称之为课题学习，并且还对各学段数学实践的内容、形式、要求、方法和评价做出了明确的规定。

《课程标准（2011年版）》将实践与综合应用修订为“综合与实践”，仍将其作为四个学习领域之一。2011年版标准指出，综合与实践是积累数学活动经验的重要载体，它有别于学习具体知识的探索活动，更有别于课堂上教师的直接讲授，它是教师通过问题引领、学生全程参与、实践过程相对完整的学习活动。教师在学生经历具体问题解决的过程中，引导学生体验如何发现问题，如何选择适合自己完成的问题，如何把实际问题变成数学问题，如何设计解决问题的方案，如何选择合作的伙伴，如何有效地呈现实践的成果，让别人体会自己成果的价值，逐步积累运用数学解决问题的经验。综合与实践的教学，重在实践，重在综合。重在实践指的是注重学生自主参与、全过程参与，重视学生积极地动脑、动手、动口；重在综合指的是注重数学与生活实际、数学与其他学科、数学内部知识之间的联系和综合应用。综合与实践的教学应当保证每学期至少一次，可以在课堂上完成，也可以以课内外相结合的形式完成，提倡把这种教学形式体现在日常教学活动中。2011年版标准还对综合与实践的内容、形式、组织、教材编写、资源开发等多个方面给出了更加细致的解释和指导。

二、综合与实践的教育价值

1. 数学的学科性质要求重视综合与实践

数学是研究数量关系和空间形式的科学，来源于现实又应用于现实。数学不仅包括知识、技能与方法，还包括数学与现实的联系、现实问题数学化、问题解决等。如果数学课程忽视了数学与现实生活的联系，局限于人为编造的不真实的问题，那就势必造成学生死记公式、机械模仿，学生不会应用也就更谈不上创新了。在具体的知识领域之外设置综合与应用，其目的就是增强学生联系生活、联系现实的机会，使得数与代数、图形与几何、统计与概率的知识相互联系、综合应用，让学生在真实的实践活动中学习数学、体会数学、理解数学、创造数学。

2. 数学认知过程需要重视综合与实践

数学学习根本上是学生建构自己的数学知识的过程，具有主动性、社会性和情境性。尤其对于小学生来说，数学学习就是自主探索生活中的数学问题，将自己的知识经验数学化、系统化的过程。因此，数学课程与教学就要关注学生的数学建构过程，从传授知识的权威模式转向引导学生学习动机的实践模式，创设与小学生的生活、知识、经验密切联系的，同时又是小学生感兴趣的学习情境，让他们在观察、实验、猜想、推理、反思、交流、合作中体会数学知识的产生与发展，获得积极的数学活动体验。

3. 培养应用意识与创新意识要求重视综合与实践

在知识快速增长的信息时代，各国教育都重视学生信息处理能力、实践能力、创新能力的培养，并把这些能力作为教育的核心目标之一。综合与实践活动把数学知识与现实生活融合在一起，让学生在真实的问题情景中通过自主探索，收集信息，分析信息，发现问题，解决问题，既增强获取知识的认识能力和创新意识，又增强应用知识的实践能力和应用意识，逐步养成实事求是、独立思考、合作交流、探索创新的科学人文精神。因此，综合与实践是适应时代特点、实现当代教育目标的重要和有效的载体。

三、综合与实践的课程目标

在《课程标准（2011 年版）》中，综合与实践的课程目标包含在数学课程的总体目标和各学段目标之中。

1. 总目标

体会数学知识之间、数学与其他学科之间、数学与生活之间的联系，运用数学的思维方式进行思考，增强发现和提出问题的能力、分析和解决问题的能力。了解数学的价值，提高学习数学的兴趣，增强学好数学的信心，养成良好的学习习惯，形成初步的创新意识和科学态度。

（1）在知识技能方面：积累综合运用数学知识、技能和方法等解决简单问题的数学活动经验。

（2）在数学思考方面：发展合情推理和演绎推理能力，清晰地表达自己的想法。学会独立思考，体会数学的基本思想和思维方式。

（3）在问题解决方面：初步学会从数学的角度发现问题和提出问题，综合运用数学知识解决简单的实际问题，增强应用意识，提高实践能力。获得分析问题和解决问题的一些基本方法，体验解决问题方法的多样性，发展创新意识。学会与他人合作交流，初步形成评价与反思的意识。

（4）在情感态度方面：积极参与数学活动，对数学有好奇心和求知欲。体验获得成功的乐趣，锻炼克服困难的意志。体会数学的特点，了解数学的价值。养成认真勤奋、独立思考、合作交流、反思质疑等学习习惯。形成坚持真理、修正错误、严谨求实的科学态度。

2. 第一学段

在观察、操作等活动中，能提出一些简单的猜想；会独立思考问题，表达自己的想法。

能在教师的指导下，从日常生活中发现和提出简单的数学问题并尝试解决。了解分析问题和解决问题的一些基本方法，知道同一个问题可以有不同的解决方法。体验与他人合作交流解决问题的过程，尝试回顾解决问题的过程。

对身边与数学有关的事物有好奇心，能参与数学活动。在他人帮助下，感受数学活动中的成功，能尝试克服困难。了解数学可以描述生活中的一些现象，感受数学与生活有密切联系。能倾听别人的意见，尝试对别人的想法提出建议，知道应该尊重客观事实。

例：生活中的轴对称图形①。

组织学生分组收集日常生活中常见的图形，如图 12－1 所示。观察它们是否有对称轴，若有对称轴，数出或说出有几条对称轴。尝试画出它们的对称轴。在课堂中展示交流大家的发现，并尝试设计出一些轴对称图形。

图 12－1　生活中对称图形

这个活动基于日常生活，便于学生收集素材，学生容易发现对称图形、轴对称图形、对称轴的意义，在生活现实中感受数学与生活的联系。

由于学生的数学知识和数学活动经验很少，这个看似简单的实践活动需要教师给予基本的指导和帮助，如你收集了几个图形？这些图形是对称的吗？你能解释它为什么是对称的吗？它有几条对称轴？你能给大家演示一下吗？你能画一个对称的图形吗？你能画出它的对称轴吗？通过这样的指导和帮助，让学生学会发现和提出问题，学会分析、解决问题，学会反思，学会与同伴交流、合作。

通过这样的活动，学生不仅可以增强对称图形、对称轴的认识，还可以锻炼数学观察、数学操作、数学思考、数学交流的能力，感受到生活中的数学和数学的美，体会事物

① 中华人民共和国教育部. 义务教育数学课程标准（2011 年版）. 北京：北京师范大学出版社，2012：84-85.

的多样性与本质的同一性之间的关系，感悟数学的特点和价值。

3. 第二学段

在观察、实验、猜想、验证等活动中，发展合情推理能力，能进行有条理的思考，能比较清楚地表达自己思考过程与结果。会独立思考，体会一些数学的基本思想方法。

尝试从日常生活中发现并提出简单的数学问题，并运用一些知识加以解决。能探索分析和解决简单问题的有效方法，了解解决问题方法的多样性。经历与他人合作交流解决问题的过程，尝试解释自己的思考过程。能回顾解决问题的过程，初步判断结果的合理性。

愿意了解社会生活中与数学相关的信息，主动参与数学学习活动。在他人的鼓励和引导下，体验克服困难解决问题的过程，相信自己能够学好数学。认识数学的价值，初步养成乐于思考、勇于质疑、言必有据等良好品质。

例：绘制学校平面图①。

按照确定的比例和方位，绘制校园的平面图，包括围墙、主要建筑、主要活动场所、道路等。

这个活动的目的是让学生通过实际操作，更好地理解位置、方向和比例等基础知识，掌握测量、绘图的方法和技能，提高综合运用知识解决实际问题的能力。

这是一次融合多种知识和技能的综合性实践活动，学生不仅要知道平面图、位置、方位、比例等数学知识，还要熟悉测量工具、画图工具的操作和使用，甚至还要学会使用演示工具。在进行这项活动时，可以采用小组活动的形式，这样既有利于学生统筹思考、合理规划，也有利于学生分工合作、体验协作，发挥每个学生的特长，调动所有学生的参与热情。这项活动比课本上的数学题要复杂得多，它能够丰富学生的数学认识，使他们更好地体会数学与现实的联系，获得更加真实、更加有趣的数学意义，养成善于思考、统筹规划、追求理性的数学意识和科学精神。

第二节　综合与实践的学习特点

综合与实践是学生在教师的指导下，通过问题引领，综合运用数学与其他学科的知识分析、解决问题所经历的相对完整的实践活动。问题解决是综合与实践的核心内容，也是主要的活动形式。

一、问题解决的心理模式

问题是个体想要弄清楚、想要解决但又不易解决的困惑。信息加工理论认为，问题在个体的主观方面就是指问题空间，由三个部分组成：起始状态、目标状态和中间状态。其中，中间状态就是从起始状态向目标状态转化的若干可能途径，问题解决就是从起始状态不断向目标状态逼近，找出合适的途径。当个体经过努力将“未知”变为“已知”时，问

① 中华人民共和国教育部．义务教育数学课程标准（2011年版）．北京：北京师范大学出版社，2012：98.

题就解决了。问题是主动思维的开始，没有问题也就没有主动思维。因此，问题意识不仅包括要去解决问题，还包括发现问题和提出问题，完整的问题意识是发现问题、提出问题、分析问题、解决问题的综合体现。

长期以来，心理学家、教育学家、数学教育学家都对问题解决过程做了大量的研究，归纳出不同的心理模式。对数学教师来说，了解这些模式有助于深入理解问题解决、有针对性地指导学生活动。下面简要介绍一些常用的模式①。

1. 杜威模式

杜威注重个体经验下的行为研究，特别强调感觉的敏锐性、周密性和鉴别的能力。他提出的问题解决模式分为五个阶段。

(1) 感觉疑难——指困惑、挫折感或意识到困难的状态；

(2) 确立问题——确定疑难究竟在什么地方，包括不太具体地指出所追求的目的、需要填补的缺口或要达到的目标；

(3) 提出答案——提出关于问题的种种假设；

(4) 考虑结果——如有必要，连续检验这些假设并对问题重新加以阐述；

(5) 选择解答——验证、证实、驳斥或修正这个假设。

2. 奥苏贝尔模式

奥苏贝尔和鲁滨逊着重于认知结构的各成分在解题过程中的作用，他们提出的问题解决模式分为四个阶段，这一模式如图 12-2 所示：

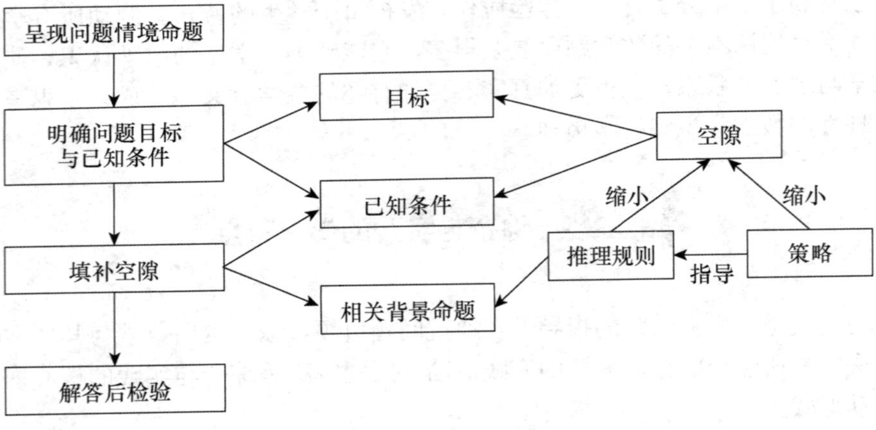

图 12-2　问题解决的奥苏贝尔模式

(1) 呈现问题情境命题。一般是指对问题的全面描述，如果学习者具有相关的背景知识，就容易弄清问题的情境并将其与原有的认知结构相联系，把题意理解清楚。

(2) 明确问题目标与已知条件。对于复杂的问题，全面了解目标与已知条件往往需要反复表征才能实现。

(3) 填补空隙。在填补起始状态与目标状态的空隙过程中，涉及三个重要的要素。一是有关的背景命题，是学习者能够从原有认知结构中提取出的，与要解决的问题有关的概

① 杨庆余. 小学数学课程与教学. 北京：中国人民大学出版社，2010：411-413.

念、事实和知识。二是推理规则，即学习者能够遵循逻辑原则做出正确的推理。三是学习策略，即选择、组合、改变或操作背景命题的一系列措施，用以填补空隙，提高解决问题的效率。

(4) 解答后检验。问题一旦解决，还需要进行一定的检查和回顾，查明推理有无错误、思考过程是否简洁等。

3. 罗斯曼模式

罗斯曼研究了七百多位科学家的创造经验，提出了问题解决的七阶段模式：

(1) 观察疑问。当疑问产生时，意味着问题情境也产生了。当解答疑问的冲动产生时，意味着个体希望实现问题解决，个体就会主动观察这些疑问，试图找到疑问所包含的本质的东西。

(2) 形成问题。一旦个体对疑问的本质有所明了，就有可能产生问题，也就说明个体确立了问题解决的目标。

(3) 调查资料。个体运用已有的认知对相关的信息进行加工，试图逐渐逼近问题目标。

(4) 建立答案。个体找到问题目标的已知结果，这个结果可能是通过假设猜测获得的，也可能是通过推理论证或者实验操作获得的，但无论哪种方式都会形式化地呈现出来。

(5) 考查答案。这一阶段的目的不仅在于检验答案的正确性，还在于检验解答过程的正确性，同时生成新的经验。

(6) 形成新问题。当初始的疑问获得解答后，已形成的经验有可能在新的问题情境下继续产生新的疑问，刺激个体提出新的问题，开始新的问题解决过程。

(7) 检验新观念。在提出问题与解决问题的动态平衡中，个体只要不断地检验新观念，就有可能不断地构建新的认知结构。

4. 波利亚模式

在波利亚看来，问题解决，就是在没有现成的解题方法时寻找一条解题途径，寻求一条绕过障碍的道路。波利亚把数学解题分为四个阶段：

(1) 弄清问题，即理解题意，明确问题的已知与未知。不仅要明白问题所提供的信息，还要主动地将这些信息进行分解、变形、延伸，从而有可能唤起不同的基础知识，确定问题的本质。

(2) 拟订计划，即提出解决问题的假设或猜测，并选择相应的行为策略，获得问题解决的概括性认识。

(3) 实现计划，一旦计划确定，就进入操作阶段，把计划的想法和步骤实现出来。

(4) 回顾，即反思解题过程的每一步，获得更明确、更深入或者更多的解题信息。

弄清问题是解题的基础，拟订计划是发现解法的关键，实现计划需要耐心和细致的工作，回顾可以巩固知识，发展能力，增加解题经验。在整个解题过程中，充满了猜想和验证，“我们必须一再地去试，直到最后我们看出各种缝隙之间的细微差别为止。我们必须多次变更我们的试验，使得我们能探测到问题的各个方面。因为说实话，我们事先并不知道唯一能让我们挤过去的那道缝隙到底在哪一边”①。

① 波利亚. 数学的发现（第2卷）. 呼和浩特：内蒙古人民出版社，1981：115.

二、小学生问题解决的特点

1. 理解题意阶段

理解题意，也称为审题、问题表征，其模式如图 12－3 所示。理解题意的基本要求是明确问题的起始状态和目标状态，关键是通过分析与综合构建恰当的问题空间。在这个阶段，学生易于感知数值表示的信息，而那些不以数值形式呈现的条件和要求则容易被忽视。例如，“照这样计算”“同时同地出发”这样的语句常常被略过，造成题意理解错误。对于复杂的问题情境，学生还容易把问题简单化，缺乏深度表征，使题意理解发生偏差。

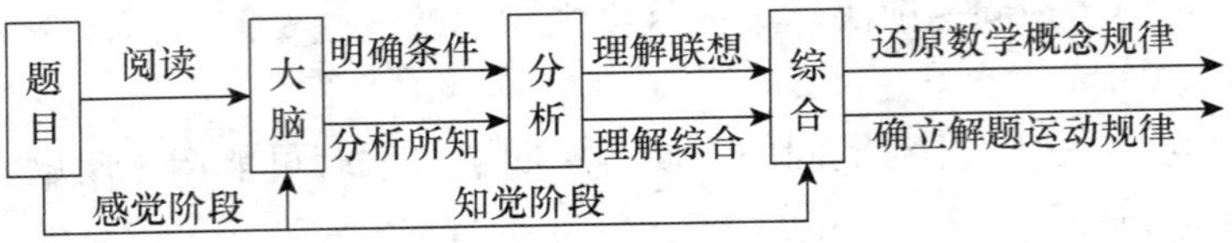

图 12－3　理解问题的模式

2. 设计方案阶段

设计方案是组织问题空间的各种信息，变化问题空间，变换信息表征方式，找出解题思路。不少学生不善于变换问题空间或者信息的表征方式，从而给解题带来困难。

例如：“有 5 筐梨，每筐重量一样，从每筐中拿走 12 千克的梨，剩下的梨的重量正好是原来的两筐梨的重量。每筐梨重多少千克?”这个问题若是拘泥于条件“剩下的梨的重量正好是原来的两筐梨的重量”，思路就会受阻。如果将这个信息变换为“拿走的梨的重量正好是原来（5—2）筐梨的重量”，学生就会一下子找到思路：12×5÷(5—2)＝20（千克）。

3. 执行方案阶段

执行方案是将解题思路转译为算式及其操作的过程。由于思路与运算程序往往不是一一对应的，所以学生常常会在转译时遇到障碍或者出现错误。

4. 评价结果阶段

这个阶段不仅要求学生的思维将运算结果的符号意义转译为问题目标的语言意义，而且还要从问题目标回顾到问题情境，构成一个新的问题空间并将新的问题空间与原问题空间进行对比，从而判断问题解决的正确性、合理性、有效性。这对学生的逻辑推理能力、元认知监控能力都有很高的要求。学生常常因为缺乏监控能力而忽略对解题过程的自觉回顾，也会因为推理能力不足，在检查解题步骤、对比已知条件和解题结果时出现马虎、疏漏、混乱等不良表现。

三、影响问题解决的因素

影响小学生问题解决的因素有很多，有数学问题本身的，有学生发展水平的，还有教师教学能力的。下面是一些比较典型的影响因素。

1. 问题的刺激模式

问题的刺激模式就是我们常说的问题的材料和呈现方式。刺激模式影响学生对问题的理解以及寻找思路的质量和速度。

例如，对于图 12-4 中的两个图形，同样要求求阴影部分的面积。由于前一图形与已有的图式更容易对应，因而也就容易找到计算方法。而对于第二个图形，被知觉的难度要大一些，一部分学生很可能由于不善于变换图形，求解时比较困难。

图 12-4 问题的刺激模式

问题的材料过于复杂、过于烦琐，会增加问题的难度。弗赖登塔尔曾给出一个例子，从中容易体会问题的材料对问题理解的影响。“一个顾客在书店里买了一本书价为 10 先令的书。他付了一张 1 英镑的钞票，一开始书商无零钱可找，只好请隔壁的鞋匠帮忙。而鞋匠刚好给他修好了一双鞋，应收修鞋费 16 先令，可鞋匠原来欠书商 2 先令。结果，书商从鞋匠那儿拿到了 6 先令，加上自己的 4 先令，总共找给顾客 10 先令。下午，鞋匠告诉书商，那 1 英镑的钞票是假的。试问：书商欠鞋匠多少钱？他自己损失了多少钱？”（1 英镑等于 20 先令）。

2. 对问题的表征

问题表征是要形成问题空间，学生应明确问题情境中关键的、有价值的词语所表示的意义，知道这些信息所对应的数学知识，并与相应的已有图式相联系。如果表征不完整、有偏差，就会形成错误的起始状态和目标状态，误导解题思路。

例如：“两只同样大小的量杯中装着同样多的液体。A 杯中装的是蒸馏水，B 杯中装的是糖水。现用一个汤匙从 A 杯中取一匙放入 B 杯，充分搅拌后，再从 B 杯中取同样的一匙放入 A 杯。试问，现在是 A 杯的纯度比 B 杯大？还是反之？”当学生集中注意力去表征“这两个量杯中都分别加入了什么”时，就很可能会产生这样的推理：“从 A 装入 B 的是纯的蒸馏水，而从 B 装入 A 的是含糖的糖水，所以 A 的纯度要比 B 大些”，从而导致错误的问题解决。

3. 定式

在数学问题解决中，定式经常表现为一种习惯性迁移。在许多情况下，定式对学生的问题解决能产生正迁移作用。如果一类问题以前曾遇到多次，并通过某种方法获得解决，那么在下次遇到同类问题时就很可能重复同样的方法获得问题解决。但是，当遇到的问题与以前的问题具有某种相似性但本质不同时，学生就容易忽视两个问题之间的不显著差异，给问题解决带来负迁移作用。

例如：“一幢楼房有 6 层，从下一层到上一层均有 12 级台阶。试问，从一楼到六楼共有多少级台阶？”学生常会脱口说出这样的解答：$12\times6=72$（级）。

此外，常见的题型和算法也容易形成定式，在特定问题中误导题意，产生负迁移。

例如，有的老师经常强调“多了就用加法，少了就用减法”，当学生遇到这样的问题，“一件上装要 465 元，是一条裤子的 3 倍还多 15 元。买这样一套衣服共需多少元？”就容易形成错误的解答：465＋（465＋15）÷3＝625（元）。

4. 语言障碍

对小学生来说，解题困难多是由语言障碍造成的，可能是无法理解个别的语句，或者是曲解了个别的语句。

例如，“将 96 朵小红花和 73 朵小白花分给若干小朋友，要求每个小朋友分得的红花朵数和白花朵数分别相同。每个小朋友各分得几朵花?”学生可能将“分别相同”误解为“分得的红花和白花一样多”，造成失误。

5. 个性特征

学生的情感因素也往往制约问题的解决。小学生容易将注意力集中指向自己熟悉的事物，对不熟悉的事物则回避、忽视或草率判断，使问题表征缺失整体性、准确性。学习态度好、意志坚强、积极追求成功的学生对解决问题更有信心，显示出主动探索的心向。而意志不坚决、没有积极态度的学生往往容易分心、走神，不能有效地表征问题，不能积极地寻找解题思路。

四、综合与实践能力的培养策略

1. 创设自由探究的空间

教师应尽可能地为学生创造宽松、平等的学习空间，让学生充分地自主思考、合作交流，充分地发挥自己的兴趣、想象力和表现能力。给学生充足的时间，不仅是为学生的问题表征提供必要的时间，更重要的是培养学生重视问题的深度表征和深入探索，懂得模型辨识、方法抉择、缜密思考的重要性。教师应鼓励学生的自由想象，宽容想象存在的暂时性的目标转移，打破常规练习形成的定式，提高数学思维和问题解决的灵活性、批判性、创新性。在综合与实践的过程和结果之间，教师更应该关注过程，给学生提供过程的示范和指导，让学生养成数学的思考方式，善于将数学与生活相联系，善于运用数学解决现实问题。

2. 发展问题表征的能力

综合与实践中的问题往往是复杂的，问题的本质及其数学内容隐含在问题情境之中，问题表征就成了问题解决的核心环节。在审题时，教师应指导学生把握有用的信息，排除无关的信息，明确问题的目标是什么，问题的条件是什么，有哪些信息可以利用，还缺少哪些信息，可能通过什么途径来获得，让学生逐步学会恰当地建构问题空间，有效地寻找解题的思路。教师还可以在实践活动前向学生示范一些常用的审题策略，如按基本成分分解问题情境，标记关键词语，关注整体与部分的关系等，帮助学生建立问题表征的基本方法，提高理解题意的效率。

深度表征往往是问题解决的关键，决定着学生能否迅速抓住问题的本质，提取有用的信息，为检索解题方法提供必要条件。引导学生对问题的深度表征，一方面要求教师在平时教学中就注重培养学生深刻理解问题的特征和解题原理的习惯，使学生学会辨析问题的类型、解题的方法，了解解题过程的特点和关键点；另一方面还要求教师在综合与实践活动中，经常引导学生尝试一些基本策略，使学生形成使用策略的意识和习惯。例如，使用原理联想策略，在表征问题的同时，主动联想相关的那些原理，从问题的本质出发来寻找解题的途径和方法；使用模型尝试策略，在表征问题的同时，尝试建立一定的模型，支持认知检索，避免定式的干扰。

3. 鼓励学生大胆假设

假设是问题解决的重要能力。在综合与实践活动中，教师应鼓励学生主动地、大胆地进行假设，在已有知识经验和认知基础上进行探索性试误，为获得解题思路创造条件。比如，教师可以经常问学生这样的问题：你还可能知道什么？你估计是什么情况？大概会发生什么事情？这个问题还可以怎么想？可能提出什么问题？教师还要引导学生多角度思考问题，突破问题情境的条件和约束，从更多的角度、更加开放的视角寻找到问题解决的思路和方法。

4. 逐步发展形式化能力

形式化能力就是运用算式、图形、符号、模型等抽象工具进行思考和问题解决的能力。在综合与实践活动中，教师可以从学生熟悉的、感兴趣的问题情境出发，逐步开展形式化训练。在表征问题时，引导学生抓住问题的数学本质，摆脱情境的细节，有效地抽取问题所含的数量信息与数量关系。在设计方案阶段，引导学生积极变换表征方式，善于使用数学模型，学会在数学思想方法的指导下进行推理和演算。

第三节　综合与实践的教学和评价

开展综合与实践活动，同样要经历设计、实施和评价等教学环节。但是，由于综合与实践的特殊性，其设计、实施和评价都与其他课程内容的教学有很大不同。下面重点讨论综合与实践活动的内容分析、教学环节和评价，在教学中应引起重视。

一、综合与实践的内容分析

根据小学生的年龄特点和认知发展水平的差异，综合与实践在不同学段有不同的形态，第一学段以实践活动为主，第二学段在实践活动的基础上向问题解决与综合应用发展。

1. 实践活动的内容分析

实践活动是小学低年级综合与实践的主要形式，《课程标准（2011 年版）》对其有如下描述：

（1）通过实践活动，感受数学在日常生活中的作用，体验运用所学的知识和方法解决简单问题的过程，获得初步的数学活动经验。

（2）在实践活动中，了解要解决的问题和解决问题的办法。

（3）经历实践操作的过程，进一步理解所学的内容。

实践活动强调“感受”“操作”“体验”“经历”，着重让学生获得数学活动经验，了解简单的问题解决，理解所学的数学知识，而不是着重追求数学推理、解题过程的合理性和严密性。实践活动的内容一般比较简单，通常与日常生活、与学生的数学现实相联系，知识量少，计算简短，操作相对容易，便于学生参与进来，自主发现问题、提出问题，体验数学的意义和数学活动的过程。

例如：上学时间。让学生记录自己在一个星期内每天上学途中所需要的时间，并从这些数据中发现有用的信息。

这个活动就适合低年级的学生，每天上学是学生的日常行为，记录时间是学生的能力所及，学生在记录上学时间的过程中能够切实地感受到时间的概念和意义，而且在经历读取数据、记录数据、描述数据、分析数据的过程中，能够感悟到数据的特征，发现上学行程中的时间问题，并结合实际情况提出一些处理时间问题的想法。

这个活动是以时间为内容的综合性活动，并不仅仅涉及统计知识，还需要学生熟悉测量时间的工具，掌握记录时间的方式或格式，选择合适的记录方式，确定记录的起始时段，做出合适的活动方案。在活动过程中，学生不仅进一步理解了所学的统计知识，而且还积累了统计活动的经验，感受到统计在日常生活中的作用，逐步养成认真做事、持之以恒的习惯。

2. 综合应用的内容分析

《课程标准（2011 年版）》对第二学段的综合与实践内容有如下描述：

（1）经历有目的、有计划、有步骤、有合作的实践活动。

（2）结合实际情境，体验发现和提出问题、分析和解决问题的过程。

（3）在给定的目标下，感受针对具体问题提出设计思路、制定简单的方案解决问题的过程。

（4）通过应用和反思，进一步理解所用的知识和方法，了解所学知识之间的联系，获得数学活动经验。

综合应用的内容在复杂性和综合性上比实践活动有所提高，包含更多的数学知识和数学思维；强调经历有目的、有计划的活动，在具体的问题中提出解决思路，制定解决方案，体验问题解决的全过程，体会科学活动的合理性和正确性；注重反思能力，注重交流与合作，深化数学与现实生活的联系，体会数学思想方法，获得更加丰富多样的活动经验。

例如：旅游计划——某人计划用 5 天时间外出旅游，所需费用大概是多少？

这是一个开放性问题，对第二学段的学生更具有现实意义。学生经历这样的综合应用活动，会调动各种数学知识和生活经验，在经历调查、分析、估测、解释等问题解决过程之后，能更好地体会分类、统计、优化等思想方法，提高数据分析观念和推理能力，也能够进一步发展数学应用的意识，养成理性对待生活的观念。

综合应用的活动内容比较广泛，在内容选择上通常与其他学科、社会现象相联系，以便学生拓宽视野，养成综合应用知识解决现实问题的习惯。问题的选择不仅要考虑学生的兴趣和认知能力，还要考虑不同层次的学生、不同地区的学生的实际情况，既要有环保问题、节能问题、通信问题这样的普遍性问题，也要有农村发展问题、城市建设问题这样的专门化问题。在综合应用的活动过程中，学生的切入点、研究方法、收集资料的途径、表达问题的方式都可能存在差异，解决问题的方案也可能不止一个，教师应保持一定的灵活性，让学生体会不同的解题策略，积累多方面的数学活动经验，不宜用统一的、固定的要求约束学生的思维。

二、综合与实践活动的教学环节

根据活动内容及其任务的复杂程度，综合与实践的教学环节有所不同，教师应根据学生的年龄特点、认知水平和学段目标设计合适的教学环节。

1. 较为简单的综合与实践活动

收集图形、记录时间、制作模型、搭积木等，都是较为简单的综合与实践活动。这类活动的主要教学环节是：明确任务，准备资源，实践活动，交流评价。

明确任务，包括确定活动的内容和目标。内容的选择与确定应根据课程计划和学生的认知发展水平，结合学生的现实生活，选择学生感兴趣的、易于操作的，又能与数学知识有机联系起来的素材和活动。内容的选择要尊重学生的主体性，保证学生能够主动地参与进来。活动的目标不宜太具体，太具体的目标容易限制学生的思维，影响多数学生的兴趣和交流，但也不能太空泛，太空泛的目标容易脱离具体内容，缺失数学课程的应有意义。

准备资源，是指对活动需要的主要材料和基本信息进行收集、整理或者给学生提出一定的准备要求。由于小学生年龄小，活动的材料一般由老师来准备。如果确需学生收集、采集或制作，则应符合学生的能力水平，不可要求学生做过于复杂、过于沉重或者有危险的准备工作。活动信息的准备可以由教师完成也可以由学生完成。若由学生完成，教师应给予一定的指导，让学生明确收集什么样的信息，可以从哪里收集，怎么收集等。

实践活动，既是学生自主活动的过程，也是教师指导学生活动的过程。学生自主活动通常先后经历确认主题、方案设计、自主探索、结果表述等环节，是一次较为完整的探究过程，其中，确认主题是要明确本次活动的目的、任务以及现有的材料，以便集中精力围绕问题开展活动；方案设计是对本次活动的规划，即打算做什么、怎么做，一般由学生个人或小组成员讨论确定，在实践活动中也将逐步修改和完善。在学生自主探索中，教师不仅是一个平等的参与者，还是一个有经验的咨询者、帮助者，必要的时候还可以提供一定的指导，比如明确活动的主题，示范操作规范，提供必要的图、表、方法、思路，建议结果的报告方式等。

交流评价，应以学生自我反思、自我评价为主，可以在小组内进行，也可以在小组之间进行。教师作为交流评价的辅助者，旨在引导、帮助学生围绕目标和任务开展交流活动。如果是教师评价为主，则多用肯定、鼓励的方式，以积极的发展性评价改进学生的学习方式和学习态度。

例：“1亿有多大”（见图12－5）。

（1）明确任务。

“1亿有多大”是人教版数学教科书（2014）四年级上册的内容，安排在“大数的认识”单元之后。这个内容的教学，让学生利用身边可能得到的材料，通过测量、计算等操

图 12－5　“1 亿有多大”的教材页面

作感受 1 亿的大小，丰富对大数的感性认识，同时经历课题研究的简单过程，培养探究的习惯。

教材给出的活动过程（见图 12－5），是这次活动过程的示范，即确认主题（我们来看看 1 亿张纸摞起来有多高吧?）——方案设计（可以先量出 100 张纸的厚度）——自主探索（100 张高 1 厘米。那 10 000 张纸有多厚呢？这样算下去……）——结果表述（大约有 1 万米高呢！比珠穆朗玛峰还高）。实践活动的内容记录在表格中，表格是学生活动的辅助材料，表格记录的内容也是最后汇报交流的主要内容。

教材给出的活动内容符合学生的数学现实，容易引起学生的兴趣。教师可以由此引导学生进入实践活动，并在此基础上引导学生开展更广泛的思考，寻找自己的计算材料和计算方法，从更多的方面感悟 1 亿的大小。

因此，本次活动的目标是让学生在计算 1 亿张纸摞起来有多高的过程中感受 1 亿的大小，在自己的生活世界里发现 1 亿的现实意义，发展发现问题、提出问题的能力，培养合作、交流的习惯。本次活动的内容主要有两项：一是教师给出1亿张纸摞起来有多高的问题，引导学生思考如何测量、如何计算，按小组各自计算并汇报，让学生经历一次思考、计算、记录的过程，积累探索活动的直接经验；二是教师引导学生自己提出1亿有多大的问题，按小组讨论、计算、记录，并向全班汇报计算的材料、步骤和结论，与同学们交流自己的感受。

(2) 准备资源。

学生除了在教师的引导下测量10张或100张纸外，还需要测量自己选择的生活材料，因此教师不仅要准备测量纸张的直尺，还要根据教学经验，准备学生可能用到的量器，如学生可能会想到"1亿个小朋友有多高""1亿本书的面积有多大""1亿粒米有多重""1亿个字要写多长"，教师就要准备好米尺、弹簧秤等工具，甚至准备计算器以方便计算。另外，记录表可以单独印制出来，分发给每个小组，方便学生记录自己的结果和讨论意见。

(3) 实践活动。

课堂实践分为两个阶段。第一阶段，学生在教师的指导下明确活动的四个环节，明确各环节的任务，学会使用记录表，体验合作与交流；第二阶段，学生在教师的指导和参与中，自主开展探索活动，并向全班汇报小组的探索思路和结论。

(4) 交流评价。

交流评价与小组汇报交叉进行，每个小组汇报完毕，教师引导其他学生对该小组的汇报进行提问或点评，小组成员则给予回答。为了激发学生的交流和提问，教师可以把各小组的探索主题和结论列在黑板上，方便其他学生观察和比较。教师应适时参与学生的提问和点评，适时引申学生的回答和反思，提升学生对大数的认识，肯定其探索兴趣，鼓励其探索精神，提升这次活动的内涵和收益。

2. 较为复杂的综合与实践活动

较为复杂的综合与实践活动的方式和指向不是太明确，学生在活动中有较大的自主性和灵活性，如数学问题研究、手绘地图、旅行计划等。主要教学环节有：介绍范例—确定专题—制订计划—实施研究—展示结果—交流评价。

介绍范例，就是向学生介绍有关的活动案例，让学生熟悉活动的过程、环节和方法，以便尽快地熟悉活动要求。如果学生已经有了这种活动的经验，这个环节可以省略。

确定专题，旨在为学生提供活动的基本背景，让学生明确所要研究的课题。活动的背景和材料一般由教师提供，而研究课题可以由教师提出，也可以由学生提出。

制订计划，即在教师的参与和帮助下，让学生制订活动计划，明确活动的内容和目标，选择活动的方法和策略等。活动计划一般是通过小组充分交流和论证之后确定下来的。

实施研究，一般由学生自主完成，但教师要给学生充足的时间并对学生探索中的调查、计算、操作给予指导，甚至对有效使用资源的方法、人与人的交往礼节也要给予一定的指导。

展示结果，鼓励学生运用多种方式表达自己的研究结论，如图、表、文字、算式、模型、展板、贴纸等，在条件允许的情况下，教师也可以参与进来，和学生一起设计结果展示的方式和效果。

交流评价，组织学生对个人或小组展示的结果进行分析和评价，引导学生反思探索的过程，体会解决问题的乐趣，与别人分享研究成果和情感经历。

根据研究内容和研究任务的不同，较为复杂的综合与实践活动可以安排在课上进行，也可以课上课下相互配合进行。下面提供两个案例，第一个是课上进行的，第二个是课下进行的。

例：包装的学问①。

“长方体和正方体的表面积”是人教版（2014）五年级下册的学习内容。学生学完本节内容后，掌握了长方体、正方体的特征，能准确计算出单一长方体或正方体的棱长和表面积，并且在生活经验的引导下，对于几个相同的长方体或正方体组合成的新的几何体，能够想象表面积发生的变化，计算出新的几何体的表面积。但对于表面积的生活意义以及较为复杂的组合体表面积，学生还缺少现实经验，不能自觉地把数学知识与现实生活联系起来，难以正确表征表面积的变化，难以深刻认识表面积在生活中的应用。因此，拓展学生对表面积的认识，通过教师引导下的操作、观察、计算、比较等活动，学生才能更好地体会复杂几何体的组合及其表面积的变化，发展空间观念，体会表面积与生活的联系。

包装盒是学生熟悉的生活物品，包装问题在日常生活中经常遇到。教师可以以此创设“包装”的情景，讨论有关方形组合体的表面积问题，探索节约包装纸的问题，在直接经验和已有知识的基础上，丰富表面积的现实意义，体会优化思想，树立节约意识。

教学目标：(1) 利用表面积等有关知识，探索多个相同长方体叠放后表面积最小的最优策略。(2) 体验解决问题的基本过程和方法，提高解决问题的能力。(3) 通过解决包装问题，体验策略的多样化，培养学生的优化思想和节约精神。

教学重点：在复杂情境中正确计算表面积，掌握有序思考、合理分类、化繁为简的思维策略。

教学难点：体验并学会有序地、分类地思考问题。

教学方法：自主探究、合作交流。

教学准备：长方体模型、记录纸、展示设计方案的课件。

学具准备：每组准备规格为长 7 厘米、宽 4 厘米、高 3 厘米的长方体橡皮擦或模型 8 块。

教学过程：

(1) 介绍范例（略）。

(2) 确定专题。

教师先出示几个包装精美的小礼物和生活中几种经过包装的物品，调动学生的参与热情并迅速导入课题。

师：同学们好。我们先来看几个小礼物（展示 PPT1），漂亮吗？这些礼物都是经过精

① 根据福州市西园中心小学连世友老师提供的课例选编。

心包装的，生活中还经常见到经过精心包装的物品（展示PPT2），这些物品都是把一些小长方体包装成一个大长方体。今天，我们就来研究长方体的包装（板书课题）。

师：（展示PPT3）包装一个长7厘米、宽4厘米、高3厘米的长方体的礼品盒，至少需要多少平方厘米的包装纸？（接口处忽略不计）求“至少需要多少平方厘米的包装纸”就是求什么呢？

师：（展示PPT3）要包装多个长方体物品，怎样操作呢？需要考虑哪些因素，看看怎么包装最节约？

师：包装物品的学问真不少，我们就从节约包装纸的角度去探索长方体的包装问题吧，看看怎么包装最节约。

（3）制订计划。

教师展示PPT4，显示两个小长方体的情形，以此引导并向学生示范所要研究的小长方体的数量、摆放方式等。教师的示范旨在给学生一个研究的思路，不需太具体，太具体的示范会影响学生的自主性。

师：怎么探索呢？拿出你的长方体，先摆一摆，想一想。

师：你们把几个小长方体包装在一起？怎么摆放的？表面积怎么计算的？哪种方式表面积最小，只要比较计算的结果就行了，是不是？

师：（展示PPT4）我们先看看两个长方体是怎么摆的（见图12－6），为了方便表达，我们把最大面用字母A表示，中等大小的面用字母B表示，最小面用字母C表示。要把两个这样的长方体包装起来，会有几种不同的摆放方式呢？是不是这三种？好，把每种方式的表面积计算出来，我们列在这样一个表（见表12－1）里，这是两个长方体的各种包装方案对比表，这样就容易比较了。

师：好了，你们打算摆放几个小长方体呢，要把摆放方式记下来，等会儿好汇报。先想一想，再开始你们的研究。

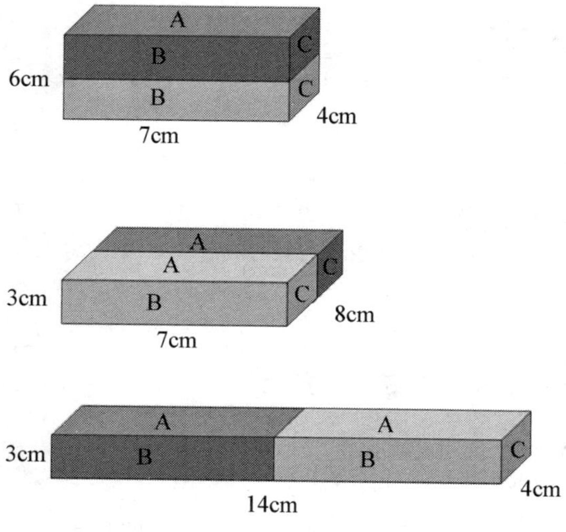

图12－6　两个小长方体的摆放组合

表 12－1　　长方体包装方案表

摆放方式	记录与计算				比较表面积	发现与思考
	长（cm）	宽（cm）	高（cm）	表面积（cm^2）		
1						
2						
3						
4						
5						
6						
7						
8						
9						

（4）实施研究。

学生分组活动，各小组分别经历确定小长方体数量、确定摆放方式、计算表面积、比较最小值、解释最小值、提出最节约的摆放方式等阶段。其中，在确定摆放方式时，学生的摆放开始有点乱，凭感觉，没有规律，但在多次尝试和老师的启发下，逐渐找到规律，基本能不重不漏地设计摆放方式。在解释最小值时，学生也表现出了困难，不少学生无从解释，需要教师的引导和帮助。有的小组在计算表面积时用了多种计算方法，在比较不同的计算方法时获得灵感，给出了简洁明了的解释。

（5）展示结果。

展示结果环节由教师组织，小组成员汇报。图 12－7、图 12－8 是其中的两个汇报内容。

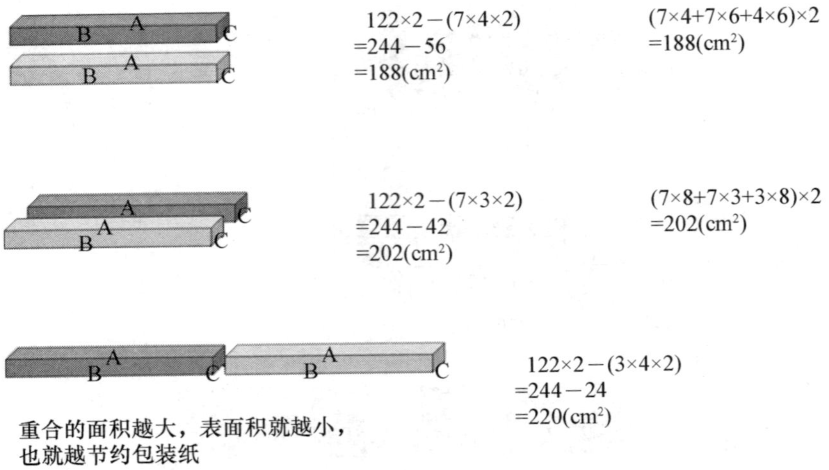

图 12－7　两个长方体摆放组合的汇报

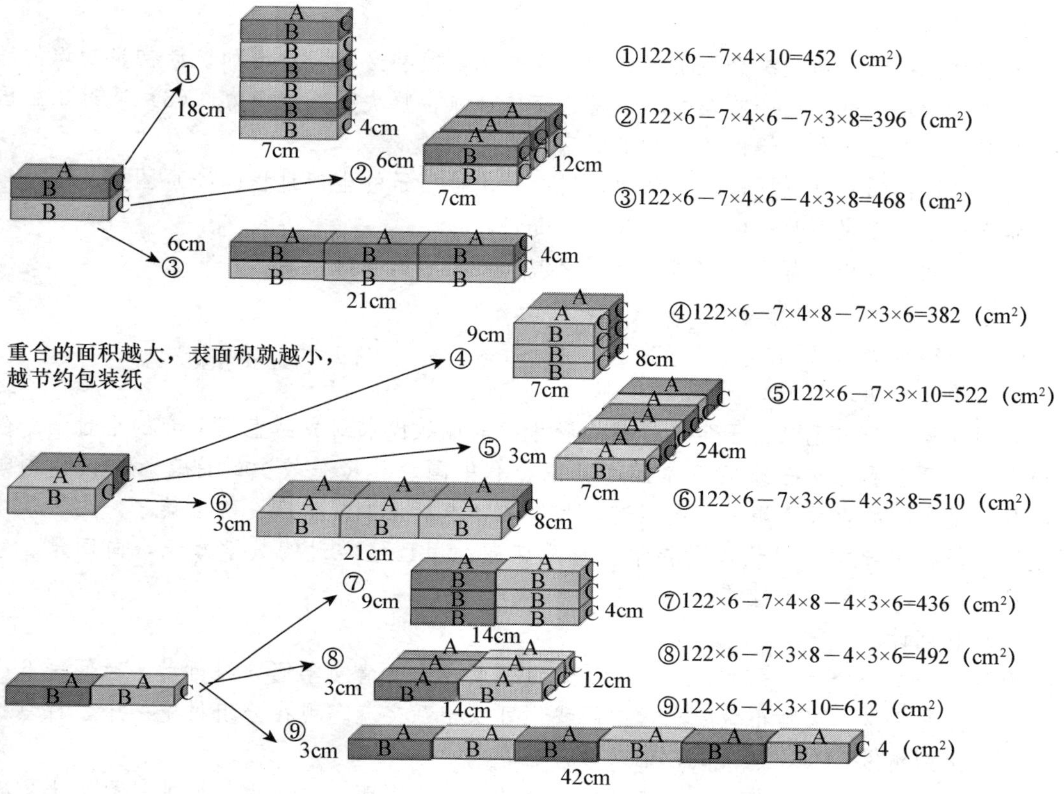

图 12－8　六个长方体摆放组合的汇报

（6）交流评价。

交流评价的主体是学生，教师应把发言的机会留给学生。在学生发言过程中，教师应适当引导和鼓励，帮助学生表达清晰、说理明确，指导学生体会有序思考的好处，体会生活中的优化意识和节约意识。

师：大家再看一看哪种方案的表面积最小？你知道为什么最小了吗？

师：大家通过摆放、观察、计算、判断，得出“重合的面积越大，表面积越小，越节约包装纸”的结论。谁来说说，你有什么体会呢？你觉得哪一步最重要、最关键？

师：在探究 6 个相同的长方体时，有的小组是按照接触面的不同来摆放的，有的小组是按照层数的不同来摆的，有的小组想出了合二为一的方法，有的小组想出了合三为一的方法，这些做法都是解决问题时的有用的方法。按照顺序、次序思考问题，就是有序的思考方法，有兴趣的同学也可以按照这种有序的方法继续研究这类问题。

师：“重合的面积越大，表面积越小，越节约包装纸。”大家确定了节约包装纸的最佳方案。如果小长方体的规格变了，数量不同了，可能会有不同的包装方案。在实际包装时，还要考虑到压边、接头处的面积，包装的美观大方等问题，要根据具体情况选择合适的包装方案。不管怎么包装，包装都要注意节约用纸，让我们行动起来，节约每一张纸，节约资源，保护环境。

例：告别一次性筷子①。

教学目标：(1) 通过综合运用统计的初步知识，使学生进一步增加统计初步知识的理解和掌握；(2) 培养学生的收集处理信息、交往合作、解决问题的能力；(3) 通过了解国情，唤起学生对社会和环境的关心和责任感以及爱国热情。

教学资源：(1) 互联网；(2) 录像剪辑：一次性筷子的生产过程；(3) 图片：高清晰的世界森林分布卫星照片；(4) 报纸等文字资料。

教学时间：六周，每周五安排一节课交流，主要用周末时间活动。

教学过程：

(1) 介绍范例（略）。

(2) 确定专题。

教师让学生观看记录筷子生产过程的影片，呈现从伐木到成品直至废弃的全过程。然后给学生展示世界森林分布的卫星图，其中含有中国森林覆盖较少的信息。再读两则消息：其一是中国的森林资源匮乏的报道；其二是日本禁止本国生产一次性筷子，主要从中国进口。教师引导学生讨论，引导学生形成课题：用已经学过的数学知识，向同学、家长、社会提议不使用一次性筷子。

(3) 制订计划。

教师：这是一个很艰巨的任务，需要分组长期合作，请同学们分组行动，时间是6个星期。具体怎么做，老师不做要求，中间我们可以相互交流。现在分组讨论一下，计划该怎么做？比如想做什么，怎么做，谁来做，等等。

教师：各小组已经确定了自己要做出一个什么样的东西，说一说你们的计划，大家可以提建议、问题、想法，或者提供帮助。

第一小组：我们决定做一个展板，题目是“告别一次性筷子”，上面有几个统计图，一个是中国一次性筷子总数量增长情况的统计图，一个是中国森林覆盖率统计图，还有一组数字介绍中国一年消耗的一次性筷子需要多少棵树，这些树可以绿化多少公路，可以造多少氧气，吸收多少二氧化碳。我们六个同学还进行了详细的分工。如果大家找到我们需要的资料，请帮助我们，我们也将与大家分享我们的资料。

(4) 实施研究。

学生分组活动，做好比较详细的工作记录，设计合适的记录表。组与组之间交流，大多数家长也参与了研究工作。

教师对学生进行操作方法、社会资源利用的指导，以一个参与者的身份深入各组了解情况，提建议，帮助解决困难，鼓励小组之间的交流，引导不同学生的不同看法和想法等。

(5) 展示结果。

第四周，教师了解到一个小组已经完成了作品，是一份手抄报，大部分是图标和图画，内容不错，知识有点儿粗糙，有点儿拥挤，图标做得不符合标准。教师在征求这个小组的意见以后，组织了一次作品展示。

教师：这个小组的同学们很棒，已经完成了作业的初稿，为了使他们的作品更精致，

① 马云鹏. 小学数学教学论（第2版）. 北京：人民教育出版社，2006：470-474.

他们要展示自己的作品，让同学们提出修改意见。我还请到了你们的美术老师，她也会给我们提出好的建议。

(6) 交流评价。

第六周，各组成果交流，用展览的方式，各组展示介绍自己精心制作的作品，学生巡回参观、评价。教师做简短的鼓励性总结并建议同学们将展板放在公共场所展出。

三、综合与实践课的评价

1. 综合与实践的教学原则

综合与实践课与常规的概念教学、命题教学、解题教学都有很大的差别。一般认为，综合与实践课应遵循以下五个原则①：

(1) 充分体现学生的自主学习。

综合与实践的教学，是以学生自主学习、自主探究为基础的。教师在教学中要注意调动学生的兴趣，选择符合学生数学现实的实际问题作为探究课题，使学生成为课题的提出者、设计者、实施者，充分体现学生的主动性、自主性、能动性，通过自己的活动不断选择、不断反思、不断建构有价值的数学知识和数学活动经验。

(2) 给学生开放的学习环境。

这里所说的开放表现为七个方面：第一，儿童器官的开放，正如叶圣陶先生所说，解放儿童的脑，让其自由思考；解放儿童的口，让其自由讲；解放儿童的手，让其自由做。第二，学习空间的开放，学校、家庭、社区、大自然都是儿童数学实践的空间。第三，学习时间的开放，不以课内课外为限。第四，学习目标的开放，在一次综合与实践活动中，活动的目标不宜界定在某一具体方面，也不宜把知识目标作为唯一目标，学生的收获既有显性的，也有隐性的，既有知识的，也有能力和情感的。第五，教学评价的开放，综合与实践的目标不是单一的，同一项活动可能有多种结果，结果的表达也可能有多种方式。第六，教学内容的开放，活动的内容可能涉及多个学科，可能涉及学生的多种生活经验。第七，教学方式的开放，教师应根据活动内容的需要，指导学生灵活选择或整合多种实践方式，并不断从实践活动中受到启发，丰富教学的方式和方法。

(3) 注重过程。

综合与实践的教学注重学生的活动过程以及学生在活动过程中的感受与体验。教师应关注学生活动的过程状况，关注学生实践了没有，经历了没有，发现了没有，思考了没有，合作了没有，创造了没有，遇到了什么困难，提出了什么问题，需要什么帮助。学生的活动结果可能不理想，但结果本身不是最重要的，最重要的是学生在追求结果的过程中所经历的问题发现、问题提出、研究设计、资料查阅、动手操作、社会调查等过程，这样的过程才是综合与实践的最重要目标。

(4) 精心设计教学活动，保证实践效果。

综合与实践的教学必须立足于小学生的身心发展特点，充分保护学生的好奇、好

① 马云鹏. 小学数学教学论（第2版）. 北京：人民教育出版社，2006：474-476.

动、好胜的心理特点，创设富有趣味的活动和积极的活动气氛。同时，综合与实践的内容必须贴近小学生的生活实际，是小学生能够理解、能够感悟的，绝大多数学生经过一定的努力，在老师、同伴的帮助下，能够把现实生活与近期所学的数学知识联系起来，既巩固深化知识，又学到解决问题的策略，实现联系实际、综合应用的活动目的。活动的内容要能体现数学课程的本质，要让学生看到生活中的数学，从数学的视角发现问题、提出问题，在解决问题的过程中包含数学知识和数学方法，体现数学思想和理性精神。另外，教师还要把握好活动的时机，敏锐抓住小学生学习、生活中的有利信息，利用学校和社区的有利环境，因地制宜地开发课程资源，及时有效地组织学生开展活动。

(5) 鼓励创新。

培养学生的创新意识和创新能力，依赖于创造性的活动设计。设置综合与实践内容的目的就在于为学生提供创造性活动的基本条件，让学生在活动中学会发现问题、提出问题，学会独立思考、猜想验证，积累活动经验，发展创新意识。在设计综合与实践活动时，所选择的课题要新颖有趣，使所有的学生都能参与，不同的学生可以通过多种方式解决问题，获得不同的体验。要鼓励学生勇于发表自己的见解，主动探索有创新性的成果，给学生创造积极活动的心理空间和物理空间。

2. 综合与实践的教学评价

综合与实践的教学内容是开放的，形式是多样的，时间、地点也是灵活的，这就决定了综合与实践的评价应该是多元化的。从评价主体来说，应是学生自评互评与教师评价、其他有关人员评价相结合，个体评价与小组评价相结合，适当偏重学生自评和小组评价；从评价内容来说，应是结果评价与过程评价相结合，知识技能评价与情感态度评价相结合，但更侧重于过程评价，更加关注学生情感与态度的形成与发展；从评价手段来说，应是定量评价与定性评价相结合，但以定性评价为主，充分关注学生的个性差异，发挥评价的激励作用，保护学生的自尊心，激发学生的自信心。

(1) 多元化的评价主体。

综合与实践活动的内容广泛，时间和地点与正常课时不一定对应，只靠教师评价难以全面准确地反映学生的活动状况。因此，评价的主体可以扩大到学生或者学生小组，甚至可以扩展到家长、社区、部门等。在评价中，不仅可以由教师进行评价，还可以由学生进行自我评价，小组成员互评，小组互评，甚至教师和同学共同协商，确定评价结果。对那些涉及班级外调查与访谈的内容，还可以组织家长、单位人员参与评价，以便更加完整地反映学生的活动过程和活动成果。

(2) 丰富的评价内容。

评价学生的综合与实践活动，不能只关注结果，更重要的是过程。要注意收集学生在活动过程中表现出来的思维方式、知识应用能力、问题解决能力，参与活动的态度、积极性，合作交流的意识和情感，以及学习的主动性、创造性，既要关注学生的认知过程，又要考察学生的情感发展和行为表现。通常评价内容包括以下几个方面[①]：1) 参与活动的

① 马云鹏. 小学数学教学论（第2版）. 北京：人民教育出版社，2006：478.

态度，是否认真参与，是否积极承担任务，是否遵守纪律，是否注意相互协作，是否听取他人意见等；2）活动体验，是否获得成功体验，是否体会到数学的现实意义，是否感受到综合与实践活动的积极意义；3）方法和技能的掌握，即学生在查找资料、收集数据、问题表征、分析、计算、推理、数学交流等方面的水平和能力表现；4）实践与创新能力的发展，即学生在发现问题、提出问题、解决问题中表现出来的独创性、探究精神和动手能力及其发展水平；5）活动结果，以何种形式呈现活动结果，呈现出来的活动结果水平如何。小学生的活动结果可能是数学小论文、调查报告、研究笔记、口头报告、模型、展板、主体讲演等，结果的质量需要从形式和内容上进行多方面的考查和鉴定。

（3）重视过程评价。

综合与实践活动的评价是结果与过程相结合，但更侧重于过程的评价，评价目标更加关注学生活动的状况和进展，以便帮助学生找到合适的问题解决办法，改进学生参与活动的态度和方式，促进学生个体之间、小组之间的交流和合作，全面实现数学课程的目标。过程评价是伴随教学活动而进行的连续的、动态的评价，活动和评价同步发生，评价是活动的一部分，不需要在活动以外耗费额外的时间和精力去编制评价量表。过程评价主要有以下形式：1）教师评价记录。教师观察学生活动的行为表现，要求学生对某种表现做出一定的解释，教师将学生的表现和解释记录下来，用来了解全班学生或个别学生的学习进步情况，并可作为制订教学计划的依据、与家长沟通的素材。2）学生活动记录。学生在综合与实践活动中，应该有一个记录单或档案袋，用来保存活动的步骤和各步骤的活动内容。教师考查学生的活动记录，可以分析出学生活动的进展和活动质量，并通过检查记录单的方式促进学生养成合理规划、规范记录、及时整理的学习习惯。3）学生成果汇报。学生在汇报活动成果的时候，也是同学之间相互学习、相互询问、相互解释、相互欣赏的时候，教师从学生汇报中可以看出活动的计划、过程、结果和反思，可以更好地判断学生在活动过程的知识理解水平、技能和能力水平以及对待数学活动的情感和态度。

（4）坚持激励为主。

教学评价的目的在于促进学生的发展，促进教学活动的改进。对小学生来说，肯定的、激励的评价应该是主要的，应多用赞赏的话语肯定他们，多用欣赏的眼光激励他们，让他们通过综合与实践活动，获得成功的体验，享受数学的快乐。即使是那些表现不好的学生，教师也应当肯定一些细微的成绩，鼓励他们参与活动、积极动脑动手，关心他们的心理变化，给他们体验成功的机会。

思考题

1. 结合具体的数学内容，例如百分数，谈谈综合与实践的教育价值。
2. 问题解决的心理模式对综合与实践的教学有什么指导作用？
3. 数学教师在组织综合与实践教学时，应该深入考虑哪些方面？
4. 收集并讨论一份综合与实践活动的教学设计方案。
5. 选择一个课题，设计一份综合与实践活动的教学方案。

参考文献

[1] 马云鹏. 小学数学教学论（第 2 版）. 北京：人民教育出版社，2006.

[2] 中华人民共和国教育部. 义务教育数学课程标准（2011 年版）. 北京：北京师范大学出版社，2012.

[3] 杨庆余. 小学数学课程与教学. 北京：中国人民大学出版社，2010.

[4] 波利亚. 数学的发现（第 2 卷）. 呼和浩特：内蒙古人民出版社，1981.

第十三章

小学数学教师专业发展

内容提要

促进教师的发展、提高教师的专业素质已经成为现代教育领域中的一个热点问题，引起了全世界的普遍关注。20世纪80年代美国教师专业化运动的兴起开创了教师专业化运动的潮流。教师专业化已成为现代教育发展和人才培养的必然趋势。1994年，我国开始实施《中华人民共和国教师法》。第一次从法律的角度确认“教师是履行教育教学职责的专业人员”。继1995年国务院颁布《教师资格条例》后，2000年教育部颁布了《〈教师资格条例〉实施办法》，不久教师资格制度在全国开始全面实施，为推进教师专业化提供了制度保障。本章重点阐述教师专业发展的内涵、阶段与途径，并深入解读小学教师专业标准和小学教师资格考试大纲。

第一节　教师专业发展内涵

一般认为，教师专业发展是指作为专业人员的教师在教学专业上不断成长的过程，教师借此更新专业知识结构，提升专业水平并获得持续发展。在这一界定中包含了几层含义：教师是专业人员、发展中的人、学习者和研究者①。

一、教师是专业人员

教师专业发展所表达的一个最基本的内涵即教师是专业人员。这就意味着教师承载着教育的根本意义和价值。把教师定位于专业人员，才能真正确立教师的主体意识和首创精神，使教师自觉、自主地为自身发展开创广阔空间。1966年联合国教科文组织召开了“教师地位之政府间特别会议”，会议文件《关于教师地位的建议》提出，应当把教师工作看作一门专业，因为它是一种服务公众的形态，它需要教师的专门知识和特殊才能，这些

① 刘秀江，韩杰．对教师专业发展内涵的诠释．教育科学研究，2003（4）．

都要经过长期持续努力与研究方能获得与维持。以这种形式确认教师的专业地位，无疑具有重要意义。在世界范围内，尽管存在着不同观点的争论，教师是专业人员已成为各国教师的自我期许和社会期望，成为努力提升教师专业水准的口号。在我国，教师也认定为“专业人员”，教学工作的专门性得到了社会的认可。《中华人民共和国教师法》第 3 条规定：“教师是履行教育教学职责的专业人员，承担教书育人、培养社会主义事业建设者和接班人、提高民族素质的使命。”可见，教书育人是教师作为专业人员的本质特征和主要工作内容。

作为一种专门职业，教师有着自己的从业标准。教师职业的从业标准既有软性标准（如道德要求、个性要求等），也有硬性标准（如学历、教师资格证书等）。美国等发达国家教师的要求是，除了在文理大学或综合大学学习 4～5 年，完成一定的教育课程取得大学学历之外，还必须获得相应的教师资格证书，同时还对试用或入职进修做出了细致规定。如美国要求师范生必须完成国家专业教学标准委员会认可的 4 年师资培训方案，包括课堂观摩、实习（为期 10 周的学校实习）；毕业前，除参加各州举办的学科知识和教学专业知识的正式考试外，还要在专业发展学校接受为期 1 年的合作性教学与实习；毕业后还要参加州举行的证书考试，以获得州资格证书；具有 3 年以上的教学经验后，合格教师可以接受国家教师教育认可委员会的考核，通过者可获得国家高级教师证书，没有通过者还要继续参加专业发展活动。法国要求教师资格考试合格者，需在教师教育中心接受 1 年的指导。德国要求先试用 1 年半至 2 年，试用结束后参加第 2 次国家考试，以合格者为对象办理选考手续，等等。做出如此具体、严格的规定，既是教师职业学术要求和从事专业活动的需要，也是为了保证教师队伍的专业性。我国颁布的《中华人民共和国教师法》对教师的从业标准做出了具体规定，如第 10 条强调我国实行教师资格制度：“中国公民凡遵守宪法和法律，热爱教育事业，具有良好的思想品德，具备本法规定的学历或者经国家教师资格考试合格，有教育教学能力，经认定合格的，可以取得教师资格”。第 11 条对各级各类教师的学历提出了明确要求：取得幼儿园教师资格，应当具备幼儿师范学校毕业及其以上学历。取得小学教师资格，应当具备中等师范学校毕业及其以上学历。取得初级中学教师、初级职业学校文化、专业课教师资格，应当具备高等师范专科学校或者其他大学专科毕业及其以上学历。取得高级中学教师资格和中等专业学校、技工学校、职业高中文化课、专业课教师资格，应当具备高等师范院校本科或者其他大学本科毕业及其以上学历。取得中等专业学校、技工学校和职业高中学生实习指导教师资格应当具备的学历，由国务院教育行政部门规定。取得高等学校教师资格，应当具备研究生或者大学本科毕业学历。取得成人教育教师资格，应当按照成人教育的层次、类别，分别具备高等、中等学校毕业及其以上学历。不具备本法规定的教师资格学历的公民，申请获取教师资格，必须通过国家教师资格考试。

二、教师是发展中的人

教师发展过程的中心是教师的专业成长，即一个终身学习、不断解决问题的过程，一个教师的职业理想、职业道德、职业情感、社会责任感，包括教师对所教学科的价值、认知、审美等方面的理解与把握，教育实践能力，教育经验等不断成熟、不断提升的过程。教师的专业成长集中代表了教师发展的意义。一个教师接受了职前完整的师范教育，并取得了教师资格证书，但这并不意味着教师的专业发展已经完结，这仅仅是开始。教师仍然需要持续学习、持续发展，“学习包括一个人的整个一生，也包括全部的社会”。教师虽然在生理上已经达到成熟，但在心智上却具有无限发展的空间，因而具有极大的发展潜力。传统的教师教育是以师范教育为主、在职进修为辅。在师范教育中，比较注重学科基础知识和教育学有关知识与技能的学习，并把后者作为师范教育的特殊标志。它基本上是以知识和未来需要为本的教育设计，其最大的不足就是忽视了教师从初涉教育工作到成熟、优秀、卓越是一个发展过程，也忽视了教师专业上的发展还与其他方面的发展密切相关，从而造成了个体教师之角色成熟与多方面发展之间联系的缺乏。不可否认，师范教育是教师培养的基础，但教师更多的发展，特别是专业发展是在职后，这意味着职前与职后的一体化及教师教育重心的后移，也意味着教师的发展应一直处于一种“未完成”的状态。

三、教师是学习者

终身教育一直是教育学研究者不断呼吁和期盼构建的教育形式，特别是知识经济的兴起，带来了教育观念和教育思想的变革。新的课程改革明确提出教师是学生学习能力的培养者，教师教、学生学将逐渐让位于师生互教互学，这对教学而言意味着人人参与、平等对话、合作建构；对教师而言，意味着上课不仅是传授知识，而是与学生相互理解、相互启发、教学相长，上课也不是单向度的付出，而是生命活动、专业成长和自我实现。随着学生获取知识、信息渠道的多样化，教师作为学生唯一知识源的地位已彻底动摇。教师需要重新定位，以学习来促发展，改变自己的生存状态。终身教育和终身学习的观念的建立，使终身受用的一次性教育模式，被终身学习和终身教育所替代。单纯追求文凭以求得社会身份的认同，逐渐让位于不断获取新知识技能以求得工作能力认同和自我价值实现。传统学校的初等教育、中等教育乃至高等教育只能为人提供基础教育，大学毕业生也只是人才的“坯子”。由于成人教育具有可持续的特性，在知识经济的影响下，它可以把教育的内涵在时间上扩展为终身化的趋势，在空间上扩展为社会化、国际化的趋势，从而使人能够顺应迅速变革的世界，把一生作为学习和接受教育的过程，使每个人都可以得到终身进修与丰富知识的机会，实现“学者有其校”。知识经济树立了全新的教育观念，开启了全新的教师教育，对教师专业化发展起到了先导作用。21 世纪的教师责任之一是不断地培养训练自己。联合国教科文组织发布的《1998 年世界教育报告——教师和变化世界中的教学工作》指出，大多数国家的师范教育虽然仍把重点放在教师的前期培养上，但教师的在职培训和进修在最近 30 年显得日益重要。某些国家在使用继续教育一词。人们逐渐地认识到，教学同其职业一样，是一种学习的职业，从业者在职业生涯中自始至终都要有机会定期更新和补充他们的知识、技能和能力。国际社会形成了这样的共识，一次性的师资培训体制已不能适应时代的发展，为了使教师能够胜任时代赋予的新的职能，必须使师资培训体制具有终身的性质。教师的终身学习使职前教育与职后教育在概念上不断融合与升华。

四、教师是研究者

研究是人们对待未知事物的一种态度。“教师成为研究者”的早期倡导者布克汉姆曾经讲过：教育研究不应是专业人员专有的领域。它不是一个领域，而是一种态度。基于这样一种对研究的理解，把研究看作教师应有的态度，对于理解教师是研究者、教师专业化具有重要的启示。研究是教师从事教育教学工作时应有的态度，教师的研究不应脱离教育教学工作，在教师的研究与教育教学工作之间并不存在距离和界限。

教师应是教育教学的研究者，如果教师的教育教学没有一定的理论指导，没有以研究为依托的深化和提高，就容易深陷固守旧经验、照搬老方法的窠臼。早在 1979 年联合国教科文组织就指出：从教师在教育体系中的作用来看，教师与研究人员的职责趋向一致。教育是培养人的活动，现代社会情势迫切需要培养具有创新能力的人才，因此教师必须从知识传授者、道德示范者的传统角色中挣脱出来，赋予教师角色新的内涵，向研究型教师发展。教师的发展，是在真实的教育环境中进行研究，是把教学变成教育，是教育意义的实现。在近代，教育被看作大工业条件下的标准化生产，带有强烈的机器文明的色彩：非针对性、去个性化。而这种教育的局限便是无视作为社会人的教师和学生的复杂性，无视作为特殊精神活动、认识活动的教学过程的复杂性，无视教师的首创精神，无视教师的主体意识与主体地位，使研究游离于中小学教师之外，使教师的教学活动与研究活动相分离。这从根本上严重地束缚了教师的主动性、创造性和教师的发展。随着时代的发展、教师职能的转变，教师工作已不是单向度的文化传递，而是文化的融合、精神的建构、主体间的相互理解。没有反思的教学、缺少研究的教育已不能满足未来的要求。离开实践的研究已无法回应时代的挑战。研究回归中小学教师是历史发展的必然。

第二节　教师专业发展阶段

教师作为教育教学的专业人员，要经历一个由不成熟到成熟的专业发展历程。教师的专业历程是一个动态发展的过程，在这个总体上呈“渐进”趋势的发展过程中，每一个发展阶段都会呈现出某些变化特征。这些变化特征为判断其专业发展阶段提供了依据。教师专业发展阶段是指教师专业发展过程中以其教育教学行为或技能（如教学关注、教师角色、课堂教学行为和专业发展需求等）质的变化为发展特征的时段或阶段的序列①。教师专业发展的不同阶段不仅表现在教师的教育教学行为或技能在数量上的增加，而且还表现在教师个人思维方式或行为方式的新的改组或新模式的出现。随着我国课程改革的深化和对教师专业发展的关注，基于教师专业发展阶段实施教师培训已成为研究热点。本部分将梳理和分析国内外关于教师专业发展阶段的研究成果，旨在为我国实施基于教师专业发展阶段的教师教育提供参考。

---

① 罗晓杰. 国内外教师专业发展阶段研究述评. 教育科学研究，2006（7）.

一、国外关于教师专业发展阶段的研究状况

国外针对教师专业发展阶段的研究早在20世纪60年代业已开始，富勒开辟了这一新研究领域，为后继研究奠定了基础。70—80年代是教师专业发展阶段研究的黄金时代，卡茨、伯顿、费斯勒、休伯曼、司德菲、伯林纳和本纳等提出了各自的教师专业发展阶段理论。90年代开始，随着美国专业发展学校（Professional Development Schools，PDS）政策的推行，关于教师专业发展的研究重心转移到探索教师专业发展途径上，美国建立了许多类似于PDS旨在促进教师专业发展的机构，如专业实践学校（Professional Practice Schools，PPS）、专业发展中心（Professional Development Center，PDC）、合作学校（Partner Schools，PS）、临床学校（Clinical Schools，CS）等。

1. 富勒的教师关注理论

20世纪60年代末70年代初，富勒在得克萨斯大学奥斯汀校区从事职前师资课程的研究，她编制的"教师关注问卷"，从教师在不同发展阶段的关注内容出发，阐述了职前教师所经历的几个发展阶段以及教师在相应阶段有可能会表现出的一些主要特征。

（1）任职前关注阶段。

职前阶段的大学生只是想象中的教师，他们还沉浸在学生的角色中，仅仅关注自己，对他们观察的班级，经常持批判的甚至是敌视的态度。

（2）早期求生阶段。

教师主要关注的是自我胜任能力以及作为一名教师如何"生存"下来，关注班级的教学与管理，对教学内容的掌握和学校领导的评价，学生与同事的肯定、接纳等，这个阶段的压力很大。

（3）关注教学情境阶段。

教师既关注生存，又关心在目前教学情境对教学方法和材料等的限制下，如何顺利地完成教学任务以及如何正确地掌握相应的教学技能。

（4）关注学生阶段。

教师开始把学生作为关注的核心，关注他们的学习、生活和情感需要以及如何通过教学更好地影响他们的成绩和表现，但是他们通常要在学会应付自己的生存需要后才能对学生的需要做出反应。

从富勒的理论中不难看出，这些未来教师关注的内容是一个由自我关注、任务关注到影响关注的过程，这与教师的专业发展程度密切相关。在他们初次进入教师领域时，经历从学生角色到教师角色的转换。此时，学生处于相对被忽视的位置。因此，促进该阶段的教师对学生产生足够的关注成为促进他们专业发展的必要内容。

2. 伯顿的教师发展阶段论

20世纪70年代末80年代初，一些教师职业生涯周期框架在整合过去研究理论的基础上被提了出来，在这些研究中，比较杰出的是伯顿的综合研究。他根据对小学教师的访谈记录数据与资料提出了教师发展的三阶段论。

（1）存活期。

该阶段的教师从事教学才1年时间，他们关注的是班级控制、学科的教学、教学接纳

感的提高和教学内容方面的适当性。

(2) 调整期。

进入教学的第 2～4 年，教师已经具备了一些经验，对教学也有所熟悉和了解，此时他们开始了解学生的复杂性并寻找新的教学技术以满足更广泛的需要。教师与学生的相处更加开放和真诚，教师感觉到比以前更能满足学生的需要。

(3) 成熟期。

在进入教学的第 5 年，教师们经验更加丰富，对教学活动驾轻就熟，并且对教学环境已充分了解和熟悉。他们关注学生需要的满足，重视与学生的关系。

伯顿的理论是围绕教学对教师的发展进行描述的。随着教师对教学把握程度的增加，他们对学生的关注程度也在不断加深。因此，教师在教学方面的成就感对于他们对学生的关注有着十分重要的影响，也可以说，教学的成败在一定程度上影响教师与学生之间的关系。

3. 休伯曼的教师职业生涯阶段论

休伯曼等人对教师职业生涯的研究更加具体和细致化。他们将心理学与社会心理学的研究方法相结合，从而跳出了单纯运用心理学研究方法的局限。更进一步的是，他们探索了教师职业周期中每一个时期的发展主题，更真实地反映了教师的发展工作路线。休伯曼将教师的职业生涯归纳为 5 个时期。

(1) 入职期。

时间是入职的第 1～3 年，是“求生和发现期”。在这一时期，教师表现出对新职业的复杂感情，一方面是初为人师的积极热情，另一方面是面对新工作有些无所适从，却又想尽快步入正轨而急切地希望获得教学的知识和技能。

(2) 稳定期。

时间是工作后的第 4～6 年。这一时期教师逐渐适应了自己的工作，并且能够比较自如地驾驭课堂教学，初步形成了自己的教学风格，入职时的压力和不适已经消失，教师此时已经能够比较轻松、自信地面对自己的工作，同时要求自己在教学技能等方面不断改进与提高。

(3) 实验和转变期。

时间是工作后的第 7～25 年。该阶段是教师职业生涯道路上的转变期。教师的转变有两个方向：一方面，随着知识和阅历的增加，教师开始对自己及学校的各项工作进行大胆的求新和改革，在教学材料、评价方法等方面进行教改实验，关注学校发展，对学校组织和管理中的漏洞进行批评和指正，不断地对职业和自我进行挑战；另一方面，单调乏味的教学轮回使教师对自己的职业产生了倦怠感，对是否要继续执教产生动摇，因此开始对目前从事的工作进行新的评估。

(4) 平静和保守期。

时间在从教的第 26～30 年。经过对教学和学校的激烈改造或是对教师职业的反思和重估，教师的工作进入了平静发展阶段。此时他们已经拥有丰富的经验和技巧来应对教师工作，但同时也失去了专业发展的热情和动力，因此教师的志向水平开始下降，教师的工作也变得较为保守。

（5）退出教职期。

时间是教师工作的第31年及以后，教师的职业生涯步入了逐步终结的阶段。

休伯曼的理论体系，是通过细致地研究个体生命周期的不同阶段特点，对教师职业生涯进行划分。它真正抓住了一些与教师专业发展相关联的生活或生命进程中的因素，从而将教师的专业发展置于个人生活和工作的场景之中来考察，可以说为我们认识教师专业发展的进程开辟了新的视角。但是，对于作为其专业发展背景的教师的日常生活及工作，对教师的专业理念和专业行为会产生怎样的影响，这种影响是通过什么方式作用于教师的专业发展的，会对教师专业发展产生多大的影响等问题，如果没有进行深入的研究和探讨，那么理论本身的可靠性和价值就需要更多的推敲和论证。显然，职业生涯阶段理论在这方面的工作做得还是不够的，还需要不断地完善和深入。

二、我国关于教师专业发展阶段的研究状况

我国对教师专业发展阶段的研究起步较晚，20世纪80年代仅有零星研究。90年代以来，关注我国教师专业发展阶段的研究渐多。林崇德、申继亮等从认知心理学角度对教师素质结构的研究成果和叶澜等从教育学、伦理学研究视角出发构建的教师专业化理论框架，为我国教师专业发展阶段的研究奠定了理论基础。白益民以“教师自我专业发展意识”为指标，采用思辨的研究方法，把教师专业发展过程划分为“非关注、虚拟关注、生存关注、任务关注、自我更新关注”五个阶段，对教师专业发展阶段做出了明确界定。进入21世纪后，随着教师资格准入制度的实施、教师职称体制的不断完善以及教师职前和在职教育一体化，针对教师专业发展阶段的研究逐渐升温，成为研究热点。我们主要介绍卢真金划分的教师专业发展的五个阶段①。

（1）适应与过渡时期。

适应与过渡时期是教师职业生涯的起步阶段。这一时期的教师，由于对学校组织结构和制度文化了解甚少，对职业角色要求和规范所知有限，跟实际工作密切相关的专业知识、经验和技能掌握不多，因而碰到的困难大多与如何适应并完成常规的教学工作和管理工作有关。往往容易产生一种强烈的挫折感和消极的逃避心态，导致其工作热情降低、专业认识错位和职业情感失控，导致其对教师职业价值崇高性的低判断和对自己教学能力的低估计现象。这一时期，是教师专业发展较为困难的时期，是教师的理论与实践相结合的初级阶段，教师要尽快适应学校的教育教学工作的要求。为此要积极应对角色的转换，积极认同学校的制度和文化，加快专业技能的发展。

（2）分化与定型时期。

分化与定型时期以适应型教师为起点。适应型教师尽管摆脱了初期的困窘状态，但又面临着更高的专业发展要求。人们不再以一种宽容同情的眼光来对待他们，重点关注的不再是他们的工作态度而是工作方法和实际业绩。绝大多数教师有意磨炼自己的教学技能，积累成功的教学经验，全面发展自己的专业能力，成长为一个具有相当水平和能力的教书

① 卢真金．教师专业发展的阶段、模式、策略再探．课程·教材·教法，2007（12）．

巧匠——经验型教师，经验的丰富化和个性化、技能的全面化和熟练化，成为其明显的特征；也有一部分教师仍旧沿袭理论学习和发展的传统，在注重教育教学技能发展的同时，更侧重系统理论的学习，成为知识型教师，较之前者，他们明显地存在理论的优势并且思想超前，但在实践技能和教学经验的全面性和有效性方面与前者存在一定的差距；还有少量的教师则始终强调理论学习与实践技能的同步发展，表现出一种特色不明显，但各方面发展水平比较整齐均衡的混合型特点。这三种不同的发展倾向，在很大程度上与教师的个性类型有关，更主要的是跟其生长的环境和同伴群体影响有密切关系。其中人数最多的是经验型教师，其次是知识型教师，最为难得的是混合型教师。

（3）突破与退守时期。

这时，教师对职业的新鲜感和好奇心开始减弱，其职业敏感度和情感投入度降低，工作的外部压力有所缓和，职业安全感有所增加；开始习惯于运用自己的经验和技术来应对日常教育教学工作所遇到的问题，做出更多的思维定式和程式化的经验操作行为。教师开始出现程度不同的职业倦怠现象，教师专业发展进入了一个漫长的以量变为特征的高原期。反思性教学是突破高原期比较有效的方法，具体分为以下三步：第一步是诊断，通过对自己的教育教学和管理工作进行诊断分析和反思性实践，查漏补缺，找到不足点，扬长补短，追求发展的边际效应。第二步是规划，引导教师对自己的职业生涯进行合理设计，明确专业发展定位，制定专业发展规划。第三步是整合，即通过建立反思性研究团队形成支持专业发展的氛围，通过专家的指导和引领，通过自主发展意识和技能的培养来实现理论与实践的转化与整合，构建起一套理论与实践相结合、富有成效的教育行动理论，使自己成为准学者型教师，实现突破，实现“岁岁年年教此课，年年岁岁法不同”。

（4）成熟与维持时期。

成熟时期的教师表现出明显的稳定性特征，同时也因其资深的工作经历、较高的教学水平和较为扎实的理论功底，使这些教师成为当地教育教学领域的领军人物。在这一过程中，就出现了几种分化发展的现象：有的教而优则仕，转向了教育教学管理的工作；也有的满足于现有的教育教学水平，不再愿意从事艰苦的创新性的教育教学和研究工作，这种专业发展态度的转移导致其出现了大量的维持行为，严重的甚至出现了“退化”“缩水”“名不副实”的现象；也有的尽管“烈士暮年，壮心不已”，有继续发展的想法和行动，但难以摆脱原有经验和框框的束缚，难以实现自我超越，客观上也表现出跟原有水平相差不大的维持特征。此时，要以科学发展观为指导，坚持可持续发展的道路；通过建立学习型组织，培养学习型教师。要引导教师学会系统思维，学会自我超越；教师自己要有与时俱进、开拓创新的精神，永不满足、勇攀高峰的态度，要以科学研究项目为载体，加强原始创新、集成创新和引进消化创新，或者创建一套在实践中切实有效的操作体系，或者在理论的某一方面建言立论，开宗立派，构建自己的教育理论体系，成为某一领域的学术权威，从而实现从学习到整合，从整合到创造性应用，从应用到首创的质变，进而发展成为学者型教师。

（5）创造与智慧时期。

学者型教师继续向上努力就要以智慧型教师为专业发展的方向。这时教师的哲学素养、视野就成为制约其发展的重要因素。教师个人的教育理论发展能否找到一个更加合理的逻辑起点，建立在一个更高的思想层面上，同时能否从单一的实践经验和教育理论学科角度转移到系统科学研究上，能否建立自己的教育哲学体系和教育信仰，就成为一个关键因素，理想的结果就是成为真正的教育家，核心标志是具有普遍意义的教育哲学体系的创造和教育理论体系的集成，创造性地构建一个集人类教育智慧之大成的教育思想体系，促进人类自身更加完善自由的全面发展和社会的和谐优化，引导人类走向更加灿烂的明天。

上述这些关于教师专业发展阶段的理论，虽然还有种种不足，如有的经验性的描述多于实证性的研究，有的只是从一个视角或侧面来研究显得有些单薄，有的过分看重教龄、环境等外在因素而对教师主体的根本作用强调不够，有的过于注重突发事件的影响而对常态教育生活关注不够具体细致等，但这些理论仍会给我们许多有益而深刻的启迪。

第三节　教师专业发展途径

基础教育课程改革将教师的专业发展问题提到了前所未有的高度。教师的培训、学习，显得比以往任何时候都更加重要。促进教师专业发展的途径和方法有很多种，其中包括终身学习、专业引领、课题研究、行动研究、课例研究、网络远程研修等。

一、终身学习——教师专业发展的前提保证

知识更新迅猛，客观上要求教师学会学习，养成学习的习惯，教师必须不断更新自己的知识结构，使自己课堂常教常新；要树立较强的教育科研意识，认真学习和掌握教育研究的基本方法和相关的理论知识，自觉地在研究中应用；还要在教书育人的实践中学习、学习、再学习。要做教学实践中的“有心人”，在实践中不断地探究，积极探索，锲而不舍，勇于革故鼎新。

1. 个体学习

首先教师要主动学习间接经验，其途径包括向书本学习，博览群书；向周围其他同人学习，学习他们教书育人的经验和方法；利用计算机网络学习，不断提高自己的信息素养，熟练地运用计算机获取、传递和处理信息。其次，教师要积极主动积累实践经验，向实践学习。

2. 团队学习

合作是校本研究的途径与方式，我们的社会正从“学历化社会”走向“学习化社会”，若研究只停留在教师个体，虽然教学行为也会产生一时的变化，但这种变化难以持久，也难以从个别教师的行为转化为群体教师的行为。唯有教师集体参与研究，才能形成一种研究的氛围、一种研究的文化，这样的研究才能真正提升学校的教育能力。学校要有自己鲜明的办学理念和教育哲学，用共同的远景目标培养教师对学校的长期承诺，使教师客观地审视自己，不断改善心智模式，不断超越自我，相互学习，取长补短，从全局利益出发，从而全面提升整体的教书育人水准，全力打造学习型学校。

二、专业引领——教师专业成长的重要条件

在学习化的社会里，人人需要终身学习。教师为了提高自己的专业素养，往往会向周围的同事、学生、家长学习，向书本、实践学习。但是，一般情况下，校内同层级教师的横向支援，明显缺少纵向的引领，尤其是在当今我国课程发展大变动的时期，先进的理念如若没有以课程内容为载体的具体指引与对话，没有研究者与骨干教师等高一层次人员的协助与带领，同事之间的横向互助常常会停留在同水平的反复。因此，教师还必须向专业人士和成功人士学习，不断接受先进理论、技术、方法和经验的专业引领。提倡校本教研与大学牵手，各级中小学教研部门、教师进修院校和教育科研机构专业研究人员与中小学教师共同研究，建立起平等交流、共同成长、互补互益的伙伴关系，人人平等，能者为师。专业引领的操作方法有以下四种：

1. 阐释教育教学理念

教师具有什么样的教育教学理念，决定其在教育教学中产生何种行为方式。在教师的专业发展过程中，让教师掌握并形成新的教育教学思想理念是教师获得专业发展的首要任务。完成这一任务，引领人员可采用讲座、学术专题报告、专题理论研讨、教学问题诊断、案例评析、教学专题座谈咨询和引导自学等形式，让教师全面掌握新的教育教学理论。在当前新课程改革背景下，就教学思想理念的引领来说，主要包括：教材内容的理解分析、课程教材教法的分析辅导、课程标准与学科课堂教学问题的评析等等。

2. 共拟教育教学方案

在教师的专业发展过程中，在教师掌握了教育教学思想，形成了新的教育教学理念的基础上，引领人员要与教师就某种教育教学内容或现象在共同探讨的基础上，引领教师并与教师共同拟定出教育教学方案。在共同拟定教育教学方案的过程中，引领人员既要发挥引领作用，更要指导教师在科学的教育教学理论的指导下，逐步形成具有自身特点和风格的教育教学设计并使教师学会独立拟定教育教学方案。共同拟定出来的教育教学方案，要符合教育教学科学理论的要求，要有利于教育教学的具体实施。

3. 指导教育教学实践尝试

在教育教学方案拟定好了之后，引领人员要与教师一起将共同拟定的教育教学方案直接用于教育教学实践。以教学为例，引领人员要引领教师将拟定好的教学方案直接用于课堂教学之中，要让教师在教学实践中尝试实施教学方案，验证教学方案的可行性和有效性。在教师使用共同拟定的教学方案进行教学实践的过程中，引领人员要深入课堂，关注、考察和记录执教教师的教学行为，并将教师的课堂教学行为与拟定的教学方案进行比较，寻找出与教学科学理论的差距，以帮助教师进一步修订方案，改进教学方法和教学行为。

4. 引导反思教育教学行为

就教学来说，在教师拟定的教学方案并进行教学实践尝试之后，引领人员要安排和组织教师对教学尝试情况进行反思和评议。在这里，引领人员和执教者首先要对自己的教学设计和行为进行自我反思，说明设计思路，找出教学预拟方案与教学行为的不和谐之处，分析原因，寻找解决方案；同时，引领人员要让其他参与教学实践活动的教师对教学设计

和执教教师的教学行为充分发表自己的看法和意见，指出其优点和不足，提出修改建议。在此基础上，要总结大家意见，进一步引导教师将教学尝试行为的反思意见落实到新的教学行为之中，改变原来课堂教学中的不足，把思转化为行。不断反复，直至形成充满活力的课堂教学环境。

三、课题研究——教师专业成长的有效载体

在促进教师专业发展的众多可能的途径中，开展课题研究不失为一个有效的载体。

1. 促进教师专业理论水平的提升

教师的专业理论包括：教育教学的基本理论、新课程改革的理论、学科教学的理论、教育学心理学的理论以及相关方面的理论。它是教师在教育教学工作中的世界观和方法论，是教师专业行为的理性支撑。

教师开展课题研究，首先要寻找课题研究的理论依据，进行理论奠基；在课题研究的过程中，教师要自始至终以先进的教育理论来指导自己的研究活动和实践活动，并通过研究和实践，或是验证，或是补充完善，或是丰富、发展他人的理论；当研究活动结束，教师要对课题的研究进行认真总结。在深入的理性思考的基础上，对自己的做法、感悟进行理论上的提升。因此，课题研究的全过程，就是教师学习、运用、提升理论的过程。

2. 促进教师专业知识的拓展

教师开展课题研究，需要教育、教学、心理、科研、课程、管理等各方面的知识，这就必然促使教师学习各方面的知识，特别是要学习和掌握现代教育的新知识，如最新的文化基础知识、最新的学科知识、最新的教育理论知识等，以适应开展教育科研的需求。与此同时，创新的需求还要求教师对已有知识在质的方面的深化——对已有知识的质疑、批判或创新。各方面知识量的不断积累，必然引起教师知识结构的重组，从而构建起新的复合型知识结构。

3. 促进教师专业能力的提高

教师的专业能力就是教师的教育教学能力，主要包括教育教学设计能力、表达能力、组织能力、反思能力、探究能力、创新能力等。开展课题研究，除去可以促进教师的设计能力、表达能力和组织能力外，由于教育科研自身的特性，对于教师下述三种能力具有独特的促进作用。

（1）促进教师反思能力的提高。科研课题研究的整个过程都需要教师自觉主动地反思自己的行为。通过回顾、诊断、自我监控等方式对自己的行为给予肯定、支持与强化，或给予否定及修正。因此，科研课题的选择及研究对促进教师反思能力的提高大有裨益。

（2）促进教师探究能力的提高。科研的实质就是对问题的探究，课题研究的过程就是对教育问题的探究过程。这个过程大致概括为提出问题—建立假设—制定研究方案—检验假设—得出结论等。这一过程中的每一个步骤都离不开对问题的探究。每个结论的得出、每个现象的解释、每个成果的获得，无一不是经过探究实现的。课题研究是提高教师探究能力的良好途径。

（3）促进教师创新能力的提高。课题研究，它的灵魂和显著特征就是创新，创新体现

在课题研究的全过程。

4. 促进教师专业自我的形成

当一个研究课题获得成功，取得丰硕成果之后，教师的自我价值得到了充分的体现，教师获得了巨大的成功感。在成功的激励和鼓舞下，教师进一步形成了蓬勃向上的良好心态，其专业的心理品质得到进一步提升。因此，他们在教学中更加自信，对工作的责任感、成功感和满足感得到增强，教师的专业自我逐渐形成。

科研课题的研究是为解决某一问题而进行的探究性活动，它需要教师拥有广博的知识和各种能力及良好的心理品质。教育科研对教师专业发展起着强有力的推动作用，它可以激发教师自主寻求发展，促进教师内在的自我更新。因此，课题研究是促进教师专业发展的有效载体。

四、行动研究——教师专业发展的重要手段

行动研究是指教师在实际教育中，基于学校、源于教师的教育教学行为制订计划、系统收集资料、分析问题、提出改进方案、实施、检验和反省，把学习与培训、学习与行动结合起来。研究的成果直接用于学校教学实践的改进和教师教学实践能力的提高并以研究成果为依据，进行教育改革，提升教学质量。实现教师学习培训和教学过程相统一，促进教师专业成长。因此，近年来，行动研究已经成为教师专业成长、课程改革的重要手段之一。

1. 行动与合作、反思相随

行动是校本研究的出发点，教师的成长和发展的关键在于实践知识的不断丰富和实践智慧的不断提升。校本研究必须从研究“行动”开始，始终紧扣教育教学“行动”，并且把落脚点放到提高教育教学行为的自觉性上。立足于教师教学行为的研究方法更为注重教师对自己教育实践活动的反思，研究成果直接改善教育教学行为，以教师变化促进教学的变化，有效地促进教师的教学能力和教学水平的提高。

2. 行动研究的实施

行动研究因解决的问题不同，其实施步骤不尽相同，难以规定出一种固定的模式，当然也没有必要强求统一。但这并不是说行动研究无章可循，可以随意地做。一般来说，行动研究的实施步骤可以归纳为以下九项。

（1）发现问题。

在教育教学工作中，教师要通过自己的观察和思考，发现实际存在的问题。发现问题是科学研究的起点，问题推动研究，指导研究。

怎样才能敏锐地发现问题？首先，要以积极探究的态度观察自己身边的教育现象，包括教育教学中正在发生的现象（学生在思想品德方面的表现、学习方面的表现以及身心发展方面的表现等）与实施某项行动后的状态变化。观察是一种有目的、有意识的感性认识活动。一个研究者能不能敏锐地观察到眼前的现象，不但取决于他的态度，而且还取决于他的观念、知识及理论背景。对于同一种现象，具有不同观念和理论背景的人，认识可能完全不同。科学史上有关“日心说”和“地心说”的争论便是一个有力的例证。同样，在

教育教学工作中，对同一种教育现象出现种种不同看法也是常有的事情。如在数学运算中，经常看到这样的现象：有些计算题明明可以利用运算律简算，但大多数学生都按常规方法计算，非常麻烦。怎样看待这一数学运算中经常发生的现象？很多教师习以为常，不认为这是一个“问题”，或者只是把它纯粹看成是一个方法和技巧问题，算不上什么“大问题”，因而没有给予重视。

其次，还需对现象进行思考，做初步的分析，想一想，它是什么问题。苏联教育家赞可夫观察到这一普遍存在的现象，从儿童发展的角度认识和分析这一现象，认为它反映了学生数学运算能力上存在的差异。由此可见，观念、知识和理论背景对一个人的观察来说，起着某种定向和筛选的作用。因此，为了提高研究者发现问题的能力，加强现代教育理论学习，必须转变传统教育观念。

(2) 界定问题。

研究者要从所发现的问题中，选定研究的主题，了解待解决问题的本质和范围，诊断问题存在的原因，为采取适当的行动，有效地解决问题奠定基础。

一般来说，行动研究主题的选择，应遵循以下四个原则：

1) 应用性，即研究主题对教育教学改革有直接的应用价值，问题解决后对教育理论有一定的贡献。

2) 创造性，即选题具有新颖性，是他人没有解决或没有完全解决的问题。选题的创造性还表现为观念、观点上的创新以及解决问题方法上的创新。

3) 科学性，即选题的概念内涵和外延有明确的界定，选题有一定的科学理论根据和事实根据。

4) 可行性，即选题必须适合研究者，必须与研究者的主观条件（完成某项研究所必须具备的专业知识、研究能力、实践经验及精力等）和客观条件（完成某项研究所必需的时间、图书资料、经费、测量工具及有关方面的合作与支援等）相适应，以保证研究的完成。为此，选题不宜太大、太复杂，但也不能太小、太表面化。

如果采取团体研究的方式，则问题的界定最好经集体讨论决定以发挥集体智慧，取得共识，共同决定优先研究的问题。

(3) 文献探讨。

进行文献探讨，了解前人的研究经验和研究成果是行动研究中不可或缺的一个环节。在确定研究问题和目的之后，应深入探讨有关文献以便从他人的研究中获得方法和理论方面的启示来指导行动研究。

教师怎样进行文献探讨？可以先确定需查阅的内容，列一个资料单。然后去图书资料室查阅有关报纸、杂志或图书并做文摘或将资料复印备用。在此基础上做分析研究：1) 已有的研究主要做了哪些工作？主要观点是什么？2) 有哪些成功的经验？3) 哪些问题尚未研究？

(4) 拟订计划。

拟订行动研究计划十分必要，它有助于克服行动过程中的随意性和盲目性。凡事预则立，好的计划是成功的保证。拟订计划时应注意以下几点要求：任何行动必须是自己能够做到的；计划应与学校要求相协调；教学上的行动研究，应不干扰学校的正常活动；所采取的研究，必须在一段时间内能测量出结果。

一个完整的行动研究计划应包括下列内容：

1）研究计划标题。2）绪言。包括研究问题提出的背景，研究的问题，已有研究的陈述及有关文献的检索。3）研究目的。4）研究假设。5）研究对象或范围。6）研究方法及步骤。7）经费预算。8）课题组人员分工。9）时间安排。10）其他事项。

（5）设立假说。

假说是对某种行动可能产生某种结果的预测，是未经证实的定理或结论，是行动的根据。假说能帮助研究者明确研究的内容和方向，能使课题更加明确、研究方法更加得当和资料收集更有针对性，从而避免行动研究的盲目性。假说是教育科学探索的必经阶段，是建立和发展教育理论、正确认识教育规律的正确途径和有效手段。

例如一项题为“改进数学作业”的实验研究①，其行动研究假说是“对数学作业进行结构调整，即每次作业中模仿性练习题和创造性练习题的比为7∶3或8∶2，可以提高数学作业的练习效果”。第一，这一假说决定了研究者研究的内容和方向，这一研究的核心是在数学教学过程中探索合理安排作业与提高练习效果的关系。第二，假说对解决问题的方案做了预见性的规定，易于操作。第三，假说为收集事实、分析和解释材料提供了框架。该实验关注收集学生数学作业练习效果的有关材料。第四，假说对研究结果、效果进行了预测，这就是“可以提高数学作业的练习效果”。

研究实践说明，一个好的假说是探索教育规律、形成理论的前提，是教育科学研究的核心。因此，对问题做了界定和分析，并且参考了有关文献之后，便应提出暂时合理的解释或结论，用以指导实验和验证。行动研究的假说应包含两部分，一是将要采取的行动，二是行动结果的预测，并且对于将采取的行动要详细、清楚地说明。提出假说时应注意三点要求：假说要简单明了，假说应可以验证，假说应具操作性。

（6）收集资料。

收集资料的目的在于验证假说。研究者根据假说付诸行动，同时又须在行动过程中收集有关的数据、资料，以评估行动的效果如何，是否需要改进和怎样改进。

行动研究法是一种综合的研究方法，本身并没有特殊的收集资料的方法。因此，必须借用现有的各种科学的方法，如问卷法、调查法、测验法、观察法及实验法等。

收集资料是教育科研中一项十分重要的工作，它直接影响着研究的质量。缺乏可靠的原始资料，研究也就成了无本之木、无源之水，也就不能称其为研究。因此，作为主持行动研究的教师，首先要增强资料意识，与此同时，要学会用科学的方法和工具收集资料，力求做到客观、完整、准确、有效。

（7）实施行动。

根据假说，进行实验。在实验过程中仍需不断地收集各种资料和数据。行动研究法的特点之一是边行动边研究，在行动中可以并且应该不断地反思和改进行动。要根据反馈信息定期或不定期地评估“执行是否正确”和“结果是否有效”，并根据所获得的事实资料修正原计划的缺点或失误，不断改进计划。

---

① 宋虎平．行动研究．北京：教育科学出版社，2003：8.

（8）评价效果。

实施行动结束后，须用教育统计的方法，在专家的指导下，将实验数据转为有意义的统计量数，以供解释结果和预测之用。

在分析资料时，应兼顾其在统计学上的意义及实际意义，后者尤为重要。解释结果必须客观，要特别注意行动研究所得到的资料的特殊性，不要轻易地做出将某种成功的做法类化应用到其他情境的推论。

（9）撰写研究报告。

行动研究报告大致分为书面和口头两种形式。尽管口头报告和书面报告同样重要，然而通常行动研究的呈现方式仍以书面报告为主。并且由于行动研究的口头报告形式无特定的模式可依据，因此，以下仅介绍书面报告的撰写。书面报告至少包含以下部分：相关文献资料（学术文献、教育行动研究文献及其他文件）的述评；所有的使用方法、技术、行动策略的设计与执行；研究的发现，包括观察（评鉴）结果、反省辩证过程以及在教育行动研究中可能发现的意外收获；结论与意义，特别是对其他教师教学实践及后续教育行动研究的启示。

行动研究法是值得推广的一种新的教育研究方法，它弥补了研究与应用之间的鸿沟，它是一种将教育改革引向科研之路的好的行动方式。为了更好地实施行动研究法，希望老师们在研究方法上，多争取专业研究人员的指导和帮助，开展合作研究，以提高行动研究法研究的科学性；与此同时，要加强教育科研理论学习，增强科研意识，掌握科研方法，不断实践，逐步提高行动研究法的运用水平。

五、课例研究——教师专业成长的有效方法

课例研究已得到教育理论界和教育实践界的广泛认可，因为它是教育理论与教育实践之间相互联结的又一个桥梁和载体，也是集学科教学问题、研究过程和研究方法于一身的校本教研的一种有效而具体的方式，甚至被誉为“改变21世纪教师专业发展的强有力途径”。

1. 课例研究与课例的构成要素

课例是一个实际的教学例子，是对若干教学问题和教学决定的再现和描述，即“讲述教学背后的故事”。所谓“背后”是指“何以如此决定”的思考或思路，其实质是强调要有“研究的成分”在内。而课例研究则是指课例产生的动态过程，即“做课例”的过程。

此外，一般而言，课例由以下四个方面的要素构成：

（1）主题与背景。这是课例的第一要素。课例研究并不追求试图通过“一节课”来解决很多的教学问题，而是力求通过一个课例认识并解决“一个”小小的具体的教学问题，而这就是课例研究的主题，只有“小”才有可能“深”。若有可能，最好能够从课例的题目中一眼就看出该课例的研究主题。

（2）情景与描述。课例所研究的主题的载体是学科课堂教学，所以，必要的课堂情景的描述是必不可少的。但课堂情景的描述既不能“实录”，也不能“全录”，更不能杜撰，而是应该有所侧重，即紧紧围绕课例所研究的教学主题来展开情景的描述并力求准确、精

练和引人入胜。

(3) 问题与讨论。课例所反映的是教学改进或完善的过程，因此，在课例的描述中必然要包含教学决定过程中所提出的问题，以及由此而引发的一系列思考和讨论，即应交代该课例产生过程中的问题线索以及教学改进或完善过程的来龙去脉。

其实，课例研究中所提出的问题，有的可能在后续“一系列思考和讨论”中得到了解决，有的可能还没有解决，但都可以呈现在课例中。最好的情况是，经过梳理和筛选的问题线索能够环环相扣。

(4) 诠释与研究。这是对课例加以解读并赋予其“普遍意义”的过程，这也是对如何给课例增加“研究成分”的思考。但课例的诠释与研究应紧紧围绕课例研究过程中实际发生的课堂情景和讨论，而不能泛泛而谈，不能脱离该课例研究的课堂教学实际。

其实，对课例的诠释和研究就是交代课例研究中不同阶段所出现的问题是如何被理解和处理的（譬如，课堂教学如此改进或完善的原因，该课堂教学“好在哪里”或“不好在哪里”等），使读者明白其“背后的故事”。当然，诠释和研究可以从多个视角来进行解读，但应以不脱离该课例研究中的课堂教学实际和回归教学的基本层面为原则。

2. 课例的类型

目前为止，对课例的划分还没有一个统一的标准，这里所给出的课例的类型仅仅是从课例对教师专业发展的价值和水平提升的角度来考虑的，因此，并没有严格的逻辑分类之意蕴，可能存在着“交叉”关系。

(1) 问题呈现型。这类课例主要来自教师课堂教学实践中所产生的问题，主题往往是问题的核心所在。该类课例关注理论与实践之间的关系，但偏重实践中存在的问题；在该类课例研究中，研究者设法找到有关理论来解释并帮助解决实际问题，以问题的形式唤起教师的深刻反思以及反省行为；问题通常是开放的，没有相对统一的认识。

(2) 经验分享型。这类课例主要来自教师的某个新颖的教学设计及随后的一系列教学改进或完善的过程。该类课例的表达方式通常是以“故事”来叙事，极易在教师之间形成共鸣，促进沟通；该类课例是教师改进或完善教学的重要参考资料，是一般所谓的理论性资料所无法取代的“具体知识”。

(3) 理论验证型。这类课例的出发点往往是信奉某种教学思想或理论，并认为教学就是该教学思想或理论运用于课堂教学的结果。在这类课例研究中，研究者会从不同的视角来印证其所信奉的教学思想或理论；该类课例所蕴含的结构是演绎式的，即从所信奉的教学思想或理论出发，设计教学，解释教学，解决教学中的问题；这类课例从一定程度上丰富了研究者所信奉的教学思想或理论。

(4) 知识产生型。这类课例比较罕见，但其价值较高。所谓的“知识”是指该类课例所反映的可能的教学新思想、新观点等，也包括课例研究中所反映的可能的学科新知识、新方法等。

3. 课例的撰写

一线教师大多经历过不少“磨课”的过程，头脑中有许多精彩的课堂教学实例或“一系列片断”，如果能够把这些实例或“一系列片断”进行梳理和加工，并凝练出一个教学的焦点主题，同时赋予其一定的背景和意义，可能就会形成一个课例。那么，在此基础上究竟如何撰写一个课例呢？一般而言，撰写一个课例有以下几个步骤，并视具体情况或有交叉或有重复。

第一阶段：琢磨典型的课例。如果从来没有撰写过课例，那么可以在前期准备阶段先选择一两个典型的课例，并通过思考下面这几个问题来对其内容和结构进行分析：课例的作者是如何描述教学事件发生、发展过程的？是如何突出研究的主题和产生的主要问题的？又是如何处理课例的各个组成部分之间的关系的？所提炼的主题又是如何与所选择的课堂教学情景或学科教学内容相互关联的？与此同时，体会课例的“四要素”。

第二阶段：回溯教学实例或“一系列片断”的产生过程。可以通过以下几个问题来回忆自己头脑中的教学实例或“一系列片断”是如何产生的：当时有哪些人参与了该教学实例或“一系列片断”产生的教研过程？哪些人在哪个阶段的观点给自己留下了深刻的印象？该教学实例或“一系列片断”产生前后一共上过几轮课？教研活动是如何展开的？授课教师在不同阶段的心理感受和所遇到的问题是怎样的？每个参与者在不同阶段中的观点是如何发生改变或逐步深化的？这样做的目的在于回顾当时的经历和感受，抓住精彩教学实例或“一系列片断”的前因后果和重要细节。

第三阶段：撰写课例初稿。如果通过上述两个阶段，教师对该教学实例或“一系列片断”所产生的过程都非常清楚，而且对当时的教研主题和问题也很清楚（包括背景、价值、意义等），那么我们就可以尝试着从课例的“四要素”出发来着手课例的撰写了。该阶段是撰写课例的关键，最大的问题是，第一次写作课例的教师多会觉得教学实例或“一系列片断”尽管都很精彩，但对教研过程和主要观点、教研主题和主要问题的感觉却无从下手。在这种情况下，我们可以先回想整个教学实例或“一系列片断”留给自己印象最深刻且具有冲突性的事件，而这往往就是课例中最关键的事件；然后，对此“关键事件”的发生和发展过程进行回溯性思考：当时的背景如何？该“关键事件”之后又发生了什么？是如何处理的？后来又得到了什么结果和结论？等等。

第四阶段：斟酌和修改课例。写好课例的初稿后，首先可以再一次用课例的“四要素”来自评一下：是否具备课例的基本条件？缺什么就补什么，累赘的可以删除。其次，待自己基本满意后，可以请一些没有参与该课例研究的同行、教研员甚至专家阅读，看看他们阅读后是否了解自己想要表达的思想。听听“局外人”的意见，进行反思、斟酌、修改（删减或补充）甚至重写，这是提高课例的可读性和“普遍意义”的有效手段。

第五阶段：凸显课例的价值和意义。在课例基本完成之后可以考虑该课例所属的主要类型，也就是整体地考虑该课例的价值和意义所在。因此，在这一阶段仍然可以重新修改各级标题以突出该课例的主题、价值与意义之所在。

最后，就教师层面而言，在做课例研究时，应努力争取外来专业力量的支持，设定学生的长期学习目标，关注学科内容及其实质，可综合使用各种课堂观察技术与方法（但课堂现场观察是课例研究中的主要观察形式）；就学校层面而言，应注重学区推进和制度建设，应用好“四级教研网”（省区市教研室、地市教研室、区县教研室、学校教研组和备课组），应提倡教师研究所教授的学科内容及其实质，应适度向社区开放以获取广泛的资源支持和智力支持。

六、教学反思——教师专业成长的必经之路

教学反思指教师借助行动研究，不断探讨与解决教学目的、教学工具和自身方面的问题，不断提升教学实践的合理性，使自己成为专家型教师。在教学实践当中，根据反思的源起，我们可以将反思策略分为两大类：内省反思法和交流反思法。

1. 内省反思法

内省反思法是指教师主动地对自己的教学实践进行反思的方法。根据反思对象及反思载体的不同，内省反思法又可分为以下三种具体的方法。

（1）反思总结法。反思总结法主要是指通过自己记忆，对自己的教学实践予以总结、反思的方法，从而进一步使教学实践中的“灵感”内化，也使教学实践中出现的问题得到考虑。

（2）录像反思法。录像反思法是通过录像再现自己的教学实践，教师以旁观者的身份反思自己的教学过程的方法。这种方法最大的优点就是能客观地对自己的教学过程进行评价，这样能更好地强化自己已有的经验，改正和弥补自己的不足。

（3）档案袋反思法。档案袋反思法则是以专题的形式对教学实践进行反思，包括课堂提问的形式是否多样，课堂提问的内容是不是课堂的重点、难点，对某学生来说提问的形式、难度是否符合该学生的实际能力，等等。

2. 交流反思法

交流反思法可以就某一问题与其他教师进行交流，也可以是在听完某教师的一堂课以后，针对这堂课进行交流。这样可以反观自己的意识与行为，加深对自己的了解，并了解其他与自己不同的观念，进而取他人之长，补自己之短。

2002 年 6 月 22 日，“教育在线”开通的第七天，苏州市副市长、苏州大学博士生导师朱永新先生在论坛上发了个《“朱永新成功保险公司”开业启事》的帖子，吸引了无数人的眼球。

“朱永新成功保险公司”开业启事

好消息！

“朱永新成功保险公司”今天正式开业了！

现在保险业生意兴隆，什么人寿保险、财产保险、医疗保险、航空保险……可谓名目繁多，花样迭出。既然那么多的保险公司雨后春笋般冒出来，我今天也来凑个热闹，开一个成功保险公司。

本公司宗旨：确保客户利益，激励客户成功。

参保对象：不限。但尤其欢迎教育界人士，因为教育的成功是中华民族伟大复兴的基石。

投保金额：不限。数元到数千元任你自选。欢迎万元以上大客户。

保期：十年。

投保条件：每日三省自身，写千字文一篇。一天所见、所闻、所读、所思，无不可入文。十年后持 3 650 篇千字文（计 360 万字）来本公司。

理赔办法：如投保方自感十年后未能跻身成功者之列，本公司愿以一赔百，即现

投万元者可成百万富翁（或富婆）。本公司只求客户成功，不以营利为目的。所有利润将全部捐赠希望工程。欢迎投保，欢迎垂询！

保单索取：webmaster@eduol. com. cn。

朱永新教授为了鼓励教师写教育随笔，在网上开办了“成功保险公司”，即教师如果坚持每天写教育随笔 1 000 字，坚持十年写成 3 650 篇，字数达 360 万字，最终成不了教育家的话，教师十年前如投保一万，他愿赔付 100 万，并对教育随笔也做了说明，即只要每天坚持把自己所经历的、所想的等记录下来即可。

朱永新先生竭力提倡、推崇教师写教育随笔。他说：“我鼓励教师们参加我的‘朱永新成功保险公司’，投保条件为每日三省自身，写千字文一篇。一天所见、所闻、所读、所思，无不可入文。每天跟自己对话，每天写下自己的感悟，解剖自己的心灵，记录自己的成长，写下自己的教学行为。十年后持 3 650 篇千字文计 360 万字的教育随笔来本公司，现在投入万元者可成百万富翁。”

七、网络远程研修——教师专业发展的新平台

网络远程研修，是近年来随着信息技术的高度发展形成的一种教师专业发展的新平台。网络远程研修，是在网络环境下，以现代教育思想和学习理论为指导，充分发挥网络的各种教育功能和丰富的网络教育资源优势，向参与学习者提供一种网络研究和进修的环境，使学习者在视频收看、文本学习、简报阅读、作业与交流相结合等过程中促进教师专业发展。

1. 促进教师间的群体同伴互助

培训中，教师要学会并掌握培训平台的网上操作、个人博客的建设，能够利用邮箱或微信交流等网络技术手段并运用这些手段同本班和全国的教师交流沟通。学员网上提交作业，大家通过评论的形式进行互动交流。在这个过程中，教师将自己的学习、反思成果展示在大家面前，作为研究素材供大家点评，教师回过头来参考大家的评论对这个问题进行再思考，这会大大提高教师的专业认识水平。课程团队的专家、指导教师或班主任还分专题组织网上研讨，使教师间的互动越来越深入。正像一位教师在研修评论中所写的：“网络平台实现了及时、便捷和无限的对话和互动，成为展示魅力的舞台、交流经验的擂台。”特殊的互动方式促进了教师间的群体同伴互助，使教师尽享了交流和沟通的快乐。

2. 课程团队的专家、指导教师和班主任发挥专业引领作用

课程团队的专家、指导教师和班主任用他们各自的特色和魅力，以视频讲座的形式吸引着每一位参加培训的教师，改变着教师的思想和认识。他们直接参与和教师们的网上互动、交流，回答教师们的提问。有的专家还会在自己的博客上组织“学习在线”，引导教师参与在线讨论。定期出版的课程学习简报汇集学习者的优秀观点、专家点评等内容，成为引领教师学习的重要形式。指导教师和班主任以发表文章、评作业、编班级简报的形式指导、引领着教师们的学习。

网络远程研修是一种跨学校、跨地区的教师群体研修。网络支持以及学员、指导教师、专家互动，共同构成了一个立体交流网。在这个平台上，不断有新思想、新观点生成。

第四节　小学教师专业发展政策解读

小学教育是基础教育的基础，小学教师的质量关系着学生的成长，更关系着祖国的未来。20 世纪 80 年代以来，世界各国通过明确教师专业标准来凸显教师职业的专业性，以推进教师专业化的进程。

一、小学教师专业标准解读

2012 年 2 月 10 日，《小学教师专业标准（试行）》（简称《专业标准》）正式颁布，它明确了一名合格的小学教师的道德坐标、知识坐标与能力坐标，对小学教师的基本素养和要求进行了细致、专业的梳理和规范，这是我国教师专业化进程中的一个里程碑。它的颁布顺应了国际教师专业化的趋势，进一步明确了我国小学教师的专业地位，是提升小学教师的专业素质、推进我国教师队伍的法制化建设的纲领性文件。

《专业标准》由基本理念、基本内容、实施建议三大部分组成。其中，基本内容由三级指标体系构成。第一级指标分为三个维度，即专业理念与师德、专业知识、专业能力；第二级指标为领域，分别规定了每个维度所包含的领域，共有 13 个；第三级指标为基本要求，分别规定了每个领域的若干具体要求，共有 60 项。

1.《专业标准》的制定依据

《专业标准》是依据《中华人民共和国教师法》《中华人民共和国义务教育法》《儿童权利公约》《国家中长期教育改革和发展规划纲要（2010—2020 年）》（简称《规划纲要》）而制定的，借鉴了多国教师专业标准以及初等教育研究成果。

（1）法律依据。

《专业标准》制定的主要依据是《教师法》和《义务教育法》。我国虽然是首次制定《专业标准》，但在两部法律以及一些相关的法律法规中，都有与此相关或相近的内容。如《教师法》第 3 条规定，“教师是履行教育教学职责的专业人员，承担教书育人，培养社会主义事业建设者和接班人、提高民族素质的使命。教师应当忠诚于人民的教育事业”。第二章规定了教师权利和义务。《义务教育法》第 29 条规定，“教师在教育教学中应当平等对待学生，关注学生的个体差异，因材施教，促进学生的充分发展。教师应当尊重学生的人格，不得歧视学生，不得对学生实施体罚、变相体罚或者其他侮辱人格尊严的行为，不得侵犯学生合法权益”。第 30 条规定，“教师应当取得国家规定的教师资格”。第 34 条规定，“教育教学工作应当符合教育规律和学生身心发展特点，面向全体学生，教书育人，将德育、智育、体育、美育等有机统一在教育教学活动中，注重培养学生独立思考能力、创新能力和实践能力，促进学生全面发展”。这些都是制定《专业标准》的重要依据，也为《专业标准》的制定提供了框架和元素方面的参考。

同时，《儿童权利公约》也是制定《专业标准》的重要依据。《儿童权利公约》于 1989 年 11 月 20 日第 44 届联合国大会上通过，1990 年 9 月 2 日生效，它旨在保护儿童权利，为世界各国儿童创造良好的成长环境。其中，第 6 条规定，“缔约国确认每个儿童均有固有的生命权”，“缔约国应最大限度地确保儿童的存活与发展”；第 12 条规定，“缔约国应确保有主见能力的儿童有权对影响其本人的一切事项自由发表自己的意见，对儿童的意见应按照年龄和成熟程度给予适当的看待”。这些规定充分体现在《专业标准》的有关领域的基本要求中。

（2）政策依据。

《规划纲要》是《专业标准》制定的重要的政策依据。《规划纲要》描绘了中国未来十年教育改革和发展的蓝图，提出了“优先发展，育人为本，改革创新，促进公平，提高质量”的二十字工作方针，明确指出，坚持以人为本、全面实施素质教育是教育改革发展的战略主题，是贯彻党的教育方针的时代要求，其核心是解决好培养什么人，怎样培养人的重大问题，把育人为本作为教育工作的根本要求。要以学生为主体，以教师为主导，充分发挥学生的主动性，把促进学生健康成长作为学校一切工作的出发点和落脚点。关心每个学生，促进每个学生的主动性，使学生生动活泼地发展，尊重教育规律和学生身心发展规律，为每个学生提供适合的教育。在素质教育战略主题中，明确提出了三个坚持：一是“坚持德育为先。立德树人，把社会主义核心价值体系融入国民教育全过程”，“把德育渗透于教育教学的各个环节，贯穿于学校教育、家庭教育和社会教育的各个方面”。二是“坚持能力为重。优化知识结构，丰富社会实践，强化能力培养”。三是“坚持全面发展。全面加强和改进德育、智育、体育、美育。坚持文化知识学习与思想品德修养的统一、理论学习与社会实践的统一、全面发展与个性发展的统一”，“重视安全教育、生命教育、国防教育、可持续发展教育”等。这些内容是制定《专业标准》的重要依据。

（3）国际教师专业标准的借鉴。

《专业标准》的制定注重借鉴世界许多国家和地区的小学教师专业标准或相关内容。20 世纪 80 年代以来，美国、英国、澳大利亚、新西兰等国家颁布实施了一系列中小学教师标准，经过二十多年的开发和修改，形成了相对成熟的教师专业标准体系。例如，主要包括专业知识、专业能力、专业理念三方面的教师素质构成要素，已成为教育界对教师职业应具备的专业素质结构的共识，这也是制定《专业标准》的主要依据。

（4）小学教育和小学教师教育的研究成果提供理论依据。

近年来，伴随着小学教师培训的本科化进程，对小学教育及小学教育的理论研究也日渐增多，并取得了一些成果。这为《专业标准》的制定提供了理论依据。其中，对小学教育性质的认识，对小学教师“身份”、专业素质的认识，成为制定《专业标准》的重要依据。

从我国现行学制系统来看，小学教育属于初等教育，与幼儿教育、中学教育同属基础教育，具有基础教育的全民性、全面性、基础性、义务性、启蒙性等特性，但又不同于基础教育其他阶段的特性，主要体现为贯穿全程的衔接性、综合性、养成性。

此外，小学教师是专业性很强的职业。小学教师是小学儿童教育工作者，不仅是小学某一学科的传授者。小学教师的素质可以概括为“564”。“5”是指小学教师应具有“五爱”品质：爱生命、爱自己、爱儿童、爱角色、爱教育。“6”是指小学教师的知识结构应包括六个方面：自然科学、人文与社会科学知识、关于儿童的知识、教育学的知识、有关学科的知识、学科教学的知识。这六个方面的知识缺一不可。“4”是指小学教师应具有四个方面的能力：德育能力、教学能力、管理能力和研究能力。

2.《专业标准》的定位

《专业标准》是国家对合格小学教师专业素质的基本要求，是小学教师开展教育教学活动的基本规范，是引领小学教师专业发展的基本准则，是小学教师培养、准入、培训、考核等工作的重要依据。

(1) 国家对合格小学教师专业素养的基本要求。

《专业标准》是国家对合格小学教师专业素质的基本要求，无论是新教师、经验教师，还是专家教师，只要在我国小学任教都要符合《专业标准》的要求，同时在任教过程中也要遵循《专业标准》的要求。因此，《专业标准》也是我国小学教育的通用标准。

(2) 小学教师开展教育教学活动的基本规范。

小学教育教学工作既是科学也是艺术，小学教师开展教育教学活动必须遵循一定的规范要求。《专业标准》对合格小学教师的“专业理念与师德”“专业知识”“专业能力”三个方面提出了明确的要求，并用13个领域60条专业素养的基本要求明确了小学教师的从教资格，确定了国家对合格小学教师的职业信念、职业道德、专业知识、专业能力的基本要求，是所有从事小学教育教学活动的小学教师都应遵循的基本规范。

(3) 引领小学教师专业发展的基本准则。

进入21世纪以来，我国小学教师队伍建设取得明显成效，为基础教育改革发展提供了强有力的师资保障。但随着我国经济社会的发展、基础教育改革的深入，小学教师队伍建设总体上还不能完全适应。《专业标准》是小学教师队伍建设的基本准则，是小学教师专业化的重要保障，对我国小学教师队伍建设具有基础性、先导性和全局性的作用，也是制定小学教师专业发展标准的基础。

(4) 小学教师培养与培训目标、内容和要求的标准。

《专业标准》的制定有利于小学教师教育机构明确培养目标，完善培养方案，科学设置小学教师教育的课程，改革完善方式，降低和消除教师职前培养的盲目性和随意性，提升小学教师的培养质量。《专业标准》也为小学教师在职培训提供了明确的目标、内容和要求，有利于克服以往由于缺乏小学教师的合格标准而产生的教师在职培训的随意性与盲目性，有助于提高教师在职培训质量，促进小学教师教育职前培养与在职培训的一体化，确保小学教师持续的专业发展。

(5) 小学教师资格准入、考核与评价的重要依据。

《专业标准》的制定为小学教师的准入提供了专业依据，是健全小学教师管理制度的重要保证。以往由于缺乏明确的合格教师标准，我国小学教师的招聘、任用过程基本上是经验型的，存在较强的随意性。《专业标准》为有关部门或学校招聘、任用小学教师提供了标准、依据，有利于选拔符合专业标准的人员进行小学教师队伍建设，以保证和促进小学生接受良好的教育。《专业标准》还为小学教师的考核与评价提供了依据，有利于相关部门制定教师管理制度，改变目前小学教师职称评定中唯学历和唯论文发表的倾向，确保小学教师的质量和教师队伍的健康发展。

3.《专业标准》的基本理念

(1) 倡导以师德为先。

师德是教师的第一要素，小学教师面对的是成长中的小学生，特别要注重为人师表，重视榜样的作用。师德大到遵纪守法、献身教育事业，具体到个人修养、言谈举止。特别是在对待小学生的态度方面，本着“教师爱是小学教师的灵魂”这一理念，着重要求教师要有爱心、耐心和责任心。

(2) 强调以学生为本。

小学生具有发展性、主动性等特点，在教育教学过程中，处于主体和中心的位置。学生为本，就是遵循教育教学的规律，坚持学生主体的教育理念，尊重、关注和爱护学生，使学生积极、主动地参与学习，将促进小学生快乐学习、健康成长作为教育教学的最终目标。

(3) 重视教师能力提升。

教师的专业能力是教师教育理念、专业知识的载体，它直接关系到学生的学习能力、实践能力和创新能力的形成。小学教师所面对的是生动活泼、日益成长的小学生，他的能力首先体现在认识学生、了解学生，把握学生的特点和需求方面，同时还体现在教育教学的方法等实践环节上。当代教师不仅要把握学科的基本理论，还要有能力驾驭课堂，通过有效的方法、智慧来指导学生的学习，以保证学生的学习效果。

(4) 践行终身学习理念。

终身学习是当代社会的重要特征，教师在构建学习型社会的过程中应该起到领头羊的作用。小学教师的终身学习主要体现为主动发展的意识和不断反思、制定发展规划的能力。同时教师还要把握国内外教育发展的动向，跟上教育理论和知识学习的发展步伐，不断充实和完善自己，使学习成为自己生活中的一种习惯。

4.《专业标准》的基本框架

(1)“专业理念与师德”部分。

《专业标准》从职业理解与认识、对小学生的态度与行为、教育教学的态度与行为、个人修养与行为四个领域对小学教师的专业理念与师德提出具体要求。以下四个方面体现出鲜明的时代精神和教育发展的特点。

1) 强调教师职业的专业性和独特性，要求教师注重自身专业发展。这是时代发展和教育进步对教师专业发展的诉求。

2) 突出小学生的生命教育。生命教育是这个时代的重音符，它体现出不断革新的教育观，因此生命教育也自然成为教师对学生的一种最原初、最重要的姿态和使命。教师要“将保护小学生的生命安全放在首位”，“尊重小学生的人格”，“信任小学生，尊重个体差异”。这即意味着，教师要服务于小学生成长的需要，关心小学生的生命状态，同时也关注小学生自身对生命的体验和态度。

3) 明确要求教师要积极创造条件，让小学生拥有快乐的学校生活。学校生活是教师和学生共同拥有的，以小学生为着眼点提出快乐学校生活的问题意味着要依据素质教育的要求和新课程改革的精神深入、有效地转变教学观、学生观、师生观以及学校管理思维等。外在环境的改善固然重要，但是在教师与学生交往的微观世界里，教师对教育和对学生的理解与行动将会更为直接地决定小学生是否能够拥有快乐的学校生活。

4）要求教师注重修身养性。《专业标准》提出了指向教师个人修养和行为方面的诸多要求。这些要求更多反映出教师作为平凡的人，哪些心性、品质、行为是适当的，并将教师作为“教育者”特有的心性、品质和行为要求融入进来。

（2）“专业知识”部分。

《专业标准》从小学生发展知识、学科知识、教育教学知识、通识性知识四个领域对小学教师的专业知识提出具体要求。其中有四个方面体现出鲜明的时代精神和教育发展的特点。

1）要求教师了解和掌握小学生发展的知识。其目的在于保护小学生的身心健康、保障小学生的合法权益和促进他们健康成长。小学教师只了解小学生身心发展特点和规律、学习特点是远远不够的，还需要加强政策和法律层面的学习，了解小学生生存、发展和保护的有关法律法规及政策规定，了解小学安全防护的知识，掌握可能出现的针对小学生的各种侵犯和伤害行为的预防与应对方法，了解幼小和小初衔接阶段小学生的心理特点。

2）对小学教师学科知识的要求体现一定的特殊性。小学教育的综合性特点要求小学教师了解多学科的知识，在此基础上掌握所教学科的知识体系、基本思想与方法；也正是综合性特点特别要求小学教师关注所教学科与社会实践的联系、与其他学科的联系。

3）要求教师掌握小学教育与教学理论。小学教育与教学因其基础性、养成性、启蒙性等特点，使得它不同于幼儿和中学的教育教学，小学教师应掌握小学教育教学的基本理论。

4）关注通识性知识的重要价值。通识性教育所关注的是小学教师作为人的整体素质的提升，它是非功利、非职业性的，同时也是教师作为专业人员必须具备的素质。

（3）“专业能力”部分。

《专业标准》从教育与教学设计、组织和实施、激励与评价、沟通与合作、反思与发展五个领域对小学教师的专业能力提出具体要求。以下五个方面体现出鲜明的时代精神和教育发展的特点。

1）对教师能力的要求处处体现“学生为本”的理念。如要求“制定小学生个体教育教学方案”“发现和赏识每一个小学生”“引导学生进行积极的自我评价”等；同时体现出了建构主义（如要求“结合学生已有经验”组织教育教学）、教育智慧（如要求“妥善应对突发事件”）、多元智能（如要求“灵活使用多元评价方式”）等教育新理念。

2）对教师能力的要求尽可能跟上时代发展的新需要，如要求教师帮助小学生建立良好的同伴关系，将现代教育技术手段渗透运用于教学中等。

3）关注小学教师专业能力建设过程中的独特性，如增加体现小学教师教育教学特殊性的一项新能力要求，即“设计丰富多彩的班队（教育教学）活动”，这是遵循了如下理念：小学教师不应该只是学科知识的传授者，每一个小学教师都应该能够做班主任，每一个小学教师都应能够结合小学生身心特点和发展需要设计丰富的活动，进而促进小学生全面发展。

4）十分强调教师的沟通与合作能力。这是考虑到小学教师工作依托于多角色人际互动这一活动特征，因此对小学教师如何有效进行人际沟通合作提出了细致的要求。如在人际沟通方面，《专业标准》中明确提出小学教师要做到“使用符合小学生特点的语言”“善于倾听”“与小学生进行有效沟通”等。在人际合作方面，《专业标准》中提出教师要“与家长有效沟通，共同促进小学生发展”“协助小学与社区建立合作互助的良好关系”等。

5）重视培养教师的反思与发展能力。这一能力领域的提出，是对全球教师专业化发展背景下的教师专业发展内在要求的回应。教师专业化的本质就是发展教师自身，让教师意识到自身在专业成长中的力量，进而在各项专业发展活动中体现出积极的自我反思意识和专业发展规划意识，能主动对教育教学进行探索和研究活动。

二、小学教师资格考试大纲解读

从2015年开始，我国全部实行教师资格证统考。参加国家教师资格考试的考生将逐渐增多，国家教师资格考试统考逐步走向正规化，其权威性、科学性和规范性在全国范围内得到了认可，国家开始严把教师任职第一关。

1. 小学教师资格证怎么考

伴随着统考的来临，小学教师资格证考试方式已经进行了更新。小学教师资格证考试包括笔试和面试两部分。笔试科目包括《教育教学知识与能力》《综合素质》两门。笔试合格者，才可以参加面试。面试主要考查申请教师资格人员是否具备新教师基本素养、职业发展潜质和教育教学实践能力。

2. 小学教师资格证考什么

《教育教学知识与能力》涵括的模块特别的广泛，有教育基础、学生指导、班级管理、学科知识、教学设计、教学实施、教学评价等。具体模块内容以及分值比例和题型参考如表13-1所示。

表13-1 《教育教学知识与能力》考试模块

模块	比例	题型
教育基础	20%	单项选择题 简答题
学生指导 班级管理	30%	单项选择题 简答题 材料分析题
学科知识 教学设计 教学实施 教学评价	50%	单项选择题 材料分析题 教学设计题
合计	100%	单项选择题：约27% 非选择题：约73%

需要特别提醒的是，试卷的内容不仅涵括了传统的教育学、教育心理学中的重点知识，更是纳入了专业学科知识和教学设计、实施、评价的内容。教师资格证是按照考试人员的成绩进行常模标准的划分定位的。因此，跟同学科竞争对象相比，自己的专业学科知识的扎实度怎么样？自己对小学学科的教材是否熟悉？随机给你一篇小学教材内容，是否能在15分钟左右的时间流畅地写出一篇新颖合理的教学设计？给你一个教学情境，你是否能够把握相应的教育教学原理进行理论分析和实践指导呢？占到50%分值的学科知识和教学设计、实施、评价这一模块是拉开考试分数的主要项目。所以，进行必要的材料分析

指导和教学设计的提前准备是非常必要的。

《综合素养》是小学教师资格证考试的必考内容，涵括了教育法律法规、公共常识和基本能力三大类内容。主要考查下列知识、能力和素养：具有先进的教育理念，具有良好的法律意识和职业道德，具有一定的文化素养，具有阅读理解、语言表达、逻辑推理、信息处理等基本能力。题型为单项选择题、材料分析题、写作题三种。具体模块内容以及分值比例和题型参考如表 13－2 所示。

表 13－2　　《综合素养》考试模块

<table>
<tr><th>模　块</th><th>比　例</th><th>题　型</th></tr>
<tr><td>职业理念</td><td>15%</td><td rowspan="4">单项选择题
材料分析题</td></tr>
<tr><td>教育法律法规</td><td>10%</td></tr>
<tr><td>教师职业道德规范</td><td>15%</td></tr>
<tr><td>文化素养</td><td>12%</td></tr>
<tr><td>基本能力</td><td>48%</td><td>单项选择题
材料分析题
写　作　题</td></tr>
<tr><td>合　计</td><td>100%</td><td>单项选择题：约 39%
非选择题：约 61%</td></tr>
</table>

值得大家特别关注的是文化素养和基本能力这两个模块。大纲将文化素养划分为科学、文学、艺术。这三类素养范围很广，需要申请人员查找资料并收集信息。基本能力这个板块主要考查阅读、理解、逻辑思维、写作等能力。

笔试合格者才可以参加面试。面试主要考查申请人员职业认知、心理素质、仪表仪态、言语表达、思维品质等教师基本素养和教学设计、教学实施、教学评价等教学基本技能。面试环节的基本流程为抽题—备课—回答两道规定问题—试讲—答辩，时间为每人 20 分钟。

在面试中，考官通常会先让申请人员进行自我介绍，一个好的开场往往会给考官留下一个不错的第一印象。简要地介绍一下自己的个人情况，如学历、工作经历、家庭概况、兴趣爱好、理想与抱负等。在整个面试环节要做到自信、大方、有亲和力。

思考题

1. 如何理解教师专业发展的内涵？
2. 谈谈初任教师所面临的主要问题或困难。
3. 举例说明小学数学教师如何进行课例研究。
4. 如果你是一名小学数学教师，你准备如何实现专业发展？
5. 美国学者波斯纳提出了一个教师成长的公式：教师的成长＝经验＋反思。他还指出：“没有反思的经验是狭隘的经验，至多只能形成肤浅的知识。只有经过反思，教师的经验方能上升到一定的高度，并对后继行为产生影响。”请你谈谈对这句话的理解。
6. 结合《小学教师专业标准（试行）》，谈谈怎样才能做一名合格的小学数学教师？

参考文献

[1] 教育部教师工作司. 小学教师专业标准解读. 北京：北京师范大学出版社，2013.

[2] 张典兵，马衍. 教师专业化成长引论. 北京：光明日报出版社，2013.

[3] 邵宝祥，王金保. 中小学教师继续教育基本模式的理论与实践（上）. 北京：北京教育出版社，1999.

[4] 卢真金. 教师专业发展的阶段、模式、策略再探. 课程·教材·教法，2007(12).

[5] 刘秀江，韩杰. 对教师专业发展内涵的诠释. 教育科学研究，2003(4).

[6] 罗晓杰. 国内外教师专业发展阶段研究述评. 教育科学研究，2006(7).

[7] 宋虎平. 行动研究. 北京：教育科学出版社，2003.

图书在版编目（CIP）数据

小学数学课程与教学/杨红萍主编．—北京：中国人民大学出版社，2018.9
21世纪小学教师教育系列教材/惠中总主编
ISBN 978-7-300-25692-4

Ⅰ．小…　Ⅱ．①杨…　Ⅲ．①小学数学课-教学研究　Ⅳ．①G623.502

中国版本图书馆CIP数据核字（2018）第069312号

21世纪小学教师教育系列教材
总主编　惠　中
小学数学课程与教学
主　编　杨红萍
Xiaoxue Shuxue Kecheng yu Jiaoxue

出版发行	中国人民大学出版社		
社　　址	北京中关村大街31号	**邮政编码**	100080
电　　话	010－62511242（总编室）		010－62511770（质管部）
	010－82501766（邮购部）		010－62514148（门市部）
	010－62515195（发行公司）		010－62515275（盗版举报）
网　　址	http://www.crup.com.cn		
	http://www.ttrnet.com（人大教研网）		
经　　销	新华书店		
印　　刷	北京鑫丰华彩印有限公司		
规　　格	185 mm×260 mm　16开本	**版　　次**	2018年9月第1版
印　　张	22.5	**印　　次**	2018年9月第1次印刷
字　　数	454 000	**定　　价**	46.00元